SAMMLUNG TUSCULUM

Artemis & Winkler

MARCUS TULLIUS CICERO

VOM RECHTEN HANDELN

Lateinisch und deutsch

Herausgegeben und übersetzt
von Karl Büchner

ARTEMIS & WINKLER

Die Deutsche Bibliothek – CIP-Einheitsaufnahme

Cicero, Marcus Tullius:
Vom rechten Handeln :
lateinisch und deutsch / Marcus Tullius Cicero.
Hrsg. und übers. von Karl Büchner.
4. Aufl. – München ; Zürich : Artemis-Verl., 1994.
(Sammlung Tusculum)
Einheitssacht.: De officiis
ISBN 3-7608-1652-5
NE: Büchner, Karl [Hrsg.]

4. Auflage 1994

Artemis & Winkler Verlag
© 1994 Artemis Verlags-AG Zürich

Druck: Laupp & Göbel, Tübingen
Bindung: Pustet, Regensburg
Printed in Germany

INHALT

Erstes Buch 2

Zweites Buch 138

Drittes Buch 220

Einführung 325

Begründung des Textes 337

Register der Eigennamen 381

Literatur 419

LIBER PRIMUS

Quamquam te, Marce fili, annum iam audientem Cratippum idque Athenis abundare oportet praeceptis institutisque philosophiae propter summam et doctoris auctoritatem et urbis, quorum alter te scientia augere potest, altera exemplis, tamen, ut ipse ad meam utilitatem semper cum Graecis Latina coniunxi neque id in philosophia solum, sed etiam in dicendi exercitatione feci, idem tibi censeo faciendum, ut par sis in utriusque orationis facultate. Quam quidem ad rem nos, ut videmur, magnum attulimus adiumentum hominibus nostris, ut non modo Graecarum litterarum rudes, sed etiam docti aliquantum se arbitrentur adeptos et ad discendum et ad iudicandum. 2. Quam ob rem disces tu quidem a principe huius aetatis philosophorum et disces quam diu voles; tam diu autem velle debebis, quoad te quantum proficias non paenitebit. Sed tamen nostra legens non multum a Peripateticis dissidentia, quoniam utrique Socratici et Platonici volumus esse, de rebus ipsis utere tuo iudicio – nihil enim impedio – orationem autem Latinam efficies profecto legendis nostris pleniorem. Nec vero hoc arroganter dictum existimari velim. Nam philosophandi scientiam concedens multis, quod est oratoris proprium, apte, distincte, ornate dicere, quoniam in eo studio aetatem consumpsi, si id mihi assumo, videor id meo iure quodam modo vindicare.

ERSTES BUCH

Ob du, mein Sohn Marcus, auch gleich, ein Jahr schon Hörer des Kratipp und noch dazu in Athen, Überfluß haben mußt an Vorschriften und Lehren der Philosophie dank der so hohen Geltung des Lehrers und der Stadt, von denen der eine dich durch Wissenschaft fördern kann, die andere durch Beispiele, bin ich doch der Ansicht, wie ich immer selber zu meinem Nutzen mit dem Griechischen das Lateinische verbunden habe und das nicht nur in der Philosophie, sondern auch bei der Übung im Reden tat, so müßtest auch du es machen, auf daß du gleich fähig in beiderlei Rede seiest. Hierfür haben wir, wie man glaubt, unseren Landsleuten eine große Hilfe gebracht, so daß nicht nur der griechischen Schriften Unkundige, sondern auch Gelehrte meinen, manches für Lernen und Urteilen gewonnen zu haben. 2. Daher wirst du vom Philosophenfürsten dieser Zeit lernen und wirst lernen, so lange du willst. So lange aber wirst du wollen müssen, als es dir nicht zu wenig scheint, was du an Fortschritten machst. Wenn du aber unseres liest, das sich nicht sehr von den Peripatetikern abhebt, da wir ja beide Sokratiker und Platoniker sein wollen, so brauche über die Dinge selber dein eigenes Urteil – hindere ich dich doch da gar nicht –, die lateinische Rede aber wirst du in der Tat durch die Lektüre unserer Schriften erfüllter machen. Glaub aber bitte nicht, das sei anmaßend gesagt. Denn das Sichverstehen auf das Philosophieren räume ich vielen ein. Was das Eigenste des Redners ist, treffsicher, gegliedert, schön zu reden, da ich ja in diesem Bemühen mein Leben verbracht habe: wenn ich das mir zuspreche, glaube ich das mit einem gewissen Recht zu beanspruchen.

3. Quam ob rem magnopere te hortor, mi Cicero, ut non solum orationes meas, sed hos etiam de philosophia libros, qui iam illis fere se aequarunt, studiose legas; vis enim maior in illis dicendi, sed hoc quoque colendum est aequabile et temperatum orationis genus. Et id quidem nemini video Graecorum adhuc contigisse, ut idem utroque in genere laboraret sequereturque et illud forense dicendi et hoc quietum disputandi genus, nisi forte Demetrius Phalereus in hoc numero haberi potest, disputator subtilis, orator parum vehemens, dulcis tamen, ut Theophrasti discipulum possis agnoscere. Nos autem quantum in utroque profecerimus, aliorum sit iudicium, utrumque certe secuti sumus. 4. Equidem et Platonem existimo si genus forense dicendi tractare voluisset, gravissime et copiosissime potuisse dicere et Demosthenem, si illa, quae a Platone didicerat, tenuisset et pronuntiare voluisset, ornate splendideque facere potuisse; eodemque modo de Aristotele et Isocrate iudico, quorum uterque suo studio delectatus contempsit alterum.

(2) Sed cum statuissem scribere ad te aliquid hoc tempore, multa posthac, ab eo ordiri maxime volui, quod et aetati tuae esset aptissimum et auctoritati meae. Nam cum multa sint in philosophia et gravia et utilia accurate copioseque a philosophis disputata, latissime patere videntur ea quae de officiis tradita ab illis et praecepta sunt.

Nulla enim vitae pars neque publicis neque privatis neque forensibus neque domesticis in rebus, neque si tecum agas quid,

3. Daher ermahne ich dich gar sehr, mein Cicero, daß du nicht nur meine Reden, sondern auch diese Bücher über die Philosophie, die sich jenen schon fast gleichgestellt haben, eifrig liest. Die Kraft der Rede nämlich ist größer in den ersteren, aber auch diese gleichmäßige und ausgeglichene Art der Rede muß man pflegen. Und das ist, wie ich sehe, noch keinem der Griechen bis jetzt gelungen, daß er zugleich in beiden Gattungen arbeitete und sowohl jene forensische Redeweise als auch diese ruhige der Erörterung betrieben hätte. Es müßte denn sein, man könnte Demetrios von Phaleron hier einreihen, einen scharfsinnigen Mann des philosophischen Gesprächs und einen Redner, der zwar zu wenig mitreißend ist, aber doch angenehm, so daß man in ihm den Schüler des Theophrast erkennen kann. Wieviel wir aber in beiden Arten erreicht haben, darüber gehöre das Urteil anderen, auf jeden Fall haben wir beide betrieben. 4. Was mich betrifft, so meine ich, daß sowohl Plato, wenn er die forensische Art des Sprechens hätte üben wollen, überaus nachdrücklich und wortgewaltig hätte reden können, als auch Demosthenes, wenn er an dem festgehalten hätte, was er von Plato gelernt hatte, und es hätte vortragen wollen, dies schön und glänzend hätte tun können. Ebenso urteile ich über Aristoteles und Isokrates, von denen ein jeder in der Freude an der eigenen Tätigkeit den anderen verachtete.

Da ich aber an dich etwas jetzt, vieles hernach zu schreiben beschloß, wollte ich vorzüglich bei dem beginnen, was deinem Alter und zugleich meiner Verantwortung am gemäßesten wäre. Denn obwohl es in der Philosophie viele gewichtige und nützliche Dinge gibt, die von den Philosophen genau und ausführlich erörtert worden sind, so scheint sich doch das am weitesten zu erstrecken, was von ihnen über das rechte Handeln überliefert und vorgeschrieben worden ist.

Kein Teil des Lebens nämlich weder in öffentlichen noch privaten, weder den forensischen noch den häuslichen Ange-

neque si cum altero contrahas, vacare officio potest in eoque
et colendo sita vitae est honestas omnis et neglegendo turpitudo. 5. Atque haec quidem quaestio communis est omnium
philosophorum. Quis est enim, qui nullis officii praeceptis tra-
dendis philosophum se audeat dicere? Sed sunt non nullae disciplinae, quae propositis bonorum et malorum finibus officium
omne pervertant. Nam qui summum bonum sic instituit, ut
nihil habeat cum virtute coniunctum, idque suis commodis,
non honestate metitur, hic, si sibi ipse consentiat et non interdum naturae bonitate vincatur, neque amicitiam colere possit
nec iustitiam nec liberalitatem; fortis vero dolorem summum
malum iudicans aut temperans voluptatem summum bonum
statuens esse certe nullo modo potest. Quae quamquam ita
sunt in promptu, ut res disputatione non egeat, tamen sunt a
nobis alio loco disputata. 6. Hae disciplinae igitur si sibi con-
sentaneae velint esse, de officio nihil queant dicere, neque ulla
officii praecepta firma, stabilia, coniuncta naturae tradi possunt, nisi aut ab iis, qui solam, aut ab iis, qui maxime honestatem propter se dicant expetendam. Ita propria est ea praecep-
tio Stoicorum, Academicorum, Peripateticorum, quoniam
Aristonis, Pyrrhonis, Erilli iam pridem explosa sententia est;
qui tamen haberent ius suum disputandi de officio, si rerum
aliquem dilectum reliquissent, ut ad officii inventionem aditus
esset. Sequimur igitur hoc quidem tempore et hac in quaestio-
ne potissimum Stoicos, non ut interpretes, sed, ut solemus, e

legenheiten, weder wenn du bei dir selber etwas tust, noch
wenn du dich mit dem anderen einläßt, kann ohne pflichtmä-
ßiges Handeln sein, und in seiner Pflege besteht alle Ehrbarkeit
des Lebens, in seiner Außerachtlassung alle seine Schande.
5. Und dieser Fragenkreis wenigstens ist allen Philosophen gemeinsam. Denn wen gibt es, der ohne Pflichtenlehre zu vermitteln, sich einen Philosophen zu nennen wagte? Aber es gibt
einige Schulen, die durch die Aufstellung des Zieles im Guten
und im Bösen jegliche Pflicht zugrunde richten. Denn wer das
höchste Gut so faßt, daß es keine Verbindung mit der Vollkommenheit hat, und es nach seinen Vorteilen, nicht nach der
Ehrbarkeit bemißt, der vermag, wofern er mit sich selbst in
Einklang bleibt und nicht bisweilen durch die Güte seines Wesens besiegt wird, keine Freundschaft zu pflegen noch Gerechtigkeit oder Großzügigkeit. Tapfer gar vermag er, wenn er den
Schmerz für das größte Übel hält, oder maßvoll, wofern er die
Lust als das höchste Gut aufstellt, sicherlich auf keine Weise
zu sein. Obwohl das so klar vor Augen liegt, daß die Sache der
Erörterung nicht bedarf, haben wir es doch an anderer Stelle
behandelt. 6. Diese Schulen also könnten, wofern sie konsequent bleiben wollten, über das rechte Handeln nichts sagen;
und irgendwelche Lehren über die Pflicht, die fest, beständig
und der Natur verbunden wären, können nur entweder von
denen gegeben werden, die sagen, daß allein innerer Wert an
sich erstrebenswert sei, oder von denen, die sagen: am meisten.
Deshalb ist diese Lehre den Stoikern, Akademikern und Peripatetikern eigen, da die Ansicht des Aristo, Pyrrho und Erillus
schon längst ja erledigt ist. Indes, sie hätten doch die Berechtigung, über die Pflicht zu reden, wenn sie eine Wahl der Dinge
übriggelassen hätten, so daß ein Zugang zum Auffinden der
Pflicht da wäre. Wir folgen also jetzt und bei dieser Untersuchung am besten den Stoikern, nicht wie Übersetzer, sondern
wir werden aus ihren Quellen nach unserem Urteil und Gut-

fontibus eorum iudicio arbitrioque nostro quantum quoque modo videbitur, hauriemus.

7. Placet igitur, quoniam omnis disputatio de officio futura est, ante definire, quid sit officium, quod a Panaetio praetermissum esse miror. Omnis enim, quae ratione suscipitur de aliqua re institutio, debet a definitione proficisci, ut intellegatur, quid sit id de quo disputetur.

(3) Omnis de officio duplex est quaestio. Unum genus est, quod pertinet ad finem bonorum, alterum, quod positum est in praeceptis, quibus in omnes partes usus vitae conformari possit. Superioris generis huiusmodi sunt exempla, omniane officia perfecta sint, num quod officium aliud alio maius sit et quae sunt generis eiusdem. Quorum autem officiorum praecepta traduntur, ea quamquam pertinent ad finem bonorum, tamen minus id apparet, quia magis ad institutionem vitae communis spectare videntur; de quibus est nobis his libris explicandum.

8. Atque etiam alia divisio est officii. Nam et medium quoddam officium dicitur et perfectum. Perfectum officium rectum, opinor, vocemus, quoniam Graeci κατόρθωμα, hoc autem commune officium ⟨καθῆκον⟩ vocant. Atque ea sic definiunt, ut rectum quod sit, id officium perfectum esse definiant; medium autem officium id esse dicunt, quod cur factum sit, ratio probabilis reddi possit. 9. Triplex igitur est, ut Panaetio videtur, consilii capiendi deliberatio. Nam aut honestumne factu sit an turpe dubitant id, quod in deliberationem cadit; in quo consi-

dünken, wieviel und auf welche Weise es uns gut scheint, schöpfen.

7. Es scheint richtig, da die ganze Erörterung ja über die Pflicht gehen soll, vorher abzugrenzen, was das rechte Handeln sei – was von Panaitios zu meiner Verwunderung unterlassen worden ist. Jede Unterweisung nämlich, die vom Gedanken über irgendeine Sache unternommen wird, muß von der Definition ihren Ausgang nehmen, damit erkannt werde, was das sei, worüber man spricht.

Die Untersuchung über das rechte Handeln in ihrem ganzen Umfang ist zweifach. Die eine Art ist die, welche sich ganz auf das höchste Gut bezieht, die andere die, welche auf den Vorschriften beruht, mit deren Hilfe die Lebensführung nach allen Seiten gestaltet werden kann. Beispiele der ersteren Art sind so beschaffen: ob alles rechte Handeln vollkommen ist, ob die eine Pflicht größer ist als die andere, und was dergleichen mehr ist. Die Pflichten aber, für die Vorschriften überliefert werden, beziehen sich zwar auf das höchste Gut, doch tritt dies weniger zutage, weil sie mehr auf die Gestaltung des gemeinen Lebens hinzublicken scheinen. Über dies haben wir in diesen Büchern hier zu handeln.

8. Und es gibt auch noch eine andere Einteilung des rechten Handelns. Denn man spricht von einem gewöhnlichen mittleren und einem vollkommenen. Das vollkommene rechte Handeln wollen wir, denke ich, das richtige nennen, da ja die Griechen es κατόρθωμα heißen, das in Frage stehende gemeine aber nennen sie «καθῆκον». Und sie grenzen es so ab, daß sie bestimmen, was richtig ist, sei das vollkommene Handeln. Gewöhnliches Handeln aber, sagen sie, sei das, von dem eine einleuchtende Begründung gegeben werden kann, warum es getan worden ist. 9. Dreifach nun ist, wie Panaitios meint, die Erwägung beim Fassen eines Entschlusses. Denn man schwankt entweder, ob das, was zur Erwägung steht, ehrenvoll zu tun

derando saepe animi in contrarias sententias distrahuntur.
Tum autem aut anquirunt aut consultant ad vitae commodi-
tatem iucunditatemque, ad facultates rerum atque copias, ad
opes, ad potentiam, quibus et se possint iuvare et suos, condu-
cat id necne, de quo deliberant; quae deliberatio omnis in rationem utilitatis cadit. Tertium dubitandi genus est, cum pugnare videtur cum honesto id, quod videtur esse utile. Cum
enim utilitas ad se rapere, honestas contra revocare ad se videtur, fit, ut distrahatur in deliberando animus afferatque anci-
pitem curam cogitandi.

10. Hac divisione, cum praeterire aliquid maximum vitium
in dividendo sit, duo praetermissa sunt. Nec enim solum,
utrum honestum an turpe sit, deliberari solet, sed etiam duobus propositis honestis utrum honestius, itemque duobus propositis utilibus utrum utilius. Ita quam ille triplicem putavit
esse rationem in quinque partes distribui debere reperitur.

Primum igitur est de honesto, sed dupliciter, tum pari ratione de utili, post de comparatione eorum disserendum.

(4) 11. Principio generi animantium omni est a natura tributum, ut se, vitam corpusque tueatur, declinet ea, quae noci-
tura videantur, omniaque, quae sint ad vivendum necessaria
anquirat et paret, ut pastum, ut latibula, ut alia generis eiusdem. Commune autem animantium omnium est coniunctionis
appetitus procreandi causa et cura quaedam eorum, quae pro-
creata sint. Sed inter hominem et beluam hoc maxime interest,

ist oder schimpflich. Bei dieser Betrachtung wird oft die Seele in entgegengesetzte Meinungen auseinandergerissen. Dann aber forscht man oder überlegt man in Hinsicht auf Bequemlichkeit und Annehmlichkeit des Lebens, auf Möglichkeiten und Mittel, auf Reichtum, auf Macht, wodurch man sich und den Seinen helfen könnte, ob es nützt oder nicht, worüber man zu Rate geht. Diese Erwägung fällt ganz in die Berechnung des Nutzens. Die dritte Art des Schwankens ist die, wenn mit dem Ehrenhaften das, was nützlich zu sein scheint, anscheinend im Streite liegt. Wenn nämlich der Nutzen zu sich hinzureißen, auf der Gegenseite das Anständige zu sich wieder zurückzurufen scheint, geschieht es, daß beim Erwägen die Seele zerrissen wird und ein gespaltenes Denkbemühen mit sich bringt.

10. Bei dieser Einteilung – obwohl doch etwas zu übergehen der größte Fehler beim Einteilen ist – ist zweierlei nicht berücksichtigt. Man pflegt nämlich nicht nur zu erwägen, ob es ehrenhaft ist oder schimpflich, sondern auch wenn zwei ehrenvolle Handlungen vorliegen, welche von beiden ehrenvoller, und genauso, wenn zwei nützliche vorliegen, welche nützlicher ist. So findet man, daß der Gedankenzusammenhang, den jener für dreifach hielt, in fünf Teile gegliedert werden muß.

Zuerst also ist über das Ehrenhafte, aber in zweifacher Weise, dann in gleichem Sinne über das Nützliche, darauf über den Vergleich beider die Erörterung zu führen.

11. Zunächst: einer jeden Art Lebewesen ist es von der Natur gegeben, daß es sich, sein Leben und seinen Körper, schützt, abbiegt, was Schaden bringend scheint, und alles, was zum Leben nötig ist, aufsucht und beschafft, wie Futter, wie Verstecke, wie anderes dergleichen. Weiter ist allen Lebewesen gemeinsam der Trieb nach Vereinigung, um zu zeugen, und eine gewisse Sorge um das Gezeugte. Aber zwischen dem

quod haec tantum, quantum sensu movetur, ad id solum, quod
adest quodque praesens est, se accommodat, paulum admodum sentiens praeteritum aut futurum. Homo autem, quod rationis est particeps, per quam consequentia cernit, causas rerum videt earumque praegressus et quasi antecessiones non
ignorat, similitudines comparat rebusque praesentibus adiun-
git atque adnectit futuras, facile totius vitae cursum videt ad
eamque degendam praeparat res necessarias. 12. Eademque
natura vi rationis hominem conciliat homini et ad orationis et
ad vitae societatem ingeneratque inprimis praecipuum quendam amorem in eos, qui procreati sunt, impellitque, ut hominum coetus et celebrationes et esse et a se obiri velit ob easque
causas studeat parare ea, quae suppeditent ad cultum et ad
victum, nec sibi soli, sed coniugi, liberis, ceterisque quos caros
habeat tuerique debeat, quae cura exsuscitat etiam animos et
maiores ad rem gerendam facit. 13. Inprimisque hominis est
propria veri inquisitio atque investigatio. Itaque cum sumus
necessariis negotiis curisque vacui, tum avemus aliquid videre,
audire, addiscere cognitionemque rerum aut occultarum aut
admirabilium ad beate vivendum necessariam ducimus. Ex
quo intellegitur, quod verum, simplex sincerumque sit, id
esse naturae hominis aptissimum. Huic veri videndi cupiditati adiuncta est appetitio quaedam principatus, ut nemini
parere animus bene informatus a natura velit nisi praecipienti
aut docenti aut utilitatis causa iuste et legitime imperanti; ex

Menschen und dem Tier besteht besonders der Unterschied, daß dieses nur, soweit es von seinen Sinnen bewegt wird, allein an das, was da und gegenwärtig ist, sich anpaßt, nur ein wenig das Vergangene oder Zukünftige empfindend. Der Mensch dagegen, weil er teilhat an der Vernunft, durch die er erkennt, was folgt, sieht die Ursachen der Dinge und kennt sehr wohl ihre Vorstufen und gleichsam Vor-Gänge, vergleicht Ähnlichkeiten und verbindet sie mit den gegenwärtigen Dingen und knüpft die zukünftigen daran, sieht leicht den Lauf des ganzen Lebens und bereitet die es zu führen notwendigen Dinge vor. 12. Und dieselbe Natur verbindet, kraft der Vernunft, den Menschen dem Menschen sowohl zu der Gemeinschaft der Rede als des Lebens; sie pflanzt ihm insbesondere eine vornehmliche Liebe gegen die ein, die von ihm gezeugt sind; sie treibt ihn dazu, daß er will, daß es Gemeinschaften und Versammlungen von Menschen gibt und von ihm besucht werden und er aus diesen Gründen sich bemüht, das zu bereiten, was zur Lebensausgestaltung und -notdurft zur Verfügung stehe, und zwar nicht nur für sich allein, sondern auch für sein Weib, seine Kinder und die übrigen, die er lieb hat und schützen muß, eine Fürsorge, die auch den Mut weckt und wachsen läßt zum Handeln. 13. Und vor allem ist dem Menschen die Suche und das Aufspüren der Wahrheit eigentümlich. Wenn wir deshalb unbeansprucht sind von notwendigen Geschäften oder Sorgen, begehren wir etwas zu sehen, zu hören, hinzuzulernen und halten die Erkenntnis verborgener und merkwürdiger Dinge für nötig zum Glücklichleben. Daraus erkennt man, daß, was wahr, einfach und rein ist, der Natur des Menschen am gemäßesten ist. Dieser Begierde, die Wahrheit zu sehen, ist verbunden ein Streben nach Vorrang derart, daß ein von Natur wohl gebildeter Sinn niemandem gehorchen will, es sei denn dem Weisung Gebenden, dem Lehrenden oder dem des Nutzens wegen gerecht und gesetzmäßig Befeh-

quo magnitudo animi existit humanarumque rerum contemptio. 14. Nec vero illa parva vis naturae est rationisque, quod
unum hoc animal sentit, quid sit ordo, quid sit quod deceat,
in factis dictisque qui modus. Itaque eorum ipsorum, quae
aspectu sentiuntur, nullum aliud animal pulchritudinem, venustatem, convenientiam partium sentit; quam similitudinem
natura ratioque ab oculis ad animum transferens multo etiam
magis pulchritudinem, constantiam, ordinem in consiliis fac-
tisque conservandam putat cavetque ne quid indecore effemi-
nateve faciat, tum in omnibus et opinionibus et factis ne quid
libidinose aut faciat aut cogitet. Quibus ex rebus conflatur et
efficitur id, quod quaerimus, honestum, quod etiamsi nobili-
tatum non sit, tamen honestum sit, quodque vere dicimus,
etiamsi a nullo laudetur, natura esse laudabile.

(5) 15. Formam quidem ipsam, Marce fili, et tamquam fa-
ciem honesti vides, quae si oculis cerneretur, mirabiles amores,
ut ait Plato, excitaret sapientiae. Sed omne, quod est honestum,
id quattuor partium oritur ex aliqua. Aut enim in perspicientia
veri sollertiaque versatur aut in hominum societate tuenda
tribuendoque suum cuique et rerum contractarum fide aut in
animi excelsi atque invicti magnitudine ac robore aut in omnium, quae fiunt quaeque dicuntur ordine et modo, in quo
inest modestia et temperantia. Quae quattuor quamquam inter
se colligata atque implicata sunt, tamen ex singulis certa officiorum genera nascuntur, velut ex ea parte, quae prima descripta est, in qua sapientiam et prudentiam ponimus, inest in-

lenden. Daraus entspringt die Seelengröße und die Geringschätzung der menschlichen Dinge. 14. Erst recht nicht gering
ist jene Kraft seiner Natur und Vernunft, daß dieses Lebewesen
allein empfindet, was Ordnung ist, was es ist, was sich ziemt,
was das Maß in Taten und Worten. Daher empfindet schon bei
dem, was durch den Anblick wahrgenommen wird, kein anderes Lebewesen Schönheit, Anmut und Harmonie der Teile. Die
Ähnlichkeit hierin überträgt seine Natur und Vernunft von
den Augen auf den Geist, glaubt, daß noch viel mehr Schönheit, Beständigkeit, Ordnung in Entschlüssen und Taten gewahrt sein müsse und hütet sich, etwas unschön oder weibisch
auszuführen, dann überhaupt in allen Vorstellungen und Taten
etwas zügellos zu tun oder zu denken. Hieraus bildet sich und
entwickelt sich das, was wir suchen, das Ehrenhafte, das, auch
wenn es nicht ausgezeichnet wird, doch ehrenhaft ist und von
dem wir in Wahrheit, auch wenn es von keinem gelobt wird,
behaupten können, daß es von Natur lobenswert ist.

15. Die Gestalt selbst, mein Sohn Marcus, und gleichsam das
Antlitz des Wertvollen siehst du: würde es mit Augen gesehen werden, würde es wundersames Verlangen, wie Plato sagt,
erwecken nach Weisheit. Alles aber, was wertvoll ist, entsteht
aus einem von vier Teilen. Entweder ist es nämlich in dem Erkennen und dem Sichverstehen auf die Wahrheit zu Hause, oder
darin, daß man die Gemeinschaft der Menschen schützt und
jedem das Seine zuteilt, und der Verläßlichkeit bei Abmachungen oder in der Größe und Kraft eines erhabenen, unbesiegli-
chen Geistes oder in der Ordnung und dem Maß alles dessen,
was getan und was gesagt wird, worin Bescheidenheit und
Ausgeglichenheit ruhen. Obwohl diese vier unter sich verbunden und verschränkt sind, entstehen doch aus einem jeden bestimmte Arten von rechtem Handeln, wie zum Beispiel aus dem
Teil, der zuerst beschrieben wurde, worein wir Weisheit und
Klugheit setzen, in dem das Aufspüren und Finden der Wahr-

dagatio atque inventio veri, eiusque virtutis hoc munus est proprium. 16. Ut enim quisque maxime perspicit, quid in re quaque verissimum sit quique acutissime et celerrime potest et videre et explicare rationem, is prudentissimus et sapientissimus rite haberi solet. Quocirca huic quasi materia, quam tractet et in qua versetur, subiecta est veritas. 17. Reliquis autem tribus virtutibus necessitates propositae sunt ad eas res parandas tuendasque, quibus actio vitae continetur, ut et societas hominum coniunctioque servetur et animi excellentia magnitudoque cum in augendis opibus utilitatibusque et sibi et suis comparandis, tum multo magis in his ipsis despiciendis eluceat. Ordo autem et constantia et moderatio et ea, quae sunt his similia, versantur in eo genere, ad quod est adhibenda actio quaedam, non solum mentis agitatio. Is enim rebus, quae tractantur in vita, modum quendam et ordinem adhibentes, honestatem et decus conservabimus.

(6) 18. Ex quattuor autem locis, in quos honesti naturam vimque divisimus, primus ille, qui in veri cognitione consistit, maxime naturam attingit humanam. Omnes enim trahimur et ducimur ad cognitionis et scientiae cupiditatem, in qua excellere pulchrum putamus, labi autem, errare, nescire, decipi et malum et turpe dicimus. In hoc genere et naturali et honesto duo vitia vitanda sunt, unum, ne incognita pro cognitis habeamus hisque temere assentiamur, quod vitium effugere qui volet – omnes autem velle debent – adhibebit ad considerandas

heit liegt. Und dieser Tugend ist diese Aufgabe eigentümlich.
16. Je mehr nämlich einer durchschaut, was in jeder Sache am
wahrsten ist, und wer am schärfsten und schnellsten den Zusammenhang sehen und entwickeln kann, der pflegt mit Recht
als der Klügste und Weiseste zu gelten. Daher ist dieser Tugend gleichsam als Stoff, den sie behandeln und in dem sie sich
betätigen soll, die Wahrheit unterworfen. 17. Den drei übrigen
Tugenden aber ist die Notwendigkeit auferlegt, die Dinge zu
bereiten und zu schützen, in denen die Handlung des Lebens
beschlossen liegt: daß die Gemeinschaft und Verbindung der
Menschen bewahrt wird und Rang und Größe des Geistes sowohl in der Vergrößerung der Mittel und der Beschaffung
nützlicher Dinge für sich und die Seinen, als auch noch viel
mehr in eben ihrer Verachtung hervorleuchten. Ordnung aber,
Beständigkeit, Mäßigung und was ihnen ähnlich ist, gehören
in die Art, in der eine gewisse Handlung, nicht nur die Betä-
tigung des Geistes anzuwenden ist. Indem wir nämlich an die
Dinge, die im Leben behandelt werden, ein bestimmtes Maß
und Ordnung wenden, werden wir die Ehrbarkeit und schönen
Anstand bewahren.

18. Von den vier Gebieten aber, in die wir Wesen und Wirkung des Ehrenhaften einteilten, berührt jenes erste, das in der
Erkenntnis des Wahren besteht, besonders die menschliche
Natur. Alle nämlich werden wir gezogen und geleitet zur Begier nach Wissen und Erkenntnis. In ihr hervorzuragen, halten
wir für schön, zu straucheln aber, zu irren, nicht zu wissen, sich
zu täuschen nennen wir übel und schimpflich. Bei dieser we-
sensgemäßen und ehrenvollen Art sind zwei Fehler zu vermeiden, der eine, daß wir nicht Unverstandenes für Verstandenes
nehmen und diesem leichtsinnig zustimmen. Wenn einer diesem Fehler entgehen will – alle aber sollen es wollen –, wird
er sich Zeit und Sorgfalt zum Überlegen der Dinge nehmen.

res et tempus et diligentiam. 19. Alterum est vitium, quod
quidam nimis magnum studium multamque operam in res
obscuras atque difficiles conferunt easdemque non necessarias.
Quibus vitiis declinatis quod in rebus honestis et cognitione
dignis operae curaeque ponetur, id iure laudabitur, ut in astro-
logia C. Sulpicium audimus, in geometria Sex. Pompeium ipsi
cognovimus, multos in dialecticis, plures in iure civili, quae
omnes artes in veri investigatione versantur. Cuius studio a
rebus gerendis abduci contra officium est; virtutis enim laus
omnis in actione consistit. A qua tamen fit intermissio saepe
multique dantur ad studia reditus; tum agitatio mentis, quae
numquam adquiescit, potest nos in studiis cognitionis etiam
sine opera nostra continere. Omnis autem cogitatio motusque
animi aut in consiliis capiendis de rebus honestis et pertinenti-
bus ad bene beateque vivendum aut in studiis scientiae co-
gnitionisque versabitur. Ac de primo quidem officii fonte diximus.

(7) 20. De tribus autem reliquis latissime patet ea ratio, qua
societas hominum inter ipsos et vitae quasi communitas continetur; cuius partes duae: iustitia, in qua virtutis splendor
est maximus, ex qua viri boni nominantur, et huic coniuncta
beneficentia, quam eandem vel benignitatem vel liberalitatem
appellari licet. Sed iustitiae primum munus est, ut ne cui quis
noceat, nisi lacessitus iniuria, deinde ut communibus pro communibus utatur, privatis ut suis. 21. Sunt autem privata nulla

19. Der andere Fehler ist der, daß manche ein allzu großes Streben und allzu viel Mühe auf dunkle und schwierige Dinge wenden, und zwar nicht notwendige. Wehrt man diesen Fehler
ab, so wird, was an ehrenvolle und erkenntniswürdige Dinge
an Mühe und Sorge gesetzt wird, mit Recht gelobt werden,
wie wir es in der Astronomie von Gaius Sulpicius hören, in der
Geometrie den Sextus Pompeius selber kennengelernt haben,
viele außerdem in der Philosophie, noch mehr im bürgerlichen
Recht. Alle diese Künste haben ihren Ort im Aufspüren der
Wahrheit. Im Eifer für sie aber sich vom Handeln abbringen
zu lassen, ist gegen die Pflicht. Alles Lob nämlich der Tugend
besteht im Handeln, in dem es freilich oft Unterbrechung gibt
und von dem vielfach Rückkehr zu den Studien vergönnt ist.
Außerdem vermag die Tätigkeit des Geistes, die niemals ruht,
uns im Bemühen um das Denken auch ohne unser Zutun
festzuhalten. Jegliches Denken aber und jede Bewegung des
Geistes wird sich entweder im Fassen von Entschlüssen über
ehrenhafte und sich auf rechtes und glückliches Leben erstrek-
kende Dinge oder im Bemühen um Wissen und Erkenntnis bewegen. Und über die erste Quelle der Pflicht haben wir damit
gesprochen.

20. Was die drei übrigen anlangt, so erstreckt sich am weitesten das Gefüge, in dem die Gesellschaft der Menschen untereinander und die Gemeinschaft des Lebens ihren Halt findet. Es
hat zwei Teile: die Gerechtigkeit, bei der der Glanz der Vollkommenheit am größten ist, auf Grund deren man den Namen
eines guten Mannes erhält, und ihr verbunden das Wohltun,
das man ebenso entweder Freigebigkeit oder Großzügigkeit
nennen darf. Die erste Aufgabe der Gerechtigkeit aber ist es,
daß keiner irgendeinem schade außer, wenn er durch ein Unrecht gereizt ist, dann, daß er Gemeinsames als Gemeinsames
behandelt, Privates als Eigenes. 21. Es gibt aber Privates nicht

natura, sed aut vetere occupatione, ut qui quondam in vacua venerunt, aut victoria, ut qui bello potiti sunt, aut lege, pactione, condicione, sorte; ex quo fit, ut ager Arpinas Arpinatium dicatur, Tusculanus Tusculanorum; similisque est privatarum possessionum discriptio. Ex quo, quia suum cuiusque fit eorum, quae natura fuerant communia, quod cuique obtigit, id quisque teneat; e quo si quis sibi appetet, violabit ius humanae societatis. 22. Sed quoniam, ut praeclare scriptum est a Platone, non nobis solum nati sumus ortusque nostri partem patria vindicat, partem amici, atque, ut placet Stoicis, quae in terris gignantur, ad usum hominum omnia creari, homines autem hominum causa esse generatos, ut ipsi inter se aliis alii prodesse possent, in hoc naturam debemus ducem sequi, communes utilitates in medium adferre, mutatione officiorum, dando accipiendo, tum artibus, tum opera, tum facultatibus devincire hominum inter homines societatem. 23. Fundamentum autem est iustitiae fides, id est dictorum conventorumque constantia et veritas. Ex quo, quamquam hoc videbitur fortasse cuipiam durius, tamen audeamus imitari Stoicos, qui studiose exquirunt, unde verba sint ducta, credamusque, quia fiat, quod dictum est, appellatam fidem.

Sed iniustitiae genera duo sunt, unum eorum, qui inferunt, alterum eorum, qui ab is, quibus infertur, si possunt, non pro-

von Natur, sondern entweder durch alte Inbesitznahme, wie
von denen, die einst in unbesetztes Gebiet kamen, oder durch
Sieg, wie von denen, die sich seiner im Krieg bemächtigt haben,
oder durch Gesetz, Abmachung, Vertrag, Los. Daher kommt
es, daß das arpinische Gebiet Eigentum der Arpinaten genannt
wird, das von Tusculum der Tusculaner. Und ähnlich ist die
Einteilung der privaten Besitztümer. Daher, weil Eigentum
eines jeden von ihnen wird, was von Natur gemeinsam gewesen war, soll jeder das, was ihm zuteil wird, festhalten; wenn
davon einer etwas für sich erstrebt, wird er das Recht der
menschlichen Gesellschaft verletzen. 22. Aber da ja, wie von
Plato vortrefflich geschrieben wurde, wir nicht nur für uns
geboren wurden und einen Teil unserer Existenz das Vaterland beansprucht, einen Teil die Freunde, und, wie es den Stoikern gefällt, alles was auf Erden entstünde, zum Gebrauch der
Menschen erschaffen werde, die Menschen aber um der Menschen willen geschaffen seien, daß sie sich selber untereinander zu nützen vermöchten, die einen denen, die anderen jenen,
so müssen wir hierin der Natur als Führerin folgen, den allgemeinen Nutzen in die Mitte rücken, durch Austausch von
Pflichten, durch Geben und Nehmen, dann durch Künste,
durch Arbeit, durch Fähigkeiten die Gesellschaft der Menschen untereinander fest verknüpfen. 23. Grundlage aber der
Gerechtigkeit ist die Zuverlässigkeit, das heißt die Unverän-
derlichkeit und Wahrhaftigkeit von Worten und Abmachungen. Daher, mag das manchem vielleicht auch etwas zu gewaltsam scheinen, so wollen wir doch die Stoiker nachzuahmen
wagen, die eifrig erforschen, woher sich die Worte herleiten,
und glauben, weil geschehe, was gesagt wurde, sei die Zuverlässigkeit fides benannt worden.

Von Ungerechtigkeit aber gibt es zwei Arten, die eine derer,
die es zufügen, die andere derer, die von denen, welchen es zugefügt wird, wenn sie es können, das Unrecht nicht abwehren.

pulsant iniuriam. Nam qui iniuste impetum in quempiam facit
aut ira aut aliqua perturbatione incitatus, is quasi manus afferre
videtur socio; qui autem non defendit nec obsistit, si potest,
iniuriae, tam est in vitio, quam si parentes aut amicos aut patriam deserat.

24. Atque illae quidem iniuriae, quae nocendi causa de industria inferuntur, saepe a metu proficiscuntur, cum is, qui
nocere alteri cogitat, timet, ne, nisi id fecerit, ipse aliquo af-
ficiatur incommodo. Maximam autem partem ad iniuriam faciendam aggrediuntur, ut adipiscantur ea, quae concupi-
verunt; in quo vitio latissime patet avaritia. (8) 25. Expetuntur autem divitiae cum ad usus vitae necessarios, tum ad per-
fruendas voluptates. In quibus autem maior est animus, in is
pecuniae cupiditas spectat ad opes et ad gratificandi facultatem, ut nuper M. Crassus negabat ullam satis magnam pecuniam esse ei, qui in re publica princeps vellet esse, cuius fructi-
bus exercitum alere non posset. Delectant etiam magnifici ap-
paratus vitaeque cultus cum elegantia et copia, quibus rebus
effectum est, ut infinita pecuniae cupiditas esset. Nec vero rei
familiaris amplificatio nemini nocens vituperanda est, sed fugienda semper iniuria est. 26. Maxime autem adducuntur
plerique, ut eos iustitiae capiat oblivio, cum in imperiorum,
honorum, gloriae cupiditatem inciderunt. Quod enim est apud
Ennium 'nulla sancta societas nec fides regni est', id latius patet. Nam quidquid eiusmodi est, in quo non possint plures excellere, in eo fit plerumque tanta contentio, ut difficillimum sit
servare sanctam societatem. Declaravit id modo temeritas C.

Denn wer ungerecht einen Angriff auf jemanden macht, von
Zorn oder irgendeiner Erregung getrieben, scheint gleichsam
die Hand zu legen an einen Gefährten. Wer aber nicht abwehrt
und dem Unrecht nicht entgegentritt, wenn er es vermag, ist
so in Schuld, wie wenn er Eltern, Freunde oder das Vaterland
im Stiche ließe.

24. Und jene ungerechten Handlungen, die mit Fleiß, um zu
schaden, zugefügt werden, haben ihren Ausgangspunkt häufig
in der Furcht, wenn der, der daran denkt, dem anderen zu schaden, fürchtet, wenn er es nicht tut, werde er selber einen Nachteil haben. Größtenteils aber schreitet man dazu, Unrecht zu
tun, um das zu erreichen, was man begehrt. Bei diesem Übel
hat die Habsucht die weiteste Geltung. 25. Erstrebt aber wird
Reichtum sowohl zu den notwendigen Lebensbedürfnissen,
ganz besonders aber, um Genüsse zu haben. In denen aber eine
größere Seele lebt, bei denen richtet sich die Geldgier auf Mittel und die Möglichkeit, zu schenken, wie neulich Marcus
Crassus sagte, keine Geldsumme sei groß genug für den, der im
Staate ein fürstlicher Mann sein wolle, wenn er von ihren Zin-
sen nicht ein Heer unterhalten könnte. Freude machen auch
prächtiger Aufwand und Kultur des Lebens mit Erlesenheit
und Fülle, Dinge, durch die bewirkt wurde, daß eine Gier ohne
Grenzen nach Geld entstand. Vermehrung des Vermögens
aber, die niemandem schadet, ist nicht zu tadeln, zu meiden
aber ist immer das Unrecht. 26. Besonders aber werden die
meisten dazu gebracht, daß sie Vergessen der Gerechtigkeit
überfällt, wenn sie der Sucht nach Herrschaft, Ehren und Ruhm
verfallen sind. Was nämlich bei Ennius steht, «keine heilige
Gemeinschaft noch Treue hat das Königtum», das reicht weiter. Denn was derart ist, daß in ihm nicht mehrere hervorragen
können, in dem entsteht meistens ein solcher Kampf, daß es
sehr schwierig ist, die heilige Gemeinschaft zu bewahren. Gezeigt hat das eben der Leichtsinn des Gaius Cäsar, der alles

Caesaris, qui omnia iura divina et humana pervertit propter
eum, quem sibi ipse opinionis errore finxerat principatum. Est
autem in hoc genere molestum, quod in maximis animis splendidissimisque ingeniis plerumque existunt honoris, imperii,
potentiae, gloriae cupiditates. Quo magis cavendum est, ne
quid in eo genere peccetur. 27. Sed in omni iniustitia permul-
tum interest, utrum perturbatione aliqua animi, quae plerumque brevis est et ad tempus, an consulto et cogitata fiat iniuria.
Leviora enim sunt ea, quae repentino aliquo motu accidunt,
quam ea, quae meditata et praeparata inferuntur. Ac de inferenda quidem iniuria satis dictum est.

(9) 28. Praetermittendae autem defensionis deserendique
officii plures solent esse causae. Nam aut inimicitias aut labo-
rem aut sumptus suscipere nolunt aut etiam neglegentia, pigritia, inertia aut suis studiis quibusdam occupationibusve sic
impediuntur, ut eos, quos tutari debeant, desertos esse patiantur. Itaque videndum est, ne non satis sit id, quod apud Platonem est in philosophos dictum, quod in veri investigatione
versentur quodque ea, quae plerique vehementer expetant, de
quibus inter se digladiari soleant, contemnant et pro nihilo
putent, propterea iustos esse. Nam alterum [iustitiae genus]
assequuntur, in inferenda ne cui noceant iniuria, in alterum
incidunt; discendi enim studio impediti, quos tueri debent,
deserunt. Itaque eos ne ad rem publicam quidem accessuros putat nisi coactos. Aequius autem erat id voluntate fieri; nam hoc
ipsum ita iustum est, quod recte fit, si est voluntarium. 29. Sunt

göttliche und menschliche Recht verkehrte wegen jenes Vorranges, den er sich selber in einem Irrtum der Vorstellung zurechtgedacht hatte. Es ist aber bei dieser Gruppe das Erschwe-
rende, daß in den größten Geistern und den glänzendsten Begabungen zumeist das Begehren nach Ehre, Herrschaft, Macht
und Ruhm entsteht. Um so mehr muß man Vorsorge treffen,
daß bei dieser Gruppe keine Verfehlung begangen wird. 27. Bei
jeder Ungerechtigkeit aber ist ein großer Unterschied, ob aus
irgendeiner seelischen Erregung, die meist kurz und für den
Augenblick ist, oder mit Vorbedacht und überlegt Unrecht
geschieht. Leichter nämlich ist das, was in irgendeiner plötzlichen Bewegung geschieht, als das, was ausgedacht und vor-
bereitet zugefügt wird. Und über Zufügen von Unrecht ist
damit genug gesagt.

28. Die Abwehr aber zu unterlassen und die Pflicht zu ver-
säumen, dafür pflegt es mehrere Gründe zu geben. Denn entweder will man Feindschaften, Mühen oder Aufwand nicht auf
sich nehmen oder wird durch Nachlässigkeit, Trägheit und
Energielosigkeit oder durch eigene Liebhabereien und Beschäftigungen so gehindert, daß man die, welche man schützen müßte, verlassen sein läßt. Daher muß man zusehen, ob
nicht vielleicht ungenügend ist, was bei Plato von den Philosophen gesagt ist, sie seien deshalb gerecht, weil sie im Aufspüren der Wahrheit lebten und weil sie das, was die meisten
heftig erstrebten und worum sie unter sich heftig zu kämpfen
pflegten, gering schätzten und für nichts erachteten. Denn
das eine erlangen sie, daß sie keinem im Zufügen von Unrecht
schaden, in das andere aber geraten sie: vom Lerneifer gehindert, lassen sie die, welche sie schützen müssen, im Stich. Daher glaubt man auch, sie würden nicht am Staatsleben teil-
nehmen außer gezwungen. Angemessen aber wäre es, daß es
freiwillig geschähe. Denn eben jenes, das zu Recht geschieht,
ist erst dann gerecht, wenn es freiwillig ist. 29. Es gibt auch

etiam, qui aut studio rei familiaris tuendae aut odio quodam
hominum suum se negotium agere dicant nec facere cuiquam
videantur iniuriam. Qui altero genere iniustitiae vacant, in
alterum incurrunt; deserunt enim vitae societatem, quia nihil
conferunt in eam studii, nihil operae, nihil facultatum.

30. Quando igitur duobus generibus iniustitiae propositis
adiunximus causas utriusque generis easque res ante consti-
tuimus, quibus iustitia contineretur, facile quod cuiusque
temporis officium sit poterimus, nisi nosmet ipsos valde ama-
bimus, iudicare. Est enim difficilis cura rerum alienarum. Quamquam Terentianus ille Chremes 'humani nihil a se alienum
putat'; sed tamen, quia magis ea percipimus atque sentimus,
quae nobis ipsis aut prospera aut adversa eveniunt, quam illa,
quae ceteris, quae quasi longo intervallo interiecto videmus,
aliter de illis ac de nobis iudicamus. Quocirca bene praecipiunt,
qui vetant quicquam agere, quod dubites aequum sit an iniquum. Aequitas enim lucet ipsa per se, dubitatio cogitationem
significat iniuriae.

(10) 31. Sed incidunt saepe tempora, cum ea, quae maxime
videntur digna esse iusto homine, eoque quem virum bonum
dicimus, commutantur fiuntque contraria, ut reddere depositum, [etiamne furioso?] facere promissum quaeque pertinent
ad veritatem et ad fidem; ea migrare interdum et non servare
fit iustum. Referri enim decet ad ea, quae posui principio fundamenta iustitiae, primum ut ne cui noceatur, deinde ut com-

welche, die im Eifer, ihr Vermögen zu erhalten, oder aus einer
Art Menschenhaß sagen, sie kümmerten sich um ihre Sache,
und niemandem Unrecht zu tun scheinen. Die sind frei von
der einen Art Ungerechtigkeit, in die andere laufen sie hinein.
Sie verraten nämlich die Gemeinschaft des Lebens, weil sie
nichts an Eifer, nichts an Mühe, nichts an Fähigkeiten zu ihr
beitragen.

30. Da wir also, nachdem wir die zwei Arten Ungerechtigkeit vor Augen gestellt haben, die Gründe für beide Arten hin-
zufügten und vorher die Dinge feststellten, in denen die Gerechtigkeit bestünde, werden wir leicht, was rechtes Handeln
in einem jeden Zeitpunkt ist, zu entscheiden vermögen, wofern wir uns selber nicht sehr lieben. Schwierig nämlich ist das
Sichkümmern um fremde Dinge. Freilich meint der Chremes
bei Terenz, «nichts Menschliches sei ihm fremd». Aber, weil
wir in höherem Maße das aufnehmen und empfinden, was uns
selber Günstiges oder Widriges als das, was den übrigen zu-
stößt, das wir gleichsam über einen großen Zwischenraum hinweg sehen, so urteilen wir doch anders über jene als über uns.
Daher raten die gut, die verbieten, etwas zu tun, bei dem du
zweifelst, ob es gerecht oder ungerecht ist. Rechtes Handeln
leuchtet von sich aus selber, Schwanken zeigt Denken an Unrecht an.

31. Aber es treten oft Situationen ein, wo das, was eines
gerechten Mannes und dessen, den wir einen guten Mann
heißen, besonders würdig scheint, sich ändert und zum Gegenteil wird, wie zum Beispiel anvertrautes Gut zurückzugeben [auch einem Wahnsinnigen?], ein Versprechen zu erfüllen
und was sonst sich auf Wahrhaftigkeit und Zuverlässigkeit erstreckt. Dies zu verlassen und nicht zu halten, wird bisweilen
gerecht. Ist es doch angemessen, auf das Bezug zu nehmen, was
ich am Anfang als die Grundlage der Gerechtigkeit festlegte,
zuerst, daß man niemandem schade, dann, daß dem allgemei-

muni utilitati serviatur. Ea cum tempore commutantur, com-
mutatur officium et non semper est idem. 32. Potest enim accidere promissum aliquod et conventum, ut id effici sit inutile
vel ei, cui promissum sit, vel ei, qui promiserit. Nam si,
ut in fabulis est, Neptunus, quod Theseo promiserat, non fecisset, Theseus Hippolyto filio non esset orbatus. Ex tribus
enim optatis, ut scribitur, hoc erat tertium, quod de Hippolyti
interitu iratus optavit; quo impetrato in maximos luctus incidit. Nec promissa igitur servanda sunt ea, quae sint is, quibus
promiseris, inutilia, nec si plus tibi ea noceant, quam illi prosint [cui promiseris], contra officium est, maius anteponi mi-
nori, ut si constitueris, cuipiam te advocatum in rem praesen-
tem esse venturum atque interim graviter aegrotare filius coeperit, non sit contra officium non facere, quod dixeris, magisque ille, cui promissum sit, ab officio discedat, si se destitutum
queratur. Iam illis promissis standum non esse quis non videt,
quae coactus quis metu, quae deceptus dolo promiserit? Quae
quidem pleraque iure praetorio liberantur, nonnulla legibus.
33. Existunt etiam saepe iniuriae calumnia quadam et nimis
callida, sed malitiosa iuris interpretatione. Ex quo illud 'summum ius summa iniuria' factum est iam tritum sermone proverbium. Quo in genere etiam in re publica multa peccantur,
ut ille, qui, cum triginta dierum essent cum hoste indutiae
factae, noctu populabatur agros, quod dierum essent pactae,

nen Nutzen gedient werde. Wenn sich das durch die Situation
ändert, ändert sich die Pflicht; und sie ist nicht immer dieselbe.
32. Kann es doch bei irgendeinem Versprechen oder irgendeiner Abmachung geschehen, daß es nicht von Nutzen ist, daß
es durchgeführt werde, weder für den, dem es versprochen
worden ist, noch für den, der es versprochen hat. Denn wenn,
wie in den Märchen steht, Neptun nicht getan hätte, was er
Theseus versprochen hatte, wäre Theseus nicht seines Sohnes
Hippolyt beraubt worden. Von drei gewünschten Dingen,
wie geschrieben steht, war dies das dritte, was er im Zorn über
den Tod des Hippolyt gewünscht hat. Nach seiner Erlangung
fiel er in tiefste Trauer. Weder sind also die Versprechen zu halten, die denen, denen du das Versprechen gegeben hast, unnütz sind, noch ist es, wenn sie dir mehr schaden als sie jenem
nützen [dem du es versprochen hast], gegen die Pflicht, daß
das Größere dem Geringeren vorangestellt wird. Wenn du
zum Beispiel angesetzt hast, daß du einem als Beistand an Ort
und Stelle erscheinen wolltest und inzwischen dein Sohn ernst-
lich krank wird, wäre es nicht gegen die Pflicht, nicht zu tun,
was du gesagt hast; und jener, dem es versprochen worden ist,
würde vielmehr vom rechten Handeln abgehen, wenn er sich
beklagte, er sei im Stich gelassen worden. Daß man gar zu jenen Versprechen nicht zu stehen braucht, die einer von Angst
überwältigt, die er durch List getäuscht versprochen hat, wer
sieht das nicht? Diese Versprechen werden zumeist durch das
Prätorrecht gelöst, einige durch Gesetze. 33. Häufig entstehen
auch Ungerechtigkeiten durch Verdrehung und eine allzu
scharfsinnige, aber böswillige Rechtsauslegung. Hieraus ist
jenes Wort «das strengste Recht ist das schlimmste Unrecht»
zum schon im Gerede abgebrauchten Sprichwort geworden.
In dieser Gattung sündigt man auch in der Politik viel, wie
jener, der nachts die Äcker verwüstete, als man mit dem Feinde einen Waffenstillstand von dreißig Tagen geschlossen hatte,

non noctium indutiae. Ne noster quidem probandus, si verum
est Q. Fabium Labeonem seu quem alium – nihil enim habeo
praeter auditum – arbitrum Nolanis et Neapolitanis de finibus a senatu datum, cum ad locum venisset, cum utrisque se-
paratim locutum, ne cupide quid agerent, ne adpetenter, atque ut regredi quam progredi mallent. Id cum utrique fecissent, aliquantum agri in medio relictum est. Itaque illorum
finis sic, ut ipsi dixerant, terminavit; in medio relictum quod
erat, populo Romano adiudicavit. Decipere hoc quidem est,
non iudicare. Quocirca in omni est re fugienda talis sollertia.

(11) 34. Sunt autem quaedam officia etiam adversus eos servanda, a quibus iniuriam acceperis. Est enim ulciscendi et pu-
niendi modus. Atque haud scio an satis sit eum, qui lacessierit
iniuriae suae paenitere, ut et ipse ne quid tale posthac et ceteri
sint ad iniuriam tardiores. Atque in re publica maxime conservanda sunt iura belli. Nam cum sint duo genera decertandi,
unum per disceptatione, alterum per vim, cumque illud proprium sit hominis, hoc beluarum, confugiendum est ad po-
sterius, si uti non licet superiore. 35. Quare suscipienda quidem bella sunt ob eam causam, ut sine iniuria in pace vivatur,
parta autem victoria conservandi i, qui non crudeles in bello,
non inmanes fuerunt, ut maiores nostri Tusculanos, Aequos,
Volscos, Sabinos, Hernicos in civitatem etiam acceperunt, at
Karthaginem et Numantiam funditus sustulerunt; nollem Co-
rinthum, sed credo aliquid secutos, oportunitatem loci ma-

weil Waffenstillstand von Tagen, nicht von Nächten abgemacht worden sei. Auch unser Landsmann kann hier keine Billigung finden, wenn es wahr ist, daß Quintus Fabius Labeo oder irgendein anderer – ich habe es nämlich nur vom Hörensagen – den Nolanern und Neapolitanern als Schiedsrichter in Grenzstreitigkeiten vom Senat gegeben worden ist und, am Orte angekommen, mit beiden Parteien getrennt verhandelt hat, sie sollten nichts gierig, nichts habsüchtig tun und lieber zurück- als vorgehen. Als das beide getan hatten, blieb ziemlich viel Land in der Mitte zurück. Daher setzte er ihre Grenzen so, wie sie selber gesagt hatten, fest. Was in der Mitte geblieben war, sprach er dem römischen Volke zu. Täuschen ist das, nicht richten. Darum ist in jeder Sache eine solche Geschicklichkeit zu meiden.

34. Es sind aber auch gewisse Pflichten gegen die zu wahren, von denen dir Unrecht zugefügt wurde. Es gibt nämlich ein Maß im Sichrächen und Strafen. Und vielleicht dürfte es schon damit genug sein, daß der, welcher herausgefordert hat, sein Unrecht bereut, daß er selber später nichts Derartiges tut und die übrigen nicht so schnell bereit zum Unrecht sind. Und in der Politik ist besonders das Kriegsrecht zu halten. Denn da es zwei Arten des Entscheidens gibt, die eine durch Auseinandersetzung, die andere durch Gewalt, und da jene dem Menschen eigentümlich ist, diese den Tieren, darf man zur zweiten erst seine Zuflucht nehmen, wenn man die erste nicht anwenden kann. 35. Deshalb sind Kriege darum zu unternehmen, daß man ohne Behelligung in Frieden leben kann; wenn aber der Sieg errungen ist, muß man die schonen, die im Krieg nicht grausam, nicht unmenschlich gewesen sind, wie unsere Vorfahren die Tusculaner, Äquer, Volsker, Sabiner, Herniker sogar in ihre Gemeinde aufgenommen, Karthago und Numantia jedoch von Grund auf zerstört haben. Ich wünschte, Korinth nicht, aber ich glaube, sie haben irgend etwas im Sinne

xime, ne posset aliquando ad bellum faciendum locus ipse ad-
hortari. Mea quidem sententia paci, quae nihil habitura sit
insidiarum, semper est consulendum. In quo si mihi esset ob-
temperatum, si non optimam, at aliquam rem publicam, quae
nunc nulla est, haberemus. Et cum iis, quos vi deviceris consulendum est, tum ii, qui armis positis ad imperatorum fidem
confugient, quamvis murum aries percusserit, recipiendi. In
quo tantopere apud nostros iustitia culta est, ut ii, qui civitates
aut nationes devictas bello in fidem recepissent, earum patroni
essent more maiorum. 36. Ac belli quidem aequitas sanctissime
fetiali populi Romani iure perscripta est. Ex quo intellegi potest nullum bellum esse iustum, nisi quod aut rebus repetitis
geratur aut denuntiatum ante sit et indictum. [[Popilius imperator tenebat provinciam, in cuius exercitu Catonis filius tiro
militabat. Cum autem Popilio videretur unam dimittere legio-
nem, Catonis quoque filium, qui in eadem legione militabat,
dimisit. Sed cum amore pugnandi in exercitu remansisset,
Cato ad Popilium scripsit, ut, si eum patitur in exercitu remanere, secundo eum obliget militiae sacramento, quia priore
amisso iure cum hostibus pugnare non poterat.]] Adeo summa
erat observatio in bello movendo.

37. [[Marci quidem Catonis senis est epistula ad Marcum
filium, in qua scribit se audisse eum missum factum esse a consule, cum in Macedonia bello Persico miles esset. Monet igitur
ut caveat, ne proelium ineat; negat enim ius esse, qui miles

gehabt, die Gunst des Ortes wohl am meisten, daß nicht einmal
der Ort selber dazu locken könnte, Krieg anzufangen. Meiner
Ansicht nach muß man immer für einen Frieden sorgen, der
nichts Hinterhältiges hat. Wenn man hierin auf mich gehört
hätte, hätten wir zwar nicht das beste, aber doch überhaupt
ein Gemeinwesen, das es jetzt nicht gibt. Und sowohl um die
muß man sich kümmern, die du mit Gewalt besiegt hast, als vor
allem die aufnehmen, welche nach Niederlegung der Waffen
in den Schutz des Feldherrn fliehen, wenn auch der Widder
die Mauer durchstoßen hat. Hierbei wurde bei unseren Vorfahren so sehr Gerechtigkeit geübt, daß diejenigen, die im
Krieg besiegte Staaten und Völker in ihren Schutz genommen
hatten, nach der Sitte der Vorfahren ihre Beschirmer waren.
36. Und Gerechtigkeit im Krieg ist aufs unverletzlichste durch
das Fetialrecht des römischen Volkes niedergeschrieben worden. Daraus läßt sich ersehen, daß kein Krieg gerecht ist außer
dem, der entweder geführt wird, nachdem man Genugtuung
gefordert hat, oder vorher angekündigt und angesagt worden
ist. [[Popilius hatte als Feldherr eine Provinz, in deren Heer
der Sohn Catos als Rekrut diente. Als aber Popilius beschloß,
eine Legion zu entlassen, entließ er auch Catos Sohn, der in
derselben Legion Kriegsdienst tat. Da er aber aus Kampflust
beim Heer zurückgeblieben war, schrieb Cato an Popilius, er
solle ihn, wenn er zuließe, daß er beim Heer bleibe, durch einen zweiten Fahneneid in Pflicht nehmen, weil er nach Verlust
des früheren Rechtes mit den Feinden nicht kämpfen konnte.]]
So überaus peinlich war die Beobachtung beim Beginn eines
Krieges.

37. [[Es gibt einen Brief des greisen Marcus Cato an seinen
Sohn, in dem er schreibt, er habe gehört, er sei vom Konsul entlassen worden, als er in Mazedonien im Perseuskrieg Soldat war.
Er ermahnt ihn also, er solle sich hüten, in ein Gefecht zu geraten. Er sagte nämlich, es sei nicht recht, daß mit dem Feinde

non sit cum hoste pugnare.]] (12) Equidem etiam illud animadverto, quod, qui proprio nomine perduellis esset, is hostis vo-
caretur, lenitate verbi rei tristitiam mitigatam. Hostis enim
apud maiores nostros is dicebatur, quem nunc peregrinum
dicimus. Indicant duodecim tabulae: 'aut status dies cum hoste', itemque 'adversus hostem aeterna auctoritas'. Quid ad
hanc mansuetudinem addi potest, eum, quicum bellum geras,
tam molli nomine appellare? Quamquam id nomen durius effe-
cit iam vetustas; a peregrino enim recessit et proprie in eo, qui
arma contra ferret, remansit. 38. Cum vero de imperio decer-
tatur belloque quaeritur gloria, causas omnino subesse tamen
oportet easdem, quas dixi paulo ante iustas causas esse bellorum. Sed ea bella, quibus imperii proposita gloria est, minus
acerbe gerenda sunt. Ut enim, cum civiliter contendimus,
⟨contendimus⟩ aliter si est inimicus, aliter si competitor – cum
altero certamen honoris et dignitatis est, cum altero capitis et
famae –, sic cum Celtiberis, cum Cimbris bellum ut cum inimicis gerebatur, uter esset, non uter imperaret, cum Latinis,
Sabinis, Samnitibus, Poenis, Pyrrho de imperio dimicabatur.
Poeni foedifragi, crudelis Hannibal, reliqui iustiores. Pyrrhi
quidem de captivis reddendis illa praeclara:

> Nec mi aurum posco nec mi pretium dederitis,
> Nec cauponantes bellum sed belligerantes,
> Ferro, non auro, vitam cernamus utrique.

kämpfe, wer nicht Soldat sei.]] Ich bemerke auch Folgendes:
weil der, der mit eigentlichem Namen Feind wäre, Fremder
geheißen wurde, ist durch die Milde des Wortes die Schärfe der
Sache gelindert worden. Fremder wurde nämlich bei unseren
Vorfahren der genannt, den wir jetzt Auswärtigen heißen. Das
zeigen die Zwölf Tafeln: «oder ein mit einem Fremden festge-
setzter Termin» und ebenso «gegen einen Fremden ewigen
Rechtsanspruch». Was kann zu einer solchen Sanftmut noch
hinzugefügt werden, den, mit dem man Krieg führt, mit einem
so milden Namen zu nennen? Freilich hat diesen Namen das Alter schon härter gemacht. Vom Auswärtigen nämlich hat er
sich gelöst und ist in eigentlicher Bedeutung bei dem, der die
Waffen gegen einen erhebt, geblieben. 38. Wenn aber um die
Herrschaft gestritten und im Krieg Ruhm gesucht wird, müssen doch auf jeden Fall dieselben Gründe vorliegen, von denen
ich kurz vorher gesagt habe, es seien gerechte Kriegsgründe.
Die Kriege aber, denen der Ruhm des Reiches zum Ziel gesetzt
ist, sind weniger erbittert zu führen. Wie wir nämlich im politischen Kampf anders ⟨kämpfen⟩, wenn es ein Feind, anders,
wenn es ein Mitbewerber ist – mit dem einen ist es ein Kampf
um Ehre und Stellung, mit dem anderen um Leben und Ruf –,
so wurde mit den Keltiberern, mit den Kimbern Krieg wie mit
Feinden geführt, wer überleben, nicht wer herrschen sollte, mit
den Latinern, Sabinern, Samniten, Puniern, Pyrrhus wurde um
die Herrschaft gestritten. Die Punier waren vertragsbrüchig,
grausam Hannibal, die übrigen gerechter. Von Pyrrhus stammen jene schönen Worte über die Rückgabe der Gefangenen:

Gold nicht fordre ich mir und man gebe mir keine Belohnung,
feilschen nicht um den Krieg, sondern kühn als Streiter
                                        ihn führen
beide mit Eisen, nicht Gold, über Leben wollen wir
                                        entscheiden.

Vosne velit an me regnare era, quidve ferat Fors,
Virtute experiamur. Et hoc simul accipe dictum:
Quorum virtutei belli Fortuna pepercit
Eorundem libertati me parcere certum est.
Dono ducite doque volentibus cum magnis dis.

Regalis sane et digna Aeacidarum genere sententia.

(13) 39. Atque etiam si quid singuli temporibus adducti hosti promiserunt, est in eo ipso fides conservanda, ut primo
Punico bello Regulus captus a Poenis, cum de captivis com-
mutandis Romam missus esset iurassetque se rediturum, primum, ut venit, captivos reddendos in senatu non censuit,
deinde, cum retineretur a propinquis et ab amicis, ad suppli-
cium redire maluit quam fidem hosti datam fallere. 40. Secundo
autem Punico bello post Cannensem pugnam quos decem Hannibal Romam misit astrictos iure iurando se redituros esse nisi
de redimendis is, qui capti erant, impetrassent, eos omnes cen-
sores, quoad quisque eorum vixit, quod peierassent in aerariis
reliquerunt, nec minus illum, qui iure iurando fraude culpam
invenerat. Cum enim permissu Hannibalis exisset e castris, rediit paulo post, quod se oblitum nescio quid diceret; deinde
egressus e castris iure iurando se solutum putabat, et erat verbis, re non erat. Semper autem in fide quid senseris, non quid

Will es, ob ihr herrschen sollt oder ich, oder was bringe das
Schicksal:
Tapfer wolln wir's erproben. Und höre zugleich auch noch
dies Wort:
Welcher Helden Mut das Glück des Krieges geschont hat,
Deren Freiheit zugleich zu schonen, hab ich entschieden.
Nehmt's zum Geschenk und ich geb's mit dem Willen
der Götter, der großen.

Eine königliche und der Aiakiden würdige Meinung!

39. Und auch wenn einzelne Männer durch die Lage dazu
gebracht dem Feinde etwas versprochen haben, ist gerade auch
darin das Wort zu halten. So wurde zum Beispiel im ersten punischen Krieg Regulus gefangen von den Puniern. Als er wegen des Austausches der Gefangenen nach Rom geschickt worden war und den Eid geleistet hatte, er werde wieder zurückkehren, hat er zunächst, als er kam, im Senat die Meinung geäußert, die Gefangenen sollten nicht zurückgegeben werden.
Dann wollte er, obwohl er von den Verwandten und Freunden
zurückgehalten wurde, lieber zur Hinrichtung zurückkehren
als das dem Feinde gegebene Wort täuschen. 40. Im zweiten
punischen Krieg aber nach der Schlacht bei Kannae haben die
Zensoren die zehn, die Hannibal nach Rom schickte unter dem
Eid, daß sie zurückkehren würden, wenn sie über den Loskauf
der Gefangenen nichts erreicht hätten, alle, solange ein jeder
von ihnen lebte, weil sie einen Meineid geleistet hätten, in der
untersten Klasse gelassen, und genau so jenen, der beim Eid
durch Hinterhältigkeit sich schuldig gemacht hatte. Als er
nämlich mit Erlaubnis Hannibals aus dem Lager gegangen war,
kehrte er kurz darauf zurück mit der Begründung, er habe irgendwas vergessen. Als er dann aus dem Lager schritt, glaubte
er sich vom Eide gelöst, und er war es den Worten nach, der
Sache nach war er's nicht. Immer aber muß man beim gegebe-

dixeris, cogitandum est. Maximum autem exemplum est iustitiae in hostem a maioribus nostris constitutum, cum a Pyrrho
perfuga senatui est pollicitus se venenum regi daturum et eum
necaturum. Senatus et C. Fabricius eum Pyrrho dedit. Ita ne
hostis quidem et potentis et bellum ultro inferentis interitum
cum scelere adprobavit. Ac de bellicis quidem officiis satis dictum est.

41. Meminerimus autem etiam adversus infimos iustitiam
esse servandam. Est autem infima condicio et fortuna servorum, quibus non male praecipiunt, qui ita iubent uti, ut mer-
cennariis, operam exigendam, iusta praebenda.

Cum autem duobus modis, id est aut vi aut fraude, fiat iniuria, fraus quasi vulpeculae, vis leonis videtur; utrumque homine alienissimum, sed fraus odio digna maiore.

Totius autem iniustitiae nulla capitalior quam eorum, qui
tum, cum maxime fallunt, id agunt, ut viri boni esse videantur. De iustitia satis dictum.

(14) 42. Deinceps, ut erat propositum, de beneficentia ac de
liberalitate dicatur, qua quidem nihil est naturae hominis accommodatius, sed habet multas cautiones. Videndum est enim
primum, ne obsit benignitas et iis ipsis, quibus benigne videbitur fieri, et ceteris, deinde ne maior benignitas sit quam facultates, tum ut pro dignitate cuique tribuatur; id enim est
iustitiae fundamentum, ad quam haec referenda sunt omnia.

nen Wort daran denken, was man gemeint, nicht was man gesagt hat. Das eindrucksvollste Beispiel von Gerechtigkeit gegen den Feind aber ist von unseren Vorfahren aufgestellt worden, als ein Überläufer des Pyrrhus dem Senat versprach, er
werde dem König Gift geben und ihn töten. Der Senat und
Gaius Fabricius gaben ihn dem Pyrrhus. So hat er nicht einmal
den Tod eines Feindes, der mächtig war und von selbst Krieg
begonnen hatte, in Verbindung mit einem Verbrechen gebilligt.
Und über rechtes Handeln im Krieg ist damit genug gesagt.

41. Denken wir aber daran, daß auch gegen die Geringsten
Gerechtigkeit zu wahren ist. Es ist aber die niedrigste Stellung
und Lage die der Sklaven. Nicht schlechte Anweisung geben die,
die sie so zu behandeln heißen wie Taglöhner, daß man die Arbeitsleistung fordern soll und den entsprechenden Lohn geben.

Da aber auf zwei Weisen, nämlich mit Gewalt oder List,
Ungerechtigkeit geschieht, so scheint List gleichsam zum
Fuchs, Gewalt zum Löwen zu gehören. Beides ist des Menschen überaus unwürdig. Aber Tücke ist größeren Hasses
wert.

Von aller Ungerechtigkeit aber ist keine todeswürdiger als
die derjenigen, die dann, wenn sie besonders täuschen, darauf
aus sind, gute Männer zu scheinen. Über die Gerechtigkeit ist
damit genug gesagt.

42. Darauf soll, wie das Ziel war, über das Wohltun und die
Großzügigkeit gesprochen werden. Nichts ist dem Wesen des
Menschen angemessener als sie, aber sie bedarf vieler Vorsichtsmaßregeln. Man muß nämlich sehen, zum ersten, daß die
Wohltätigkeit nicht schade weder denen, denen wohlgetan
werden soll, noch den übrigen, darauf, daß die Wohltätigkeit
nicht größer ist als die Möglichkeiten, dann vor allem, daß
einem jeden nach seinem Wert gegeben werde. Das ist nämlich die Grundlage der Gerechtigkeit, auf die dies alles zu beziehen ist.

Nam et qui gratificantur cuipiam, quod obsit illi, cui prodesse velle videantur, non benefici neque liberales, sed perniciosi assentatores iudicandi sunt, et qui aliis nocent, ut in alios liberales sint, in eadem sunt iniustitia, ut si in suam rem aliena convertant. 43. Sunt autem multi et quidem cupidi splendoris et gloriae, qui eripiunt aliis, quod aliis largiantur, iique arbitrantur se beneficos in suos amicos visum iri, si locupletent eos quacumque ratione. Id autem tantum abest officio, ut nihil magis officio possit esse contrarium. Videndum est igitur, ut ea liberalitate utamur, quae prosit amicis, noceat nemini. Quare L. Sullae, C. Caesaris pecuniarum translatio a iustis dominis ad alienos non debet liberalis videri; nihil est enim liberale, quod non idem iustum.

44. Alter locus erat cautionis, ne benignitas maior esset quam facultates, quod qui benigniores volunt esse, quam res patitur, primum in eo peccant, quod iniuriosi sunt in proximos; quas enim copias his et suppeditari aequius est et relinqui, eas transferunt ad alienos. Inest autem in tali liberalitate cupiditas plerumque rapiendi et auferendi per iniuriam, ut ad largiendum suppetant copiae. Videre etiam licet plerosque non tam natura liberales quam quadam gloria ductos, ut benefici videantur, facere multa, quae proficisci ab ostentatione magis quam a voluntate videantur. Talis autem simulatio vanitati est coniunctior quam aut liberalitati aut honestati.

Denn wer jemandem eine Gefälligkeit erweist, die schadet,
wem man nützen will, die sind nicht als wohltätig und großzügig, sondern als verderbliche Schmeichler zu beurteilen, und
wer dem einen schadet, um gegen andere großzügig zu sein,
die sind in derselben Ungerechtigkeit, wie wenn sie Fremdes
ihrem eigenen Vermögen zuwendeten. 43. Es gibt aber viele,
und zwar nach Glanz und Ruhm trachtende, die den einen rauben, was sie den anderen schenken wollen, und diese meinen,
sie würden freigebig gegenüber ihren Freunden erscheinen,
wenn sie auf jede beliebige Weise sie reich machten. Das liegt
aber so weit vom rechten Handeln ab, daß nichts dem rechten
Handeln mehr entgegengesetzt sein kann. Man muß also darauf sehen, daß wir eine Großzügigkeit üben, die den Freunden
nützt, niemandem schadet. Daher darf des Lucius Sulla, des
Gaius Cäsar Geldübertragung von den rechtmäßigen Herren
zu fremden nicht großzügig scheinen. Denn nichts ist großzügig, was nicht zugleich gerecht ist.

44. Das andere Gebiet der Vorsicht war, daß nicht die Freigebigkeit größer wäre als die Möglichkeiten, weil die, welche
freigebiger sein wollen als es ihr Vermögen zuläßt, zunächst
darin einen Fehler begehen, daß sie ungerecht sind gegen
die Nächststehenden. Die Mittel nämlich, die billiger diesen
zur Verfügung stünden und hinterlassen würden, die wenden sie Fremden zu. Es wohnt aber meistens einer solchen
Großzügigkeit das Trachten nach Rauben und unrechtmäßi-
gem Fortschleppen inne, daß reiche Mittel zum Schenken
zur Verfügung stehen. Man kann auch beobachten, daß
die meisten nicht so sehr von Natur großzügig, als von einer
bestimmten Ruhmsucht geleitet vieles tun, um freigebig zu
scheinen, was offenbar mehr im Prunken als im Willen den
Ausgangspunkt hat. Ein solches Vortäuschen aber ist hohler
Eitelkeit näher verbunden als der Großzügigkeit oder Statt-
lichkeit.

45. Tertium est propositum, ut in beneficentia dilectus esset dignitatis; in quo et mores eius erunt spectandi, in quem beneficium conferetur, et animus erga nos et communitas ac societas vitae et ad nostras utilitates officia ante collata; quae ut concurrant omnia, optabile est; si minus, plures causae maioresque ponderis plus habebunt.

(15) 46. Quoniam autem vivitur non cum perfectis hominibus planeque sapientibus, sed cum iis, in quibus praeclare agitur si sunt simulacra virtutis, etiam hoc intellegendum puto, neminem omnino esse neglegendum, in quo aliqua significatio virtutis appareat, colendum autem esse ita quemque maxime, ut quisque maxime virtutibus his lenioribus erit ornatus, modestia, temperantia, hac ipsa, de qua multa iam dicta sunt, iustitia. Nam fortis animus et magnus in homine non perfecto nec sapiente ferventior plerumque est, illae virtutes bonum virum videntur potius attingere. Atque haec in moribus.

47. De benevolentia autem, quam quisque habeat erga nos, primum illud est in officio, ut ei plurimum tribuamus, a quo plurimum diligamur, sed benivolentiam non adulescentulorum more ardore quodam amoris, sed stabilitate potius et constantia iudicemus. Sin erunt merita, ut non ineunda, sed referenda sit gratia, maior quaedam cura adhibenda est; nullum enim officium referenda gratia magis necessarium est. 48. Quodsi ea, quae utenda acceperis, maiore mensura, si modo possis, iubet reddere Hesiodus, quidnam beneficio provocati facere debe-

45. Drittens wurde zur Aufgabe gesetzt, daß beim Wohltun
eine Auswahl im Wert stattfinde. Dabei wird man auf die Sitten
dessen, dem eine Wohltat zugewendet werden soll, zu schauen
haben, auf seine Gesinnung gegen uns, die Gemeinschaft und
Gesellschaft des Lebens und auf die Dienste, die vorher zu
unserem Nutzen geleistet worden sind. Daß dies alles zusam-
menkomme, ist wünschenswert. Sonst werden die zahlrei-
cheren und größeren Gründe mehr Gewicht haben.

46. Da man ja aber nicht mit vollkommenen und durchaus
weisen Menschen lebt, sondern mit denen, bei denen man
schon Glück hat, wenn Abbilder der Vollkommenheit vorhanden sind, glaube ich, muß man auch dies einsehen, daß niemand
gänzlich außer acht zu lassen ist, in dem irgendein Anzeichen
von Vollkommenheit zutage tritt; zu verehren aber ist jeder
um so mehr, je mehr er mit diesen milderen Tugenden geziert
ist, Bescheidenheit, Ausgeglichenheit und eben der, über die
schon vieles gesagt wurde, der Gerechtigkeit. Denn eine
starke und große Seele in einem nicht vollkommenen und
nicht weisen Manne ist meist zu stürmisch, jene Tugenden
scheinen einem guten Manne eher anzustehen. Und dies bei
den Sitten.

47. Was aber das Wohlwollen anlangt, das ein jeder gegen
uns haben soll, so gehört erstens jenes zum rechten Handeln,
daß wir dem am meisten zuwenden, von dem wir am meisten
geliebt werden, aber dabei das Wohlwollen nicht nach Art von
Jünglingen nach der Glut der Liebe, sondern vielmehr nach
Festigkeit und Beständigkeit beurteilen. Wenn aber Verdien-
ste da sind, so daß ein Verhältnis des Wohlwollens nicht zu
beginnen, sondern zu vergelten ist, muß man noch größere
Sorgfalt anwenden. Denn keine Pflicht ist unausweichlicher als
die, Dank abzustatten. 48. Wenn aber Hesiod befiehlt, das, was
du geborgt hast, wenn möglich mit größerem Maße zurückzugeben, was müssen wir dann erst tun, wenn wir durch eine

mus? An imitari agros fertiles, qui multo plus efferunt, quam
acceperunt? Etenim si in eos, quos speramus nobis profuturos,
non dubitamus officia conferre, quales in eos esse debemus, qui
iam profuerunt? Nam cum duo genera liberalitatis sint, unum
dandi beneficii, alterum reddendi, demus necne in nostra potestate est, non reddere viro bono non licet, modo id facere
possit sine iniuria. 49. Acceptorum autem beneficiorum sunt
dilectus habendi, nec dubium, quin maximo cuique plurimum
debeatur. In quo tamen inprimis, quo quisque animo, studio,
benivolentia fecerit, ponderandum est. Multi enim faciunt
multa temeritate quadam sine iudicio vel morbo in omnes vel
repentino quodam quasi vento impetu animi incitati; quae beneficia aeque magna non sunt habenda atque ea, quae iudicio,
considerate constanterque delata sunt. Sed in collocando beneficio et in referenda gratia, si cetera paria sunt, hoc maxime
officii est, ut quisque maxime opis indigeat, ita ei potissimum
opitulari; quod contra fit a plerisque; a quo enim plurimum
sperant, etiamsi ille iis non eget, tamen ei potissimum inser-
viunt.

(16) 50. Optime autem societas hominum coniunctioque ser-
vabitur, si, ut quisque erit coniunctissimus, ita in eum benignitatis plurimum conferetur. Sed quae naturae principia sint
communitatis et societatis humanae, repetendum videtur
altius. Est enim primum quod cernitur in universi generis humani societate. Eius autem vinculum est ratio et oratio, quae

Wohltat herausgefordert worden sind? Doch wohl die frucht-
baren Äcker nachahmen, die viel mehr tragen als sie empfangen
haben! Denn wenn wir denen, von denen wir hoffen, daß sie
uns nützen werden, nicht zögern, Dienste zuzuwenden, wie
müssen wir dann erst gegen die sein, die schon nützlich gewesen sind? Denn da es zwei Arten von Großzügigkeit gibt,
die eine, eine Wohltat zu erweisen, die andere, sie zu vergelten,
so liegt in unserer Macht, ob wir geben oder nicht, nicht zu
vergelten ist einem guten Manne nicht erlaubt, wenn er das
irgend tun kann, ohne Unrecht zu begehen. 49. Unter den
empfangenen Wohltaten aber ist eine Scheidung zu treffen,
und es ist nicht zweifelhaft, daß jeweils der größten das meiste
geschuldet wird. Hierbei ist freilich vor allem abzuwägen, in
welcher Gesinnung ein jeder, mit welchem Eifer, mit welchem
Wohlwollen er sie erwiesen hat. Viele nämlich tun vieles aus
einem Leichtsinn ohne Urteil oder krankhaft gegen alle oder
von einem plötzlichen Aufwallen wie einem Sturmwind getrieben. Diese Wohltaten sind nicht für gleich groß zu erachten
wie die, welche mit Urteil, wohlerwogen und aus fester Gesinnung erwiesen werden. Aber beim Erweisen einer Wohltat und
beim Abstatten von Dank gehört, wofern das übrige gleich
ist, das besonders zum rechten Handeln, wie jeder der Hilfe
bedarf, so ihm am ehesten zu helfen. Was von den meisten gerade umgekehrt gemacht wird. Von wem sie nämlich am meisten erhoffen, dem dienen sie, auch wenn jener ihrer nicht bedarf, dennoch am ehesten.

50. Am besten aber wird die Gesellschaft und Verbindung
der Menschen gewahrt werden, wenn, je näher einer verbunden ist, ihm um so mehr Freigebigkeit erwiesen wird. Was aber
die natürlichen Grundlagen der menschlichen Gemeinschaft
und Gesellschaft sind, muß man, scheint mir, etwas tiefer herleiten. Die erste nämlich ist die, die sichtbar wird in der Gesellschaft des gesamten Menschengeschlechtes. Ihr Band aber

docendo, discendo, communicando, disceptando, iudicando
conciliat inter se homines coniungitque naturali quadam societate, neque ulla re longius absumus a natura ferarum, in
quibus inesse fortitudinem saepe dicimus, ut in equis, in leo-
nibus, iustitiam, aequitatem, bonitatem non dicimus; sunt
enim rationis et orationis expertes. 51. Ac latissime quidem
patens hominibus inter ipsos, omnibus inter omnes societas
haec est. In qua omnium rerum, quas ad communem hominum
usum natura genuit, est servanda communitas, ut quae discripta sunt legibus et iure civili, haec ita teneantur, ut est constitutum legibus ipsis, cetera sic observentur, ut in Graecorum
proverbio est, amicorum esse communia omnia. Omnium autem communia hominum videntur ea, quae sunt generis eius,
quod ab Ennio positum in una re transferri in permultas potest:

> Homo qui erranti comiter monstrat viam,
> Quasi lumen de suo lumine accendat facit.
> Nihilo minus ipsi lucet, cum illi accenderit.

Una ex re satis praecipit, ut quidquid sine detrimento commo-
dari possit, id tribuatur vel ignoto. 52. Ex quo sunt illa communia: non prohibere aqua profluente, pati ab igne ignem capere, si qui velit, consilium fidele deliberanti dare, quae sunt
iis utilia, qui accipiunt, danti non molesta. Quare et his utendum est et semper aliquid ad communem utilitatem afferen-
dum. Sed quoniam copiae parvae singulorum sunt, eorum autem, qui his egeant, infinita est multitudo, vulgaris liberalitas

ist Vernunft und Rede, die durch Lehren, Lernen, Mitteilen,
Erörtern, Urteilen die Menschen unter sich verbindet und in
einer Art natürlicher Genossenschaft verknüpft. Und durch
nichts sind wir weiter vom Wesen der Tiere entfernt. Denn
wir sagen oft, daß in ihnen Tapferkeit wohne, wie in Rossen
und Löwen, daß Gerechtigkeit, Billigkeit, Güte in ihnen wohne, sagen wir nicht. Sie haben nämlich nicht teil an Vernunft
und Rede. 51. Und am weitesten reicht diese Genossenschaft
der Menschen unter ihnen selber, aller unter allen. In ihr muß
bewahrt werden die Gemeinschaft in allen Dingen, die die Natur zum allgemeinen Gebrauche der Menschen geschaffen hat,
so daß, was durch Gesetze und das bürgerliche Recht geordnet
ist, dies so gehalten werde, wie es nach dem Gesetz selber festgesetzt ist, das übrige so beobachtet wird, wie es in dem
Sprichwort der Griechen heißt, daß alles den Freunden gemeinsam wäre. Allen Menschen gemeinsam aber scheint das,
was derart ist, wie es, von Ennius auf *eine* Sache gemünzt, auf
sehr viele übertragen werden kann:

> Ein Mann, der freundlich Irrenden die Straße zeigt,
> der zündet gleichsam Licht von seinem Lichte an:
> er leuchtet sich, auch wenn er jenem zündet an.

An einer Sache zeigt er deutlich, daß eine Gefälligkeit, die ohne
Schaden geleistet werden kann, auch dem Unbekannten erwiesen werden soll. 52. Daher sind jene Dinge gemeinsame
Pflichten: nicht vom fließenden Wasser fernhalten, Feuer vom
Feuer nehmen lassen, wenn jemand will, einem Suchenden
einen ehrlichen Rat geben. Alles dieses ist denen nützlich,
die es erhalten, dem Geber nicht lästig. Daher muß man dies
üben und immer etwas zum gemeinsamen Nutzen beitragen.
Aber da ja die Mittel des einzelnen gering sind, die Menge
derjenigen aber, die ihrer bedürfen, unendlich ist, ist diese
gewöhnliche Großzügigkeit auf jenes Ziel des Ennius zu be-

referenda est ad illum Ennii finem 'nihilo minus ipsi lucet', ut
facultas sit, qua in nostros simus liberales.

(17) 53. Gradus autem plures sunt societatis hominum. Ut
enim ab illa infinita discedatur, propior est eiusdem gentis,
nationis, linguae, qua maxime homines coniunguntur. Interius
etiam est eiusdem esse civitatis; multa enim sunt civibus inter
se communia, forum, fana, porticus, viae, leges, iura, iudicia,
suffragia, consuetudines praeterea et familiaritates multisque
cum multis res rationesque contractae. Artior vero colligatio
est societatis propinquorum; ab illa enim inmensa societate
humani generis in exiguum angustumque concluditur. 54. Nam
cum sit hoc natura commune animantium, ut habeant libidi-
nem procreandi, prima societas in ipso coniugio est, proxima
in liberis, deinde una domus, communia omnia; id autem est
principium urbis et quasi seminarium rei publicae. Sequuntur fratrum coniunctiones, post consobrinorum sobrinorum-
que, qui cum una domo iam capi non possint, in alias domos
tamquam in colonias exeunt. Sequuntur conubia et affinitates
ex quibus etiam plures propinqui; quae propagatio et suboles
origo est rerum publicarum.

Sanguinis autem coniunctio et benivolentia devincit homines ⟨et⟩ caritate. 55. Magnum est enim eadem habere monumenta maiorum, eisdem uti sacris, sepulchra habere communia. Sed omnium societatum nulla praestantior est, nulla firmior, quam cum viri boni moribus similes sunt familiaritate
coniuncti; illud enim honestum, quod saepe dicimus, etiam si

ziehen, «er leuchtet trotzdem sich», damit noch eine Möglichkeit ist, durch die wir gegen die Unseren großzügig sein
können.

53. Stufen aber gibt es mehrere der menschlichen Gesellschaft. Um nämlich jene unendliche zu lassen: näher ist die
derselben Völker, desselben Stammes, derselben Sprache, durch
die die Menschen am meisten verbunden werden. Vertrauter
noch ist es, derselben Gemeinde anzugehören. Vieles haben
nämlich die Bürger unter sich gemeinsam: Markt, Tempel,
Hallen, Straßen, Gesetze, Rechte, Gericht, Wahlen, Umgang
außerdem und Freundschaften und vielfach geschäftliche Be-
ziehungen mit vielen. Enger gar noch ist das Band der Gemeinschaft der Verwandten. Von jener unermeßlichen Gemeinschaft des Menschengeschlechtes nämlich schließt sie sich zum
kleinen und engen Kreis zusammen. 54. Denn da dies von Natur den Lebewesen gemeinsam ist, die Lust zu zeugen, liegt
die erste Gemeinschaft in der Ehe selber, die nächste in den
Kindern, dann die Einheit des Hauses, die Gemeinsamkeit in
allem. Das aber ist der Anfang der Stadt und gleichsam die
Pflanzschule des Gemeinwesens. Es folgen die Verbindungen
der Brüder, dann die der Geschwisterkinder von Vaters und
Mutters Seite, die in andere Häuser ausziehen wie in Kolonien,
da sie in einem Haus schon nicht mehr Platz finden. Es folgen
die Eheverbindungen und die Verschwägerungen, aus denen
noch mehr Verwandte kommen. Diese Fortpflanzung und
Nachkommenschaft ist der Ursprung der Staaten.

Blutsverbindungen aber verknüpfen die Menschen durch
Wohlwollen und Liebe. 55. Etwas Großes nämlich ist es, dieselben Erinnerungen an die Vorfahren zu haben, dieselben Heiligtümer zu verehren, gemeinsame Gräber zu haben. Aber von
allen Gemeinschaften ist keine unübertrefflicher, keine fester
als wenn gute Männer, an Art ähnlich, durch Freundschaft
verbunden sind. Jenes Ehrenvolle nämlich, wovon wir oft

in alio cernimus, tamen nos movet atque illi in quo id inesse
videtur amicos facit. 56. Et quamquam omnis virtus nos ad
se allicit facitque, ut eos diligamus, in quibus ipsa inesse videatur, tamen iustitia et liberalitas id maxime efficit. Nihil autem
est amabilius nec copulatius, quam morum similitudo bonorum; in quibus enim eadem studia sunt, eaedem voluntates,
in iis fit, ut aeque quisque altero delectetur ac se ipso, efficitur-
que id, quod Pythagoras vult in amicitia, ut unus fiat ex pluribus. Magna etiam illa communitas est, quae conficitur ex beneficiis ultro et citro datis acceptis, quae et mutua et grata dum
sunt, inter quos ea sunt firma devinciuntur societate. 57. Sed
cum omnia ratione animoque lustraris, omnium societatum
nulla est gravior, nulla carior quam ea, quae cum re publica
est uni cuique nostrum. Cari sunt parentes, cari liberi, propinqui, familiares, sed omnes omnium caritates patria una
complexa est, pro qua quis bonus dubitet mortem oppetere,
si ei sit profuturus? Quo est detestabilior istorum immanitas,
qui lacerarunt omni scelere patriam et in ea funditus delenda
occupati et sunt et fuerunt.

58. Sed si contentio quaedam et comparatio fiat, quibus plurimum tribuendum sit officii, principes sint patria et parentes,
quorum beneficiis maximis obligati sumus, proximi liberi to-
taque domus, quae spectat in nos solos neque aliud ullum potest habere perfugium, deinceps bene convenientes propinqui,
quibuscum communis etiam fortuna plerumque est. Quamob-
rem necessaria praesidia vitae debentur his maxime quos ante

sprechen, bewegt, auch wenn wir es an einem anderen wahr-
nehmen, uns doch und macht uns jenem, in dem es zu wohnen
scheint, zum Freunde. 56. Und obwohl jede Tugend uns anlockt
und bewirkt, daß wir die lieben, in denen sie zu wohnen
scheint, bewirken das doch Gerechtigkeit und Großzügigkeit
am meisten. Nichts aber ist liebenswerter und verbindender
als die Ähnlichkeit in guter Art. In wem nämlich dieselben
Beschäftigungen, derselbe Wille wohnt, bei denen geschieht es,
daß ein jeder sich in gleicher Weise an dem anderen erfreut wie
an sich selber, und es wird bewirkt, was Pythagoras in der
Freundschaft wollte, daß aus mehreren einer wird. Groß ist
auch jene Gemeinsamkeit, die entsteht auf Grund hin- und
hergegebener und empfangener Wohltaten. Wenn sie wechsel-
weise und willkommen sind, werden die, unter denen sie statt-
haben, durch feste Gemeinschaft verbunden. 57. Wenn du
aber alles im Geiste und Denken durchgehst, ist keine von allen
Gemeinschaften gewichtiger, keine teurer als die, die einen
jeden von uns mit dem Gemeinwesen verbindet. Teuer sind
die Eltern, teuer die Kinder, die Verwandten, die Freunde,
aber alle Liebe zu allen umfaßt das eine Vaterland. Welcher
Gute würde wohl zaudern, den Tod für es zu suchen, wenn es
ihm nützen könnte? Um so verabscheuungswürdiger ist die
Ungeheuerlichkeit dieser Leute, die das Vaterland durch jede
Art von Verbrechen zerfleischt haben und mit seiner gründ-
lichen Zerstörung beschäftigt sind und waren.

58. Wenn aber ein Streit und ein Vergleich eintreten sollte,
wem am meisten Pflicht zu erweisen ist, sollen an erster Stelle
das Vaterland und die Eltern stehen, durch deren Wohltaten wir
am meisten verpflichtet sind, am nächsten die Kinder und das
ganze Haus, das nur auf uns schaut und keine andere Zuflucht
haben kann, darauf die in gutem Verhältnis stehenden Verwandten, mit denen meist auch die Schicksalslage gemeinsam ist.
Darum werden die notwendigen Unterstützungen fürs Leben

dixi, vita autem victusque communis, consilia, sermones, co-
hortationes, consolationes, interdum etiam obiurgationes in
amicitiis vigent maxime, estque ea iucundissima amicitia,
quam similitudo morum coniugavit.

(18) 59. Sed in his omnibus officiis tribuendis videndum erit,
quid cuique maxime necesse sit et quid quisque vel sine nobis
aut possit consequi aut non possit. Ita non idem erunt necessi-
tudinum gradus qui temporum, suntque officia, quae aliis magis quam aliis debeantur, ut vicinum citius adiuveris in fructi-
bus percipiendis quam aut fratrem aut familiarem, at, si lis in
iudicio sit, propinquum potius et amicum quam vicinum defenderis.

Haec igitur et talia circumspicienda sunt in omni officio [et
consuetudo exercitatioque capienda], ut boni ratiocinatores
officiorum esse possimus et addendo deducendoque videre,
quae reliqui summa fiat, ex quo quantum cuique debeatur
intellegas. 60. Sed ut nec medici nec imperatores nec oratores,
quamvis artis praecepta perceperint, quicquam magna laude
dignum sine usu et exercitatione consequi possunt, sic officii
conservandi praecepta traduntur illa quidem, ut facimus ipsi,
sed rei magnitudo usum quoque exercitationemque desiderat.
Atque ab iis rebus, quae sunt in iure societatis humanae, quemadmodum ducatur honestum, ex quo aptum est officium,
satis fere diximus.

61. Intellegendum autem est, cum proposita sint genera
quattuor, e quibus honestas officiumque manaret, splendidis-

am meisten denen geschuldet, die ich eben nannte, gemeinsames
Leben aber, gemeinsame Lebensführung, Ratschläge, Gespräche, Ermahnungen, Trösten, bisweilen auch Vorwürfe spielen in
Freundschaften die größte Rolle, und zwar ist dies die angenehm-
ste Freundschaft, die die Ähnlichkeit der Sitten zusammenfügte.
59. Aber beim Erweisen aller dieser Pflichten wird man darauf sehen müssen, was jeder besonders nötig hat und was ein
jeder auch ohne uns entweder erreichen kann oder nicht kann.
So werden die Stufen der Nahverhältnisse nicht dieselben sein
wie die der Zeiten, und es gibt Pflichten, die den einen mehr
als den anderen geschuldet werden, wie du beim Ernten der
Frucht eher dem Nachbarn helfen würdest als dem Bruder
oder dem Freunde, jedoch wenn ein Streit vor Gericht an-
hängig ist, du lieber den Verwandten und Freund als den
Nachbarn verteidigen würdest.

Dies also und solches derart muß man bei jeder Pflichter-
weisung beobachten [und Gewohnheit und Übung gewin-
nen], auf daß wir gute Berechner der Pflicht zu sein vermögen
und im Hinzufügen und Abziehen sehen, was die Summe des
Restes ausmacht, damit man erkennen kann, wieviel jedem
geschuldet wird. 60. Aber wie weder Feldherren noch Redner
noch Ärzte, mögen sie auch die Vorschriften der Kunst in sich
aufgenommen haben, etwas großen Lobes Würdiges ohne Erfahrung und Übung erreichen können, so werden zwar jene
Vorschriften, das rechte Handeln zu bewahren, gelehrt, wie
wir es selber tun, aber die Größe der Sache verlangt auch
Praxis und Übung. Und wie aus den Dingen, die im Recht der
menschlichen Gemeinschaft beschlossen sind, das Ehrenvolle
abgeleitet wird, an dem das rechte Handeln hängt, darüber
haben wir wohl genug gesagt.

61. Man muß aber erkennen, daß, da vier Arten aufgestellt
worden sind, aus denen Ehrbarkeit und rechtes Handeln flös-

simum videri, quod animo magno elatoque humanasque res
despiciente factum sit. Itaque in probris maxime in promptu
est, si quid tale dici potest:

Vos enim iuvenes animum geritis muliebrem, illa virgo viri

et si quid eiusmodi:

Salmacida spolia sine sudore et sanguine.

Contraque in laudibus, quae magno animo et fortiter excellen-
terque gesta sunt, ea nescio quomodo quasi pleniore ore lau-
damus. Hinc rhetorum campus de Marathone, Salamine, Pla-
taeis, Thermopylis, Leuctris, ⟨hinc no⟩ster Cocles, hinc Decii,
hinc Cn. et P. Scipiones, hinc M. Marcellus, innumerabiles alii,
maximeque ipse populus Romanus animi magnitudine excellit.
Declaratur autem studium bellicae gloriae, quod statuas quoque videmus ornatu fere militari.

(19) 62. Sed ea animi elatio, quae cernitur in periculis et laboribus, si iustitia vacat pugnatque non pro salute communi,
sed pro suis commodis, in vitio est; non modo enim id virtutis
non est, sed est potius immanitatis omnem humanitatem re-
pellentis. Itaque probe definitur a Stoicis fortitudo, cum eam
virtutem esse dicunt propugnantem pro aequitate. Quocirca
nemo, qui fortitudinis gloriam consecutus est insidiis et malitia, laudem est adeptus: nihil honestum esse potest, quod iustitia vacat. 63. Praeclarum igitur illud Platonis: 'Non, inquit,
solum scientia, quae est remota ab iustitia, calliditas potius
quam sapientia est appellanda, verum etiam animus paratus

sen, am glänzendsten das scheint, was mit großer, erhabener
und die menschlichen Dinge verachtender Seele getan wurde.
Daher ist bei Schmähungen am leichtesten zur Hand, wenn
etwas Derartiges gesagt werden kann:

> Ihr jungen Männer habt den Sinn eines Weibes, jene Jung-
> frau den eines Mannes!

und etwas dieser Art:

> Salmakidische Beute ohne Schweiß und Blut!

Und auf der anderen Seite in Ruhmespreisungen loben wir,
was mit großem Sinn, tapfer und in überragender Weise durchgeführt worden ist, irgendwie gleichsam mit vollerem Tone.
Daher das Übungsfeld der Rhetoren über Marathon, Salamis,
Platää, die Thermopylen, Leuktra, daher unser Cocles, daher
die Decier, daher Cnaeus und Publius Scipio, daher Marcus
Marcellus und unzählige andere, und besonders ragt das römische Volk selber durch Seelengröße hervor. Es zeigt sich aber
der Eifer nach Kriegsruhm darin, daß wir auch die Standbilder
gewöhnlich im Kriegsgewand sehen.

62. Aber diese seelische Erhebung, die man in Gefahren und
Mühen erkennt, ist etwas Schlechtes, wofern sie ohne Gerechtigkeit ist und nicht für das allgemeine Heil kämpft, sondern
für die eigenen Vorteile. Denn das ist nicht nur nicht ein Zeichen von Tugend, sondern vielmehr einer Ungeheuerlichkeit,
die alle Menschlichkeit wegstößt. Daher wird von den Stoikern
die Tapferkeit recht umschrieben, wenn sie sagen, es sei die
Tugend, die zum Schutze der Gerechtigkeit kämpfe. Darum
hat niemand, der den Ruhm der Tapferkeit mit Hinterlist und
Schlechtigkeit erreicht hat, Lob erlangt: nichts kann ehrenvoll
sein, was ohne Gerechtigkeit ist. 63. Vortrefflich ist also der
Ausspruch Platos: «Nicht nur, sagte er, das Wissen, das fern
ist von Gerechtigkeit, ist eher Schlauheit als Weisheit zu nennen, sondern auch ein Mut, der bereit ist zur Gefahr, sollte,

ad periculum, si sua cupiditate, non utilitate communi impellitur, audaciae potius nomen habeat quam fortitudinis.' Itaque viros fortes et magnanimos eosdem bonos et simplices, veritatis amicos minimeque fallaces esse volumus; quae sunt ex media laude iustitiae. 64. Sed illud odiosum est, quod in hac elatione et magnitudine animi facillime pertinacia et nimia cupiditas principatus innascitur. Ut enim apud Platonem est, omnem morem Lacedaemoniorum inflammatum esse cupiditate vincendi, sic, ut quisque animi magnitudine maxime excellet, ita maxime vult princeps omnium vel potius solus esse. Difficile autem est, cum praestare omnibus concupieris, servare aequitatem, quae est iustitiae maxime propria. Ex quo fit ut neque disceptatione vinci se nec ullo publico ac legitimo iure patiantur, existuntque in re publica plerumque largitores et factiosi, ut opes quam maximas consequantur et sint vi potius superiores quam iustitia pares. Sed quo difficilius, hoc praeclarius; nullum enim est tempus, quod iustitia vacare debeat. 65. Fortes igitur et magnanimi sunt habendi non qui faciunt, sed qui propulsant iniuriam. Vera autem et sapiens animi magnitudo honestum illud, quod maxime natura sequitur, in factis positum, non in gloria iudicat principemque se esse mavult quam videri. Etenim qui ex errore imperitae multitudinis pendet, hic in magnis viris non est habendus. Facillime autem ad res iniustas impellitur, ut quisque altissimo animo est, gloriae cupiditate; qui locus est sane lubricus, quod vix invenitur, qui laboribus susceptis periculisque aditis non quasi mercedem rerum gestarum desideret gloriam.

wenn er durch eigenes Begehren, nicht durch den allgemeinen
Nutzen Anstoß erfährt, lieber den Namen Verwegenheit statt
Tapferkeit tragen.» Daher wünschen wir tapfere und hochge-
mute Männer zugleich gut und eindeutig, zu Freunden der
Wahrhaftigkeit und am meisten ohne Falsch, Eigenschaften,
die mitten aus dem Lob der Gerechtigkeit stammen. 64. Dabei
aber ist das widerwärtig, daß bei dieser Erhebung und Größe
der Seele am leichtesten Starrsinn und allzu große Begier nach
Vorrang entsteht. Wie es nämlich bei Plato heißt, daß das ganze
Wesen der Spartaner entzündet sei von der Gier zu siegen, so
will jeder, je mehr er durch Größe der Seele hervorragt, um
so mehr unter allen der erste oder vielmehr einzig sein. Schwierig aber ist es, wenn du allen überlegen zu sein begehrst, die
Gleichberechtigung innezuhalten, die der Gerechtigkeit am
meisten zu eigen ist. Daher kommt es, daß sie sich weder
durch Diskussion noch durch irgendein öffentliches und ge-
setzmäßiges Recht überwinden lassen und im Gemeinwesen
meistens als verschwenderische Schenker und Klüngelbildner
auftreten, um so große Macht wie möglich zu erlangen und
lieber mit Gewalt überlegen als mit Gerechtigkeit gleich zu
sein. Aber je schwieriger, um so rühmlicher. Denn es gibt keine
Lage, die ohne Gerechtigkeit sein dürfte. 65. Als tapfer und
großgesinnt haben nicht die zu gelten, die Unrecht tun, sondern die es abwehren. Echte aber und weise Seelengröße ur-
teilt, daß jenes Ehrenvolle, nach dem die Natur besonders geht,
in den Taten ruhe, nicht im Ruhm, und will lieber der erste
sein als scheinen. Denn wer vom Irrtum der unerfahrenen
Masse abhängt, ist nicht unter die großen Männer zu zählen.
Um so leichter wird aber jeder zu ungerechten Dingen getrieben, je höheren Sinnes er ist, durch Begier nach Ruhm. Dies
Gebiet ist freilich schlüpfrig, weil sich kaum einer findet, der
nach Übernahme von Strapazen und Angehen von Gefahren
nicht gleichsam als Lohn der Taten Ruhm ersehne.

(20) 66. Omnino fortis animus et magnus duabus rebus maxime cernitur, quarum una in rerum externarum despicientia ponitur, cum persuasum sit nihil hominem nisi quod honestum decorumque sit aut admirari aut optare aut expetere oportere, nullique neque homini neque perturbationi animi nec fortunae succumbere. Altera est res, ut cum ita sis affectus animo, ut supra dixi, res geras magnas illas quidem et maxime utiles, sed ut vehementer arduas plenasque laborum et periculorum cum vitae, tum multarum rerum, quae ad vitam pertinent. 67. Harum rerum duarum splendor omnis, amplitudo, addo etiam utilitatem, in posteriore est, causa autem et ratio efficiens magnos viros in priore. In eo est enim illud, quod excellentes animos et humana contemnentes facit. Id autem ipsum cernitur in duobus, si et solum id, quod honestum sit, bonum iudices et ab omni animi perturbatione liber sis. Nam et ea, quae eximia plerisque et praeclara videntur, parva ducere eaque ratione stabili firmaque contemnere fortis animi magnique ducendum est, et ea, quae videntur acerba, quae multa et varia in hominum vita fortunaque versantur, ita ferre, ut nihil a statu naturae discedas, nihil a dignitate sapientis, robusti animi est magnaeque constantiae. 68. Non est autem consentaneum, qui metu non frangatur, eum frangi cupiditate, nec qui invictum se a labore praestiterit, vinci a voluptate. Quam ob rem et haec vitanda et pecuniae fugienda cupiditas; nihil enim est tam angusti animi tamque parvi quam amare divitias, nihil hone-

66. Überhaupt wird ein tapferer und großer Sinn am meisten
an zwei Dingen erkannt, von denen man eins in die Geringschätzung der äußeren Dinge verlegt, da die Überzeugung besteht, daß der Mensch nichts, außer was ehrenvoll und schön
ist, bewundern, wünschen oder erstreben dürfe und niemandem weder einem Menschen noch einer Verwirrung der Seele
noch dem Schicksal unterliegen. Die andere Sache ist die, daß
du, wenn du so, wie oben gesagt, gesinnt bist, große und besonders nützliche Dinge tust, aber vor allem höchst schwierige
und voller Strapazen und Gefahren sowohl für das Leben, dann
aber auch für viele Dinge, die sich auf das Leben erstrecken.
67. Dieser zwei Dinge ganzer Glanz, ihre Größe, ich füge hinzu:
auch der Nutzen, liegt in der zweiten, der Grund aber und die
große Männer schaffende Ursache in der ersten. Darin ist nämlich jenes beschlossen, was überlegene und das Menschliche
verachtende Seelen hervorbringt. Eben dieses aber erkennt
man an zwei Dingen, wenn du allein das, was ehrenvoll ist, für
gut erachtest und frei bist von jeder Verwirrung der Seele.
Denn das, was den meisten außerordentlich und herrlich
scheint, für gering zu halten und es in standhafter und fester
Vernunft zu verachten, hat für das Zeichen einer tapferen und
großen Seele zu gelten, und das, was bitter scheint – Dinge,
wie es sie in großer Zahl und mannigfacher Gestalt im Leben
und Geschick der Menschen gibt –, so zu tragen, daß du in
nichts den festen Stand des Wesens verläßt, in nichts die Würde
des Weisen, gilt als Werk einer kraftvollen Seele und einer
großen Beständigkeit. 68. Es paßt aber nicht zusammen, daß
der, welcher von Furcht nicht gebrochen wird, sich von seiner
Begierde zerbrechen und nicht, daß, wer sich als unbesieglich
durch Strapazen bewährt hat, sich von der Lust besiegen läßt.
Darum muß man sowohl dieses meiden als auch die Geldgier
fliehen. Nichts ist nämlich so sehr die Art eines engen Sinnes,
nichts so sehr die eines kleinen als den Reichtum zu lieben,

stius magnificentiusque quam pecuniam contemnere, si non
habeas, si habeas, ad beneficentiam liberalitatemque conferre.
Cavenda etiam est gloriae cupiditas, ut supra dixi; eripit enim
libertatem, pro qua magnanimis viris omnis debet esse contentio. Nec vero imperia expetenda ac potius aut non accipienda
interdum aut deponenda non numquam. 69. Vacandum autem
omni est animi perturbatione, cum cupiditate et metu tum
etiam aegritudine et voluptate nimia et iracundia, ut tranquillitas animi et securitas adsit, quae affert cum constantiam tum
etiam dignitatem.

Multi autem et sunt et fuerunt, qui eam, quam dico, tran-
quillitatem expetentes a negotiis publicis se removerint ad
otiumque perfugerint, in his et nobilissimi philosophi longe-
que principes et quidam homines severi et graves, nec populi
nec principum mores ferre potuerunt vixeruntque non nulli
in agris delectati re sua familiari. 70. His idem propositum fuit
quod regibus, ut ne qua re egerent, ne cui parerent, libertate
uterentur, cuius proprium est sic vivere, ut velis. (21) Quare
cum hoc commune sit potentiae cupidorum cum his, quos
dixi, otiosis, alteri se adipisci id posse arbitrantur, si opes magnas habeant, alteri, si contenti sint et suo et parvo. In quo
neutrorum omnino contemnenda sententia est, sed et facilior
et tutior et minus aliis gravis aut molesta vita est otiosorum,
fructuosior autem hominum generi et ad claritatem amplitudi-
nemque aptior eorum, qui se ad rem publicam et ad magnas
res gerendas accomodaverunt. 71. Quapropter et iis forsitan

nichts ist ehrenvoller und prächtiger als das Geld zu verachten, wenn du es nicht hast, wenn du es hast, an Wohltun und
Großzügigkeit zu wenden. Hüten muß man sich auch vor der
Begierde nach Ruhm, wie ich oben sagte; entreißt sie doch
die Freiheit, um die großgesinnten Männern aller Kampf sein
muß. Aber auch Machtstellungen sind nicht zu erstreben oder
besser, sind bisweilen nicht anzunehmen oder manchmal nie-
derzulegen. 69. Frei muß man aber sein von jeder Verwirrung
des Geistes, sowohl von Begierde und Furcht, als auch besonders von Kummer, zu großer Lust und Zorn, auf daß Ruhe
der Seele und Ungestörtheit herrsche, die Beständigkeit und
Würde mit sich bringt.

Viele aber gibt es und gab es, die diese Ruhe, von der ich
spreche, erstrebten und sich deshalb von den öffentlichen Geschäften zurückzogen und in die Muße flüchteten, darunter
die angesehensten Philosophen und die bei weitem führenden
und manche strenge und ernste Männer, und sie konnten die
Art der Völker und der Führer im Staate nicht ertragen und
lebten zuweilen auf dem Lande, sich an ihrem privaten Besitz
ergötzend. 70. Diese hatten sich dasselbe zum Ziele gesetzt
wie die Könige, keiner Sache zu bedürfen, niemandem zu gehorchen, Freiheit zu genießen, deren eigentliches Wesen es
ist, so zu leben, wie du willst. Darum, da dies den nach der
Macht Begierigen gemeinsam ist mit denen, die ich nannte, den
in Muße Lebenden, glauben die einen, sie könnten das erreichen,
wenn sie große Mittel hätten, die anderen, wenn sie sich be-
gnügten mit dem Ihrigen und mit Wenigem. Dabei ist die
Meinung beider Gruppen nicht gänzlich zu verwerfen, aber
leichter, sicherer und anderen weniger drückend und lästig ist
das Leben der in Muße Lebenden, fruchtbringender hingegen
für das Menschengeschlecht und zu Berühmtheit und Größe
berufener das derjenigen, die sich um das Gemeinwesen und
das Vollbringen großer Taten bemüht haben. 71. Deswegen ist

concedendum sit rem publicam non capessentibus, qui excellenti ingenio doctrinae sese dediderunt, et iis, qui aut valitudinis imbecillitate aut aliqua graviore causa impediti a re publica recesserunt, cum eius administrandae potestatem aliis
laudemque concederent. Quibus autem talis nulla sit causa, si
despicere se dicant ea, quae plerique mirentur, imperia et magistratus, iis non modo non laudi, verum etiam vitio dandum
puto. Quorum iudicium in eo, quod gloriam contemnant et
pro nihilo putent, difficile factu est non probare, sed videntur
labores et molestias, tum offensionum et repulsarum quasi
quandam ignominiam timere et infamiam. Sunt enim qui in
rebus contrariis parum sibi constent, voluptatem severissime
contemnant, in dolore sint molliores, gloriam neglegant, fran-
gantur infamia atque ea quidem non satis constanter. 72. Sed
iis, qui habent a natura adiumenta rerum gerendarum, abiecta
omni cunctatione adipiscendi magistratus et gerenda res publica est; nec enim aliter aut regi civitas aut declarari animi
magnitudo potest.

Capessentibus autem rem publicam nihil minus quam philosophis, haud scio an magis etiam, et magnificentia et despicientia adhibenda sit rerum humanarum, quam saepe dico, et
tranquillitas animi atque securitas, si quidem nec anxii futuri
sunt et cum gravitate constantiaque victuri. 73. Quae faciliora
sunt philosophis, quo minus multa patent in eorum vita, quae
fortuna feriat, et quo minus multis rebus egent, et quia si quid
adversi eveniat, tam graviter cadere non possunt. Quocirca
non sine causa maiores motus animorum concitantur [maiora-

vielleicht gegen diejenigen Nachsicht zu üben, wenn sie das
Gemeinwesen nicht in die Hand nehmen, die von überragender Begabung sich der Wissenschaft ergeben haben, und gegen
die, die durch schwache Gesundheit oder irgendeine dringen-
dere Ursache gehindert, sich vom Gemeinwesen zurückgezogen haben, indem sie die Vollmacht und den Ruhm, es zu verwalten, anderen überließen. Denen aber, die keinen solchen
Grund haben, sollte man, meine ich, wenn sie sagen, sie verachteten das, was die meisten bewunderten, Kommandos und
Ämter, das nicht nur nicht zum Lobe, sondern sogar als Fehler
anrechnen. Ihr Urteil ist darin, daß sie den Ruhm verachten
und für nichts halten, schwerlich nicht zu billigen, aber sie
scheinen die Mühen und Widerwärtigkeiten und wohl eine
gewisse Schande und Schmach aus Mißstimmungen und Ab-
weisungen zu fürchten. Es gibt nämlich Leute, die in widrigen
Lagen allzuwenig Halt haben, zwar die Lust aufs strengste
verachten, im Schmerz aber zu weichlich sind, den Ruhm geringschätzen, aber durch üble Nachrede sich erschüttern lassen, und dies nicht recht konsequent. 72. Aber die, welche von
Natur Hilfsquellen zum Handeln haben, müssen alles Zaudern
von sich werfen, die Ämter zu erlangen suchen und sich im
Gemeinwesen betätigen. Denn anders kann kein Staat gelenkt
werden, keine Seelengröße bewiesen werden.

Die aber, die das gemeine Wesen in die Hand nehmen,
müssen ebenso sehr wie die Philosophen, vielleicht sogar noch
mehr, hohen Sinn und die oft genannte Verachtung der
menschlichen Dinge mit sich bringen und die Ruhe der Seele
und Ungestörtheit, sofern sie nicht beklommen sein wollen,
und mit Ernst und Beständigkeit leben. 73. Das ist für die Philosophen um so leichter, je weniger in ihrem Leben offen liegt,
was das Schicksal treffen könnte, je weniger Dinge sie brauchen
und weil sie, wenn etwas Widriges eintritt, so schwer nicht
stürzen können. Deswegen werden nicht ohne Grund größere

que efficiendi] rem publicam gerentibus quam quietis; quo
magis iis et magnitudo est animi adhibenda et vacuitas ab angoribus.

Ad rem gerendam autem qui accedit, caveat, ne id modo
consideret, quam illa res honesta sit, sed etiam ut habeat efficiendi facultatem; in quo ipso considerandum est, ne aut
temere desperet propter ignaviam aut nimis confidat propter
cupiditatem. In omnibus autem negotiis priusquam adgre-
diare, adhibenda est praeparatio diligens.

(22) 74. Sed cum plerique arbitrentur res bellicas maiores
esse quam urbanas, minuenda est haec opinio. Multi enim
bella saepe quaesiverunt propter gloriae cupiditatem, atque
id in magnis animis ingeniisque plerumque contingit, eoque
magis, si sunt ad rem militarem apti et cupidi bellorum
gerendorum; vere autem si volumus iudicare, multae res extiterunt urbanae maiores clarioresque quam bellicae. 75. Quamvis enim Themistocles iure laudetur et sit eius nomen quam
Solonis inlustrius citeturque Salamis clarissimae testis victoriae, quae anteponatur consilio Solonis ei, quo primum constituit Areopagitas, non minus praeclarum hoc quam illud
iudicandum est. Illud enim semel profuit, hoc semper proderit
civitati; hoc consilio leges Atheniensium, hoc maiorum instituta servantur. Et Themistocles quidem nihil dixerit, in quo
ipse Areopagum adiuverit, at ille vere ⟨a⟩ se adiutum Themistoclem; est enim bellum gestum consilio senatus eius, qui a
Solone erat constitutus. 76. Licet eadem de Pausania Lysandro-
que dicere, quorum rebus gestis quamquam imperium Lace-

seelische Bewegungen aufgewühlt bei denen, die sich am
Staatsleben beteiligen, als bei den still für sich Lebenden. Darum müssen sie um so mehr Seelengröße und Freisein von Ängsten mitbringen.

Wer aber zum Handeln sich anschickt, soll sorgen, daß er
nicht nur dies bedenke, wie ehrenvoll die betreffende Sache
ist, sondern auch, daß er die Möglichkeit habe, sie durchzu-
setzen. Eben hierbei ist zu bedenken, daß man nicht sinnlos
verzweifle aus Energielosigkeit oder sich allzuviel zutraue aus
Gier. Bei allen Geschäften aber mußt du, bevor du beginnst,
sorgfältige Vorbereitungen anwenden.

74. Da aber die meisten glauben, daß kriegerische Taten
größer sind als friedliche in der Stadt, muß man diese Meinung
einschränken. Viele nämlich haben oft Kriege gesucht aus
Ruhmsucht, und das tritt in großen Seelen und Begabungen
meistens ein, und um so mehr, wenn sie für Kriegswesen geschaffen und begierig sind, Kriege zu führen. Wollen wir aber
wahrheitsgemäß urteilen, so hat es viele größere und berühm-
tere Dinge im Innern gegeben als im Krieg. 75. Mag Themistokles mit Recht gerühmt werden, sei sein Name strahlender
als der Solons und mag Salamis als Zeuge für den glänzendsten
Sieg angeführt werden, der jenem weisen Entschluß Solons
vorgezogen wird, mit dem er zum erstenmal die Areopagiten
einsetzte, ist dies doch nicht für weniger hervorragend zu halten als jenes. Jenes nämlich hat einmal genützt, dies wird dem
Staate immer nützen. Durch diesen weisen Entschluß werden
die Gesetze der Athener, durch ihn die Einrichtungen der Vorfahren gewahrt. Und Themistokles könnte nichts sagen, worin
er selber den Areopag gefördert hätte, jedoch jener mit Recht,
daß er Themistokles geholfen habe. Der Krieg wurde nämlich
geführt auf Rat dieses Senates, der von Solon eingerichtet worden war. 76. Man darf dasselbe von Pausanias und Lysander
sagen: wenn man auch meint, daß durch ihre Taten die Herr-

daemoniis dilatatum putatur, tamen ne minima quidem ex
parte Lycurgi legibus et disciplinae conferendi sunt; quin etiam
ob has ipsas causas et parentiores habuerunt exercitus et for-
tiores. Mihi quidem neque pueris nobis M. Scaurus C. Mario
neque, cum versaremur in re publica, Q. Catulus Cn. Pompeio
cedere videbatur; parvi enim sunt foris arma, nisi est consilium domi. Nec plus Africanus, singularis et vir et imperator,
in exscindenda Numantia rei publicae profuit quam eodem
tempore P. Nasica privatus, cum Ti. Gracchum interemit;
quamquam haec quidem res non solum ex domestica est ratione – attingit etiam bellicam, quoniam vi manuque confecta
est – sed tamen id ipsum est gestum consilio urbano sine exercitu. 77. Illud autem optimum est, in quod invadi solere ab im-
probis et invidis audio:

> Cedant arma togae, concedat laurea laudi.

Ut enim alios omittam, nobis rem publicam gubernantibus
nonne togae arma cesserunt? Neque enim periculum in re publica fuit gravius umquam nec maius otium. Ita consiliis dili-
gentiaque nostra celeriter de manibus audacissimorum civium
delapsa arma ipsa ceciderunt. Quae res igitur gesta umquam in
bello tanta? qui triumphus conferendus? 78. Licet enim mihi,
M. fili, apud te gloriari, ad quem et hereditas huius gloriae et
factorum imitatio pertinet. Mihi quidem certe vir abundans
bellicis laudibus, Cn. Pompeius, multis audientibus, hoc tri-
buit, ut diceret frustra se triumphum tertium deportaturum
fuisse, nisi meo in rem publicam beneficio ubi triumpharet esset

schaft der Spartaner ausgebreitet wurde, so sind sie doch nicht
einmal im geringsten mit den Gesetzen des Lykurg und seiner
Ordnung zu vergleichen. Ja aus eben diesen Gründen haben
sie sogar gehorsame und tapfere Heere gehabt. Mir schien in
meiner Knabenzeit Marcus Scaurus nicht Gaius Marius, noch,
als wir im Gemeinwesen tätig waren, Quintus Catulus Gnaeus
Pompeius nachzustehen. Wenig wert sind nämlich draußen
die Waffen, wenn daheim nicht weiser Rat herrscht. Und Africanus, ein einzigartiger Mann und Feldherr, hat mit der Zerstörung von Numantia dem Staate nicht mehr genützt als zu
derselben Zeit Publius Nasica als Privatmann dadurch, daß er
Tiberius Gracchus beseitigte. Freilich ist diese Sache nicht
allein zur friedlichen Form gehörig – sie rührt auch an die kriegerische, da sie ja durch Gewalt und Handstreich vollbracht
wurde –, aber doch ist gerade das auf politischen Entschluß
hin ohne Heer durchgeführt worden. 77. Jenes aber ist am besten, wogegen Sturm gelaufen zu werden pflegt von Ruchlosen und Neidischen, wie ich höre: «Weichen mag die Waffe
der Toga, der Lorbeer dem Lobe!» Um nämlich andere beiseite zu lassen: sind nicht, als wir am Steuer des Staates saßen,
die Waffen der Toga gewichen? Denn nie war die Gefahr im
Staate ernster und doch nie die Ruhe größer. So sind durch
unsere Entschlüsse und unsere Umsicht die Waffen schnell
aus den Händen der verwegensten Bürger geglitten und selber
in sich zusammengesunken. Welche Tat also von solcher Größe
ist je im Kriege vollbracht worden? Welcher Triumph zu vergleichen? 78. Darf ich mich doch vor dir, mein Sohn Marcus,
rühmen, den die Erbschaft dieses Ruhms und die Nachahmung
der Taten angeht. Mir jedenfalls hat der Mann, der überschüt-
tet war mit Kriegsruhm, Gnaeus Pompeius, in Gegenwart vieler Hörer dies zugestanden, daß er sagte, er hätte umsonst
den dritten Triumph davongetragen, wenn er nicht durch
meine Tat für den Staat eine Stätte gehabt hätte, wo er den

habiturus. Sunt igitur domesticae fortitudines non inferiores
militaribus; in quibus plus etiam quam in his operae studiique
ponendum est.

(23) 79. Omnino illud honestum, quod ex animo excelso ma-
gnificoque quaerimus, animi efficitur, non corporis viribus.
Exercendum tamen corpus et ita afficiendum est, ut oboedire
consilio rationique possit in exsequendis negotiis et in labore
tolerando. Honestum autem id, quod exquirimus, totum est
positum in animi cura et cogitatione; in quo non minorem utilitatem afferunt, qui togati rei publicae praesunt, quam qui bellum gerunt. Itaque eorum consilio saepe aut non suscepta aut
confecta bella sunt, non numquam etiam illata, ut M. Catonis
bellum tertium Punicum, in quo etiam mortui valuit auctoritas. 80. Qua re expetenda quidem magis est decernendi ratio
quam decertandi fortitudo, sed cavendum, ne id bellandi magis fuga quam utilitatis ratione faciamus. Bellum autem ita
suscipiatur, ut nihil aliud nisi pax quaesita videatur. Fortis
vero animi et constantis est non perturbari in rebus asperis nec
tumultuantem de gradu deici, ut dicitur, sed praesenti animo
uti et consilio nec a ratione discedere. 81. Quamquam hoc animi, illud etiam ingenii magni est, praecipere cogitatione futura
et aliquanto ante constituere, quid accidere possit in utramque
partem et quid agendum sit, cum quid evenerit, nec committere, ut aliquando dicendum sit: 'non putaram'. Haec sunt
opera magni animi et excelsi et prudentia consilioque fidentis;

Triumph hätte feiern sollen. Es sind also nicht Beweise von Tapferkeit daheim denen im Kriege unterlegen. Auf sie ist mehr noch als auf die letzteren Mühe und Eifer zu wenden.

79. Überhaupt wird jenes Ehrenvolle, was wir aus einer erhabenen und großgesinnten Seele abzuleiten suchen, durch die Kräfte des Geistes, nicht des Körpers bewirkt. Freilich ist der Körper zu üben und in den Stand zu setzen, daß er der Einsicht und der Vernunft zu gehorchen vermag bei der Ausführung der Geschäfte und dem Ertragen von Strapazen. Das Ehrenvolle aber, das wir erforschen, ruht ganz in der Sorge und dem Denken des Geistes. Darin bringen nicht kleineren Nutzen die, welche als Politiker dem Gemeinwesen vorstehen, als die, welche Krieg führen. Daher ist auf ihren Rat oft entweder ein Krieg nicht aufgenommen oder beendet worden, bisweilen auch begonnen, wie auf den des Marcus Cato der dritte punische Krieg, bei dem sogar das Ansehen des Toten noch wirkte. 80. Darum ist zu erstreben mehr vernünftige Einsicht im Entscheiden als Tapferkeit in der Kampfentscheidung, aber man muß sich hüten, daß wir es mehr aus Furcht vor dem Kriegführen als aus Erwägung des Nutzens tun. Ein Krieg aber soll so unternommen werden, daß nichts anderes als der Friede gesucht scheint. Sache aber eines tapferen und beständigen Geistes ist es, sich in schwierigen Lagen nicht in Verwirrung und in der Aufregung aus der Fassung bringen zu lassen, wie man sagt, sondern Geistesgegenwart zu beweisen und Entschlußkraft und von der Vernunft nicht abzuweichen. 81. Indes dies ist Sache eines großen Mutes, jenes aber auch einer großen Begabung, die Zukunft in Gedanken vorwegzunehmen und lange vorher zu bestimmen, was nach beiden Seiten hin geschehen kann und was getan werden muß, wenn etwas geschieht, und es nicht dahin kommen zu lassen, daß man sagen muß: «Ich hätte nicht gedacht.» Das sind die Werke eines großen, erhabenen, auf Klugheit und Weisheit vertrauen-

temere autem in acie versari et manu cum hoste confligere im-
mane quiddam et beluarum simile est; sed cum tempus neces-
sitasque postulat, decertandum manu est et mors servituti tur-
pitudinique anteponenda. (24) 82. [[De evertendis autem diri-
piendisque urbibus valde considerandum est, ne quid temere,
ne quid crudeliter. Idque est viri magni rebus agitatis punire
sontes, multitudinem conservare, in omni fortuna recta atque
honesta retinere.]] Ut enim sunt, quemadmodum supra dixi,
qui urbanis rebus bellicas anteponant, sic reperias multos, quibus periculosa et calida consilia quietis et cogitatis splendidiora
et maiora videantur. 83. Numquam omnino periculi fuga com-
mittendum est, ut inbelles timidique videamur, sed fugiendum
illud etiam, ne offeramus nos periculis sine causa, quo esse nihil potest stultius. Quapropter in adeundis periculis consuetudo imitanda medicorum est, qui leviter aegrotantes leniter
curant, gravioribus autem morbis periculosas curationes et
ancipites adhibere coguntur. Quare in tranquillo tempestatem
adversam optare dementis est, subvenire autem tempestati
quavis ratione sapientis, eoque magis, si plus adipiscare re
explicata boni quam addubitata mali. Periculosae autem rerum
actiones partim is sunt, qui eas suscipiunt, partim rei publicae.
84. Itemque alii de vita, alii de gloria et benivolentia civium in
discrimen vocantur. Promptiores igitur debemus esse ad nostra
pericula quam ad communia dimicareque paratius de honore
et gloria quam de ceteris commodis.

den Geistes. Leichtsinnig aber am Kampf teilzunehmen und
mit dem Feinde handgemein zu werden, ist etwas Ungeheuer-
liches und Tierähnliches. Wenn es aber Lage und Notwendigkeit verlangen, muß man mit dem Schwert die Entscheidung
suchen und den Tod der Knechtschaft und Schande vorziehen.
82. [[Was aber Zerstörung und Plünderung von Städten angeht, so muß man sehr überlegen: Nichts unbedacht, nichts
grausam! Und das ist Aufgabe eines großen Mannes, in auf-
geregten Lagen die Schuldigen zu bestrafen, die große Masse
zu bewahren, bei jedem Geschick das Richtige und Ehrenvolle
festzuhalten.]] Wie es nämlich welche gibt, wie ich oben sagte,
die den friedlichen Taten die im Kriege voranstellen, so kannst
du viele finden, denen gefährliche und hitzige Entschlüsse
glanzvoller und größer scheinen als ruhige und bedachte.
83. Niemals zwar darf man es auf der Flucht vor Gefahr dahin
kommen lassen, daß wir uns feige und ängstlich zeigen, aber
man muß es auch vermeiden, daß wir uns ohne Grund den
Gefahren aussetzen, das Dümmste, was es geben kann. Darum
muß man beim Aufsichnehmen von Gefahren die Gewohnheit
der Ärzte nachahmen, die Leichtkranke auf linde Weise behandeln, bei schwereren Krankheiten gefährlichere und zwei-
schneidige Kuren anzuwenden sich gezwungen sehen. Deshalb
ist es das Zeichen eines Wahnwitzigen, bei Ruhe einen widrigen Sturm zu wünschen, dem Unwetter aber auf jede Art zu
begegnen, das eines Weisen, und zwar um so mehr, wenn du
durch Klärung der Lage mehr Gutes als durch Infragestellen
Schlimmes erlangen würdest. Gefährlich aber sind Handlungen teils für die, welche sie unternehmen, teils für das Gemeinwesen. 84. Und ebenso werden die einen ums Leben, die anderen um Ruhm und Wohlwollen der Mitbürger vor die Entscheidung gestellt. Rascher bereit also müssen wir sein zu
persönlichen Gefahren als zu allgemeinen und bereiter zu
kämpfen um Ehre und Ruhm als um die übrigen Vorteile.

Inventi autem multi sunt, qui non modo pecuniam, sed
etiam vitam profundere pro patria parati essent, idem gloriae
iacturam ne minimam quidem facere vellent, ne re publica quidem postulante, ut Callicratidas, qui, cum Lacedaemoniorum
dux fuisset Peloponnesiaco bello multaque fecisset egregie,
vertit ad extremum omnia, cum consilio non paruit eorum, qui
classem ab Arginusis removendam nec cum Atheniensibus
dimicandum putabant. Quibus ille respondit Lacedaemonios
classe illa amissa aliam parare posse, se fugere sine suo dedecore
non posse. Atque he ac quidem Lacedaemoniis plaga mediocris,
illa pestifera, qua, cum Cleombrotus invidiam timens temere
cum Epaminonda conflixisset, Lacedaemoniorum opes corrue-
runt. Quanto Q. Maximus melius, de quo Ennius:

> Unus homo nobis cunctando restituit rem.
> Non enim rumores ponebat ante salutem.
> Ergo postque magisque viri nunc gloria claret.

Quod genus peccandi vitandum est etiam in rebus urbanis.
Sunt enim qui quod sentiunt, etsi optimum sit, tamen invidiae
metu non audent dicere.

(25) 85. Omnino qui rei publicae praefuturi sunt duo Platonis praecepta teneant: unum, ut utilitatem civium sic tuean-
tur, ut, quaecumque agunt, ad eam referant obliti commodo-
rum suorum, alterum, ut totum corpus rei publicae curent, ne,
dum partem aliquam tuentur, reliquas deserant. Ut enim tutela,

Es haben sich aber viele gefunden, die nicht nur das Geld, sondern auch das Leben für das Vaterland hinzugeben bereit waren, zugleich indes nicht den geringsten Verlust an Ruhm erleiden wollten, selbst nicht, wenn es das Gemeinwesen erforderte, wie Kallikratidas. Als dieser im peloponnesischen Kriege der Feldherr der Spartaner gewesen war und viele hervorragende Taten vollbracht hatte, setzte er alles aufs Spiel, indem er dem Rat der Männer nicht gehorchte, die der Ansicht waren, man müsse die Flotte von den Arginusen zurückziehen und dürfe nicht mit den Athenern kämpfen. Er antwortete ihnen, die Spartaner könnten sich, wenn sie jene Flotte verloren hätten, eine andere schaffen, er aber könne nicht ohne eigene Schande fliehen. Und dieser Schlag war für die Spartaner erträglich, jener tödlich, durch den die Macht der Spartaner zusammenbrach, als Kleombrotos aus Furcht vor gehässiger Nachrede unbedacht mit Epaminondas gekämpft hatte. Wieviel besser Quintus Maximus, von dem Ennius sagte:

Hat ein einziger Mann doch durch Zaudern den Staat uns
                                                        gerettet!
Nicht hat er nämlich gesetzt vor Rettung leeres Gerede.
Jetzt glänzt drum der Ruhm des Mannes je länger je mehr nur!

Diese Art Fehler muß man auch bei den Dingen in der Stadt vermeiden. Gibt es doch Leute, die das, was sie meinen, selbst wenn es das Beste ist, aus Furcht vor Anfeindung doch nicht zu sagen wagen.

85. Überhaupt sollen die, welche an der Spitze der Gemeinschaft stehen werden, zwei Lehren Platos festhalten: die eine, daß sie den Nutzen der Bürger so schützen sollen, daß sie alles, was sie tun, auf ihn beziehen, ihrer eigenen Vorteile vergessend, die andere, daß sie den ganzen Körper des Gemeinwesens betreuen sollen, damit sie nicht, während sie einen Teil schützen, die übrigen im Stich lassen. Wie nämlich eine Vormund-

sic procuratio rei publicae ad eorum utilitatem, qui com-
missi sunt, non ad eorum, quibus commissa est, gerenda est.
Qui autem parti civium consulunt, partem neglegunt, rem per-
niciosissimam in civitatem inducunt, seditionem atque discor-
diam; ex quo evenit, ut alii populares, alii studiosi optimi
cuiusque videantur, pauci universorum. 86. Hinc apud Athenienses magnae discordiae, in nostra re publica non solum sedi-
tiones, sed etiam pestifera bella civilia; quae gravis et fortis civis et in re publica dignus principatu fugiet atque oderit tra-
detque se totum rei publicae neque opes aut potentiam consec-
tabitur totamque eam sic tuebitur, ut omnibus consulat. Nec
vero criminibus falsis in odium aut invidiam quemquam voca-
bit omninoque ita iustitiae honestatique adhaerescet, ut, dum
ea conservet, quamvis graviter offendat mortemque oppetat
potius, quam deserat illa, quae dixi. 87. Miserrima omnino est
ambitio honorumque contentio, de qua praeclare apud eundem est Platonem similiter facere eos, qui inter se contende-
rent, uter potius rem publicam administraret, ut si nautae cer-
tarent, quis eorum potissimum gubernaret. Idemque praecipit, ut eos adversarios existimemus, qui arma contra ferant,
non eos, qui suo iudicio tueri rem publicam velint, qualis fuit
inter P. Africanum et Q. Metellum sine acerbitate dissensio.

88. Nec vero audiendi qui graviter inimicis irascendum pu-
tabunt idque magnanimi et fortis viri esse censebunt; nihil

schaft, so muß die Betreuung des Gemeinwesens zum Nutzen derjenigen, die ihr übertragen sind, nicht derer, denen sie übertragen ist, ausgeübt werden. Die aber, die nur für einen Teil der Bürger sorgen, einen Teil unberücksichtigt lassen, führen die verderblichste Sache in den Staat ein, Aufruhr und Zwietracht. Daher kommt es dann, daß die einen sich volksfreundlich, die anderen sich bedacht gerade auf die «Besten» zeigen, nur wenige auf alle. 86. Daraus entstand bei den Athenern große Zwietracht, in unserem Gemeinwesen nicht nur Uneinigkeit, sondern sogar verderbenbringende Bürgerkriege. Das wird ein ernster, tapferer und im Gemeinwesen der Führung würdiger Bürger fliehen und hassen, wird sich ganz dem Gemeinwesen ergeben, wird nicht auf Reichtum oder Macht ausgehen und wird es in seiner Ganzheit so schützen, daß er für alle sorgt. Er wird aber auch niemanden durch falsche Anschuldigungen in Haß oder Anfeindung bringen und wird überhaupt so der Gerechtigkeit und der Ehrenhaftigkeit anhangen, daß er, um nur sie zu bewahren, noch so schweren Anstoß erregt und lieber den Tod sucht als daß er jenes, was ich nannte, im Stich ließe. 87. Am kläglichsten überhaupt ist der Ehrgeiz und der Streit um die Ämter. Darüber heißt es vortrefflich bei demselben Plato, die, welche unter sich stritten, wer lieber den Staat regieren solle, handelten ähnlich wie wenn Seeleute darum kämpften, wer von ihnen am liebsten das Steuerruder führen solle. Und ebenso lehrt er, daß wir die für Widersacher halten sollten, die die Waffen gegen ihn erheben, nicht diejenigen, die den Staat nach ihrem eigenen Urteil schützen wollten, so wie zwischen Publius Africanus und Quintus Metellus ein Meinungsunterschied ohne Schärfe bestand.

88. Nicht hören gar soll man auf die, welche die Meinung vertreten, man müsse den Feinden heftig zürnen und das für die Pflicht eines tapferen und hochgesinnten Mannes halten.

enim laudabilius, nihil magno et praeclaro viro dignius placa-
bilitate atque clementia. In liberis vero populis et in iuris
aequabilitate exercenda etiam est facilitas et altitudo animi
quae dicitur, ne si irascamur aut intempestive accedentibus
aut impudenter rogantibus in morositatem inutilem et odio-
sam incidamus. Et tamen ita probanda est mansuetudo atque
clementia, ut adhibeatur rei publicae causa severitas, sine qua
administrari civitas non potest. Omnis autem et animadversio
et castigatio contumelia vacare debet neque ad eius, qui puni-
tur aliquem aut verbis castigat, sed ad rei publicae utilitatem
referri. 89. Cavendum est etiam ne maior poena quam culpa
sit et ne isdem de causis alii plectantur, alii ne appellentur quidem. Prohibenda autem maxime est ira puniendo; numquam
enim iratus qui accedet ad poenam mediocritatem illam tene-
bit, quae est inter nimium et parum, quae placet Peripateticis
et recte placet, modo ne laudarent iracundiam et dicerent utiliter a natura datam. Illa vero omnibus in rebus repudianda est
optandumque, ut ii, qui praesunt rei publicae, legum similes
sint, quae ad puniendum non iracundia, sed aequitate ducuntur.

(26) 90. Atque etiam in rebus prosperis et ad voluntatem
nostram fluentibus superbiam magnopere, fastidium arrogan-
tiamque fugiamus. Nam ut adversas res, sic secundas inmode-
rate ferre levitatis est praeclaraque est aequabilitas in omni
vita et idem semper vultus eademque frons, ut de Socrate itemque de C. Laelio accepimus. Philippum quidem Macedonum

Nichts ist nämlich lobenswerter, nichts eines großen und aus-
gezeichneten Mannes würdiger als Versöhnlichkeit und Milde.
In freien Völkern aber und bei gleichem Rechtsanspruch muß
man auch Umgänglichkeit und, was man Zurückhaltung heißt,
üben, daß wir nicht, wenn wir zornig sind auf Leute, die zur
Unzeit herantreten oder eine unverschämte Bitte tun, in eine
unnütze und verärgernde Gereiztheit verfallen. Freilich sind
Sanftheit und Milde mit der Einschränkung gutzuheißen, daß
um des Gemeinwesens willen Strenge angewendet werden
muß, ohne die ein Staat sich nicht verwalten läßt. Jede Zurechtweisung und Rüge aber muß frei sein von Ehrenkränkung
und nicht auf den Nutzen dessen, der jemanden bestraft oder
mit Worten züchtigt, sondern den des Gemeinwesens bezogen
werden. 89. Auch davor muß man sich vorsehen, daß die
Strafe nicht größer ist als die Schuld und daß nicht aus denselben Gründen die einen geschlagen, die anderen nicht einmal
zur Rede gestellt werden. Vor allem ist beim Strafen der Zorn
fernzuhalten. Nie wird nämlich jemand, der zornig zur Strafe
schreitet, jene Mitte innehalten, die zwischen dem Zuviel und
Zuwenig liegt und die den Peripatetikern gefällt und mit
Recht gefällt, wenn sie nur nicht den Zorn lobten und be-
haupteten, er sei von der Natur nützlicherweise gegeben worden. Er ist vielmehr bei allen Dingen auszuschalten, und es ist
zu wünschen, daß die Männer, die an der Spitze des Gemeinwesens stehen, den Gesetzen ähnlich sind, die zum Strafen
nicht aus Zorn, sondern aus Gerechtigkeit sich genötigt sehen.
   90. Und wir wollen auch in günstigen und nach unserem
Willen laufenden Verhältnissen gar sehr Überhebung, Hoch-
mut und Anmaßung fliehen. Denn wie Unglück, so ist Glück
unbeherrscht zu tragen eine Zeichen von Haltlosigkeit, und
rühmlich ist die Ausgewogenheit im ganzen Leben und immer
derselbe Ausdruck und dieselbe Stirn, wie wir's von Sokrates
und ebenso von Gaius Laelius vernommen haben. Philipp, der

regem rebus gestis et gloria superatum a filio, facilitate et humanitate video superiorem fuisse. Itaque alter semper magnus,
alter saepe turpissimus, ut recte praecipere videantur, qui mo-
nent, ut, quanto superiores simus, tanto nos geramus summis-
sius. Panaetius quidem Africanum auditorem et familiarem
suum solitum ait dicere, 'ut equos propter crebras contentiones proeliorum ferocitate exultantes domitoribus tradere soleant, ut is facilioribus possint uti, sic homines secundis rebus
ecfrenatos sibique praefidentes tamquam in gyrum rationis et
doctrinae duci oportere, ut perspicerent rerum humanarum
imbecillitatem varietatemque fortunae'. 91. Atque etiam in
secundissimis rebus maxime est utendum consilio amicorum
isque maior etiam quam ante tribuenda auctoritas. Isdemque
temporibus cavendum est ne assentatoribus patefaciamus aures neve adulari nos sinamus, in quo falli facile est. Tales enim
nos esse putamus, ut iure laudemur; ex quo nascuntur innumerabilia peccata, cum homines inflati opinionibus turpiter
irridentur et in maximis versantur erroribus. Sed haec quidem
hactenus.

92. Illud autem sic est iudicandum, maximas geri res et maximi animi ab is, qui res publicas regant, quod earum admini-
stratio latissime pateat ad plurimosque pertineat; esse autem
magni animi et fuisse multos etiam in vita otiosa, qui aut in-
vestigarent aut conarentur magna quaedam seseque suarum
rerum finibus continerent aut interiecti inter philosophos et
eos, qui rem publicam administrarent, delectarentur re sua fa-

König der Mazedonen, ist an Taten und Ruhm von seinem
Sohn übertroffen worden, an Umgänglichkeit und Menschlichkeit ist er aber überlegen gewesen, wie ich sehe. Und so
ist der eine immer groß, der andere häufig sehr schändlich, so
daß die richtig zu lehren scheinen, die mahnen, je höher wir
stehen, um so bescheidener sollen wir uns betragen. Panaitios
berichtet, Africanus, sein Hörer und Freund, habe zu sagen
geliebt, wie man Rosse, die wegen zu häufigen Kampfgetüm-
mels vor Wildheit unbändig tollten, den Zureitern übergäbe,
daß man sie dann gefügiger habe, so müßten Menschen, die
ob des Glückes zügellos wären und sich zu sehr vertrauten, in
die Reitbahn der Vernunft und Wissenschaft geführt werden,
daß sie die Schwachheit der menschlichen Dinge und die Un-
beständigkeit des Schicksals durchschauten. 91. Und auch in
den allergünstigsten Umständen muß man besonders auf den
Rat der Freunde hören und ihnen noch mehr Gewicht als vorher beimessen. Und zur gleichen Zeit muß man sich hüten,
Leuten, die nach dem Munde reden, das Ohr zu öffnen und
sich umschmeicheln zu lassen, wobei es leicht ist, einer Täuschung zu verfallen. Wir glauben nämlich dann so beschaffen
zu sein, daß wir mit Recht gelobt werden. Daraus entstehen
ungezählte Vergehen, wenn Menschen, aufgeblasen von ihren
Vorstellungen, schimpflich verlacht werden und in den größten Irrtümern befangen sind. Und dies so weit!

92. Jenes aber ist so zu beurteilen, daß die größten Taten und
die von höchster Seelengröße von denen getan werden, die die
Staaten lenken, weil ihre Verwaltung sich am weitesten aus-
dehnt und auf die meisten erstreckt. Es gibt aber viele von
großer Gesinnung und hat es gegeben auch in dem betrachten-
den Leben, Leute, die große Dinge aufspürten oder es ver-
suchten und sich in den Grenzen ihrer Dinge hielten oder in
der Mitte zwischen den Philosophen und denen, die den Staat
verwalteten, sich an ihrem privaten Besitz erfreuten, und zwar

miliari, non eam quidem omni ratione exaggerantes neque ex-
cludentes ab eius usu suos potiusque et amicis impertientes et
rei publicae, si quando usus esset. Quae primum bene parta sit
nullo neque turpi quaestu neque odioso, [[tum quam plurimis,
modo dignis, se utilem praebeat]] deinde augeatur ratione, diligentia, parsimonia [[nec libidini potius luxuriaeque quam
liberalitati et beneficentiae pareat]]. Haec praescripta servan-
tem licet magnifice, graviter animoseque vivere atque etiam
simpliciter, fideliter, vere hominum amice.

(27) 93. Sequitur ut de una reliqua parte honestatis dicendum sit, in qua verecundia et quasi quidam ornatus vitae,
temperantia et modestia omnisque sedatio perturbationum
animi et rerum modus cernitur. Hoc loco continetur id, quod
dici Latine decorum potest, Graece enim πρέπον dicitur [de-
corum]. 94. Huius vis ea est, ut ab honesto non queat separari;
nam et quod decet honestum est et quod honestum est decet.
Qualis autem differentia sit honesti et decori, facilius intellegi
quam explanari potest. Quicquid est enim, quod deceat, id
tum apparet, cum antegressa est honestas. Itaque non solum
in hac parte honestatis, de qua hoc loco disserendum est, sed
etiam in tribus superioribus quid deceat apparet. Nam et ratione uti atque oratione prudenter et agere quod agas considerate omnique in re quid sit veri videre et tueri decet, contraque
falli, errare, labi, decipi tam dedecet quam delirare et mente

ohne ihn mit allen Mitteln aufzuhäufen und ohne von seinem Genuß die Ihrigen auszuschließen, vielmehr den Freunden und dem Gemeinwesen, wenn es einmal nötig war, davon mitteilend. Er soll wohl erworben sein in einem weder schimpflichen noch anstößigen Erwerb. [[Dann soll er sich möglichst vielen, wenn sie nur würdig sind, nützlich erweisen.]] Dann soll er vermehrt werden mit Vernunft, Sorgfalt, Fleiß [[und soll nicht Gelüsten und Verschwendung als vielmehr Großzügigkeit und Wohltun zur Verfügung stehen]]. Wenn man diese Vorschriften einhält, kann man großgesinnt, ernst und mutig leben und zugleich auch eindeutig, zuverlässig und in Wahrheit den Menschen Freund.

93. Der Reihenfolge nach ist noch über den einen übrigen Teil der Gesittung zu sprechen, in dem Zartgefühl und sozusagen ein gewisser Schmuck des Lebens, Ausgeglichenheit, Bescheidenheit und jegliches Beruhigen der Leidenschaften der Seele und Maß in den Dingen erschaut wird. In diesem Gebiet ist das beschlossen, was man auf lateinisch decorum = das Schickliche nennen könnte, griechisch heißt es πρέπον. 94. Dessen Bedeutung ist derart, daß sie vom Ehrenvollen nicht getrennt werden kann. Denn was sich schickt, ist ehrenvoll, und was ehrenvoll ist, schickt sich. Wie aber der Unterschied zwischen Ehrenvollem und Schicklichem ist, das läßt sich leichter erkennen als klarlegen. Was es nämlich auch immer sei, was sich schickt, es tritt dann zutage, wenn das Ehrenvolle vorangegangen ist. Daher zeigt sich nicht nur in dem Teil des Ehrenvollen, über den hier zu sprechen ist, sondern auch in den drei früheren, was sich schickt. Denn Vernunft und Rede klug zu gebrauchen und, was du tust, überlegt zu tun und in jeder Sache, was Wahres in ihr ist, zu sehen und zu schauen, ist schicklich; und sich zu täuschen, zu irren, zu Fall zu kommen, sich betrügen zu lassen, schickt sich auf der Ge-

esse captum; et iusta omnia decora sunt, iniusta contra, ut
turpia, sic indecora. Similis est ratio fortitudinis; quod enim
viriliter animoque magno fit, id dignum viro et decorum videtur, quod contra, id ut turpe sic indecorum. 95. Quare pertinet
quidem ad omnem honestatem hoc, quod dico, decorum, et
ita pertinet, ut non recondita quadam ratione cernatur, sed sit
in promptu. Est enim quiddam, idque intellegitur in omni virtute, quod deceat; quod cogitatione magis a virtute potest
quam re separari. Ut venustas et pulchritudo corporis secerni
non potest a valitudine, sic hoc, de quo loquimur, decorum totum illud quidem est cum virtute confusum, sed mente et cogitatione distinguitur. 96. Est autem eius descriptio duplex;
nam et generale quoddam decorum intellegimus, quod in omni
honestate versatur, et aliud huic subiectum, quod pertinet ad
singulas partes honestatis. Atque illud superius sic fere definiri
solet, decorum id esse, quod consentaneum sit hominis excel-
lentiae in eo, in quo natura eius a reliquis animantibus differat.
Quae autem pars subiecta generi est, eam sic definiunt, ut id
decorum velint esse, quod ita naturae consentaneum sit, ut in
eo moderatio et temperantia appareat cum specie quadam li-
berali. (28) 97. Haec ita intellegi possumus existimare ex eo
decoro, quod poetae sequuntur, de quo alio loco plura dici solent. Sed ut tum servare illud poetas, quod deceat, dicimus,
cum id quod quaque persona dignum est, et fit et dicitur, ut si

genseite so wenig wie wahnsinnig und beschränkt zu sein.
Und alles Gerechte ist schicklich, Ungerechtes im Gegenteil
wie schimpflich, so unschicklich. Ähnlich steht es mit dem
Wesen der Tapferkeit. Was nämlich männlich und in großer
Gesinnung vollbracht wird, das ist offensichtlich eines Mannes
würdig und schicklich, das Gegenteil wie schimpflich, so unschicklich. 95. Darum erstreckt sich das genannte Schickliche
auf alles Ehrenvolle, und es erstreckt sich so darauf, daß es nicht
auf eine versteckte Weise irgendwie erkannt wird, sondern
offen bereit liegt. Es gibt nämlich etwas Gewisses, und zwar
wird es an jeder Tugend erkannt, was sich schickt. Es kann
mehr im Denken von der Tugend getrennt werden als in
Wirklichkeit. Wie die Anmut und Schönheit des Körpers sich
nicht von der Gesundheit trennen läßt, so ist dies Schickliche,
von dem wir sprechen, ganz mit der Tugend verschmolzen,
aber in Geist und Gedanken wird es unterschieden. 96. Es ist
aber seine Einteilung zweifach. Denn wir können ein allgemeines Schickliches erkennen, was in jedem Ehrenvollen wohnt,
und ein anderes diesem Untergeordnetes, das sich auf die einzelnen Teile des Ehrenvollen bezieht. Und jenes erste pflegt
etwa so abgegrenzt zu werden: schicklich sei das, was in Einklang stünde mit dem Vorrang der Menschen in dem Punkte,
in dem sich seine Natur von den übrigen Lebewesen unterscheidet. Den Teil aber, der der Art untergeordnet ist, grenzen
sie so ab, daß sie schicklich das sein lassen, was so in Einklang
mit der Natur steht, daß in ihm Mäßigung und Beherrschtheit
erscheint in Verbindung mit einem gewissen anmutig-freien
Aussehen. 97. Daß dies so verstanden wird, können wir an dem
Schicklichen erkennen, nach dem die Dichter streben, worüber an anderer Stelle mehr gesagt zu werden pflegt. Aber wie
wir dann sagen, daß die Dichter jenes innehalten, was sich
schicke, wenn gesagt und getan wird, was einer jeden Rolle
ansteht, so daß, wenn Aiakos oder Minos sagen würde:

Aeacus aut Minos diceret 'oderint dum metuant' aut 'natis
sepulchro ipse est parens' indecorum videretur, quod eos fuisse
iustos accepimus; at Atreo dicente plausus excitantur; est
enim digna persona oratio. Sed poetae quid quemque deceat,
ex persona iudicabunt, nobis autem personam imposuit ipsa
natura magna cum excellentia praestantiaque animantium
reliquarum; 98. quocirca poetae in magna varietate perso-
narum etiam vitiosis quid conveniat et quid deceat videbunt,
nobis autem cum a natura constantiae, moderationis,
temperantiae, verecundiae partes datae sint cumque eadem
natura doceat non neglegere, quemadmodum nos adversus
homines geramus, efficitur ut et illud, quod ad omnem
honestatem pertinet, decorum quam late fusum sit appareat
et hoc, quod spectatur in uno quoque genere virtutis. Ut
enim pulchritudo corporis apta compositione membrorum
movet oculos et delectat hoc ipso, quod inter se omnes partes
cum quodam lepore consentiunt, sic hoc decorum, quod elucet
in vita, movet adprobationem eorum, quibuscum vivitur, ordine et constantia et moderatione dictorum omnium atque
factorum. 99. Adhibenda est igitur quaedam reverentia adversus homines et optimi cuiusque et reliquorum. Nam neglegere
quid de se quisque sentiat, non solum arrogantis est sed etiam
omnino dissoluti. Est autem quod differat in hominum ratione
habenda inter iustitiam et verecundiam. Iustitiae partes sunt
non violare homines, verecundiae non offendere, in quo maxi-

Mögen sie mich hassen, wenn sie nur fürchten mich

oder:

Den Söhnen ist der Vater selber Grab,

dies unpassend schiene, weil sie gerecht waren, wie uns überliefert ist: aber wenn es Atreus sagte, wird der Beifall entfacht.
Denn die Rede ist der Rolle angemessen. Aber die Dichter
werden aus der Rolle beurteilen, was einem jeden ansteht. Uns
aber legte die Natur selber eine Rolle auf mit Überlegenheit
und Vorrang vor den übrigen Lebewesen. 98. Darum werden
die Dichter bei der großen Verschiedenheit der Rollen auch
darauf sehen, was für Lasterhafte paßt und was ihnen ansteht.
Da uns aber von der Natur die Rolle der Beständigkeit, Mäßigung, Beherrschtheit und des Zartgefühls gegeben ist, und
dieselbe Natur lehrt, nicht gering zu achten, wie wir uns gegen
die Menschen betragen, folgt daraus, daß sich zeigt, wie weit
sowohl jenes Schickliche, was sich auf alles Ehrenvolle erstreckt, wirkt, als auch dieses, das in einer jeden Art Tugend
geschaut wird. Wie nämlich die Schönheit des Körpers durch
eine abgestimmte Ordnung der Glieder die Augen auf sich
zieht und eben dadurch erfreut, daß alle Teile unter sich mit
einer gewissen Anmut zusammenstimmen, so weckt dieses
Schickliche, das im Leben hervorleuchtet, den Beifall derer,
mit denen man lebt, durch Ordnung, Beständigkeit und Mäßigung aller Worte und Taten. 99. Zu üben ist also eine gewisse
Ehrfurcht gegen die Menschen, gegen die Besten und gegen
die übrigen. Denn sich nicht zu kümmern um das, was ein
jeder über einen denkt, ist nicht allein die Art eines Anmaßenden, sondern sogar eines gänzlich außer Rand und Band Ge-
ratenen. Es gibt aber beim Rücksichtnehmen auf die Menschen
einen Unterschied zwischen der Gerechtigkeit und dem Zartgefühl. Aufgabe der Gerechtigkeit ist es, die Menschen nicht
zu verletzen, des Zartgefühls, keinen Anstoß zu erwecken,

me vis perspicitur decori. His igitur expositis quale sit id, quod
decere dicimus, intellectum puto.

100. Officium autem, quod ab eo ducitur, hanc primum
habet viam, quae deducit ad convenientiam conservationemque naturae; quam si sequemur ducem, nunquam aberrabimus
sequemurque et id, quod acutum et perspicax natura est, et id,
quod ad hominum consociationem accommodatum, et id,
quod vehemens atque forte. Sed maxima vis decori in hac inest
parte, de qua disputamus; neque enim solum corporis, qui ad
naturam apti sunt, sed multo etiam magis animi motus pro-
bandi, qui item ad naturam accommodati sunt. 101. Duplex
est enim vis animorum atque naturae: una pars in appetitu posita est, quae est ὁρμή Graece, quae hominem huc et illuc rapit,
altera in ratione, quae docet et explanat, quid faciendum fu-
giendumque sit. Ita fit, ut ratio praesit, appetitus obtemperet.
(29) Omnis autem actio vacare debet temeritate et neglegentia nec vero agere quicquam, cuius non possit causam probabilem reddere; haec est enim fere descriptio officii. 102. Efficien-
dum autem est, ut appetitus rationi oboediant eamque neque
praecurrant nec propter pigritiam aut ignaviam deserant sint-
que tranquilli atque omni animi perturbatione careant; ex quo
elucebit omnis constantia omnisque moderatio. Nam qui appetitus longius evagantur et tamquam exultantes sive cupiendo
sive fugiendo non satis a ratione retinentur, ii sine dubio finem
et modum transeunt. Relinquunt enim et abiciunt oboedientiam nec rationi parent, cui sunt subiecti lege naturae; a qui-

worin besonders das Wesen des Schicklichen erkannt wird.
Nach dieser Darlegung, glaube ich, ist wohl eingesehen, wie
beschaffen das ist, von dem wir sagen, es schicke sich.

100. Das rechte Handeln aber, das aus ihm abgeleitet wird,
hat zuerst den Weg, der zur Übereinstimmung mit der Natur
und zu ihrer Bewahrung hinführt. Wenn wir ihr als Führerin
folgen, werden wir niemals abirren und werden dem nachgehen, was von Natur scharfsinnig und einsichtsvoll ist, und
dem, was passend ist für die Gemeinschaft der Menschen, und
dem, was mitreißend und tapfer ist. Aber die eigentliche Bedeutung des Schicklichen liegt in dem Teile, über den wir
sprechen. Denn nicht nur die Bewegungen des Körpers, die
der Natur gemäß sind, sind zu billigen, sondern vielmehr noch
die der Seele, die ebenso der Natur angepaßt sind. 101. Doppelt
ist nämlich das Wesen der Seele und der Natur: der eine Teil
ruht im Trieb, der auf Griechisch ὁρμή heißt, der den Menschen hierhin und dorthin reißt, der andere in der Vernunft,
die lehrt und darlegt, was man tun und vermeiden muß. So
kommt es, daß die Vernunft befiehlt, der Trieb gehorcht. Jede
Handlung aber muß frei sein von Unüberlegtheit und Nachlässigkeit und nichts tun, wofür man nicht einen einleuchten-
den Grund angeben könnte. Das nämlich ist etwa die Um-
schreibung des rechten Handelns. 102. Man muß aber erreichen, daß die Triebe der Vernunft gehorchen und ihr weder
vorauseilen noch sie aus Trägheit oder Schlaffheit im Stich
lassen und daß sie ruhig und frei sind von jeder Verwirrung
der Seele. Daraus wird hervorleuchten jegliche Beständigkeit
und jegliche Mäßigung. Denn die Triebe, die zu weit aus-
schweifen und, im Begehren und Fliehen gleichsam überschäu-
mend, nicht genügend von der Vernunft zurückgehalten werden, die überschreiten ohne Zweifel Ziel und Maß. Sie lassen
nämlich fahren und werfen fort den Gehorsam und folgen nicht
der Vernunft, der sie nach dem Gesetz der Natur untertan

bus non modo animi perturbantur, sed etiam corpora. Licet
ora ipsa cernere iratorum aut eorum, qui aut libidine aliqua aut
metu commoti sunt aut voluptate nimia gestiunt; quorum
omnium vultus, voces, motus statusque mutantur. 103. Ex
quibus illud intellegitur, ut ad officii formam revertamur, appetitus omnes contrahendos sedandosque esse excitandamque
animadversionem et diligentiam, ut ne quid temere ac fortuito,
inconsiderate neglegenterque agamus. Neque enim ita gene-
rati a natura sumus, ut ad ludum et iocum facti esse videamur,
ad severitatem potius et ad quaedam studia graviora atque
maiora. Ludo autem et ioco uti illo quidem licet, sed sicut som-
no et quietibus ceteris tum, cum gravibus seriisque rebus satis
fecerimus. Ipsumque genus iocandi non profusum nec immo-
destum, sed ingenuum et facetum esse debet. Ut enim pueris
non omnem ludendi licentiam damus, sed eam, quae ab honestatis actionibus non sit aliena, sic in ipso ioco aliquod probi
ingenii lumen eluceat.

104. Duplex omnino est iocandi genus, unum inliberale, pe-
tulans, flagitiosum, obscenum, alterum elegans, urbanum, in-
geniosum, facetum, quo genere non modo Plautus noster et
Atticorum antiqua comoedia, sed etiam philosophorum Socra-
ticorum libri referti sunt, multaque multorum facete dicta, ut
ea, quae a sene Catone collecta sunt, quae vocantur ἀποφθέγματα. Facilis igitur est distinctio ingenui et inliberalis ioci. Alter
est, si tempore fit, ut si remisso animo, ⟨vel severissimo⟩ homine dignus, alter ne libero quidem, si rerum turpitudo adhi-
betur aut verborum obscenitas. Ludendi etiam est quidam mo-

sind. Von ihnen werden nicht nur die Seelen, sondern auch
die Körper in Verwirrung gebracht. Man braucht nur die Ge-
sichter der Zornigen anzuschauen oder derjenigen, die von
einer Begierde oder Furcht bewegt sind oder in einer allzu
großen Lust überschäumen: ihrer aller Miene, Stimme, Bewegung und Zustand ändern sich. 103. Daraus läßt sich jenes
erkennen – um zur Gestalt des rechten Handelns zurückzukehren –, daß alle Triebe beschränkt und beruhigt und Wach-
samkeit und Peinlichkeit geweckt werden müssen, daß wir
nichts gedankenlos und zufällig, unbedacht und unüberlegt tun.
Denn wir sind nicht so von der Natur erschaffen worden, daß
wir zu Spiel und Scherz gemacht zu sein scheinen, zur Strenge
eher und zu bestimmten gewichtigeren und größeren Tätigkei-
ten. Spiel und jenen Scherz darf man genießen, aber wie Schlaf
und sonstiges Ausruhen dann, wenn wir den gewichtigen und
ernsten Dingen genug getan haben. Und die Art des Scherzens
darf nicht ausgelassen und unbescheiden, sondern muß edel
und witzig sein. Wie wir nämlich den Knaben nicht alle Freiheit im Spielen geben, sondern nur die, die den Handlungen
des Ehrenvollen nicht fremd ist, so soll auch im Scherz selbst
ein Leuchten einer rechtschaffenen Art hervorschimmern.

104. Doppelt ist überhaupt die Art des Scherzens, die eine
gemein, frech, ehrenrührig und unflätig, die andere erlesen,
urban, geistreich und witzig, eine Art, von der nicht nur unser
Plautus und die alte Komödie der Attiker, sondern auch die
Bücher der sokratischen Philosophen voll sind und viele witzige Aussprüche vieler Männer wie die, welche vom alten
Cato gesammelt wurden, die ἀποφθέγματα, wie sie heißen.
Leicht ist also die Unterscheidung zwischen edlem und un-
edlem Scherz. Der ist, wenn er zu passender Zeit gemacht wird,
etwa in gelöster Stimmung, ⟨selbst des ernstesten⟩ Mannes
würdig, der andere überhaupt keines Freien, wenn Häßlichkeit
der Dinge und Unflätigkeit der Worte ins Spiel gesetzt werden.

dus retinendus, ut ne nimis omnia profundamus elatique voluptate in aliquam turpitudinem delabamur. Suppeditant autem et campus noster et studia venandi honesta exempla ludendi.

(30) 105. Sed pertinet ad omnem officii quaestionem semper
in promptu habere, quantum natura hominis pecudibus reli-
quisque beluis antecedat; illae nihil sentiunt nisi voluptatem
ad eamque feruntur omni impetu, hominis autem mens discendo alitur et cogitando, semper aliquid aut anquirit aut agit
videndique et audiendi delectatione ducitur. Quin etiam, si
quis est paulo ad voluptates propensior, modo ne sit ex pecu-
dum genere – sunt enim quidam homines non re sed nomine –,
sed si quis est paulo erectior, quamvis voluptate capiatur, occultat et dissimulat appetitum voluptatis propter verecundiam. 106. Ex quo intellegitur corporis voluptatem non satis
esse dignam hominis praestantia eamque contemni et reici
oportere, sin sit quispiam, qui aliquid tribuat voluptati, diligenter ei tenendum esse eius fruendae modum. Itaque victus
cultusque corporis ad valitudinem referatur et ad vires, non
ad voluptatem. Atque etiam, si considerare volemus, quae sit
in natura ⟨nostra⟩ excellentia et dignitas, intellegemus, quam
sit turpe diffluere luxuria et delicate ac molliter vivere, quam-
que honestum parce, continenter, severe, sobrie.

107. Intellegendum etiam est duabus quasi nos a natura in-
dutos esse personis; quarum una communis est ex eo, quod
omnes participes sumus rationis praestantiaeque eius, qua an-

Auch im Spielen ist bestimmtes Maß einzuhalten, daß wir nicht allzusehr alles preisgeben und, vom Vergnügen erhoben, in irgendeine Häßlichkeit geraten. Es geben aber unser Marsfeld und die Jagdliebhabereien ehrenvolle Beispiele des Spieles an die Hand.

105. Aber es geht die gesamte Frage nach dem rechten Handeln an, immer vor Augen zu haben, wie sehr die Natur des Menschen über dem Vieh und den übrigen Tieren steht. Jene empfinden nichts außer der Lust und stürzen zu ihr mit aller Leidenschaft, der Geist des Menschen aber nährt sich durch Lernen und Denken, erforscht oder treibt immer irgend etwas und läßt sich durch die Freude am Sehen und Hören leiten. Ja, wenn einer den Vergnügungen ein wenig zugeneigt ist, wenn er nur nicht zur Gattung des Viehs gehört – manche sind nämlich Menschen nicht der Sache, sondern nur dem Namen nach –, aber wenn einer auch nur ein wenig höher steht, verbirgt er sogar, auch wenn er von der Lust erfaßt wird, es doch und verheimlicht den Trieb zur Lust aus Scheu. 106. Daran erkennt man, daß körperliche Lust nicht recht des Vorranges des Menschen würdig ist und daß man sie geringschätzen und zurückweisen muß. Wenn es aber einen gibt, der etwas der Lust einräumt, so muß er in ihrem Genuß sorgsam Maß halten. Daher soll Lebensführung und Pflege des Körpers auf die Gesundheit abgestellt sein und auf die Körperkräfte, nicht auf die Lust. Und wenn wir bedenken wollen, welche Auszeichnung und welche Würde in ⟨unserer⟩ Natur liegt, werden wir auch einsehen, wie häßlich es ist, in Ausschweifungen sich gehen zu lassen und üppig und weichlich zu leben, und wie ehrenvoll, sparsam, enthaltsam, streng und nüchtern.

107. Man muß auch erkennen, daß wir von der Natur gleichsam mit zwei Rollen betraut worden sind. Die eine von ihnen ist gemeinsam, daher, daß wir alle teilhaben an der Vernunft und dem Vorrang, durch den wir vor den Tieren herausragen,

tecellimus bestiis, a qua omne honestum decorumque trahitur
et ex qua ratio inveniendi officii exquiritur, altera autem, quae
proprie singulis est tributa. Ut enim in corporibus magnae dissimilitudines sunt, alios videmus velocitate ad cursum, alios
viribus ad luctandum valere, itemque in formis aliis dignitatem inesse, aliis venustatem, sic in animis existunt maiores
etiam varietates. 108. Erat in L. Crasso, in L. Philippo multus
lepos, maior etiam magisque de industria in C. Caesare, L.
filio; at isdem temporibus in M. Scauro et in M. Druso adulescente singularis severitas, in C. Laelio multa hilaritas, in eius
familiari Scipione ambitio maior, vita tristior. De Graecis autem dulcem et facetum festivique sermonis atque in omni oratione simulatorem, quem εἴρωνα Graeci nominarunt, Socratem accepimus, contra Pythagoram et Periclem summam auctoritatem consecutos sine ulla hilaritate. Callidum Hannibalem ex Poenorum, ex nostris ducibus Q. Maximum accepimus;
facile celare, tacere, dissimulare, insidiari, praeripere hostium
consilia. In quo genere Graeci Themistoclem et Pheraeum Ia-
sonem ceteris anteponunt, in primisque versutum et callidum
factum Solonis, qui, quo et tutior eius vita esset et plus aliquanto rēi publicae prodesset, furere se simulavit. 109. Sunt
his alii multum dispares, simplices et aperti, qui nihil ex oc-
culto, nihil de insidiis agendum putant, veritatis cultores, fraudis inimici, itemque alii, qui quidvis perpetiantur, cuivis de-
serviant, dum quod velint consequantur, ut Sullam et M.
Crassum videbamus. Quo in genere versutissimum et patien-
tissimum Lacedaemonium Lysandrum accepimus, contraque
Callicratidan, qui praefectus classis proximus post Lysandrum

von dem sich alles Ehrenvolle und Schickliche leitet und aus
dem die Methode, das rechte Handeln zu finden, entwickelt
wird. Die andere aber ist die, die einem jeden eigentümlich
zugewiesen ist. Wie nämlich in den Körpern große Verschiedenheiten sind, wir die einen durch Schnelligkeit zum Lauf,
die anderen durch Körperkraft zum Ringen stark sehen und
ebenso den Gestalten teils Würde, teils Anmut innewohnen,
so treten in den Seelen noch größere Verschiedenheiten auf.
108. Es wohnte in Lucius Crassus, in Lucius Philippus viel Anmut, größere noch und mehr bewußt in Gaius Cäsar, dem Sohn
des Lucius. Jedoch zur selben Zeit in Marcus Scaurus und dem
jungen Marcus Drusus einzigartige Strenge, in Gaius Laelius
viel Heiterkeit, in seinem Freund Scipio größerer Ehrgeiz, ein
strengeres Leben. Von den Griechen aber war angenehm und
witzig, von munterem Gespräch und in aller Rede ein Vor-
spiegler – was die Griechen εἴρων nannten – Sokrates, wie
wir vernehmen, dagegen haben Pythagoras und Perikles höch-
stes Ansehen ohne jede Heiterkeit erreicht. Schlau war Hannibal von den Puniern, wie wir hören, von unseren Führern
Quintus Maximus: er verheimlichte geschickt, schwieg, verstellte sich, legte Fallen, kam den Plänen der Feinde zuvor. In
dieser Art stellen die Griechen Themistokles und Jason von
Pherae vor den übrigen voran, und ganz besonders die ver-
schlagene und schlaue Tat Solons, der vorgab, er sei wahnsinnig, damit sein Leben um so sicherer sei und dem Staate viel
mehr nütze. 109. Diesen sind andere sehr unähnlich, eindeutig
und offen, Leute, die glauben, nichts aus versteckten Motiven,
nichts hinterhältig tun zu dürfen, Diener der Wahrheit, Feinde
der Tücke, und ebenso andere, die alles ertragen, jedem dienen, wenn sie nur erreichen, was sie wollen, wie wir Sulla und
Marcus Crassus sahen. In dieser Art der Geschickteste und
Geduldigste war der Spartaner Lysander nach der Überlieferung und das Gegenteil Kallikratidas, der Oberbefehlshaber

fuit. Itemque in sermonibus callidissimum quemque, quamvis
praepotens sit, efficere, ut unus de multis esse videatur, quod
in Catulo, et in patre et in filio, idemque in Q. Mucio, ⟨in⟩
Mancia vidimus. Audivi ex maioribus natu, hoc idem fuisse in
P. Scipione Nasica, contraque patrem eius, illum qui Ti. Gracchi conatus perditos vindicavit, nullam comitatem habuisse
sermonis [[ne Xenocratem quidem severissimum philosopho-
rum]] ob eamque rem ipsam magnum et clarum fuisse. Innumerabiles aliae dissimilitudines sunt naturae morumque, minime tamen vituperandorum.

(31) 110. Admodum autem tenenda sunt sua cuique, non vitiosa, sed tamen propria, quo facilius decorum illud, quod
quaerimus, retineatur. Sic enim est faciendum, ut contra universam naturam nihil contendamus, ea tamen conservata pro-
priam nostram sequamur, ut etiamsi sint alia graviora atque
meliora, tamen nos studia nostra nostrae naturae regula me-
tiamur; neque enim attinet naturae repugnare nec quicquam
sequi, quod assequi non queas. Ex quo magis emergit quale sit
decorum illud, ideo quia nihil decet invita Minerva, ut aiunt,
id est adversante et repugnante natura. 111. Omnino si quicquam est decorum, nihil est profecto magis quam aequabilitas
universae vitae, tum singularum actionum, quam conservare
non possis, si aliorum naturam imitans omittas tuam. Ut enim
sermone eo debemus uti, qui notus est nobis, ne ut quidam
Graeca verba inculcantes iure optimo rideamur, sic in actiones

der Flotte zunächst nach Lysander war. Und ebenso erreicht
in Gesprächen der besonders Gewitzte, obwohl er noch so
mächtig ist, daß er einer von vielen zu sein scheint, was wir
an Catulus, sowohl Vater wie Sohn, und ebenso an Quintus
Mucius, ⟨an⟩ Mancia gesehen haben. Ich habe von Älteren gehört, diese selbe Eigenschaft habe Publius Scipio Nasica besessen, dagegen habe sein Vater, jener, der die verworfenen
Versuche des Tiberius Gracchus bestrafte, keine Freundlichkeit im Gespräch gehabt [[auch Xenokrates nicht, der strengste der Philosophen]] und sei gerade aus diesem Grunde groß
und berühmt gewesen. Unzählige andere Verschiedenheiten
gibt es der Natur und der Sitten, und doch keineswegs tadelns-
werter.

110. So sehr wie möglich aber muß jeder an dem Seinen, nicht
dem Fehlerhaften, aber doch dem Eigentümlichen festhalten,
damit um so leichter jenes Schickliche, was wir suchen, inne-
gehalten wird. So nämlich muß man es machen, daß wir nichts
gegen die allgemeine Natur anstrengen, unter ihrer Bewahrung jedoch unserer eigenen folgen, derart, daß wir, mag anderes auch bedeutender und besser sein, doch unsere Beschäftigungen nach dem Richtmaß unserer Natur bemessen. Denn
es führt zu nichts, der Natur zu widerstreiten, noch einer Sache
nachzugehen, die du doch nicht erreichen kannst. Woraus noch
mehr herausschaut, wie beschaffen jenes Schickliche ist, deswegen, weil sich nichts ziemt gegen den Willen der Minerva,
wie man sagt, das heißt, wenn die Natur widerstrebt und dagegen streitet. 111. Überhaupt: wenn es etwas Schickliches
gibt, ist es in der Tat nichts mehr als die innere Übereinstimmung des gesamten Lebens, dann vor allem jeder einzelnen
Handlung. Sie könntest du nicht bewahren, wenn du die Natur anderer nachahmst, deine eigene außer acht läßt. Wie wir
nämlich die Sprache sprechen müssen, die uns vertraut ist, um
nicht, wie manche Leute, wenn wir griechische Worte ein-

omnemque vitam nullam discrepantiam conferre debemus.
112. Atque haec differentia naturarum tantam habet vim, ut
non numquam mortem sibi ipse consciscere alius debeat, alius
in eadem causa non debeat. Num enim alia in causa M. Cato
fuit, alia ceteri, qui se in Africa Caesari tradiderunt? Atqui ceteris forsitan vitio datum esset, si se interemissent, propterea
quod lenior eorum vita et mores fuerant faciliores; Catoni cum
incredibilem tribuisset natura gravitatem, eamque ipse per-
petua constantia roboravisset semperque in proposito suscep-
toque consilio permansisset, moriendum potius quam tyranni
vultus aspiciendus fuit. 113. Quam multa passus est Ulixes in
illo errore diuturno, cum et mulieribus, si Circe et Calypso
mulieres appellandae sunt, inserviret et in omni sermone omnibus affabilem et iocundum esse se vellet. Domi vero etiam
contumelias servorum ancillarumque pertulit, ut ad id aliquando, quod cupiebat, veniret. At Aiax, quo animo traditur,
milies oppetere mortem quam illa perpeti maluisset. Quae
contemplantes expendere oportebit, quid quisque habeat sui,
eaque moderari nec velle experiri, quam se aliena deceant; id
enim maxime quemque decet, quod est cuiusque maxime
⟨suum⟩. 114. Suum quisque igitur noscat ingenium acremque
se et bonorum et vitiorum suorum iudicem praebeat, ne scae-
nici plus quam nos videantur habere prudentiae. Illi enim non
optumas, sed sibi accommodatissimas fabulas eligunt; qui voce
freti sunt, Epigonos Medumque, qui gestu Melanippam, Cly-
temestram, semper Rupilius, quem ego memini, Antiopam,

flechten, mit dem besten Recht verlacht zu werden, so dürfen
wir in die Handlungen und das ganze Leben keinen Zwiespalt
bringen. 112. Und diese Verschiedenheit der Naturen hat solche Bedeutung, daß bisweilen der eine den Tod über sich ver-
hängen muß, ein anderer in derselben Sache nicht. War etwa
Marcus Cato in einer anderen Lage, in einer anderen die übrigen, die sich in Afrika Cäsar übergaben? Jedoch den übrigen
wäre es vielleicht zum Vorwurf gemacht worden, wenn sie
sich getötet hätten, deswegen, weil ihr Leben weicher und
ihre Sitten beweglicher gewesen waren. Da aber die Natur dem
Cato eine unglaubliche Ernsthaftigkeit verliehen und er sie
durch dauernde Beständigkeit noch gefestigt hatte und er immer bei einem vorgesetzten und angenommenen Entschluß
geblieben war, so mußte er lieber sterben als die Miene des
Tyrannen anschauen. 113. Wie vieles hat Odysseus auf jener
langen Irrfahrt erduldet, da er sowohl den Frauen, wenn Kirke
und Kalypso Frauen zu nennen sind, dienstbar war und auch
in jedem Gespräch allen zugänglich und angenehm sein wollte.
Daheim gar ertrug er die Schmähungen der Sklaven und Mäg-
de, um einmal zu dem, was er begehrte, zu kommen. Doch
Aiax hätte bei der Sinnesart, wie sie überliefert wird, lieber
tausendmal den Tod suchen als jenes erleiden wollen. Wenn
man das betrachtet, wird es nötig sein, abzuwägen, was jeder
Eigenes hat, und dies zu entwickeln und nicht auszuprobieren,
wie ihm Fremdes ansteht. Das nämlich steht einem jeden am
meisten an, was einem jeden besonders ⟨eigen⟩ ist. 114. Jeder
lerne also seine Eigenart kennen und zeige sich als ein scharfer
Richter seiner Vorzüge und Fehler, damit die Bühnenkünstler
nicht mehr Klugheit zu haben scheinen als wir. Sie wählen sich
nämlich nicht die besten Stücke aus, sondern die für sie pas-
sendsten. Diejenigen, die auf ihre Stimme bauen, die Epigonen
und den Medus, die auf ihr Gebärdenspiel, die Melanippe und
die Klytaimnestra, Rupilius, an den ich mich erinnere, immer

non saepe Aesopus Aiacem. Ergo histrio hoc videbit in scena,
non videbit sapiens vir in vita? Ad quas igitur res aptissimi
erimus, in iis potissimum elaborabimus. Sin aliquando necessitas nos ad ea detruserit, quae nostri ingenii non erunt, omnis
adhibenda erit cura, meditatio, diligentia, ut ea, si non decore,
at quam minime indecore facere possimus, nec tam est eniten-
dum, ut bona, quae nobis data non sint, sequamur, quam ut
vitia fugiamus.

(32) 115. Ac duabus iis personis, quas supra dixi, tertia
adiungitur, quam casus aliqui aut tempus imponit, quarta
etiam, quam nobismet ipsi iudicio nostro accommodamus. Nam
regna, imperia, nobilitatem, honores, divitias, opes eaque,
quae sunt his contraria: in casu sita temporibus gubernantur;
ipsi autem gerere quam personam velimus, a nostra voluntate
proficiscitur. Itaque se alii ad philosophiam, alii ad ius civile,
alii ad eloquentiam applicant, ipsarumque virtutum in alia alius
mavult excellere. 116. Quorum vero patres aut maiores aliqua
gloria praestiterunt, ii student plerumque eodem in genere
laudis excellere, ut Q. Mucius P. f. in iure civili, Pauli filius Africanus in re militari. Quidam autem ad eas laudes quas a patribus acceperunt, addunt aliquam suam, ut hic idem Africanus
eloquentia cumulavit bellicam gloriam, quod idem fecit Timotheus, Cononis f., qui cum belli laude non inferior fuisset
quam pater, ad eam laudem doctrinae et ingenii gloriam adie-
cit. Fit autem interdum, ut nonnulli omissa imitatione maio-

die Antiope, nicht oft Äsop den Aiax. Also soll ein Schauspieler das auf der Bühne sehen, ein weiser Mann soll es nicht im Leben sehen? Zu welchen Dingen wir also am geeignetsten sind, in denen werden wir uns am ehesten anstrengen. Wenn aber einmal die Not uns zu dem gestoßen hat, was unserer Art nicht gemäß ist, werden wir alle Bemühung, alles Nachdenken, alle Sorgfalt anwenden müssen, daß wir das, wenn nicht schicklich, so doch so wenig unschicklich wie möglich ausführen können; und wir müssen dann nicht so sehr streben, daß wir den Vorzügen, die uns ja nicht gegeben sind, folgen, als daß wir die Fehler zu vermeiden suchen.

115. Und den zwei Rollen, die ich oben nannte, wird eine dritte hinzugefügt, die irgendein Zufall oder eine Lage auferlegt, sogar eine vierte, die wir uns selber nach eigenem Urteil anpassen. Denn Königreiche, Befehlsgewalt, Adel, Ämter, Reichtümer, Machtmittel und das Gegenteil davon, das liegt im Zufall und wird von zeitlicher Lage regiert. Die Rolle aber, die wir spielen möchten, geht von unserem Willen aus. Daher widmen sich die einen der Philosophie, die anderen dem bürgerlichen Recht, andere der Beredsamkeit; und unter den Tugenden selber will der eine in der, der andere in jener hervorragen. 116. Deren Väter oder Vorfahren aber in irgendeiner Ruhmesart ausgezeichnet waren, die streben meistens danach, in derselben Art des Ruhmes hervorzustechen, wie Quintus Mucius, der Sohn des Publius, im bürgerlichen Recht, der Sohn des Paulus, Africanus, im Kriegswesen. Manche aber fügen zu dem Lob, das sie von den Vätern ererbt haben, auch noch ein eigenes hinzu, wie dieser selbe Africanus den Kriegsruhm durch Beredsamkeit erhöhte. Das gleiche tat Timotheus, der Sohn des Konon, der, obwohl er an Kriegsruhm nicht geringer gewesen war als sein Vater, zu diesem Ruhm noch den Ruhm der Gelehrsamkeit und der Begabung hinzufügte. Es geschieht aber bisweilen, daß manche die Nachahmung ihrer

rum suum quoddam institutum consequantur, maximeque in
eo plerumque elaborant ii, qui magna sibi proponunt obscuris
orti maioribus.

117. Haec igitur omnia, cum quaerimus quid deceat, com-
plecti animo et cogitatione debemus; in primis autem consti-
tuendum est, quos nos et quales esse velimus et in quo genere
vitae, quae deliberatio est omnium difficillima. Ineunte enim
adulescentia, cum est maxima inbecillitas consilii, tum id sibi
quisque genus aetatis degendae constituit, quod maxime ad-
amavit. Itaque ante implicatur aliquo certo genere cursuque
vivendi, quam potuit, quod optimum esset, iudicare. 118. Nam
quod Herculem Prodicus dicit, ut est apud Xenophontem, cum
primum pubesceret, quod tempus a natura ad deligendum,
quam quisque viam vivendi sit ingressurus, datum est, exisse
in solitudinem atque ibi sedentem diu secum multumque du-
bitasse, cum duas cerneret vias, unam Voluptatis, alteram Virtutis, utram ingredi melius esset, hoc Herculi, Iovis satu edito,
potuit fortasse contingere, nobis non item, qui imitamur quos
cuique visum est atque ad eorum studia institutaque impelli-
mur. Plerumque autem parentium praeceptis imbuti ad eorum
consuetudinem moremque deducimur; alii multitudinis iudicio feruntur, quaeque maiori parti pulcherrima videntur, ea
maxime exoptant; nonnulli tamen sive felicitate quadam sive
bonitate naturae sine parentium disciplina rectam vitae secuti
sunt viam.

(33) 119. Illud autem maxime rarum genus est eorum, qui
aut excellenti ingenii magnitudine aut praeclara eruditione
atque doctrina aut utraque re ornati spatium etiam deliberandi

Vorfahren hassen und ein eigenes Ziel erstreben, und besonders bemühen sich darin die, die sich Großes vornehmen, obwohl sie von unbekannten Vorfahren stammen.

117. Dies alles also müssen wir, wenn wir suchen, was sich
schickt, im Geist und Denken umfassen. Vor allem aber muß
man bestimmen, wer und wie beschaffen wir sein wollen und
in welcher Art des Lebens, eine Überlegung, die am aller-
schwierigsten ist. Bei beginnender Jugend nämlich, wenn die
Entscheidungsfähigkeit noch besonders schwach ist, dann bestimmt sich jeder die Art, das Leben zu führen, die er besonders liebgewonnen hat. Daher verstrickt er sich in irgendeine
bestimmte Art und Bahn des Lebens, bevor er beurteilen
konnte, was das Beste wäre. 118. Prodikos, wie bei Xenophon
steht, erzählt, Herkules sei, als er ins Jünglingsalter kam, eine
Zeit, die von der Natur gegeben ist, um zu wählen, welche
Lebensstraße ein jeder einschlagen will, in die Einsamkeit gegangen. Dort habe er gesessen und lange und viel bei sich
zweifelnd nachgedacht, da er zwei Straßen sah, die eine des
Genusses, die andere der Vollkommenheit, welche von beiden
zu beschreiten besser wäre. Indes mochte das vielleicht Herkules, der Saat des Zeus entsprossen, glücken, uns nicht ebenso, die wir die nachahmen, welche einem jeden gut scheinen,
und zu deren Beschäftigungen und Zielen getrieben werden.
Meist aber, von den Lehren der Eltern erfüllt, lassen wir uns
zu deren Gewohnheit und Sitte ziehen. Andere werden durch
das Urteil der Menge getrieben und wünschen das am meisten,
was der Mehrzahl das Schöne scheint. Einige sind dennoch,
sei es durch ein besonderes Glück, sei es durch die Güte ihrer
Natur, ohne Lehren der Eltern der richtigen Straße des Lebens
nachgegangen.

119. Jene Art aber ist besonders selten: derer, die entweder
von hervorragender Größe der Begabung oder von vortrefflicher Bildung und Gelehrsamkeit oder mit beiden geschmückt

habuerunt, quem potissimum vitae cursum sequi vellent; in
qua deliberatione ad suam cuiusque naturam consilium est
omne revocandum. Nam cum in omnibus quae aguntur, ex eo,
quomodo quisque natus est, ut supra dictum est, quid deceat,
exquirimus, tum in tota vita constituenda multo est eius rei
cura maior adhibenda, ut constare in perpetuitate vitae possimus nobismet ipsis nec in ullo officio claudicare. 120. Ad hanc
autem rationem quoniam maximam vim natura habet, fortuna
proximam, utriusque omnino habenda ratio est in deligendo
genere vitae, sed naturae magis; multo enim et firmior est et
constantior, ut fortuna non numquam tamquam ipsa mortalis
cum immortali natura pugnare videatur. Qui igitur ad naturae
suae non vitiosae genus consilium vivendi omne contulerit, is
constantiam teneat – id enim maxime decet – nisi forte se intel-
lexerit errasse in deligendo genere vitae. Quod si acciderit –
potest autem accidere – facienda morum institutorumque
mutatio est. Eam mutationem si tempora adiuvabunt, facilius
commodiusque faciemus; sin minus, sensim erit pedetemptim-
que facienda, ut amicitias, quae minus delectent et minus
probentur, magis decere censent sapientes sensim diluere quam
repente praecidere. Commutato autem genere vitae omni
ratione curandum est ut id bono consilio fecisse videamur.

121. Sed quoniam paulo ante dictum est imitandos esse maiores, primum illud exceptum sit, ne vitia sint imitanda, deinde
si natura non feret, [ut quaedam imitari possint] – ut superioris

auch noch die Zeit gehabt haben, sich zu überlegen, welche
Bahn des Lebens sie am liebsten einschlagen wollten. Bei dieser
Überlegung ist der Entschluß ganz auf die eigene Natur eines
jeden abzustimmen. Denn schon bei allem, was getan wird,
erforschen wir, was sich schickt aus dem, wie jeder geboren
wurde, wie oben gesagt wurde, vor allem aber ist bei der Bestimmung des ganzen Lebens noch viel größere Sorgfalt in dieser Sache anzuwenden, damit wir während der ganzen Dauer
des Lebens mit uns selber übereinstimmen können und nicht
in irgendeiner Pflicht zu lahmen brauchen. 120. Da aber für
diese Erwägung die Natur die größte Bedeutung hat, die
Schicksalslage die nächste, so muß man zwar bei der Wahl der
Lebensform beides berücksichtigen, mehr aber die Natur. Ist
sie doch viel fester und beständiger, so daß das Schicksal, bisweilen gleichsam selber sterblich, mit der unsterblichen Natur
zu kämpfen scheint. Wer also auf die Art seiner nicht fehlerhaften Natur den ganzen Lebensplan bezogen hat, der soll die
Beständigkeit wahren – das schickt sich nämlich am meisten –,
es müßte denn sein, er merke, daß er sich in der Wahl der Le-
bensart geirrt hat. Wenn das geschieht – es kann aber vorkommen –, muß man eine Änderung der Gewohnheiten und
Pläne vornehmen. Wenn die Lage die Änderung begünstigt,
werden wir es leichter und bequemer tun können. Sonst muß
man es allmählich und Schritt für Schritt tun, wie die Weisen
meinen, es zieme sich eher, Freundschaften, an denen man weniger Freude hat und die man weniger gutheißt, allmählich aufzulösen als plötzlich abzubrechen. Hat man aber die Art seines
Lebens geändert, so muß man auf jede Weise dafür sorgen, daß
wir es nach reiflicher Überlegung getan zu haben scheinen.

121. Da ja aber eben erst gesagt wurde, es müßten die
Vorfahren nachgeahmt werden, sei zunächst die Ausnahme
getroffen, daß man Fehler nicht nachahmen darf, dann, wenn
die Natur es nicht erlaubt [, daß manches nachgeahmt werden

filius Africani, qui hunc Paulo natum adoptavit, propter infir-
mitatem valetudinis non tam potuit patris similis esse, quam
ille fuerat sui – si igitur non poterit sive causas defensitare sive
populum contionibus tenere sive bella gerere, illa tamen praestare debebit, quae erunt in ipsius potestate, iustitiam, fidem,
liberalitatem, modestiam, temperantiam, quo minus ab eo id,
quod desit, requiratur. Optima autem hereditas a patribus
traditur liberis omnique patrimonio praestantior gloria virtutis rerumque gestarum, cui dedecori esse nefas et vitium iudicandum est.

(34) 122. Et quoniam officia non eadem disparibus aetatibus
tribuuntur aliaque sunt iuvenum, alia seniorum, aliquid etiam
de hac distinctione dicendum est. Est igitur adulescentis maiores natu vereri exque iis deligere optimos et probatissimos,
quorum consilio atque auctoritate nitatur; ineuntis enim aetatis inscitia senum constituenda et regenda prudentia est. Maxime autem haec aetas a libidinibus arcenda est exercendaque
in labore patientiaque et animi et corporis, ut eorum et in bellicis et in civilibus officiis vigeat industria. Atque etiam cum
relaxare animos et dare se iucunditati volent, caveant intemperantiam, meminerint verecundiae, quod erit facilius, si ⟨ne⟩
in eiusmodi quidem rebus maiores natu nolint interesse. 123. Se-
nibus autem labores corporis minuendi, exercitationes animi
etiam augendae videntur, danda vero opera, ut et amicos et
iuventutem et maxime rem publicam consilio et prudentia
quam plurimum adiuvent. Nihil autem magis cavendum est

kann] - wie der Sohn des älteren Africanus, der diesen Sohn
des Paulus adoptiert hat, wegen seiner schwachen Gesundheit
nicht so seinem Vater ähnlich sein konnte, wie jener seinem
war -, wenn er also nicht als Verteidiger auftreten oder das
Volk im Reden fesseln oder Krieg führen kann, wird er doch
das aufweisen müssen, was in seiner eigenen Macht liegt, Gerechtigkeit, Verläßlichkeit, Großzügigkeit, Bescheidenheit,
Mäßigung, damit an ihm nicht das vermißt wird, was ihm
fehlt. Als beste Erbschaft und vortrefflicher als jedes Vatersgut
aber wird den Kindern von den Vätern übergeben der Ruhm
männlicher Vollkommenheit und der Taten. Ihm Schande zu
machen, hat als Sünde und Fehler zu gelten.

122. Und da ja ungleichem Lebensalter nicht dieselben
Pflichten zugewiesen werden und die einen den Jünglingen
zukommen, die anderen den Älteren, muß auch etwas über
diese Unterscheidung gesagt werden. Pflicht der Jünglinge ist
es, Ehrfurcht vor den Älteren zu haben und aus ihnen die besten und bewährtesten auszuwählen, um sich auf ihre Weisheit
und Geltung zu stützen. Die Unwissenheit des Anfangsalters
nämlich ist durch die Klugheit der Greise zu festigen und zu
lenken. Besonders aber ist dieses Alter von Ausschweifungen
abzuhalten und in Anstrengungen und Ausdauer des Geistes
und des Körpers zu üben, daß ihre Energie in kriegerischen
und friedlichen Pflichten kräftig gedeihe. Und auch wenn sie
sich entspannen und dem Angenehmen hingeben wollen, sollen sie sich vor Unmäßigkeit hüten, ihre Scheu nicht vergessen.
Das wird um so leichter sein, wenn auch an Dingen dieser Art
teilzunehmen Ältere sich ⟨nicht⟩ weigern würden. 123. Greise
aber müssen die körperlichen Anstrengungen vermindern, die
Übungen des Geistes müssen sie noch steigern, wie es scheint,
bemühen aber müssen sie sich, daß sie Freunde, die Jugend
und ganz besonders das Gemeinwesen durch Rat und Klugheit
so sehr wie möglich fördern. Vor nichts aber muß sich das

senectuti quam ne languori se desidiaeque dedat; luxuria vero
cum omni aetati turpis, tum senectuti foedissima est. Sin autem
etiam libidinum intemperantia accessit, duplex malum est,
quod et ipsa senectus dedecus concipit et facit adulescentium
impudentiorem intemperantiam.

124. Ac ne illud quidem alienum est, de magistratuum, de
privatorum, de civium, de peregrinorum officiis dicere. Est
igitur proprium munus magistratus intellegere se gerere personam civitatis debereque eius dignitatem et decus sustinere,
servare leges, iura discribere, ea fidei suae commissa meminisse.
Privatum autem oportet aequo et pari cum civibus iure vivere
neque summissum et abiectum neque se ecferentem, tum in re
publica ea velle, quae tranquilla et honesta sint; talem enim
solemus et sentire bonum civem et dicere. 125. Peregrini autem
atque incolae officium est nihil praeter suum negotium agere,
nihil de alio anquirere minimeque esse in aliena re publica cu-
riosum. – Ita fere officia reperientur, cum quaeretur quid deceat
et quid aptum sit personis, temporibus, aetatibus. Nihil est
autem quod tam deceat, quam in omni re gerenda consilioque
capiendo servare constantiam.

(35) 126. Sed quoniam decorum illud in omnibus factis, dic-
tis, in corporis denique motu et statu cernitur idque positum
est in tribus rebus, formositate, ordine, ornatu ad actionem
apto, difficilibus ad eloquendum, sed satis erit intellegi, in his
autem tribus continetur cura etiam illa, ut probemur iis, qui-

Alter mehr hüten, als sich der Lässigkeit und Untätigkeit zu
ergeben. Schwelgerei gar ist jeder Altersstufe schändlich, für
das Alter aber am scheußlichsten. Wenn aber noch Unmäßigkeit in den Begierden hinzukommt, hat man ein doppeltes
Übel, weil das Alter selber Schande auf sich lädt und die Maßlosigkeit der Jünglinge unverschämter macht.

124. Und auch das gehört zur Sache, über die Pflichten der
Beamten, der Privatleute, der Bürger und der Fremden zu sprechen. Es ist also die eigentliche Aufgabe des Beamten, sich
bewußt zu sein, daß er die Rolle des Staates spielt und dessen
Würde und Ansehen vertreten, die Gesetze wahren, die Rechtsansprüche abgrenzen und eingedenk sein muß, daß sie seiner
Verläßlichkeit anvertraut sind. Der Privatmann aber muß in
gleichem und demselben Recht mit seinen Mitbürgern leben,
weder demütig und zag noch sich überhebend, dann im Gemeinwesen das wollen, was ruhig und ehrenvoll ist. Einen so
Beschaffenen nämlich pflegen wir als guten Bürger zu empfinden und ihn so zu nennen. 125. Des Auswärtigen und Fremden
Pflicht aber ist es, nichts außer seinem Geschäft zu treiben,
nicht dem anderen nachzuspüren und im fremden Gemeinwesen sich so wenig wie möglich um alles zu kümmern. – So etwa
wird sich das rechte Handeln auffinden lassen, wenn man fragt,
was sich ziemt und was Personen, Umständen, Lebensaltern
gemäß ist. Nichts aber gibt es, was sich so schickt, wie bei jeder Handlung und jedem Entschluß die Beständigkeit zu bewahren.

126. Aber da man ja jenes Schickliche in allen Handlungen
und Worten, endlich in der Bewegung und Haltung des Körpers erblickt und es in drei Dingen liegt, in der Schönheit, der
Ordnung und einem Schmuck, der zur Handlung paßt – Dinge, schwer in Worte zu fassen, aber es wird ja genug sein, wenn
man sie versteht –, in diesen drei Dingen aber auch die Sorge
darum beschlossen ist, daß wir Beifall finden bei denen, mit

buscum apud quosque vivamus, his quoque de rebus pauca
dicantur. Principio corporis nostri magnam natura ipsa videatur habuisse rationem, quae formam nostram reliquamque figu-
ram, in qua esset species honesta, eam posuit in promptu, quae
partes autem corporis ad naturae necessitatem datae aspectum
essent deformem habiturae [atque formam] eas contexit atque
abdidit. 127. Hanc naturae tam diligentem fabricam imitata est
hominum verecundia.

Quae enim natura occultavit, eadem omnes, qui sana mente
sunt, removent ab oculis ipsique necessitati dant operam ut
quam occultissime pareant; quarumque partium corporis usus
sunt necessarii, eas neque partes neque earum usus suis nomi-
nibus appellant, quodque facere non turpe est, modo occulte,
id dicere obscenum est. Itaque nec actio rerum illarum aperta
petulantia vacat nec orationis obscenitas. 128. Nec vero audiendi sunt Cynici aut si qui fuerunt Stoici paene Cynici qui
reprehendunt et irrident, quod ea, quae re turpia non sint,
verbis flagitiosa ducamus, illa autem, quae turpia sunt, nomini-
bus appellemus suis. Latrocinari, fraudare, adulterare re turpe
est, sed dicitur non obscene; liberis dare operam re honestum
est, nomine obscenum; pluraque in eam sententiam ab eisdem
contra verecundiam disputantur. Nos autem naturam sequamur et ab omni, quod abhorret ab oculorum auriumque appro-
batione, fugiamus; status, incessus, sessio, accubitio, vultus,
oculi, manuum motus teneat illud decorum. 129. Quibus in
rebus duo maxime sunt fugienda, ne quid effeminatum aut
molle et ne quid durum aut rusticum sit. Nec vero histrionibus

denen und bei denen wir leben, soll auch über diese Dinge einiges wenige gesagt werden. Zuvörderst scheint die Natur selber große Rücksicht auf unseren Körper genommen zu haben, indem sie unser Antlitz und die übrige Gestalt, daß ein schönes Aussehen darin läge, vor aller Augen setzte, die Teile des Körpers aber, die, zu natürlichen Bedürfnissen gegeben, einen häßlichen Anblick [und Gestalt] geboten hätten, bedeckte und versteckte. 127. Diesen so umsichtigen Kniff der Natur ahmt der Anstand der Menschen nach.

Was nämlich die Natur verheimlicht hat, das entziehen auch alle, die gesunden Sinnes sind, den Augen, und selbst dem Bedürfnis bemühen sie sich so heimlich wie möglich zu gehorchen. Und die Körperteile, deren Gebrauch notwendig ist, nennen sie nicht – und zwar weder die Teile noch ihren Gebrauch – mit den eigenen Namen, und was zu tun, wenn es nur versteckt geschieht, nicht häßlich ist, das ist auszusprechen unflätig. Daher ist das offene Tun jener Dinge nicht ohne Frechheit und auch nicht die Unflätigkeit der Rede. 128. Man darf aber nicht auf die Kyniker hören oder wenn bestimmte Stoiker fast Kyniker gewesen sind, die tadeln und verlachen, daß wir das, was in der Sache nicht schimpflich sei, dem Worte nach für schändlich hielten, jenes aber, was schimpflich ist, mit den eigenen Namen nennten. Rauben, betrügen, ehebrechen ist der Sache nach schimpflich, es auszusprechen, ist nicht unflätig. Sich um Kinder bemühen, ist der Sache nach ehrenvoll, dem Namen nach unflätig. Und noch mehr wird von denselben Leuten gegen den Anstand ins Feld geführt. Wir aber wollen der Natur folgen und alles, was der Augen und Ohren Beifall scheut, vermeiden. Haltung, Einherschreiten, Sitzen, Hinlegen, Gesichtsausdruck, Augen, Bewegung der Hände sollen jenes Schickliche bewahren. 129. Bei diesen Dingen ist zweierlei besonders zu meiden, daß nichts verzärtelt oder weichlich und nichts hart und bäurisch sei. Man darf es aber nicht den Schauspielern und

oratoribusque concedendum est, ut is haec apta sint, nobis dissoluta. Scaenicorum quidem mos tantam habet vetere disciplina verecundiam, ut in scaenam sine subligaculo prodeat nemo; verentur enim, ne, si quo casu evenerit, ut corporis partes quaedam aperiantur, aspiciantur non decore. Nostro quidem more cum parentibus puberes filii, cum soceris generi non lavantur. Retinenda igitur est huius generis verecundia, praesertim natura ipsa magistra et duce.

(36) 130. Cum autem pulchritudinis duo genera sint, quorum in altero venustas sit, in altero dignitas, venustatem muliebrem ducere debemus, dignitatem virilem. Ergo et a forma removeatur omnis viro non dignus ornatus, et huic simile vitium in gestu motuque caveatur. Nam et palaestrici motus sunt saepe odiosiores et histrionum nonnulli gestus ineptiis non vacant, et in utroque genere quae sunt recta et simplicia laudantur. Formae autem dignitas coloris bonitate tuenda est, color exercitationibus corporis. Adhibenda praeterea munditia est non odiosa neque exquisita nimis, tantum quae fugiat agrestem et inhumanam neglegentiam. Eadem ratio est habenda vestitus, in quo, sicut in plerisque rebus, mediocritas optima est. 131. Cavendum autem est, ne aut tarditatibus utamur ⟨in⟩ ingressu mollioribus, ut pomparum ferculis similes esse videamur, aut in festinationibus suscipiamus nimias celeritates, quae cum fiunt, anhelitus moventur, vultus mutantur, ora torquentur; ex quibus magna significatio fit non adesse constantiam.

Rednern überlassen, daß diese Dinge bei ihnen abgemessen,
bei uns zerfahren sind. Die Sitte der Bühnenkünstler jedenfalls
weist nach alter Übung so viel Anstand auf, daß niemand
ohne Untergewand auf die Bühne tritt. Sie fürchten nämlich,
daß, wenn es durch einen Zufall geschieht, daß gewisse Körperteile entblößt werden, ihr Anblick nicht schicklich sei.
Nach unserer Sitte baden die ins Jünglingsalter tretenden Söhne nicht mit den Vätern, die Schwiegersöhne nicht mit den
Schwiegervätern. Beibehalten also muß man einen Anstand dieser Art, zumal die Natur selber hierin Lehrerin und Führerin ist.

130. Da es aber zwei Arten von Schönheit gibt, in deren einer die Anmut, in deren anderer die Würde liegt, müssen wir
die Anmut für Eigenschaft der Frau, die Würde für Eigenschaft
des Mannes halten. Also soll von seiner Gestalt ferngehalten
werden jeder des Mannes nicht würdige Schmuck, und in Ge-
bärde und Bewegung soll man sich vor ähnlichem Fehler hüten. Denn die Bewegungen der Schule sind häufig etwas ab-
stoßend, und manche Gebärden der Schauspieler sind nicht
frei von Läppischem. Und in beiden Arten wird gelobt, was
gerade und einfach ist. Die Würde der Schönheit aber ist durch
die Gesundheit der Hautfarbe zu schützen, die Farbe durch
körperliche Übungen. Treiben muß man außerdem eine nicht
zu auffallende und ausgesuchte Körperpflege, soweit sie eine
unkultivierte und unmenschliche Nachlässigkeit zu meiden
sucht. In derselben Weise ist die Kleidung zu behandeln, bei
der, wie bei den meisten Dingen, die unauffällige Mitte am
besten ist. 131. Hüten aber muß man sich, daß wir beim Gehen
nicht zu lässige Langsamkeit an den Tag legen, so daß wir den
Tragen in den Umzügen ähnlich scheinen, oder bei Eile allzu
große Schnelligkeit aufnehmen. Wenn das geschieht, wird
man außer Atem gesetzt, der Ausdruck ändert, das Gesicht
verzerrt sich. Worin man ein gewichtiges Anzeichen sehen
kann, daß innere Beständigkeit nicht vorhanden ist. Aber noch

Sed multo etiam magis elaborandum est, ne animi motus a natura recedant, quod assequemur, si cavebimus ne in perturbationes atque exanimationes incidamus et si attentos animos ad
decoris conservationem tenebimus. 132. Motus autem animorum duplices sunt; alteri cogitationis, alteri appetitus. Cogitatio in vero exquirendo maxime versatur, appetitus impellit
ad agendum. Curandum est igitur, ut cogitatione ad res quam
optimas utamur, appetitum rationi oboedientem praebeamus.

(37) Et quoniam magna vis orationis est eaque duplex, altera
contentionis, altera sermonis, contentio disceptationibus tribuatur iudiciorum, contionum, senatus, sermo in circulis, disputationibus, congressionibus familiarium versetur, sequatur
etiam convivia. Contentionis praecepta rhetorum sunt, nulla
sermonis, quamquam haud scio an possint haec quoque esse.
Sed discentium studiis inveniuntur magistri, huic autem qui
studeant sunt nulli, rhetorum turba referta omnia; quamquam
quoniam verborum sententiarumque praecepta sunt, eadem ad
sermonem pertinebunt. 133. Sed cum orationis indicem vocem
habeamus, in voce autem duo sequamur, ut clara sit, ut suavis,
utrumque omnino a natura petundum est, verum alterum exercitatio augebit, alterum imitatio presse loquentium et leniter.
Nihil fuit in Catulis, ut eos exquisito iudicio putares uti litterarum, quamquam erant litterati; sed et alii; hi autem optime
uti lingua Latina putabantur. Sonus erat dulcis, litterae neque

viel mehr muß man sich bemühen, daß die Bewegungen der Seele nicht von der Natur abweichen, was wir erreichen werden, wenn wir uns hüten, in Verwirrung und Besinnungslosigkeit zu geraten, und wenn wir den Sinn gespannt auf die Bewahrung des Schicklichen richten. 132. Die Bewegungen der Seele aber sind zwiefach: die einen sind die des Denkens, die anderen die des Triebes. Das Denken betätigt sich meistens in dem Aufspüren der Wahrheit, der Trieb gibt den Anstoß zum Handeln. Wir müssen also dafür sorgen, daß wir das Denken für so gute Dinge wie möglich gebrauchen, den Trieb aber der Vernunft gehorsam sein lassen.

Und da ja groß die Bedeutung der Rede ist und doppelt, die eine die der gespannten Rede, die andere die des Gesprächs, soll die gespannte Rede den Auseinandersetzungen zugewiesen werden vor den Gerichten, in den Volksversammlungen und im Senat, das Gespräch soll im kleinen Kreis, in Unterhaltungen, in Begegnungen von Freunden herrschen, soll auch den Gelagen folgen. Für die gespannte Rede gibt es auch Vorschriften der Redelehrer, keine für das Gespräch, obwohl es auch vielleicht solche geben könnte. Aber für die Bemühungen der Lernenden finden sich Lehrer, es gibt aber keine, die sich hierum bemühten, von dem Gewimmel der Redelehrer indes ist alles voll. Freilich, da es ja Vorschriften für Worte und Gedanken gibt, werden sie sich auch auf das Gespräch erstrecken. 133. Aber da wir als Künderin der Rede die Stimme haben, an der Stimme aber zweierlei erstreben, daß sie deutlich und daß sie angenehm ist, so muß man zwar um beides die Natur bitten, aber das eine wird Übung steigern, das andere die Nachahmung von Leuten, die klar und sanft sprechen. Nichts besaßen die Catuli, daß man hätte glauben können, sie hätten ein erlesenes Urteil über die Aussprache der Buchstaben gehabt, obwohl sie gebildet waren. Aber auch andere. Von denen aber glaubte man, sie sprächen die lateinische Sprache am besten!

expressae neque oppressae, ne aut obscurum esset aut putidum,
sine contentione vox nec languens nec canora. Uberior oratio
L. Crassi nec minus faceta, sed bene loquendi de Catulis opinio
non minor. Sale vero et facetiis Caesar, Catuli patris frater,
vicit omnes, ut in illo ipso forensi genere dicendi contentiones
aliorum sermone vinceret. In omnibus igitur his elaborandum
est, si in omni re quid deceat exquirimus. 134. Sit ergo hic
sermo, in quo Socratici maxime excellunt, lenis minimeque
pertinax, insit in eo lepos. Nec vero, tamquam in possessionem
suam venerit, excludat alios, sed cum reliquis in rebus tum in
sermone communi vicissitudinem non iniquam putet. Ac vi-
deat in primis, quibus de rebus loquatur, si seriis, severitatem
adhibeat, si iocosis, leporem. In primisque provideat, ne sermo
vitium aliquod indicet inesse in moribus; quod maxime tum
solet evenire, cum studiose de absentibus detrahendi causa aut
per ridiculum aut severe, maledice contumelioseque dicitur.
135. Habentur autem plerumque sermones aut de domesticis
negotiis aut de re publica aut de artium studiis atque doctrina.
Danda igitur opera est, ut etiamsi aberrare ad alia coeperit, ad
haec revocetur oratio, sed utcumque aderunt; neque enim
isdem de rebus nec omni tempore nec similiter delectamur.
Animadvertendum est etiam, quatenus sermo delectationem
habeat, et ut incipiendi ratio fuerit, ita sit desinendi modus.

Der Ton war süß, die Laute nicht zu deutlich, aber auch nicht verdunkelt, daß es nicht undeutlich oder geziert klänge, die Stimme ohne Anspannung noch schleppend oder singend. Üppiger war die Rede des Lucius Crassus und nicht weniger anmutig, aber die Meinung eines guten Sprechens war von den Catuli nicht geringer. An Witz und Eleganz übertraf Cäsar alle, der Bruder des Vaters des Catulus, so daß er selbst in jener forensischen Art der Beredsamkeit die emphatischen Reden der anderen mit seinem Gesprächston schlug. In all diesem muß man sich bemühen, wenn wir danach forschen, was sich in jeder Sache schickt. 134. Es sei also das Gespräch, in dem die Sokratiker hervorragen, sanft und auf keinen Fall rechthaberisch, in ihm soll Anmut sein. Es soll aber nicht, gleich als ob es in sein eigenes Besitztum gekommen wäre, andere ausschließen, sondern sowohl bei den übrigen Dingen, vor allem aber im gemeinsamen Gespräch soll man die Wechselseitigkeit nicht für unbillig halten. Und vor allem sehe der Redner, worüber er redet. Wenn über ernste Dinge, soll er Strenge, wenn über scherzhafte, Anmut zeigen. Und vor allem soll er sich vorsehen, daß das Gespräch nicht irgendeinen Mangel in der Gesittung anzeige. Das pflegt meist dann zu geschehen, wenn eifernd über Abwesende, um sie herabzusetzen, entweder auf lächerliche Weise oder streng, schmähend und ehrenrührig gesprochen wird. 135. Geführt aber werden die Gespräche meist über häusliche Geschäfte oder über das Gemeinwesen oder über die Bemühungen in den Künsten und die Wissenschaft. Man muß sich also Mühe geben, daß die Rede, auch wenn sie zu anderem abzuirren beginnt, wieder zu diesen Dingen zurückgeholt wird, aber je nach der Art der Anwesenden. Denn wir ergötzen uns an einem Gespräch über dieselben Dinge weder zu jeder Zeit noch in ähnlicher Weise. Aufmerken muß man auch, wie weit ein Gespräch Freude macht, und wie es eine Regel des Beginnens gibt, soll es ein Maß im Aufhören

(38) 136. Sed quomodo in omni vita rectissime praecipitur, ut
perturbationes fugiamus, id est motus animi nimios rationi
non obtemperantes, sic eiusmodi motibus sermo debet vacare,
ne aut ira existat aut cupiditas aliqua aut pigritia aut ignavia
aut tale aliquid appareat, maximeque curandum est, ut eos,
quibuscum sermonem conferemus, et vereri et diligere videamur. Obiurgationes etiam nonnumquam incidunt necessariae,
in quibus utendum est fortasse et vocis contentione maiore et
verborum gravitate acriore, id agendum etiam, ut ea facere
videamur irati. Sed ut ad urendum et secandum, sic ad hoc
genus castigandi raro invitique veniemus, nec unquam nisi
necessario, si nulla reperietur alia medicina, sed tamen ira pro-
cul absit, cum qua nihil recte fieri, nihil considerate potest.
137. Magna⟨m⟩ autem parte⟨m⟩ clementi castigatione licet
uti, gravitate tamen adiuncta, ut et severitas adhibeatur et
contumelia repellatur, atque etiam illud ipsum, quod acerbitatis
habet obiurgatio, significandum est ipsius id causa, qui obiur-
getur, esse susceptum. Rectum est autem etiam in illis con-
tentionibus, quae cum inimicissimis fiunt, etiam si nobis in-
digna audiamus, tamen gravitatem retinere, iracundiam pel-
lere; quae enim cum aliqua perturbatione fiunt, ea nec constanter fieri possunt neque is, qui adsunt, probari. Deforme
etiam est de se ipsum praedicare, falsa praesertim, et cum in-
risione audientium imitari militem gloriosum.

(39) 138. Et quoniam omnia persequimur, volumus quidem
certe, dicendum est etiam, qualem hominis honorati et prin-

geben. 136. Aber wie im ganzen Leben so richtig gemahnt wird, daß wir die Erregungen fliehen sollen, das heißt allzu heftige seelische Bewegungen, die der Vernunft nicht gehorchen, so muß ein Gespräch von derartigen Bewegungen frei sein, daß nicht ein Zorn aufkommt oder eine Begierde oder Verdrossenheit oder Trägheit oder etwas Derartiges zutage tritt, und besonders muß man sich kümmern, daß man sieht: wir verehren und lieben die, mit denen wir ein Gespräch haben werden. Schelten wird auch bisweilen nötig, wobei man vielleicht ein stärkeres Erheben der Stimme und einen schärferen Ernst in den Worten anwenden muß, ja es darauf anlegen, daß wir dies im Zorn zu tun scheinen. Aber wie zum Brennen und Schneiden, so werden wir zu dieser Art des Züchtigens selten und ungern schreiten und nur gezwungen, wenn sich kein anderes Heilmittel finden läßt. Aber dennoch soll Zorn weit entfernt sein, in dem nichts richtig, nichts überlegt getan werden kann. 137. Zum großen Teile aber darf man milde Zurechtweisung anwenden, freilich in Verbindung mit Ernst, derart, daß Strenge dabei ist und das Ehrenrührige zurückgedrängt wird, und man muß auch zu erkennen geben, daß gerade jenes, was das Schelten an Bitternis hat, eben dessentwegen, der gescholten wird, angewendet wurde. Richtig ist es aber auch, selbst in jenen Wortgefechten, die wir mit unseren erbittertsten Feinden führen, mögen wir auch unserer Unwürdiges hören, doch ernste Gefaßtheit zu wahren, Zorn zurückzudrängen. Was nämlich mit der geringsten Aufregung geschieht, das kann nicht mit der sonstigen Harmonie der Persönlichkeit geschehen und nicht den Beifall der Anwesenden finden. Häßlich ist es auch, von sich selber große Worte zu machen, zumal unwahre, und unter dem Spott der Hörer den prahlerischen Soldaten nachzuahmen.

138. Und da wir ja alles genau verfolgen, jedenfalls wenigstens wollen, müssen wir auch sagen, wie beschaffen nach un-

cipis domum placeat esse, cuius finis est usus, ad quem accommodanda est aedificandi descriptio et tamen adhibenda commoditatis dignitatisque diligentia. Cn. Octavio, qui primus ex illa familia consul factus est, honori fuisse accepimus, quod praeclaram aedificasset in Palatio et plenam dignitatis domum; quae cum vulgo viseretur, suffragata domino, novo homini, ad consulatum putabatur. Hanc Scaurus demolitus accessionem adiunxit aedibus. Itaque ille in suam domum consulatum primus attulit, hic, summi et clarissimi viri filius, in domum multiplicatam non repulsam solum rettulit, sed ignominiam etiam et calamitatem. 139. Ornanda enim est dignitas domo, non ex domo tota quaerenda, nec domo dominus, sed domino domus honestanda est, et, ut in ceteris habenda ratio non sua solum, sed etiam aliorum, sic in domo clari hominis, in quam et hospites multi recipiendi et admittenda hominum cuiusque modi multitudo, adhibenda cura est laxitatis. Aliter ampla domus dedecori saepe domino est, si est in ea solitudo, et maxime, si aliquando alio domino solita est frequentari. Odiosum est enim, cum a praetereuntibus dicitur:

> 'O domus antiqua! at quam dispari
>   dominare domino ...'

quod quidem his temporibus in multis licet dicere. 140. Cavendum autem est, praesertim si ipse aedifices, ne extra modum sumptu et magnificentia prodeas; quo in genere multum mali etiam in exemplo est. Studiose enim plerique praesertim

serer Ansicht das Haus eines achtbaren und führenden Mannes sein muß. Seine Bestimmung ist der Gebrauch. Auf ihn ist
der Bauplan abzustellen. Doch muß man auch Sorgfalt auf
Bequemlichkeit und Würde legen. Dem Gnaeus Octavius, der
als erster aus jener Familie Konsul wurde, wurde es, wie wir vernommen haben, zur Ehre angerechnet, daß er sich auf dem Palatin ein prächtiges und würdevolles Haus gebaut hatte, das
nach allgemeiner Ansicht, da es von allen gesehen wurde, seinem Herrn, einem 'homo novus', zum Konsulat geholfen haben soll. Das riß Scaurus ab und fügte noch einen Anbau an
das Haus. Und so brachte jener als erster das Konsulat in sein
Haus, dieser, der Sohn eines großen und hochberühmten Mannes, brachte in sein vergrößertes nicht nur eine Zurückweisung heim, sondern auch Schande und Unglück. 139. Die Würde
nämlich ist mit einem Palast zu schmücken, nicht ganz durch
einen Palast zu erwerben, nicht der Herr aber ist durch den
Palast zu adeln, sondern der Palast durch den Herrn, und wie
man sonst nicht nur auf sich, sondern auch auf andere Rücksicht zu nehmen hat, so ist beim Haus eines berühmten Mannes, in das viele Gäste aufgenommen und eine Menge Menschen jeder Art hereingelassen werden muß, für Weiträumig-
keit Sorge zu tragen. Sonst ist ein weites Haus oft für den
Herrn eine Schande, wenn in ihm Öde herrscht, und besonders,
wenn es einmal zur Zeit eines anderen Herrn häufig besucht
zu werden pflegte. Ist es doch kränkend, wenn von den Vor-
übergehenden gesagt wird:

Ehrwürdig Haus! Doch ist der Herr jetzt anders, der dich hat!

was man in der heutigen Zeit bei vielen zu sagen berechtigt
ist. 140. Vorsehen aber mußt du dich, zumal wenn du selbst
baust, daß du in Aufwand und Pracht nicht über das Maß hin-
ausgehst, in welcher Art viel Schlimmes sogar als Vorbild gilt.
Eifrig nämlich ahmen die meisten zumal nach dieser Richtung

in hanc partem facta principum imitantur, ut L. Luculli, summi
viri, virtutem quis? at quam multi villarum magnificentiam
imitati! Quarum quidem certe est adhibendus modus ad me-
diocritatemque revocandus. Eademque mediocritas ad omnem
usum cultumque vitae transferenda est. Sed haec hactenus.

141. In omni autem actione suscipienda tria sunt tenenda,
primum ut appetitus rationi pareat, quo nihil est ad officia conservanda accommodatius, deinde ut animadvertatur, quanta
illa res sit, quam efficere velimus, ut neve maior neve minor
cura et opera suscipiatur, quam causa postulet. Tertium est,
ut caveamus, ut ea, quae pertinent ad liberalem speciem et
dignitatem, moderata sint. Modus autem est optimus decus
ipsum tenere, de quo ante diximus, nec progredi longius. Horum tamen trium praestantissimum est appetitum obtemperare rationi.

(40) 142. Deinceps de ordine rerum et de opportunitate temporum dicendum est. Haec autem scientia continentur ea,
quam Graeci εὐταξίαν nominant, non hanc, quam interpretamur modestiam, quo in verbo modus inest, sed illa est εὐταξία, in qua intellegitur ordinis conservatio. Itaque, ut eandem nos modestiam appellemus, sic definitur a Stoicis, ut modestia sit scientia rerum earum, quae agentur aut dicentur,
loco suo collocandarum. Ita videtur eadem vis ordinis et collo-
cationis fore; nam et ordinem sic definiunt, compositionem
rerum aptis et accommodatis locis. Locum autem actionis op-
portunitatem temporis esse dicunt; tempus autem actionis

das Tun der führenden Männer nach. Wer hat zum Beispiel die Tapferkeit des Lucius Lucullus, eines großen Mannes, nachgeahmt? Aber wie viele die Pracht seiner Landhäuser! Bei ihnen wenigstens ist jedenfalls ein Maß zu halten und auf eine gewisse Durchschnittlichkeit zu beschränken. Und dasselbe Mittelmaß ist auf Lebensführung und -ausgestaltung zu übertragen. Aber so weit dieses!

141. Bei dem Beginn jeder Handlung muß man drei Dinge festhalten: erstens, daß der Trieb der Vernunft gehorcht, das Förderndste, was es für die Wahrung des rechten Handelns gibt, dann, daß man merkt, wie groß jene Sache ist, die wir durchsetzen wollen, damit man nicht größere oder kleinere Sorge und Mühe auf sich nimmt, als es die Sache fordert. Das dritte ist, daß wir achthaben, daß das, was sich auf edles Aussehen und Würde erstreckt, maßvoll gewahrt ist. Das beste Maß aber ist es, eben jene Schicklichkeit einzuhalten, von der wir vorhin gesprochen haben, und nicht darüber hinauszugehen. Von diesen dreien aber ist das wichtigste, daß der Trieb der Vernunft gehorcht.

142. Danach ist über die Ordnung und die Gelegenheit der Zeiten zu reden. Dies aber ist in dem Wissen beschlossen, das die Griechen εὐταξία nennen, und zwar nicht das, was wir mit Mäßigung übersetzen, worin das Wort Maß steckt, sondern es handelt sich um jene εὐταξία, unter der man die Bewahrung der Ordnung versteht. Daher, um auch diese mit Mäßigung zu bezeichnen, wird sie von den Stoikern so umschrieben: Mäßigung ist das Wissen, die Dinge, die getan oder gesagt werden, an ihren Platz zu stellen. So wird, wie sich zeigt, Ordnung und richtige Stellung dieselbe Bedeutung haben. Denn auch die Ordnung umschreiben sie so: richtige Stellung der Dinge am passenden und angemessenen Orte. Der Ort einer Handlung aber, sagen sie, ist die Gelegenheit der Zeit. Die passende Zeit aber für eine Handlung heißt auf griechisch

opportunum Graece εὐχαιρία, Latine appellatur occasio. Sic
fit, ut modestia haec, quam ita interpretamur, ut dixi, scientia
sit opportunitatis idoneorum ad agendum temporum. 143. Sed
potest eadem esse prudentiae definitio, de qua principio diximus, hoc autem loco de moderatione et temperantia et harum
similibus virtutibus quaerimus. Itaque quae erant prudentiae
propria suo loco dicta sunt; quae autem harum virtutum, de
quibus iam diu loquimur, quae pertinent ad verecundiam et
ad eorum approbationem, quibuscum vivimus, nunc dicenda
sunt.

144. Talis est igitur ordo actionum adhibendus, ut, quemadmodum in oratione constanti, sic in vita omnia sint apta inter
se et convenientia; turpe enim valdeque vitiosum in re severa
convivio digna aut delicatum aliquem inferre sermonem. Bene
Pericles, cum haberet collegam in praetura Sophoclem poetam
iique de communi officio convenissent et casu formosus puer
praeteriret dixissetque Sophocles 'o puerum pulchrum, Pe-
ricle!' 'At enim praetorem, Sophocle, decet non solum manus
sed etiam oculos abstinentes habere.' Atqui hoc idem Sophocles
si in athletarum probatione dixisset, iusta reprehensione ca-
ruisset. Tanta vis est et loci et temporis. Ut si qui, cum causam
sit acturus, in itinere aut in ambulatione secum ipse meditetur,
aut si quid aliud attentius cogitet, non reprehendatur, at hoc
idem si in convivio faciat, inhumanus videatur inscitia temporis. 145. Sed ea, quae multum ab humanitate discrepant, ut
si qui in foro cantet aut si qua est alia magna perversitas, facile

εὐκαιρία, auf lateinisch occasio, günstige Gelegenheit. So
geschieht es, daß diese Mäßigung, die wir so verstehen, wie
ich sagte, das Wissen ist um die Gelegenheit der zum Handeln
geeigneten Zeiten. 143. Dasselbe kann aber auch die Umschrei-
bung der Klugheit sein, von der wir am Anfang sprachen; hier
aber forschen wir über Maßhalten, Ausgeglichenheit und die
diesen ähnlichen Tugenden. Was deshalb der Klugheit eigentümlich war, ist an seinem Ort gesagt worden. Was aber den
Tugenden eigentümlich ist, über die wir schon lange sprechen,
die sich auf die Rücksicht und den Beifall derer beziehen, mit
denen wir leben, darüber ist jetzt zu sprechen.

144. Man muß also eine solche Ordnung in den Handlungen
anwenden, daß wie in einer wohlgefügten Rede, so im Leben
alles unter sich passend und harmonisch ist. Häßlich nämlich
und sehr fehl am Platze ist es, in einer ernsten Sache Dinge,
die zum Gelage passen, oder irgendein übermütiges Gespräch
aufzubringen. Gut bemerkte Perikles, als er im Strategenamt
den Dichter Sophokles zum Kollegen hatte, sie wegen ihrer gemeinsamen Obliegenheiten zusammengekommen waren, zufällig ein schöner Knabe vorüberging, und Sophokles gesagt
hatte: ‹Was für ein schöner Knabe, Perikles!› ‹Aber Sophokles,
ein Stratege muß nicht nur beherrschte Hände, sondern auch
beherrschte Augen haben!› Wenn Sophokles jedoch dasselbe bei
der Musterung der Wettkämpfer gesagt hätte, wäre er frei gewesen von gerechtem Tadel. Solche Bedeutung haben Ort und
Zeit. Wie wenn einer, da er einen Prozeß zu führen hat, auf dem
Weg oder Spazierengehen bei sich selber überlegt, oder wenn
er über etwas anderes angestrengter nachdenkt, nicht getadelt wird, aber wenn er dasselbe in Gesellschaft tut, unmenschlich scheinen würde, weil er nicht weiß, was sich für den Zeitpunkt schickt. 145. Das aber, was sich mit Bildung gar nicht
verträgt, wie wenn jemand auf dem Forum singen wollte, oder
wenn es sonst eine große Verkehrtheit gibt, das kommt leicht

apparet nec magnopere admonitionem et praecepta desiderat;
quae autem parva videntur esse delicta neque a multis intellegi
possunt, ab is est diligentius declinandum. [[Ut in fidibus aut
tibiis, quamvis paulum discrepent, tamen id a sciente animadverti solet, sic videndum est in vita ne forte quid discrepet, vel
multo etiam magis, quo maior et melior actionum quam sono-
rum concentus est.]] (41) 146. Itaque ut in fidibus musicorum
aures vel minima sentiunt, sic nos, si acres ac diligentes iudices
esse volumus animadversoresque vitiorum, magna saepe intellegemus ex parvis. Ex oculorum optutu, superciliorum aut
remissione aut contractione, ex maestitia, ex hilaritate, ex risu,
ex locutione, ex reticentia, ex contentione vocis, ex summis-
sione, ex ceteris similibus facile iudicabimus, quid eorum apte
fiat, quid ab officio naturaque discrepet. Quo in genere non est
incommodum, quale quidque eorum sit, ex aliis iudicare, ut si
quid non deceat illos, vitemus ipsi. Fit enim nescio quomodo,
ut magis in aliis cernamus, quam in nobismet ipsis, si quid
delinquitur. Itaque facillume corriguntur in discendo, quorum
vitia imitantur emendandi causa magistri. 147. Nec vero alienum est ad ea deligenda, quae dubitationem afferunt, adhibere
doctos homines vel etiam usu peritos et, quid iis de quoque
officii genere placeat, exquirere. Maior enim pars eo fere de-
ferri solet, quo a natura ipsa deducitur. In quibus videndum
est, non modo quid quisque loquatur, sed etiam quid quisque
sentiat atque etiam de qua causa quisque sentiat. Ut enim

zum Vorschein und bedarf nicht sehr der Ermahnung und Lehren. Die Vergehen aber, die gering scheinen, und die von vielen
nicht erkannt werden können, vor denen muß man mit mehr
Sorgfalt ausweichen. [[Wie beim Saiteninstrument oder der
Flöte, mögen sie noch so wenig abweichen, das vom Kenner
doch bemerkt zu werden pflegt, so muß man darauf sehen, daß
nicht im Leben vielleicht irgend etwas abweicht, ja sogar noch
viel mehr, um wieviel wichtiger und besser der Zusammen-
klang der Handlungen als der der Töne ist.]] 146. Wie daher
beim Saiteninstrument die Ohren der Musiker selbst das Ge-
ringste bemerken, so werden wir, wenn wir scharfe und pein-
liche Beurteiler und Kritiker von Fehlern sein wollen, häufig
Großes aus Geringem erkennen. Aus dem Blick der Augen, der
Entspannung und dem Zusammenziehen der Augenbrauen,
aus Trübsinnigkeit, aus Heiterkeit, aus dem Lachen, aus dem
Sprechen, aus dem Schweigen, aus dem Erheben der Stimme,
aus ihrem Senken, aus den übrigen Dingen ähnlicher Art werden wir leicht beurteilen, was davon harmonisch ist, was vom
rechten Handeln und der Natur abweicht. Dabei ist es nicht
unpassend, wie ein jedes davon beschaffen ist, nach anderen zu
beurteilen, damit wir selber, wenn sich etwas bei jenen nicht
schickt, es vermeiden. Irgendwie nämlich unterscheiden wir
mehr bei anderen als bei uns selber, wenn irgendein Fehler begangen wird. Daher lassen sich beim Lernen die Schüler am
leichtesten verbessern, wenn die Lehrer ihre Fehler, um sie
abzustellen, nachahmen. 147. Nicht ungemäß aber ist es, um
unter dem zu wählen, was Zweifel erweckt, gebildete Männer
oder auch erfahrene hinzuzuziehen und sie zu fragen, was sie
über jede Art der Pflicht denken. Die Mehrzahl nämlich pflegt
etwa dahin getrieben zu werden, wohin sie von der Natur selber geleitet wird. Bei ihnen muß man darauf sehen, nicht nur
was jeder spricht, sondern auch was jeder meint und aus welchem Grund es ein jeder meint. Wie nämlich die Maler, Bild-

pictores et ii qui signa fabricantur et vero etiam poetae suum
quisque opus a vulgo considerari vult, ut si quid reprehensum
sit a pluribus, id corrigatur, iique et secum et aliis, quid in eo
peccatum sit, exquirunt, sic aliorum iudicio permulta nobis
et facienda et non facienda et mutanda et corrigenda sunt.
148. Quae vero more agentur institutisque civilibus, de his
nihil est praecipiendum; illa enim ipsa praecepta sunt, nec
quemquam hoc errore duci oportet, ut siquid Socrates aut Ari-
stippus contra morem consuetudinemque civilem fecerint locu-
tive sint, idem sibi arbitretur licere; magnis illi et divinis bonis
hanc licentiam assequebantur. Cynicorum vero ratio tota est
eicienda; est enim inimica verecundiae, sine qua nihil rectum
esse potest, nihil honestum. 149. Eos autem, quorum vita per-
specta in rebus honestis atque magnis est, bene de re publica
sentientes ac bene meritos aut merentes sicut aliquo honore
aut imperio affectos observare et colere debemus, tribuere
etiam multum senectuti, cedere iis, qui magistratum habebunt,
habere dilectum civis et peregrini in ipsoque peregrino priva-
timne an publice venerit. Ad summam, ne agam de singulis,
communem totius generis hominum conciliationem et consociationem colere, tueri, servare debemus.

(42) 150. Iam de artificiis et quaestibus, qui liberales habendi,
qui sordidi sint, haec fere accepimus. Primum improbantur ii
quaestus, qui in odia hominum incurrunt, ut portitorum, ut
feneratorum. Inliberales autem et sordidi quaestus mercenna-

hauer, aber auch die Dichter wollen, daß ihr Werk vom Volke
betrachtet wird, um, wenn etwas von der Mehrzahl getadelt
wird, es zu verbessern, und sie mit sich und anderen zu Rate
gehen, was dabei für Fehler gemacht worden sind, so müssen
wir nach dem Urteil anderer sehr vieles tun und nicht tun, ändern und verbessern. 148. Was aber nach der Sitte und auf
staatliche Vorschriften hin getan wird, darüber brauchen wir
keine Lehren zu geben. Jene sind nämlich selbst Lehren, und
niemand darf in dem Irrtum befangen sein, zu glauben, wenn
Sokrates oder Aristipp etwas gegen die Sitten und Gewohnheit ihrer Mitbürger getan oder gesagt haben, so wäre es auch
ihnen erlaubt. Durch große und göttliche Vorzüge haben jene
diese Freiheit erlangt. Die Lehre der Kyniker gar ist ganz zu
verwerfen. Sie ist nämlich eine Feindin der Ehrfurcht, ohne die
nichts richtig sein kann, nichts ehrenvoll. 149. Die Männer
aber, deren Leben in ehrenvollen und großen Dingen erkannt
worden ist, die über das Gemeinwesen richtig denken und sich
um es wohlverdient gemacht haben oder noch machen, wie
die, welche irgendein Ehrenamt oder Kommando haben, denen müssen wir Rücksicht erweisen und sie verehren, müssen
auch viel dem Alter einräumen, denen den Vortritt lassen, die
ein Amt haben, einen Unterschied machen zwischen einem
Bürger und einem Fremden, und beim Fremden selber, ob er
privat oder im Auftrag seines Staates gekommen ist. Kurz, um
nicht über jedes einzelne zu handeln, die Verbindung und Gemeinschaft des ganzen Menschengeschlechtes müssen wir pflegen, schützen und bewahren.

150. Was nun die Künste und Erwerbszweige anlangt, welche als eines Freien würdig zu gelten haben, welche schmutzig
sind, darüber haben wir etwa folgendes der Überlieferung ent-
nommen. Zuerst finden die Erwerbszweige keine Billigung,
die dem Hasse der Menschen begegnen, wie die der Zöllner,
wie die der Wucherer. Eines Freien aber nicht würdig und

riorum omnium, quorum operae, non quorum artes emuntur;
est enim in illis ipsa merces auctoramentum servitutis. Sordidi
etiam putandi, qui mercantur a mercatoribus, quod statim
vendant; nihil enim proficiant, nisi admodum mentiantur; nec
vero est quicquam turpius vanitate. Opificesque omnes in sordida arte versantur; nec enim quicquam ingenuum habere potest officina. Minimeque artes eae probandae, quae ministrae
sunt voluptatum 'cetarii, lanii, coqui, fartores, piscatores', ut
ait Terentius. Adde huc, si placet, unguentarios, saltatores,
totumque ludum talarium. 151. Quibus autem artibus aut prudentia maior inest aut non mediocris utilitas quaeritur ut medicina, ut architectura, ut doctrina rerum honestarum, eae
sunt iis, quorum ordini conveniunt, honestae. Mercatura autem, si tenuis est, sordida putanda est; sin magna et copiosa,
multa undique apportans multisque sine vanitate inpertiens,
non est admodum vituperanda; atque etiam si satiata quaestu
vel contenta potius, ut saepe ex alto in portum, ex ipso se portu
in agros possessionesque contulit, videtur iure optimo posse
laudari. Omnium autem rerum, ex quibus aliquid adquiritur,
nihil est agri cultura melius, nihil uberius, nihil dulcius, nihil
homine, nihil libero dignius. De qua quoniam in Catone Maiore
satis multa diximus, illinc assumes quae ad hunc locum pertinebunt.

(43) 152. Sed ab iis partibus, quae sunt honestatis, quem ad
modum officia ducerentur, satis expositum videtur. Eorum

schmutzig ist der Erwerb aller Tagelöhner, deren Arbeitsleistung, nicht Fertigkeiten gekauft werden. Bei ihnen ist eben der Lohn ein Handgeld der Dienstbarkeit. Als schmutzig haben zu gelten auch die, welche von den Kaufleuten die Ware einhandeln, um sie sofort wieder zu verkaufen. Sie würden nämlich nichts verdienen, wenn sie nicht ausgiebig lügen würden. Nichts ist aber schimpflicher als Unsolidheit. Und alle Handwerker betätigen sich in einer schmutzigen Kunst. Denn eine Werkstatt kann nichts Freies haben. Und am wenigsten sind die Künste zu billigen, die Dienerinnen der Genüsse sind, «Fischhändler, Fleischer, Köche, Geflügelhändler, Fischer», wie Terenz sagt. Füg noch hinzu, wenn du Lust hast, Parfümverkäufer, Tänzer und alles, was mit dem Würfelspiel zusammenhängt. 151. Die Künste aber, in denen eine größere Klugheit am Werke ist oder kein geringer Nutzen erstrebt wird, wie die Heilkunst, die Baukunst, wie die Wissenschaft von ehrenvollen Dingen, die sind für diejenigen, deren Stand sie zukommen, ehrenhaft. Der Handel aber hat, wofern er klein ist, als schmutzig zu gelten. Wenn er aber groß ist und Mittel hat, vieles von allen Seiten herbeischafft und vieles ohne Betrügerei zuteilt, ist er nicht wohl zu tadeln. Und auch wenn er sich, mit dem Erworbenen gesättigt oder, besser, zufrieden, wie oft von hoher See in den Hafen, so sich aus dem Hafen selber aufs Land und die Besitzungen begeben hat, scheint er mit dem besten Recht gelobt werden zu können. Von allen Dingen aber, aus denen irgendein Erwerb gezogen wird, ist nichts besser als der Landbau, nichts ergiebiger, nichts angenehmer, nichts eines Menschen, nichts eines Freien würdiger. Da wir hierüber im «Cato maior» genug gesagt haben, wirst du daraus entnehmen, was sich auf dies Gebiet hier bezieht.

152. Wie aber aus den Teilen, die das Ehrenvolle besitzt, sich das rechte Handeln ableitet, scheint genugsam dargestellt.

autem ipsorum, quae honesta sunt, potest incidere saepe contentio et comparatio, de duobus honestis utrum honestius, qui
locus a Panaetio est praetermissus. Nam cum omnis honestas
manet a partibus quattuor, quarum una sit cognitionis, altera
communitatis, tertia magnanimitatis, quarta moderationis,
haec in deligendo officio saepe inter se comparentur necesse
est. 153. Placet igitur aptiora esse naturae ea officia, quae ex
communitate, quam ea, quae ex cognitione ducantur, idque
hoc argumento confirmari potest, quod, si contigerit ea vita
sapienti, ut omnium rerum affluentibus copiis [quamvis] omnia, quae cognitione digna sint, summo otio secum ipse consideret et contempletur, tamen si solitudo tanta sit, ut hominem videre non possit, excedat e vita. Princepsque omnium
virtutum illa sapientia, quam σοφίαν Graeci vocant – prudentiam enim, quam Graeci φρόνησιν dicunt, aliam quandam
intellegimus, quae est rerum expetendarum fugiendarumque
scientia –: illa autem sapientia, quam principem dixi, rerum
est divinarum et humanarum scientia, in qua continetur deorum et hominum communitas et societas inter ipsos; ea si
maxima est, ut est, certe necesse est, quod a communitate
ducatur officium, id esse maximum. Etenim cognitio contem-
platioque naturae manca quodam modo atque inchoata sit,
si nulla actio rerum consequatur. Ea autem actio in hominum
commodis tuendis maxime cernitur; pertinet igitur ad societatem generis humani; ergo haec cognitioni anteponenda est.

154. Atque id optimus quisque reapse ostendit et iudicat.
Quis enim est tam cupidus in perspicienda cognoscendaque

Über eben das aber, was ehrenvoll ist, kann häufig ein Streit
und Vergleich entstehen, welches von zwei ehrenvollen Dingen
ehrenvoller ist, ein Gebiet, das von Panaitios beiseite gelassen
worden ist. Denn da alles Ehrenvolle aus den vier Teilen fließt,
deren einer die Erkenntnis ist, der zweite die Gemeinschaft, der
dritte die Großgesinntheit, der vierte die Mäßigung, so müssen
diese bei der Wahl der Pflichten oft unter sich verglichen werden. 153. Mir scheint also, daß der Natur angemessener sind die
Pflichten, die sich aus der Gemeinschaft, als die, welche sich aus
der Erkenntnis ableiten, und das kann durch folgenden Beweis
erhärtet werden: wenn einem Weisen ein solches Leben beschie-
den wäre, daß er in überströmender Fülle alles, was der Erkenntnis wert ist, in ungestörter Muße bei sich bedächte und betrach-
tete, würde er doch, wenn die Einsamkeit so groß wäre, daß er
nicht einen Mitmenschen sehen könnte, aus dem Leben scheiden. Und die Fürstin aller Tugenden ist jene Weisheit, die die
Griechen σοφία nennen – denn unter Klugheit, prudentia, die
die Griechen φρόνησις heißen, verstehen wir eine andere, das
Wissen von den erstrebenswerten und zu meidenden Dingen –:
jene Weisheit aber, die ich die Fürstin nannte, ist das Wissen
um die göttlichen und menschlichen Dinge, in dem beschlossen
liegt der Götter und Menschen Gemeinschaft und Gesellschaft
untereinander selber. Wenn diese von der größten Bedeutung
ist, wie sie es wirklich ist, ist es sicherlich notwendig, daß
die Pflicht, die sich von der Gemeinschaft ableitet, am wichtigsten ist. Denn Erkenntnis und Betrachtung des Wesens
dürfte irgendwie unvollkommen und unfertig sein, wenn kein
Handeln folgte. Dieses Handeln aber erkennt man besonders
in der Verteidigung der Vorteile der Menschen. Es bezieht
sich also auf die Gemeinschaft des Menschengeschlechtes.
Also ist dieses der Erkenntnis voranzustellen.

154. Und das zeigen gerade die Besten durch die Taten und
urteilen so. Denn wer ist so begierig bei der Erforschung und

rerum natura, ut, si ei tractanti contemplantique res cognitione
dignissimas subito sit allatum periculum discrimenque patriae,
cui subvenire opitularique possit, non illa omnia relinquat atque abiciat, etiamsi dinumerare se stellas aut metiri mundi
magnitudinem posse arbitretur? Atque hoc idem in parentis,
in amici re aut periculo fecerit. 155. Quibus rebus intellegitur,
studiis officiisque scientiae praeponenda esse officia iustitiae,
quae pertinent ad hominum utilitatem, qua nihil homini esse
debet antiquius. (44) Atque illi ipsi, quorum studia vitaque
omnis in rerum cognitione versata est, tamen ab augendis hominum utilitatibus et commodis non recesserunt. Nam et eru-
dierunt multos, quo meliores cives utilioresque rebus suis publicis essent, ut Thebanum Epaminondam Lysis Pythagoreus,
Syracosium Dionem Plato multique multos, nosque ipsi, quicquid ad rem publicam attulimus, si modo aliquid attulimus, a
doctoribus atque doctrina instructi ad eam et ornati accessi-
mus. 156. Neque solum vivi atque praesentes studiosos discendi erudiunt atque docent, sed hoc idem etiam post mortem
monumentis litterarum assequuntur. Nec enim locus ullus est
praetermissus ab iis, qui ad leges, qui ad mores, qui ad disciplinam rei publicae pertineret, ut otium suum ad nostrum
negotium contulisse videantur. Ita illi ipsi doctrinae studiis et
sapientiae dediti ad hominum utilitatem suam intelligentiam
prudentiamque potissimum conferunt; ob eamque etiam causam eloqui copiose, modo prudenter, melius est quam vel acutissime sine eloquentia cogitare, quod cogitatio in se ipsa ver-

der Erkenntnis des Wesens der Dinge, daß er nicht, wenn ihm
bei der Behandlung und Betrachtung der erkenntniswürdig-
sten Dinge plötzlich eine Gefahr und eine Krise des Vaterlandes gemeldet würde, der er begegnen und abhelfen könnte,
das alles stehen ließe und fortwürfe, selbst wenn er glaubte,
er könne die Sterne zählen oder die Größe der Welt ausmessen?
Und ebenso würde er handeln bei der Sache oder Gefahr des
Vaters, des Freundes. 155. An diesen Dingen erkennt man, daß
den Bemühungen um das Wissen und seinen Pflichten voranzustellen sind die Pflichten der Gerechtigkeit, die sich auf den
Nutzen der Menschen beziehen, das Ehrwürdigste, was es
für den Menschen geben kann. Und eben jene, deren Bemühungen und Leben ganz in der Erkenntnis der Dinge verweil-
ten, haben sich dennoch nicht von der Vermehrung des Nutzens und der Vorteile der Menschen zurückgezogen. Denn sie
haben viele erzogen, daß sie bessere Bürger und ihrem Staate
nützlicher seien, wie der Pythagoreer Lysis den Thebaner Epaminondas, Plato Dio von Syrakus und viele viele andere, und
wir selber, was wir auch immer zum Gemeinwesen beigetragen
haben, wenn wir überhaupt etwas beigetragen haben, so sind
wir von den Lehrern und der Wissenschaft ausgerüstet und
ausgestattet an es herangetreten. 156. Und nicht nur zu Lebzeiten und gegenwärtig bilden und lehren sie die Lernbegieri-
gen, sondern erreichen dasselbe auch noch nach ihrem Tode
durch die Denkmäler der Schriften. Denn kein Gebiet wurde
von ihnen beiseite gelassen, das sich auf die Gesetze, auf die
Sitten, auf die Ordnung des Staates bezieht, so daß sie ihre
Muße an unsere Tätigkeit gewendet zu haben scheinen. So
steuern eben jene, den Bemühungen um die Wissenschaft und
die Weisheit ergeben, ihr Wissen und ihre Klugheit zum Nutzen der Menschen bei. Und aus dem Grunde ist auch beredt
zu sprechen – wenn nur klug – besser, als noch so scharfsinnig
ohne Beredsamkeit zu denken, weil das Denken in sich selber

titur, eloquentia complectitur eos, quibuscum communitate
iuncti sumus. 157. Atque ut apium examina non fingendorum
favorum causa congregantur, sed cum congregabilia natura
sint, fingunt favos, sic homines, ac multo etiam magis, natura
congregati adhibent agendi cogitandique sollertiam. Itaque,
nisi ea virtus, quae constat ex hominibus tuendis, id est ex
societate generis humani, attingat cognitionem rerum, soli-
vaga cognitio et ieiuna videatur, itemque magnitudo animi
remota communitate coniunctioneque humana feritas sit quaedam et immanitas. Ita fit, ut vincat cognitionis studium con-
sociatio hominum atque communitas.

158. Nec verum est quod dicitur a quibusdam propter necessitatem vitae, quod ea, quae natura desideraret, consequi
sine aliis atque efficere non possemus, idcirco initam esse cum
hominibus communitatem et societatem; quodsi omnia nobis,
quae ad victum cultumque pertinent, quasi virgula divina, ut
aiunt, suppeditarentur, tum optimo quisque ingenio negotiis
omnibus omissis totum se in cognitione et scientia collocaret.
Non est ita. Nam et solitudinem fugeret et socium studii quae-
reret, tum docere, tum discere vellet, tum audire, tum dicere.
Ergo omne officium, quod ad coniunctionem hominum et ad
societatem tuendam valet, anteponendum est illi officio, quod
cognitione et scientia continetur.

(45) 159. Illud forsitan quaerendum sit, num haec communitas, quae maxime est apta naturae, ea sit etiam moderationi
modestiaeque semper anteponenda. Non placet; sunt enim

kreist, die Beredsamkeit die umfaßt, mit denen wir in Gemeinschaft verbunden sind. 157. Und wie der Bienen Schwärme
sich nicht, um Waben zu bilden, gesellen, sondern, da sie ge-
sellig von Natur sind, Waben bilden, so wenden auch die Menschen, und sogar noch viel mehr, von Natur zu einer Gemeinschaft zusammengeschlossen, ihre Kunstfertigkeit im Handeln
und Denken ihr zu. Wenn daher nicht jene Tugend, die gründet in der Verteidigung der Menschen, das heißt in der Gemeinschaft des Menschengeschlechtes, die Erkenntnis be-
rührte, würde die Erkenntnis einsam und mager scheinen. Und
ebenso würde Seelengröße ohne Gemeinschaft und Verbindung der Menschen Wildheit und Ungeheuerlichkeit sein. So
kommt es, daß die Vereinigung und Gemeinschaft der Menschen das Bemühen um Erkenntnis an Bedeutung übertrifft.

158. Und es ist nicht wahr, was von manchen Leuten gesagt
wird, aus Lebensnotdurft, weil wir das, was die Natur braucht,
nicht ohne andere hätten erreichen und bewirken können, deshalb sei mit den Menschen Gemeinschaft und Vereinigung
eingegangen worden. Wenn uns aber alles, was zur Notdurft
des Lebens und zur Lebensausgestaltung nötig ist, wie mit
einer Wünschelrute, wie man sagt, zur Verfügung gestellt
würde, dann würden gerade die von bester Anlage alle Geschäfte beiseite lassen und sich ganz auf Erkenntnis und Wissen legen. So ist es nicht. Denn er würde die Einsamkeit fliehen und einen Genossen seiner Tätigkeit suchen, bald lehren
und lernen wollen, bald hören, bald sprechen. Also: jede Pflicht,
die die Gemeinschaft und Gesellschaft der Menschen zu wahren vermag, ist jener Pflicht voranzustellen, die in der Erkenntnis und dem Wissen gründet.

159. Danach könnte vielleicht noch gefragt werden, ob diese
Gemeinschaft, die besonders der Natur gemäß ist, auch immer
der Mäßigung und Bescheidenheit voranzustellen ist. Das
meine ich nicht. Es sind nämlich gewisse Dinge teils so scheuß-

quaedam partim ita foeda, partim ita flagitiosa, ut ea ne con-
servandae quidem patriae causa sapiens facturus sit. Ea Posidonius collegit permulta, sed ita taetra quaedam, ita obscena,
ut dictu quoque videantur turpia. Haec igitur non suscipiet rei
publicae causa, ne res publica quidem pro se suscipi volet. Sed
haec commodius se res habet, quod non potest accidere tempus,
ut intersit rei publicae quicquam illorum facere sapientem.
160. Quare hoc quidem effectum sit, in officiis deligendis hoc
genus officiorum excellere, quod teneatur hominum societate.
Etenim cognitionem prudentiamque sequetur considerata
actio; ita fit, ut agere considerate pluris sit quam cogitare prudenter. Atque haec quidem hactenus. Patefactus enim locus est
ipse, ut non difficile sit in exquirendo officio quid cuique sit
praeponendum videre. In ipsa autem communitate sunt gradus officiorum, ex quibus quid cuique praestet intellegi possit,
ut prima diis immortalibus, secunda patriae, tertia parentibus,
deinceps gradatim reliquis debeantur. 161. Quibus ex rebus
breviter disputatis intellegi potest non solum id homines solere
dubitare, honestumne an turpe sit, sed etiam duobus propositis honestis utrum honestius sit. Hic locus a Panaetio est, ut
supra dixi, praetermissus. Sed iam ad reliqua pergamus.

lich, teils so schimpflich, daß sie der Weise, selbst nicht um das
Vaterland zu bewahren, tun wird. Davon hat Poseidonios selber
schon vieles gesammelt, aber manches davon ist so abscheulich, so unflätig, daß es auch häßlich auszusprechen scheint.
Dies also wird er nicht auf sich nehmen des Gemeinwesens
wegen, auch das Gemeinwesen wird nicht wollen, daß es zu
seinem Schutze unternommen werde. Aber diese Sache verhält
sich einfacher, weil die Gelegenheit nicht eintreten kann, daß
es für das Gemeinwesen von Wichtigkeit wäre, daß der Weise
etwas davon täte. 160. Darum dürfte das bewiesen sein, daß
bei der Wahl der Pflichten die Art Pflichten eben Vorrang hat,
die in der Gesellschaft der Menschen ihren Halt hat. Denn
der Erkenntnis und Klugheit wird das erwogene Handeln folgen. So kommt es, daß erwogenes Handeln höher zu bewerten
ist als klug zu denken. Und dies so weit. Das Gebiet selber ist
nämlich dargelegt, so daß es nicht schwierig ist, beim Aufsuchen der Pflichten zu sehen, welche jeweils voranzustellen
ist. In der Gemeinschaft selber aber gibt es Rangstufen der
Pflichten, aus denen man ersehen kann, was jeweils voran-
steht, derart, daß das erste den unsterblichen Göttern, das
zweite dem Vaterland, das dritte den Eltern, dann der Reihe
nach stufenweise den übrigen geschuldet wird. 161. Aus diesen kurz erörterten Dingen läßt sich erkennen, daß die Menschen nicht nur darüber zu zweifeln pflegen, ob etwas ehrenvoll oder schimpflich ist, sondern auch, wenn zwei ehrenvolle
Dinge vorliegen, welches von beiden ehrenvoller ist. Diese
Frage ist von Panaitios, wie oben gesagt, beiseite gelassen worden. Aber nun wollen wir zum übrigen weiterschreiten.

LIBER SECUNDUS

Quemadmodum officia ducerentur ab honestate, Marce fili, atque ab omni genere virtutis, satis explicatum arbitror libro superiore. Sequitur ut haec officiorum genera persequar, quae pertinent ad vitae cultum et ad earum rerum, quibus utuntur homines, facultatem, ad opes, ad copias; in quo tum quaeri dixi, quid utile, quid inutile, tum ex utilibus quid utilius aut quid maxime utile. De quibus dicere adgrediar, si pauca prius de instituto ac de iudicio meo dixero. 2. Quamquam enim libri nostri complures non modo ad legendi, sed etiam ad scribendi studium excitaverunt, tamen interdum vereor ne quibusdam bonis viris philosophiae nomen sit invisum mirenturque in ea tantum me operae et temporis ponere. Ego autem quam diu res publica per eos gerebatur, quibus se ipsa commiserat, omnes meas curas cogitationesque in eam conferebam. Cum autem dominatu unius omnia tenerentur neque esset usquam consilio aut auctoritati locus, socios denique tuendae rei publicae summos viros amisissem, nec me angoribus dedidi, quibus essem confectus, nisi iis restitissem, nec rursum indignis homine docto voluptatibus. 3. Atque utinam res publica stetisset quo coeperat statu nec in homines non tam commutan-

ZWEITES BUCH

Wie das rechte Handeln sich aus dem Ehrenvollen, mein Sohn Marcus, und aus jeder Art der Tugend ableitet, glaube ich, ist im ersten Buch zur Genüge dargestellt worden. Der Reihenfolge nach muß ich nun den Arten von Pflichten nachgehen, die sich auf die Ausgestaltung des Lebens beziehen, und die Verfügung über die Dinge, deren sich die Menschen bedienen, auf Vermögen, auf Mittel. Dabei, wie ich damals gesagt habe, wird gefragt, was nützlich, was schädlich, dann vom Nützlichen, was nützlicher ist oder was am meisten nützt. Darüber zu sprechen werde ich mich anschicken, wenn ich vorher einige Worte über meine Absicht und meine Ansicht gesagt habe. 2. Obwohl nämlich unsere Bücher bei einer größeren Anzahl nicht nur die Liebe zum Lesen, sondern auch zum Schreiben geweckt haben, fürchte ich doch bisweilen, daß manchen wackeren Männern der Name Philosophie verhaßt ist und sie sich wundern, daß ich so viel Mühe und Zeit an sie setze. Ich aber habe immer, solange das Gemeinwesen durch die Männer geleitet wurde, denen es sich selber anvertraut hatte, alle meine Sorgen und Gedanken daran gewendet. Als aber alles durch die Herrschgewalt eines einzigen mit Beschlag belegt wurde und nirgends Raum für Rat oder Geltung blieb, ich endlich als Gefährten in der Verteidigung des Gemeinwesens die bedeutendsten Männer verloren hatte, da habe ich mich den Beklemmungen nicht überlassen, von denen ich verzehrt worden wäre, wenn ich ihnen nicht Widerstand geleistet hätte, und andererseits auch nicht eines gebildeten Mannes unwürdigen Vergnügungen. 3. Und wenn doch das Gemeinwesen in dem Zustand geblieben wäre wie anfangs und nicht

darum quam evertendarum rerum cupidos incidisset! Primum
enim, ut stante re publica facere solebamus, in agendo plus
quam in scribendo operae poneremus, deinde ipsis scriptis non
ea, quae nunc, sed actiones nostras mandaremus, ut saepe fecimus. Cum autem res publica, in qua omnis mea cura, cogitatio,
opera poni solebat, nulla esset omnino, illae scilicet litterae
conticuerunt forenses et senatoriae. 4. Nihil agere autem cum
animus non posset, in his studiis ab initio versatus aetatis
existimavi honestissime molestias posse deponi, si me ad philosophiam retulissem. Cui cum multum adulescens discendi
causa temporis tribuissem posteaquam honoribus inservire
coepi meque totum rei publicae tradidi, tantum erat philosophiae loci, quantum superfuerat amicorum et rei publicae
tempori. Id autem omne consumebatur in legendo, scribendi
otium non erat. (2) 5. Maximis igitur in malis hoc tamen boni
assecuti videmur, ut ea litteris mandaremus, quae nec erant
satis nota nostris et erant cognitione dignissima. Quid enim
est, per deos, optabilius sapientia, quid praestantius, quid homini melius, quid homine dignius? Hanc igitur qui expetunt,
philosophi nominantur, nec quicquam aliud est philosophia, si
interpretari velis, praeter studium sapientiae. Sapientia autem
est, ut a veteribus philosophis definitum est, rerum divinarum
et humanarum causarumque, quibus eae res continentur,
scientia; cuius studium qui vituperat, haud sane intellego quidnam sit quod laudandum putet. 6. Nam sive oblectatio quae-

in die Hände von Menschen geraten wäre, die begierig sind
nicht so sehr auf Änderung als auf Umsturz der Dinge! Erstens
würden wir dann nämlich, wie wir es zu tun pflegten, als das
Gemeinwesen noch stand, mehr Mühe ans Handeln als ans
Schreiben setzen, dann würden wir eben diesen Schriften nicht
Dinge wie jetzt, sondern unsere Handlungen anvertrauen, wie
wir es oft getan haben. Da aber ein Gemeinwesen, auf das ich
alle meine Sorgen, meine Gedanken und meine Mühe zu wenden pflegte, überhaupt nicht bestand, sind natürlich jene forensischen und senatorischen Schriften verstummt. 4. Da aber
mein Geist unfähig war, nichts zu tun, habe ich geglaubt, in
solchen Studien wie hier von Anfang meines Lebens an tätig,
am ehrenvollsten meinen Kummer loswerden zu können, wenn
ich zur Philosophie zurückkehrte. Nachdem ich des Lernens
wegen in meiner Jugendzeit viel Zeit auf sie verwendet hatte,
blieb, als ich mich der Ämterlaufbahn zu verschreiben begann
und mich ganz dem Gemeinwesen widmete, so viel Raum für
die Philosophie, wie von der Zeit für die Freunde und das Gemeinwesen übrig war. Das wurde aber ganz fürs Lesen gebraucht, Muße, zu schreiben, war nicht. 5. Im schlimmsten
Unglück also glauben wir doch *das* Gute erreicht zu haben, daß
wir das in den Schriften niederlegten, was unseren Landsleuten
nicht genügend bekannt war und doch der Kenntnis besonders wert. Was gibt es denn, bei den Göttern! Wünschens-
werteres als die Weisheit, was Vortrefflicheres, für den Menschen Besseres, was des Menschen Würdigeres? Wer sie erstrebt, wird Philosoph genannt, und nichts anderes ist die Philosophie, wenn man übersetzen will, als die Liebe zur Weisheit.
Weisheit aber ist, wie von den alten Philosophen umschrieben
wurde, das Wissen um die göttlichen und menschlichen Dinge
und die Gründe, in denen diese Dinge beschlossen liegen. Wer
die Liebe zu ihr tadelt, von dem weiß ich nicht, was er denn
überhaupt für lobenswert hält. 6. Denn ob Erquickung des

ritur animi requiesque curarum, quae conferri cum eorum studiis potest, qui semper aliquid anquirunt, quod spectet et
valeat ad bene beateque vivendum? sive ratio constantiae vir-
tutisque ducitur, aut haec ars est aut nulla omnino, per quam
eas assequamur. Nullam dicere maximarum rerum artem esse,
cum minimarum sine arte nulla sit, hominum est parum considerate loquentium atque in maximis rebus errantium. Si autem est aliqua disciplina virtutis, ubi ea quaeretur, cum ab
hoc discendi genere discesseris? Sed haec cum ad philosophiam
cohortamur, accuratius disputari solent, quod alio quodam
libro fecimus. Hoc autem tempore tantum nobis declarandum
fuit, cur orbati rei publicae muneribus ad hoc nos studium
potissimum contulissemus. 7. Occurritur autem nobis, et quidem a doctis et eruditis quaerentibus, satisne constanter facere
videamur, qui, cum percipi nihil posse dicamus, tamen et aliis
de rebus disserere soleamus et hoc ipso tempore praecepta
officii persequamur. Quibus vellem satis cognita esset nostra
sententia. Non enim sumus ii, quorum vagetur animus errore
nec habeat umquam quid sequatur. Quae enim esset ista mens
vel quae vita potius, non modo disputandi, sed etiam vivendi
ratione sublata? Nos autem, ut ceteri alia certa, alia incerta
esse dicunt, sic ab his dissentientes alia probabilia, contra alia
dicimus. 8. Quid est igitur, quod me impediat ea, quae probabilia mihi videantur, sequi, quae contra, improbare atque

Geistes gesucht wird und Entspannung von den Sorgen: welche kann mit den Beschäftigungen derer verglichen werden,
die immer irgend etwas untersuchen, was auf rechtes und
glückliches Leben Bezug hat und dazu hilft? Oder ob man über
Beständigkeit und Vollkommenheit nachdenkt, so gibt es entweder diese Kunst oder überhaupt keine, durch die wir beide
erlangen können. Zu sagen, es gibt keine Kunst von den größten Dingen, obwohl doch keines der geringsten ohne Kunst ist,
ist eine Behauptung von Leuten, die allzu wenig überlegt reden
und in den größten Dingen in die Irre gehen. Wenn es aber
eine Lehre von der Vollkommenheit gibt, wo soll man sie dann
suchen, wenn du von dieser Art des Lernens dich getrennt
hast? Indes, darüber pflegt man genauer zu sprechen, wenn
man zur Philosophie aufruft, was wir in einem anderen Buch
getan haben. Jetzt aber hatten wir nur darzulegen, warum wir,
beraubt der Aufgaben im Gemeinwesen, uns am ehesten dieser
Beschäftigung gewidmet haben. 7. Entgegen treten uns aber
hier gebildete und gelehrte Männer, die fragen, ob wir auch
recht konsequent zu handeln scheinen, da wir, obwohl wir
behaupten, nichts könne genau erfaßt werden, doch über andere Dinge Erörterungen zu führen pflegen und eben jetzt die
Vorschriften für rechtes Handeln ins einzelne verfolgen. Die,
wünschte ich, sollten unsere Überzeugung zur Genüge kennen. Wir sind nämlich nicht Leute, deren Geist in der Irre
umherschweift und nie etwas faßt, dem er folgen kann. Was
wäre denn dieser Geist oder besser noch das Leben nach Zerstörung des Sinns, nicht nur des widerlegenden Gesprächs,
sondern auch des Lebens? Wir aber behaupten, wie die anderen
sagen, das eine sei bestimmt, das andere unbestimmt, so wir,
hierin von ihnen abweichend, das eine sei einleuchtend, das
andere das Gegenteil. 8. Was sollte mich also hindern, dem,
was mir einleuchtend scheint, zu folgen, das Gegenteil nicht
gutzuheißen, die Anmaßung einer festen Behauptung zu mei-

adfirmandi arrogantiam vitantem fugere temeritatem, quae a
sapientia dissidet plurimum? Contra autem omnia disputantur
a nostris, quod hoc ipsum probabile elucere non posset, nisi
ex utraque parte causarum esset facta contentio. Sed haec ex-
planata sunt in Academicis nostris satis, ut arbitror, diligenter.
Tibi autem, mi Cicero, quamquam in antiquissima nobilissi-
maque philosophia Cratippo auctore versaris iis simillimo, qui
ista praeclara pepererunt, tamen haec nostra, finituma vestris,
ignota esse nolui. Sed iam ad instituta pergamus.

(3) 9. Quinque igitur rationibus propositis officii perse-
quendi, quarum duae ad decus honestatemque pertinerent,
duae ad commoda vitae, copias, opes, facultates, quinta ad
eligendi iudicium, si quando ea, quae dixi, pugnare inter se
viderentur, honestatis pars confecta est, quam quidem tibi
cupio esse notissimam. Hoc autem de quo nunc agimus, id
ipsum est, quod utile appellatur. In quo verbo lapsa consuetudo
deflexit de via sensimque eo deducta est, ut honestatem ab
utilitate secernens constitueret esse honestum aliquid, quod
utile non esset, et utile, quod non honestum, qua nulla pernicies maior hominum vitae potuit afferri. 10. Summa quidem
auctoritate philosophi severe sane atque honeste haec tria genera confusa cogitatione distinguunt: quicquid enim iustum
sit, id etiam utile esse censent, itemque quod honestum, idem
iustum, ex quo efficitur, ut, quicquid honestum sit, idem sit

den und der Leichtfertigkeit zu entgehen, die sich mit Weisheit am wenigsten verträgt? Gegen alles aber wird von den
Philosophen unserer Richtung deshalb geredet, weil eben dieses Einleuchtende nicht aufstrahlen könnte, wenn nicht ein
Streit der Standpunkte von beiden Seiten aus ausgefochten
worden wäre. Aber das ist in unseren Academica sorgfältig genug, wie ich meine, entwickelt worden. Dir aber, mein Cicero,
sollte doch nach meinem Wunsche, obwohl du in einer ehr-
würdigen und hochangesehenen Philosophie lebst unter der
Leitung des Kratipp, der denen sehr ähnlich ist, die euere vortreffliche Gedankenwelt geschaffen haben, auch diese uns-
rige, der eurigen so benachbart, nicht unbekannt sein. Aber
jetzt wollen wir zu unserem Beginnen weiterschreiten!

9. Es gibt also fünf Weisen, dem rechten Handeln nachzugehen, von denen zwei sich auf sittliche Würde und das Ehrenvolle beziehen, zwei auf die Vorteile des Lebens, auf Wohlstand, Mittel und Möglichkeiten, die fünfte auf die Entscheidung beim Wählen, wenn einmal das, was ich nannte, unter
sich zu widerstreiten scheint. Der Teil nun, der mit dem Ehrenvollen zusammenhängt, ist abgeschlossen. Er soll dir – das
wünsche ich – ganz bekannt sein. Das aber, worüber wir jetzt
handeln, ist eben das, was man das Nützliche heißt. Bei diesem
Wort ist der Sprachgebrauch ausgeglitten, von der rechten
Bahn abgekommen und allmählich dahin gelangt, daß er das
Ehrenvolle vom Nutzen schied und festsetzte, ehrenvoll sei
etwas, was nicht nützlich wäre, und nützlich, was nicht ehrenvoll, das schlimmste Verderben, das dem Leben des Menschen
zugefügt werden konnte. 10. Es ist freilich streng und tadel-
los, wenn die Philosophen wenigstens vom höchsten Rang im
Denken folgende drei untereinander verschmolzene Arten unterscheiden: alles nämlich, was gerecht ist, das ist nach ihrer
Ansicht auch nützlich, und ebenso, was ehrenvoll, das auch
gerecht, woraus folgt, daß alles, was ehrenvoll ist, auch nütz-

utile. Quod qui parum perspiciunt, ii saepe versutos homines
et callidos admirantes, malitiam sapientiam iudicant. Quorum
error eripiendus est opinioque omnis ad eam spem traducenda,
ut honestis consiliis iustisque factis, non fraude et malitia se
intellegant ea, quae velint, consequi posse.

11. Quae ergo ad vitam hominum tuendam pertinent, partim sunt inanima, ut aurum, argentum, ut ea, quae gignuntur
e terra, ut alia generis eiusdem, partim animalia, quae habent
suos impetus et rerum appetitus. Eorum autem rationis ex-
pertia sunt, alia ratione utentia. Expertes rationis equi, boves,
reliquae pecudes, apes, quarum opere efficitur aliquid ad
usum hominum atque vitam. Ratione autem utentium duo
genera ponunt, deorum unum, alterum hominum. Deos pla-
catos pietas efficiet et sanctitas; proxime autem et secundum
deos homines hominibus maxime utiles esse possunt. 12.
Earumque item rerum, quae noceant et obsint, eadem divisio
est. Sed quia deos nocere non putant, iis exceptis homines hominibus obesse plurimum arbitrantur. Ea enim ipsa, quae inanima diximus, pleraque sunt hominum operis effecta, quae
nec haberemus, nisi manus et ars accessisset, nec iis sine hominum administratione uteremur. Neque enim valitudinis cu-
ratio neque navigatio neque agricultura neque frugum fruc-
tuumque reliquorum perceptio et conservatio sine hominum
opera ulla esse potuisset. 13. Iam vero et earum rerum, quibus
abundaremus, exportatio et earum, quibus egeremus, invectio

lich ist. Die das zu wenig durchschauen, die bewundern oft durchtriebene und gewitzigte Menschen und halten Schlechtigkeit für Weisheit. Ihr Irrtum muß ihnen genommen und ihre Anschauung ganz in eine solche Hoffnung überführt werden, daß sie einsehen, durch ehrenhafte Entschlüsse und gerechte Taten, nicht durch Trug und Schlechtigkeit könnten sie das, was sie wollen, erreichen.

11. Was also Bezug hat auf den Schutz des Lebens der Menschen, sind teils unbelebte Dinge wie Gold, Silber, wie das, was aus der Erde wächst, wie anderes gleicher Art, teils Lebewesen, die ihren eigenen Drang und ihr eigenes Begehren haben. Unter ihnen aber gibt es vernunftlose, andere, die Vernunft gebrauchen. Ohne Vernunft sind die Pferde, Rinder, das übrige Vieh, die Bienen, durch deren Werk etwas für den Nutzen der Menschen und ihr Leben vollbracht wird. Von den Vernunft gebrauchenden wiederum setzt man zwei Arten an, die eine die der Götter, die der Menschen die andere. Die Götter wird besänftigen frommer Sinn und reines Leben, nächst aber und unmittelbar nach den Göttern werden die Menschen den Menschen am meisten nützlich sein können. 12. Ebenso besteht unter den Dingen, die schädlich und widrig sein können, dieselbe Einteilung. Weil man aber nicht glaubt, daß die Götter schaden, ist man der Ansicht, daß, zieht man sie nicht in Betracht, die Menschen den Menschen am meisten schaden. Denn eben das, was wir unbelebt nannten, ist zum größten Teil durch der Menschen Mühen bewirkt worden. Wir hätten es nicht, wenn nicht Hand und Kunst hinzugekommen wären, und würden es nicht verwenden ohne die Verwaltung der Menschen. Denn weder Behandlung der Gesundheit noch Schiffahrt noch Ackerbau noch Ernte und Aufbewahrung der Feldfrüchte und der übrigen Früchte hätte es irgendwie ohne Arbeit der Menschen geben können. 13. Ausfuhr aber der Dinge, an denen wir Überfluß haben, und Einfuhr

certe nulla esset, nisi iis muneribus homines fungerentur. Eademque ratione nec lapides ex terra exciderentur ad usum nostrum necessarii, nec ferrum, aes, aurum, argentum effoderetur
penitus abditum sine hominum labore et manu. (4) Tecta vero,
quibus et frigorum vis pelleretur et calorum molestiae seda-
rentur, unde aut initio generi humano dari potuissent aut postea subvenire, si aut vi tempestatis aut terrae motu aut vetustate cecidissent, nisi communis vita ab hominibus harum
rerum auxilia petere didicisset? 14. Adde ductus aquarum, de-
rivationes fluminum, agrorum inrigationes, moles oppositas
fluctibus, portus manu factos, quae unde sine hominum opere
habere possemus? Ex quibus multisque aliis perspicuum est,
qui fructus quaeque utilitates ex rebus iis, quae sint inanima,
percipiantur, eas nos nullo modo sine hominum manu atque
opera capere potuisse. Qui denique ex bestiis fructus aut quae
commoditas, nisi homines adiuvarent, percipi posset? Nam et
qui principes inveniendi fuerunt, quem ex quaque belua usum
habere possemus, homines certe fuerunt, nec hoc tempore sine
hominum opera aut pascere eas aut domare aut tueri aut tem-
pestivos fructus ex iis capere possemus; ab eisdemque et eae,
quae nocent, interficiuntur et, quae usui possunt esse, capiun-
tur. 15. Quid enumerem artium multitudinem, sine quibus
vita omnino nulla esse potuisset? Qui enim aegris subveni-
ret⟨ur⟩, quae esset oblectatio valentium, qui victus aut cultus,
nisi tam multae nobis artes ministrarent, quibus rebus exculta

derjenigen, derer wir bedürfen, würde es sicher überhaupt
nicht geben, wenn nicht Menschen dieser Aufgabe oblägen.
Und ebenso würden weder Steine aus der Erde geschnitten
werden, die zu unserem Gebrauch nötig sind, noch würden
Eisen, Erz, Gold, Silber, tief verborgen, gegraben ohne der
Menschen Mühe und Hand. Häuser vollends, durch die der
Kälte Macht verscheucht und die Beschwerde der Hitze gemildert werden konnte, woher hätten sie am Anfang dem
Menschengeschlecht gegeben oder später ersetzt werden können, wofern sie durch die Gewalt eines Unwetters, durch Erd-
beben oder Alter zusammengestürzt wären, wenn nicht das
gemeinsame Leben gelernt hätte, Menschen um Hilfe in diesen
Dingen zu bitten? 14. Füge hinzu die Wasserleitungen, Regu-
lierung der Flüsse, Bewässerung der Fluren, Dämme, den Fluten entgegengestellt, Häfen künstlich gebaut – woher hätten
wir das ohne der Menschen Werk haben können? Hieraus und
aus vielem anderen ist offensichtlich, daß wir die Früchte und
den Nutzen, die aus den Dingen, die unbelebt sind, gezogen
werden, nie ohne Hand und Arbeit des Menschen hätten gewinnen können. Welche Frucht endlich und welcher Vorteil
würde aus den Tieren gewonnen werden, würden Menschen
nicht helfen? Denn die zuerst gefunden haben, welchen Nutzen wir aus jedem Tiere haben könnten, waren sicherlich Menschen, und auch heute könnten wir sie nicht ohne Arbeit von
Menschen weiden oder zähmen, schützen oder den Nutzen zur
rechten Zeit aus ihnen gewinnen. Von denselben Menschen
werden die Tiere, welche schaden, vernichtet und die, welche
dienlich sein können, gefangen. 15. Was soll ich die Menge der
Künste aufzählen, ohne die das Leben überhaupt nicht hätte
sein können? Wie könnte man denn den Kranken zu Hilfe
kommen, welches Ergötzen für die Gesunden könnte es geben,
welchen Lebensunterhalt und welche Lebensausgestaltung,
wenn uns nicht so viele Künste die Dinge darreichten, durch

hominum vita tantum distat a victu et cultu bestiarum? Urbes
vero sine hominum coetu non potuissent nec aedificari nec
frequentari; ex quo leges moresque constituti, tum iuris aequa
discriptio certaque vivendi disciplina; quas res et mansuetudo
animorum consecuta et verecundia est effectumque, ut esset
vita munitior atque ut dando et accipiendo mutandisque facultatibus et commodis nulla re egeremus.

(5) 16. Longiores hoc loco sumus quam necesse est. Quis est
enim, cui non perspicua sint illa, quae pluribus verbis a Panaetio commemorantur, neminem neque ducem bello nec principem domi magnas res et salutares sine hominum studiis gerere potuisse. Commemoratur ab eo Themistocles, Pericles,
Cyrus, Agesilaus, Alexander, quos negat sine adiumentis hominum tantas res efficere potuisse. Utitur in re non dubia testi-
bus non necessariis. Atque ut magnas utilitates adipiscimur
conspiratione hominum atque consensu, sic nulla tam detesta-
bilis pestis est, quae non homini ab homine nascatur. Est Di-
caearchi liber de interitu hominum, Peripatetici magni et co-
piosi, qui collectis ceteris causis eluvionis, pestilentiae, vasti-
tatis, beluarum etiam repentinae multitudinis, quarum impetu
docet quaedam hominum genera esse consumpta, deinde comparat, quanto plures deleti sint homines hominum impetu, id
est bellis aut seditionibus, quam omni reliqua calamitate.

die das Leben der Menschen ausgestaltet sich so von der Le-
bensweise und Lebensführung der Tiere unterscheidet? Städte
gar hätten ohne Vereinigung von Menschen weder gebaut
noch bevölkert werden können; infolgedessen wurden Gesetze
und Sitten festgelegt, und außerdem die gleiche Verteilung der
Rechtsansprüche und eine bestimmte Ordnung des Lebens.
Diesen Dingen folgten auf dem Fuße Milde der Sinnesart und
Achtung voreinander, und es wurde bewirkt, daß das Leben
sicherer war und wir dank des Gebens, Nehmens und Austau-
schens von Möglichkeiten und Vorteilen an nichts Mangel
litten.

16. Wir sind hier ausführlicher, als es nötig wäre. Wen gibt
es denn, dem das, was von Panaitios mit mehr Worten als nötig
dargestellt wird, nicht einsichtig wäre, daß niemand weder als
Führer im Krieg noch als Staatsmann daheim große und heil-
same Dinge ohne eifrige Teilnahme der Menschen hat ausführen können? Erwähnt werden von ihm Themistokles, Perikles,
Kyros, Agesilaos und Alexander. Sie hätten nicht ohne die
Unterstützung der Menschen so gewaltige Dinge bewirken
können, sagt er. Er führt damit in einer Sache, die nicht zweifelhaft ist, Zeugen an, die nicht notwendig sind. Und wie wir
gewaltigen Nutzen erlangen durch verschworene Einmütigkeit
der Menschen, so gibt es kein noch so abscheuliches Verderben,
das dem Menschen nicht vom Menschen entstünde. Es gibt
ein Buch des Dikaiarch, des großen und wortgewaltigen Peri-
patetikers, über den Tod der Menschen. Hier sammelt er die
übrigen Gründe wie Überschwemmung, Pest, Verödung, auch
plötzliche Mengen von Tieren, durch deren Ansturm bestimmte Arten von Menschen dahingerafft wurden, wie er uns belehrt, und vergleicht dann, wieviel mehr Menschen durch den
Angriff der Menschen vernichtet worden sind, das heißt in
Kriegen oder inneren Zwistigkeiten, als durch jegliches andere Unheil.

17. Cum igitur hic locus nihil habeat dubitationis, quin homines plurimum hominibus et prosint et obsint, proprium hoc statuo esse virtutis, conciliare animos hominum et ad usus suos adiungere. Itaque, quae in rebus inanimis quaeque in usu et tractatione beluarum fiunt utiliter ad hominum vitam, artibus ea tribuuntur operosis, hominum autem studia, ad amplificationem nostrarum rerum prompta ac parata, virorum praestantium sapientia et virtute excitantur. 18. Etenim virtus omnis tribus in rebus fere vertitur, quarum una est in perspiciendo, quid in quaque re verum sincerumque sit, quid consentaneum cuique, quid consequens, ex quo quaeque gignantur, quae cuiusque rei causa sit, alterum cohibere motus animi turbatos, quos Graeci πάθη nominant, appetitionesque, quas illi ὁρμάς, oboedientes efficere rationi, tertium iis, quibuscum congregemur, uti moderate et scienter, quorum studiis ea, quae natura desiderat, expleta cumulataque habeamus, per eosdemque, si quid importetur nobis incommodi, propulsemus ulciscamurque eos, qui nocere nobis conati sint, tantaque poena adficiamus, quantam aequitas humanitasque patiatur.

(6) 19. Quibus autem rationibus hanc facultatem assequi possimus, ut hominum studia complectamur eaque teneamus, dicemus, neque ita multo post, sed pauca ante dicenda sunt. Magnam vim esse in fortuna in utramque partem, vel secundas ad res vel adversas, quis ignorat? Nam et cum prospero flatu eius utimur, ad exitus pervehimur optatos et cum reflavit affligimur. Haec igitur ipsa fortuna ceteros casus rariores habet,

17. Da also dieser Gedankenbereich keinen Zweifel läßt, daß
die Menschen den Menschen am meisten nützen und schaden,
stelle ich fest, daß dies eine der Größe eigentümliche Aufgabe
ist, die Herzen der Menschen zu gewinnen und dem eigenen
Interesse zu verbinden. Was daher bei leblosen Dingen und
was bei Nutzung und Behandlung von Tieren nützlich ist für
das Leben der Menschen, das wird durch mühevolle Künste
zugeteilt, der Menschen Eifer aber, der rasch zur Hand und
bereit ist zur Mehrung unserer Dinge, wird durch hervorragender Männer Weisheit und Tüchtigkeit geweckt. 18. Denn
jegliche Tugend betätigt sich in drei Dingen, deren eines darin
besteht zu erkennen, was in jeder Sache wahr und rein ist, was
in Einklang mit ihr, was daraus folgend, woraus alles entsteht,
welches die Ursache eines jeden Dinges ist; das zweite, die auf-
geregten Bewegungen der Seele, die die Griechen πάθη nennen, zu bändigen, und die Triebe, die jene ὁρμαί heißen, der
Vernunft erbötig zu machen; das dritte, die Menschen, mit denen wir uns gesellen, maßvoll und kundig zu behandeln, daß
wir durch ihr eifriges Bemühen um uns das, dessen die Natur
bedarf, zur Genüge und reichlich haben und mit ihrer Hilfe
auch, wenn uns irgendein Nachteil zugefügt wird, ihn abwehren und uns an denen rächen, die uns zu schaden ver-
suchten, und ihnen eine so schwere Strafe zufügen, wie sie Billigkeit und Menschlichkeit zulassen.

19. Durch welche Mittel wir aber diese Fähigkeit erlangen
können, die Neigungen der Menschen zu gewinnen und sie festzuhalten, wollen wir darlegen, und zwar bald, doch muß einiges
vorausgeschickt werden. Daß eine große Macht im Schicksal
liegt nach beiden Seiten, entweder zu günstigen Umständen
oder zu widrigen, wer weiß das nicht? Denn wenn wir sein
günstiges Wehen nutzen, gelangen wir zu den erwünschten
Zielen, wenn es widrig weht, scheitern wir. Eben dieses Schicksal bringt die übrigen selteneren Schicksalsschläge mit sich,

primum ab inanimis procellas, tempestates, naufragia, ruinas,
incendia, deinde a bestiis ictus, morsus, impetus. Haec ergo,
ut dixi, rariora. 20. At vero interitus exercituum, ut proxime
trium, saepe multorum, clades imperatorum, ut nuper summi
et singularis viri, invidiae praeterea multitudinis atque ob eas
bene meritorum saepe civium expulsiones, calamitates, fugae,
rursusque secundae res, honores, imperia, victoriae, quamquam fortuita sunt, tamen sine hominum opibus et studiis
neutram in partem effici possunt. Hoc igitur cognito dicendum
est, quonam modo hominum studia ad utilitates nostras alli-
cere atque excitare possimus. Quae si longior fuerit oratio, cum
magnitudine utilitatis comparetur; ita fortasse etiam brevior
videbitur.

21. Quaecumque igitur homines homini tribuunt ad eum
augendum atque honestandum, aut benevolentiae gratia faciunt, cum aliqua de causa quempiam diligunt, aut honoris, si
cuius virtutem suspiciunt quemque dignum fortuna quam amplissima putant, aut cui fidem habent et bene rebus suis consulere arbitrantur, aut cuius opes metuunt, aut contra, a quibus aliquid exspectant, ut cum reges popularesve homines
largitiones aliquas proponunt, aut postremo pretio ac mercede
ducuntur, quae sordidissima est illa quidem ratio et inquina-
tissima et iis, qui ea tenentur, et illis, qui ad eam confugere
conantur. 22. Male enim se res habet, cum, quod virtute effici
debet, id temptatur pecunia. Sed quoniam non numquam hoc

erstens von seiten des Unbelebten: Stürme, Unwetter, Schiff-
brüche, Einstürze, Feuersbrünste, dann von seiten der Tiere:
Hieb, Biß, Ansprung. Das ist also, wie ich sagte, seltener. 20. Vernichtung von Heeren jedoch, wie neulich von dreien, häufig
sonst von vielen, die Niederlage von Feldherren, wie jüngst
die des so bedeutenden und einzigartigen Mannes, Mißgunst
der Menge außerdem und ihretwegen häufig Vertreibungen
wohlverdienter Bürger, Unglück, Verbannungen und dann
wieder günstige Verhältnisse, Ehren, Kommandos, Siege: mag
das alles schicksalsbedingt sein, so kann es doch nicht ohne
Mittel und Bemühungen von Menschen nach einer der beiden
Seiten hin bewirkt werden. Nach dieser Erkenntnis müssen
wir darlegen, auf welche Weise wir denn die Neigungen der
Menschen zu unserem Nutzen anlocken und wecken können.
Wenn diese Rede zu lang sein sollte, so mag sie mit der Größe
des Nutzens verglichen werden; dann wird sie vielleicht noch
zu kurz erscheinen.

21. Was immer also die Menschen einem Menschen erweisen, ihn zu fördern und zu ehren, tun sie entweder aus Wohlwollen, wenn sie jemanden aus irgendeinem Grunde lieben,
oder ehrenhalber, wenn sie zu eines Vollkommenheit aufsehen
und einen des größten Schicksals für würdig halten, oder sie
erweisen dem etwas, zu dem sie Vertrauen haben und von dem
sie meinen, er werde gut für ihre eigenen Belange sorgen, oder
dem, dessen Macht sie fürchten, oder im Gegensatz dazu denen, von denen sie etwas erwarten, wie wenn Könige oder auf
Gunst der Völker ausgehende Männer irgendwelche Schenkungen verheißen; oder sie lassen sich schließlich von Preis
und Lohn dazu bringen, freilich der schmutzigste und anrü-
chigste Weg sowohl für die, welche auf ihn angewiesen sind,
wie für jene, die zu ihm ihre Zuflucht zu nehmen versuchen.
22. Schlecht ist es nämlich bestellt, wenn das, was durch innere
Vorzüge bewirkt werden muß, mit Geld versucht wird. Aber

subsidium necessarium est, quemadmodum sit utendum eo
dicemus, si prius iis de rebus, quae virtuti propiores sunt, di-
xerimus. Atque etiam subiciunt se homines imperio alterius et
potestati de causis pluribus. Ducuntur enim aut benevolentia
aut beneficiorum magnitudine aut dignitatis praestantia aut
spe sibi jd utile futurum aut metu ne vi parere cogantur aut
spe largitionis promissisque capti aut postremo, ut saepe in
nostra re publica videmus, mercede conducti. (7) 23. Omnium
autem rerum nec aptius est quicquam ad opes tuendas ac tenendas quam diligi nec alienius quam timeri. Praeclare enim
Ennius 'Quem metuunt oderunt; quem quisque odit perisse
expetit'.

Multorum autem odiis nullas opes posse obsistere, si antea
fuit ignotum, nuper est cognitum. Nec vero huius tyranni
solum, quem armis oppressa pertulit civitas ac paret cum maxime mortuo, interitus declarat, quantum odium hominum
valet ad pestem, sed reliquorum similes exitus tyrannorum,
quorum haud fere quisquam talem interitum effugit. Malus
enim est custos diuturnitatis metus contraque benivolentia
fidelis vel ad perpetuitatem. 24. Sed iis, qui vi oppressos imperio coercent, sit sane adhibenda saevitia, ut eris in famulos,
si aliter teneri non possunt; qui vero in libera civitate ita se
instruunt, ut metuantur, iis nihil potest esse dementius. Quamvis enim sint demersae leges alicuius opibus, quamvis time-

da ja dieses Hilfsmittel bisweilen unumgänglich ist, werden
wir sagen, wie man es gebrauchen muß, wenn wir vorher über
die Dinge, die der Tugend näher stehen, gesprochen haben.
Und es unterwerfen sich auch die Menschen dem Befehl und
der Macht des anderen aus mehreren Gründen. Sie lassen sich
nämlich leiten entweder von Wohlwollen oder Größe der
Wohltaten oder Überlegenheit der Persönlichkeit oder der
Hoffnung, es werde ihnen nützlich sein, oder der Furcht, sie
könnten gewaltsam zu gehorchen gezwungen werden, oder
durch die Hoffnung auf Schenkungen und Versprechungen
gewonnen oder schließlich, wie wir es oft in unserem Staate
sehen, um Lohn gedungen. 23. Unter allen Dingen aber ist
nichts geeigneter, Macht zu erhalten und zu behaupten, als
geliebt zu werden, und nichts ungeschickter, als gefürchtet zu
werden. Sagt doch Ennius trefflich: 'Wen man fürchtet, haßt
man. Wen man haßt, dem wünscht man Tod.'
   Dem Haß vieler aber kann keine Macht widerstehen. Sollte
es früher unbekannt gewesen sein, so hat man es jüngst erfahren. Aber nicht nur der Tod dieses Tyrannen allein, den der
Staat unter Waffen vergewaltigt ertragen hat und dem er erst
recht nach seinem Tode noch gehorcht, zeigt, wieviel der
Haß der Menschen Kraft hat zum Verderben, sondern auch das
ähnliche Ende der übrigen Tyrannen, von denen fast keiner
einem solchen Untergang entronnen ist. Ein schlechter Wächter der Dauer nämlich ist die Furcht und auf der anderen Seite
das Wohlwollen ein zuverlässiger bis zur Ewigkeit. 24. Aber
die, welche gewaltsam Niedergehaltene mit ihren Befehlen
zwingen, müssen freilich Grausamkeit anwenden, wie Herren
gegen Diener, wenn sie anders nicht gezügelt werden können.
Wenn aber Männer in einem freien Staate sich so aufführen,
daß sie gefürchtet werden, so kann nichts Wahnsinnigeres sein
als sie. Mögen die Gesetze noch so sehr durch die Macht irgendeines Mannes unterdrückt sein, noch so sehr die Freiheit

facta libertas, emergunt tamen haec aliquando aut iudiciis tacitis aut occultis de honore suffragiis. Acriores autem morsus
sunt intermissae libertatis quam retentae. Quod igitur latissime patet neque ad incolumitatem solum, sed etiam ad opes
et potentiam valet plurimum, id amplectamur, ut metus absit,
caritas retineatur. Ita facillime quae volemus et privatis in
rebus et in re publica consequemur. Etenim qui se metui volent, a quibus metuentur, eosdem metuant ipsi necesse est.
25. Quid enim censemus superiorem illum Dionysium quo
cruciatu timoris angi solitum, qui cultros metuens tonsorios
candente carbone sibi adurebat capillum? Quid Alexandrum
Pheraeum quo animo vixisse arbitramur? qui, ut scriptum le-
gimus, cum uxorem Theben admodum diligeret, tamen ad
eam ex epulis in cubiculum veniens barbarum et eum quidem,
ut scriptum est, conpunctum notis Thraeciis destricto gladio
iubebat anteire praemittebatque de stipatoribus suis qui scru-
tarentur arculas muliebres et, ne quod in vestimentis telum
occultaretur, exquirerent. O miserum, qui fideliorem et barbarum et stigmatiam putaret quam coniugem. Nec eum fe-
fellit; ab ea est enim ipsa propter pelicatus suspicionem inter-
fectus. Nec vero ulla vis imperii tanta est, quae premente metu
possit esse diuturna. 26. Testis est Phalaris, cuius est praeter
ceteros nobilitata crudelitas, qui non ex insidiis interiit, ut is,
quem modo dixi, Alexander, non a paucis, ut hic noster, sed

in Schrecken gesetzt, das alles taucht doch einmal auf entweder in schweigenden Urteilen oder in geheimen Abstimmun-
gen über die Ehre. Schärfer aber sind die Bisse einer unter-
brochenen Freiheit als einer beibehaltenen. Was also sich am
weitesten auswirkt und nicht allein zu Unversehrtheit, sondern auch am meisten zu Reichtum und Macht verhilft, das
wollen wir erstreben, daß nämlich Furcht fern sei, Liebe festgehalten werde. So werden wir am leichtesten in den privaten
Angelegenheiten und im Gemeinwesen, was wir wollen, erlangen. Denn die gefürchtet sein wollen, müssen notwendig
dieselben Leute, von denen sie gefürchtet werden, selber fürchten. 25. Von welch marternder Furcht, was meinen wir denn,
ist jener ältere Dionys gewöhnlich geängstigt worden, der aus
Furcht vor dem Schermesser sich mit einer glühenden Kohle
das Haar abbrannte? Wie? In welcher Gemütsverfassung, meinen wir, hat wohl Alexander von Pherae gelebt? Obwohl dieser, wie geschrieben steht, seine Gemahlin Thebe sehr liebte,
befahl er doch, wenn er vom Mahl zu ihr ins Schlafgemach
kam, einem Barbaren, und zwar, wie es heißt, noch einem auf
thrakische Weise tätowierten, mit gezücktem Schwert voran-
zugehen, und schickte aus seiner Begleitung Leute vor, welche die Kästen der Frauen durchsuchen und forschen sollten,
daß nicht etwa Waffen in den Kleidungsstücken verborgen
wären. O der Unglückliche, der einen Barbaren und Tätowierten für treuer hielt als sein Weib! Und er täuschte sich nicht.
Eben von ihr nämlich ist er wegen des Verdachtes, er habe eine
Geliebte, ermordet worden. Keine Macht irgendeiner Herrschaft aber ist so groß, daß sie unter dem Druck der Furcht
langdauernd sein könnte. 26. Zeuge ist Phalaris, dessen Grausamkeit berüchtigter als die der anderen ist, der nicht einem
Anschlag aus dem Hinterhalt erlag, wie der, von dem ich eben
sprach, Alexander, nicht durch wenige Männer zugrunde
ging, wie der unsere jetzt, sondern auf den sich die gesamte

in quem universa Agrigentinorum multitudo impetum fecit.
Quid? Macedones nonne Demetrium reliquerunt universique
se ad Pyrrhum contulerunt? Quid? Lacedaemonios iniuste im-
perantes nonne repente omnes fere socii deseruerunt specta-
toresque se otiosos praebuerunt Leuctricae calamitatis? (8) Externa libentius in tali re quam domestica recordor. Verum
tamen quam diu imperium populi Romani beneficiis tenebatur,
non iniuriis, bella aut pro sociis aut de imperio gerebantur,
exitus erant bellorum aut mites aut necessarii, regum, populorum, nationum portus erat et refugium senatus, nostri autem
magistratus imperatoresque ex hac una re maximam laudem
capere studebant, si provincias, si socios aequitate et fide de-
fendissent. 27. Itaque illud patrocinium orbis terrae verius
quam imperium poterat nominari. Sensim hanc consuetudinem et disciplinam iam antea minuebamus, post vero Sullae
victoriam penitus amisimus; desitum est enim videri quicquam
in socios iniquum, cum exstitisset in cives tanta crudelitas.
Ergo in illo secuta est honestam causam non honesta victoria.
Est enim ausus dicere hasta posita, cum bona in foro venderet
et bonorum virorum et locupletium et certe civium, praedam
se suam vendere. Secutus est, qui in causa impia, victoria etiam
foediore, non singulorum civium bona publicaret, sed univer-
sas provincias regionesque uno calamitatis iure comprehen-
deret. 28. Itaque vexatis ac perditis exteris nationibus ad exemplum amissi imperii portari in triumpho Massiliam vidimus

Menge der Agrigentiner stürzte. Wie? Haben die Mazedonen
nicht Demetrios im Stich gelassen und sich geschlossen zu
Pyrrhus begeben? Wie? Haben nicht fast alle Bundesgenossen
die Spartaner, als sie ungerecht Gewaltherrschaft ausübten,
plötzlich allein gelassen und die müßigen Zuschauer beim
Unglück von Leuktra gespielt? An Auswärtiges erinnere ich
mich in einer solchen Sache lieber als an Heimisches. Solange
jedoch die Herrschaft des römischen Volkes durch Wohltaten,
nicht durch Rechtsverletzungen aufrechterhalten wurde,
wurden Kriege entweder für die Bundesgenossen oder
um die Herrschaft geführt, die Friedensschlüsse waren entweder milde oder unumgänglich, Hafen und Zuflucht für
Könige, Völker und Nationen war der Senat, unsere Beamten
aber und Feldherren mühten sich aus dieser einen Sache allein
das größte Lob zu erringen, wenn sie Provinzen, wenn sie Bundesgenossen in Gerechtigkeit und Zuverlässigkeit geschützt
hatten. 27. Daher konnte man jenes mehr einen Schutz über
den Erdkreis als eine Herrschaft nennen. Leise ließen wir diese
Gewohnheit und Ordnung schon vorher zurückgehen, nach
dem Siege Sullas vollends haben wir sie bis ins innerste Wesen
hinein verloren; hörte doch auf, etwas gegen Bundesgenossen
unbillig zu scheinen, da eine solche Grausamkeit gegen Bürger
in Erscheinung getreten war. Also folgte bei jenem auf eine
ehrenvolle Sache ein nicht ehrenvoller Sieg. Hat er doch nach
Aufrichtung der Lanze gewagt zu sagen, als er auf dem Forum
die Güter von wackeren Männern und begüterten und sicherlich von Bürgern verkaufte, er verkaufe seine Beute. Ihm folgte
der, welcher bei einer ruchlosen Sache, bei einem noch schmut-
zigeren Siege nicht die Güter von einzelnen Bürgern einzog,
sondern ganze Provinzen und Gebiete unter dem einen Rechte
des Unglücks zusammenfaßte. 28. Daher sahen wir, wie nach
Verwüstung und Vernichtung auswärtiger Völkerschaften
zum Beweis unserer verlorenen Herrschaft Massilia im Triumph

et ex ea urbe triumphari, sine qua numquam nostri imperatores
ex Transalpinis bellis triumpharunt. Multa praeterea comme-
morarem nefaria in socios, si hoc uno quicquam sol vidisset
indignius. Iure igitur plectimur. Nisi enim multorum impu-
nita scelera tulissemus, numquam ad unum tanta pervenisset
licentia, a quo quidem rei familiaris ad paucos, cupiditatum ad
multos improbos venit hereditas. 29. Nec vero umquam bellorum civilium semen et causa deerit, dum homines perditi
hastam illam cruentam et meminerint et sperabunt, quam
P. Sulla cum vibrasset dictatore propinquo suo, idem sexto tri-
censimo anno post a sceleratiore hasta non recessit, alter autem,
qui in illa dictatura scriba fuerat, in hac fuit quaestor urbanus.
Ex quo debet intellegi talibus praemiis propositis numquam
defutura bella civilia. Itaque parietes modo urbis stant et ma-
nent, iique ipsi iam extrema scelera metuentes, rem vero publicam penitus amisimus. Atque in has clades incidimus – red-
eundum est enim ad propositum –, dum metui quam cari esse
et diligi malumus. Quae si populo Romano iniuste imperanti
accidere potuerunt, quid debent putare singuli?

Quod cum perspicuum sit benevolentiae vim esse magnam,
metus imbecillam, sequitur ut disseramus, quibus rebus facillime possimus eam, quam volumus, adipisci cum honore et
fide caritatem. 30. Sed ea non pariter omnes egemus; nam ad

einhergetragen wurde, und wie über die Stadt triumphiert
wurde, ohne die unsere Feldherren niemals auf Grund von
Kriegen jenseits der Alpen triumphiert haben. Vieles Schand-
bare außerdem noch gegen die Bundesgenossen würde ich er-
wähnen, wenn die Sonne etwas Unwürdigeres als dieses eine
gesehen hätte. Mit Recht also werden wir gestraft. Wenn wir
nämlich nicht die Verbrechen vieler unbestraft gelassen und
ertragen hätten, wäre niemals zu dem einen eine solche Macht,
zu tun und zu lassen, gelangt. Von ihm kam die Erbschaft des
Besitzes an wenige, die seiner Begierden an viele Ruchlose.
29. Niemals aber wird der Samen und die Ursache für Bürgerkriege fehlen, solange verdorbene Menschen an jene blutige
Lanze denken und auf sie hoffen. Nachdem Publius Sulla unter
der Diktatur seines Verwandten diese geschwungen hatte, ist
derselbe Mann im sechsunddreißigsten Jahre nachher vor einer
noch verbrecherischeren Lanze nicht zurückgescheut. Der
andere aber, der unter jener Diktatur Schreiber gewesen war,
war unter dieser Quästor in der Stadt. Daraus muß man lernen,
daß Bürgerkriege niemals aufhören werden, wenn solche Be-
lohnungen ausgesetzt sind. Daher stehen und bleiben nur die
Wände der Stadt, und die fürchten selber auch schon die äußersten Verbrechen, das Gemeinwesen aber haben wir bis ins
tiefste Wesen hinein verloren. Und in solches Unglück geraten
wir – müssen wir doch zum Thema zurückkehren –, wenn wir
lieber gefürchtet werden wollen statt jemandem teuer zu sein
und geschätzt zu werden. Wenn dies nun dem römischen Volke,
als es ungerecht herrschte, geschehen konnte, was müssen dann
die einzelnen erst in Rechnung setzen?

Da es nun offensichtlich ist, daß die Macht des Wohlwollens
groß, die der Furcht schwach ist, bleibt, daß wir auseinder-
setzen, durch welche Dinge wir am leichtesten diese Liebe, die
wir wollen, in Verbindung mit Ehre und Vertrauen erlangen
können. 30. Wir bedürfen ihrer aber nicht alle in gleichem

cuiusque vitam institutam accommodandum est, a multisne
opus sit an satis sit a paucis diligi. Certum igitur hoc sit idque
et primum et maxime necessarium familiaritates habere fidas
amantium nos amicorum et nostra mirantium. Haec enim est
una res prorsus, ut non multum differat inter summos et me-
diocres viros, eaque ⟨aeque⟩ utrisque est propemodum comparanda. 31. Honore et gloria et benivolentia civium fortasse
non aeque omnes egent, sed tamen, si cui haec suppetunt, adiuvant aliquantum cum ad cetera tum ad amicitias comparandas.

(9) Sed de amicitia alio libro dictum est, qui inscribitur Laelius; nunc dicamus de gloria, quamquam ea quoque de re duo
sunt nostri libri, sed attingamus, quandoquidem ea in rebus
maioribus administrandis adiuvat plurimum. Summa igitur et
perfecta gloria constat ex tribus his: si diligit multitudo, si fidem habet, si cum admiratione quadam honore dignos putat.
Haec autem, si est simpliciter breviterque dicendum, quibus
rebus pariuntur a singulis, eisdem fere a multitudine. Sed est
alius quoque quidam aditus ad multitudinem, ut in universorum animos tamquam influere possimus. 32. Ac primum de
illis tribus, quae ante dixi, benevolentiae praecepta videamus;
quae quidem capitur beneficiis maxime, secundo autem loco
voluntate benefica benivolentia movetur, etiamsi res forte non
suppetit; vehementer autem amor multitudinis commovetur
ipsa fama et opinione liberalitatis, beneficentiae, iustitiae, fidei

Maße. Denn der Lebenseinrichtung eines jeden ist anzupassen, ob es nötig ist, daß er von vielen, oder genügend, daß er von wenigen geliebt werde. Das also dürfte sicher sein und dies das erste und nötigste, treue Freundschaften zu haben mit Freunden, die uns lieben und unser Wesen bewundern. Dieses nämlich ist die einzige Sache überhaupt, die bewirkt, daß es keinen großen Unterschied zwischen den bedeutendsten Männern und dem Durchschnitt gibt, und sie sollte von beiden Gruppen fast ⟨in gleicher Weise⟩ erworben werden. 31. Ehre, Ruhm und Wohlwollen der Bürger brauchen vielleicht nicht alle in gleicher Weise, aber doch helfen sie sehr, wenn sie jemandem zu Gebote stehen, sowohl zu allem übrigen als auch besonders zum Erwerb von Freundschaften.

Aber über die Freundschaft ist in einem anderen Buche gesprochen worden, das wir «Laelius» betitelten. Jetzt wollen wir vom Ruhme reden, obwohl auch hierüber zwei Bücher von uns vorliegen, aber wir wollen ihn berühren, zumal er ja bei der Durchführung größerer Dinge am meisten fördert. Höchster also und vollkommener Ruhm besteht aus folgenden drei Dingen: wenn die Menge jemanden liebt, wenn sie Zutrauen hat, wenn sie jemanden mit einer gewissen Bewunderung der Ehre für würdig hält. Diese Dinge aber werden, wenn man es einfach und kurz sagen soll, durch fast dieselben Dinge bei den einzelnen wie bei der Menge erworben. Aber es besteht noch ein anderer Zugang zur Menge, daß wir in die Seelen aller gleichsam einzuströmen vermögen. 32. Und zuerst von den drei Dingen, die ich vorhin erwähnt habe, wollen wir die Lehren über das Wohlwollen ansehen. Es wird am meisten durch Wohltaten gewonnen; an zweiter Stelle aber wird Wohlwollen durch den Willen, wohl zu tun, geweckt, auch wenn vielleicht das Vermögen nicht ausreicht. Heftig aber wird die Liebe der Menge erregt eben durch den Ruf und die Vorstellung von Großzügigkeit, Wohltun, Gerechtigkeit, Verläßlichkeit und

omniumque earum virtutum, quae pertinent ad mansuetudinem morum ac facilitatem. Etenim illud ipsum, quod honestum
decorumque dicimus, quia per se nobis placet animosque omnium natura et specie sua commovet maximeque quasi perlu-
cet ex iis, quas commemoravi, virtutibus, idcirco illos, in quibus eas virtutes esse remur, a natura ipsa diligere cogimur. Atque hae quidem causae diligendi gravissimae; possunt enim
praeterea nonnullae esse leviores.

33. Fides autem ut habeatur duabus rebus effici potest, si
existimabimur adepti coniunctam cum iustitia prudentiam.
Nam et iis fidem habemus, quos plus intellegere quam nos arbitramur quosque et futura prospicere credimus et, cum res
agatur in discrimenque ventum sit, expedire rem et consilium
ex tempore capere posse; hanc enim utilem homines existimant
veramque prudentiam. Iustis autem [et fidis] hominibus, id
est bonis viris, ita fides habetur, ut nulla sit in iis fraudis iniu-
riaeque suspicio. Itaque his salutem nostram, his fortunas, his
liberos rectissime committi arbitramur. 34. Harum igitur duarum ad fidem faciendam iustitia plus pollet, quippe cum ea
sine prudentia satis habeat auctoritatis; prudentia sine iustitia nihil valet ad faciendam fidem. Quo enim quis versutior et
callidior, hoc invisior et suspectior detracta opinione probita-
tis. Quam ob rem intellegentiae iustitia coniuncta quantum
volet habebit ad faciendam fidem virium, iustitia sine prudentia multum poterit, sine iustitia nihil valebit prudentia.

allen den Tugenden, die zur Sanftheit und Umgänglichkeit des Betragens gehören. Weil nämlich eben jenes Ehrenvolle und Schickliche, wie wir es nennen, uns an sich gefällt und alle Gemüter durch sein Wesen und sein Aussehen rührt und am meisten gleichsam hindurchleuchtet aus den Tugenden, die ich erwähnte, deshalb werden wir von der Natur selber gezwungen, jene zu lieben, in denen diese Tugenden wohnen, wie wir glauben. Und dies sind die gewichtigsten Ursachen der Hochschätzung. Es können nämlich außerdem einige weniger wichtige vorhanden sein.

33. Daß man aber Zutrauen hat, kann durch zwei Dinge bewirkt werden: wenn man von uns glauben wird, daß wir Klugheit verbunden mit Gerechtigkeit erreicht haben. Denn einerseits haben wir zu denen Vertrauen, die nach unserer Ansicht mehr sehen als wir, und die, wie wir glauben, sowohl die Zukunft voraussehen als auch, wenn etwas betrieben wird und zur Entscheidung gekommen ist, die Lage klären und eine Entscheidung nach den Umständen treffen können. Das nämlich halten die Menschen für nützlich und für wahre Klugheit. Gerechten [und zuverlassigen] Menschen aber, das heißt wakkeren Männern gegenüber hat man derart Zutrauen, daß bei ihnen kein Verdacht von Tücke oder Übergriff besteht. Daher, glauben wir, können wir ihnen unser Leben, unser Vermögen, unsere Kinder mit bestem Gewissen anvertrauen. 34. Von diesen beiden Dingen nun ist die Gerechtigkeit vermögender, Vertrauen zu erwecken, da sie ohne Klugheit genug Ansehen hat. Klugheit ohne Gerechtigkeit vermag nichts, um Vertrauen zu erwecken. Denn je gewandter und schlauer einer ist, um so verhaßter und verdächtiger ist er, wenn der Ruf der Rechtschaffenheit fehlt. Darum wird Gerechtigkeit mit Einsicht verbunden Kräfte haben, soviel sie will, um Vertrauen zu erwecken, Gerechtigkeit ohne Klugheit wird viel vermögen, ohne Gerechtigkeit wird Klugheit keine Macht haben.

(10) 35. Sed ne quis sit admiratus, cur, cum inter omnes
philosophos constet a meque ipso saepe disputatum sit, qui
unam haberet, omnes habere virtutes, nunc ita seiungam,
quasi possit quisquam, qui non idem prudens sit, iustus esse,
alia est illa, cum veritas ipsa limatur in disputatione, subtili-
tas, alia, cum ad opinionem communem omnis accommodatur
oratio. Quam ob rem, ut vulgus, ita nos hoc loco loquimur, ut
alios fortes, alios viros bonos, alios prudentes esse dicamus.
Popularibus enim verbis est agendum et usitatis, cum loquimur de opinione populari, idque eodem modo fecit Panaetius.
Sed ad propositum revertamur.

36. Erat igitur ex iis tribus, quae ad gloriam pertinerent, hoc
tertium, ut cum admiratione hominum honore ab iis digni iu-
dicaremur. Admirantur igitur communiter illi quidem omnia,
quae magna et praeter opinionem suam animadverterunt, se-
paratim autem in singulis, si perspiciunt necopinata quaedam
bona. Itaque eos viros suspiciunt maximisque efferunt laudibus, in quibus existimant se excellentes quasdam et singulares
perspicere virtutes, despiciunt autem eos et contemnunt, in
quibus nihil virtutis, nihil animi, nihil nervorum putant. Non
enim omnes eos contemnunt, de quibus male existumant. Nam
quos improbos, maledicos, fraudulentos putant et ad faciendam iniuriam instructos, eos contemnunt quidem neutiquam,
sed de iis male existumant. Quam ob rem, ut ante dixi, contem-
nuntur ii, qui 'nec sibi nec alteri', ut dicitur, in quibus nullus
labor, nulla industria, nulla cura est. 37. Admiratione autem
adficiuntur ii, qui anteire ceteris virtute putantur et cum omni

35. Aber damit sich niemand verwundert, warum ich, obwohl doch unter allen Philosophen feststeht und von mir selber
oft dargelegt worden ist, wer eine hätte, habe alle Tugenden,
sie jetzt so trenne, gerade als ob einer, der nicht zugleich klug
ist, gerecht sein könne, so ist die Genauigkeit anders, wenn die
Wahrheit an sich in einer Erörterung ausgefeilt ergründet
wird, anders, wenn die Rede ganz der allgemeinen Vorstellung
angepaßt wird. Darum sprechen wir, wie das Volk, so wir an
dieser Stelle, daß wir sagen, die einen seien tapfer, die anderen
wackere Männer, andere klug. Mit volkstümlichen Worten
und gebräuchlichen ist zu arbeiten, wenn wir über eine volkstümliche Meinung sprechen, und ebenso hat es Panaitios gemacht. Aber kehren wir zum Thema zurück.

36. Es war von den drei Dingen, die mit dem Ruhm in Beziehung standen, dies das dritte, daß wir in Verbindung mit der
Anerkennung der Menschen von ihnen der Ehre für würdig
erachtet werden. Jene bewundern nun als Gesamtheit alles,
was sie Großes und wider ihr Erwarten bemerkt haben, für
sich aber an den einzelnen, wenn sie bestimmte, nicht geahnte
Vorzüge erkennen. Daher schauen sie zu den Männern auf und
erheben sie mit hohem Lob, in denen sie gewisse hervorragende
und einzigartige Tugenden zu erkennen glauben, blicken aber
auf die herab und schätzen sie gering, in denen sie nichts von
Tugend, nichts von Schwung, nichts von Energie vermuten.
Denn sie schätzen nicht alle die gering, von denen sie eine
üble Meinung haben. Die sie nämlich für ruchlos, böse, be-
trügerisch halten und für bereit, Unrecht zu tun, die schätzen
sie keineswegs gering, sondern haben von ihnen eine üble
Meinung. Darum, wie ich eben sagte, werden die geringgeschätzt, die «weder für sich noch für den Nächsten» nützlich
sind, wie es heißt, in denen kein Wille zur Anstrengung wohnt,
kein Fleiß, keine Bemühung. 37. Bewundert aber werden die,
die, wie man glaubt, die übrigen an Tüchtigkeit übertreffen und

carere dedecore, tum vero iis vitiis, quibus alii non facile possunt obsistere. Nam et voluptates, blandissumae dominae,
maioris partis animos a virtute detorquent et, dolorum cum
admoventur faces, praeter modum plerique exterrentur; vita,
mors, divitiae, paupertas omnes homines vehementissime per-
movent. Quae qui in utramque partem excelso animo magno-
que despiciunt, cumque aliqua iis ampla et honesta res obiecta
est ⟨et⟩ totos ad se convertit et rapit, tum quis non admiretur
splendorem pulchritudinemque virtutis? (11) 38. Ergo et
haec animi despicientia admirabilitatem magnam facit et ma-
xume iustitia, ex qua una virtute viri boni appellantur, mirifica
quaedam multitudini videtur, nec iniuria. Nemo enim iustus
esse potest, qui mortem, qui dolorem, qui exilium, qui egesta-
tem timet, aut qui ea, quae sunt his contraria, aequitati anteponit. Maximeque admirantur eum, qui pecunia non movetur;
quod in quo viro perspectum sit, hunc igni spectatum arbitrantur. Itaque illa tria quae proposita sunt ad gloriam, omnia iustitia conficit, et benivolentiam, quod prodesse vult plurimis,
et ob eandem causam fidem et admirationem, quod eas res
spernit et neglegit, ad quas plerique inflammati aviditate ra-
piuntur.

39. Ac mea quidem sententia omnis ratio atque institutio
vitae adiumenta hominum desiderat, inprimisque, ut habeat
quibuscum possit familiares conferre sermones; quod est difficile, nisi speciem prae te boni viri feras. Ergo etiam solitario
homini atque in agro vitam agenti opinio iustitiae necessaria
est, eoque etiam magis, quod eam si non habebunt, [iniusti

sowohl von jeglicher Schande frei sind als auch besonders von
den Fehlern, denen andere nicht leicht widerstehen können.
Denn die Genüsse, die verführerischsten Tyrannen, machen
die Gemüter der Mehrzahl der Tugend abspenstig, und wenn
der Schmerzen Brände sich nähern, erschrecken die meisten
über das Maß hinaus. Leben, Tod, Reichtum, Armut bewegen
alle Menschen heftig. Wenn nun jemand dies nach beiden Seiten hin mit erhabenem und großem Sinn verachtet, und wenn
sich ihm eine bedeutende und ehrenvolle Sache bietet ⟨und⟩
diese ganz zu sich hinlenkt und fortreißt, wer wird dann nicht
den Glanz und die Schönheit der Tugend bewundern? 38. Also
bewirkt diese Überlegenheit der Seele eine große Bewunderung, und besonders die Gerechtigkeit, die Tugend, nach der
allein die Männer gut heißen, scheint der Menge irgendwie
wunderbar, und nicht mit Unrecht. Niemand nämlich kann
gerecht sein, der den Tod, der den Schmerz, der die Verbannung, der die Armut fürchtet oder der das, was dem entgegengesetzt ist, der Billigkeit vorzieht. Und besonders bewundert
man den, der sich durch Geld nicht bewegen läßt. An wem man
dies erkennt, den glaubt man durch Feuer geprüft. Daher bewirkt alle drei Dinge, die auf den Ruhm zielen, die Gerechtigkeit: das Wohlwollen, weil sie so vielen wie möglich nützen will, und aus demselben Grunde Vertrauen und Bewunderung, weil sie die Dinge verschmäht und gering schätzt,
zu denen die meisten von Begehrlichkeit entzündet hinge-
rissen werden.

39. Und nach meiner Meinung bedarf jede Weise und Einrichtung des Lebens der Hilfe der Menschen, und zwar insbesondere, daß man jemanden habe, mit dem man vertraute Gespräche führen kann. Das ist schwierig, wenn man dir nicht
den wackeren Mann ansieht. Also auch für einen einsiedleri-
schen und auf dem Lande sein Leben führenden Mann ist der
Ruf der Gerechtigkeit notwendig und um so mehr noch, weil

habebuntur] nullis praesidiis saepti multis afficientur iniuriis.
40. Atque iis etiam, qui vendunt, emunt, conducunt, locant
contrahendisque negotiis implicantur, iustitia ad rem gerendam necessaria est, cuius tanta vis est, ut ne illi quidem, qui
maleficio et scelere pascuntur, possint sine ulla particula iustitiae vivere. Nam qui eorum cuipiam, qui una latrocinantur,
furatur aliquid aut eripit, is sibi ne in latrocinio quidem relin-
quit locum, ille autem, qui archipirata dicitur, nisi aequabiliter
praedam dispertiat, aut interficiatur a sociis aut relinquatur.
Quin etiam leges latronum esse dicuntur, quibus pareant,
quas observent. Itaque propter aequabilem praedae partitio-
nem et Bardulis Illyrius latro, de quo est apud Theopompum,
magnas opes habuit et multo maiores Viriatus Lusitanus, cui
quidem etiam exercitus nostri imperatoresque cesserunt, quem
C. Laelius, is qui Sapiens usurpatur, praetor fregit et commi-
nuit ferocitatemque eius ita repressit, ut facile bellum reliquis
traderet. Cum igitur tanta vis iustitiae sit, ut ea etiam latronum opes firmet atque augeat, quantam eius vim inter leges et
iudicia et in constituta re publica fore putamus? (12) 41. Mihi
quidem non apud Medos solum, ut ait Herodotus, sed etiam
apud maiores nostros iustitiae fruendae causa videntur olim
bene morati reges constituti. Nam cum premeretur in otio
multitudo ab iis, qui maiores opes habebant, ad unum aliquem
confugiebant virtute praestantem, qui cum prohiberet iniuria
tenuiores, aequitate constituenda summos cum infimis pari

sie, wenn sie ihn nicht haben [für ungerecht gehalten werden],
von keiner Schutzgarde umgeben, durch viele Ungerechtigkeiten behelligt werden. 40. Und auch denen, die verkaufen,
einkaufen, mieten und vermieten und sich auf Geschäftsbezie-
hungen einlassen, ist Gerechtigkeit notwendig, um ihre Sache
zu führen. Ihre Macht ist so groß, daß nicht einmal jene, die
sich von Übeltat und Verbrechen nähren, ohne ein Teilchen
Gerechtigkeit leben können. Denn wer einem von denen, die
gemeinsam rauben, irgend etwas stiehlt oder entreißt, der beläßt sich nicht einmal beim Raub einen Platz. Jener aber, der
sogenannte Piratenhäuptling, würde, wenn er die Beute nicht
gleichmäßig verteilte, entweder von seinen Kumpanen getötet oder im Stich gelassen. Ja sogar Gesetze der Räuber soll es
geben, denen sie gehorchen, die sie beobachten. Daher hatte
wegen der gleichmäßigen Verteilung der Beute der illyrische
Räuber Bardulis, über den bei Theopomp zu lesen ist, große
Schätze und viel größere noch der Lusitaner Viriatus, vor dem
auch unsere Heere und Feldherrn wichen und den unser Gaius
Laelius, dem der Beiname der Weise gegeben wird, als Prätor
bezwang und demütigte und seinen Trotz so beugte, daß er
den übrigen den Krieg als leichte Aufgabe übergab. Da also die
Macht der Gerechtigkeit so groß ist, daß sie auch die Schätze
der Räuber sichert und mehrt, wie groß wird, meinen wir, ihre
Macht erst unter Gesetzen und Gerichten und in einem wohlgeordneten Gemeinwesen sein? 41. Mir jedenfalls scheinen
nicht nur bei den Persern, wie Herodot sagt, sondern auch bei
unseren Vorfahren einst Könige von guter Art eingesetzt worden zu sein, damit man die Gerechtigkeit genieße. Denn da im
Frieden die Masse von denen, die größere Mittel hatten, be-
drückt wurde, nahmen sie zu irgendeinem Manne, der durch
seine Persönlichkeit hervorragte, ihre Zuflucht. Der schützte
die Schwächeren vor Unrecht und hielt, indem er Gleichheit
einrichtete, die höchsten mit den Geringsten in gleichem

iure retinebat. Eademque constituendarum legum fuit causa
quae regum. 42. Ius enim semper est quaesitum aequabile; neque enim aliter esset ius. Id si ab uno iusto et bono viro conse-
quebantur, erant eo contenti; cum id minus contingeret, leges
sunt inventae, quae cum omnibus semper una atque eadem
voce loquerentur. Ergo hoc quidem perspicuum est, eos ad im-
perandum deligi solitos, quorum de iustitia magna esset opinio
multitudinis. Adiuncto vero, ut idem etiam prudentes haberentur, nihil erat, quod homines iis auctoribus non posse consequi se arbitrarentur. Omni igitur ratione colenda et retinenda iustitia est, cum ipsa per sese – nam aliter iustitia non esset
– tum propter amplificationem honoris et gloriae.

   Sed ut pecuniae non quaerendae solum ratio est, verum etiam
collocandae, quae perpetuos sumptus suppeditet, nec solum
necessarios, sed etiam liberales, sic gloria et quaerenda et collocanda ratione est. 43. Quamquam praeclare Socrates hanc viam
ad gloriam proximam et quasi compendiariam dicebat esse, si
quis id ageret, ut qualis haberi vellet, talis esset. Quod si qui simulatione et inani ostentatione et ficto non modo sermone sed
etiam voltu stabilem se gloriam consequi posse rentur, vehementer errant. Vera gloria radices agit atque etiam propagatur,
ficta omnia celeriter tamquam flosculi decidunt nec simulatum
potest quicquam esse diuturnum. Testes sunt permulti in
utramque partem, sed brevitatis causa familia contenti erimus
una. Tiberius enim Gracchus, P. f., tam diu laudabitur, dum
memoria rerum Romanarum manebit, at eius filii nec vivi pro-

Rechte. Und derselbe Grund, wie zur Einrichtung der Könige, führte zur Einrichtung der Gesetze. 42. Als Recht wurde immer nämlich ein gleichmäßiges gesucht. Denn anders wäre es kein Recht. Wofern sie dies von einem gerechten und guten Manne erhielten, waren sie mit dem zufrieden. Als das weniger glückte, wurden die Gesetze erfunden, daß sie mit allen immer mit ein und derselben Stimme reden sollten. Also dies ist offensichtlich, daß *die* zum Herrschen ausgewählt zu werden pflegten, von deren Gerechtigkeit die Menge eine große Meinung hatte. Kam gar hinzu, daß sie auch noch für klug galten, so gab es nichts, was die Menschen bei solchen Gewährsleuten nicht erreichen zu können glaubten. Auf alle Weise also ist Gerechtigkeit zu pflegen und an ihr festzuhalten, um ihrer selbst willen – denn sonst wäre es nicht Gerechtigkeit –, dann wegen der Mehrung von Ehre und Ruhm.

Aber wie es nicht nur eine Methode gibt, Geld zu erwerben, sondern auch anzulegen, daß es Mittel für dauernden Aufwand verschaffe und nicht nur notwendigen, sondern auch großzügigen, so ist auch der Ruhm mit Überlegung sowohl zu erwerben als auch anzulegen. 43. Freilich sagte Sokrates vortrefflich, dies sei die nächste und gleichsam abgekürzte Straße zum Ruhm, wenn einer es darauf anlegte, daß er so beschaffen wäre, wie er angesehen sein wollte. Wenn aber welche durch Vorspiegelung und leeres Prunken und nicht nur durch verstellte Gespräche, sondern auch verstellten Ausdruck festen Ruhm erlangen zu können glauben, so irren sie sich gewaltig. Wahrer Ruhm treibt Wurzeln und breitet sich aus, alles Vorgespielte fällt wie die Blüten schnell ab, und nichts Vorgetäuschtes kann dauerhaft sein. Zeugen sind es viele nach beiden Seiten, aber der Kürze halber wollen wir uns mit einer einzigen Familie begnügen. Tiberius Gracchus nämlich, der Sohn des Publius, wird so lange gerühmt werden, als das Gedächtnis an die römischen Taten besteht, aber seine Söhne fan-

babantur bonis et mortui numerum optinent iure caesorum.
Qui igitur adipisci veram gloriam volet, iustitiae fungatur officiis. Ea quae essent, dictum est in libro superiore.

(13) 44. Sed ut facillime, quales simus, tales esse videamur,
etsi in eo ipso vis maxima est, ut simus ii, qui haberi velimus,
tamen quaedam praecepta danda sunt. Nam si quis ab ineunte
aetate habet causam celebritatis et nominis aut a patre accep-
tam, quod tibi, mi Cicero, arbitror contigisse, aut aliquo casu
atque fortuna, in hunc oculi omnium coniciuntur atque in eum,
quid agat, quemadmodum vivat, inquiritur, et, tamquam in
clarissima luce versetur, ita nullum obscurum potest nec dictum eius esse nec factum. 45. Quorum autem prima aetas propter humilitatem et obscuritatem in hominum ignoratione versatur, ii, simul ac iuvenes esse coeperunt, magna spectare et ad
ea rectis studiis debent contendere; quod eo firmiore animo
facient, quia non modo non invidetur illi aetati verum etiam
favetur. Prima est igitur adulescenti commendatio ad gloriam,
si qua ex bellicis rebus comparari potest, in qua multi apud
maiores nostros extiterunt; semper enim fere bella gerebantur.
Tua autem aetas incidit in id bellum, cuius altera pars sceleris
nimium habuit, altera felicitatis parum. Quo tamen in bello
cum te Pompeius alae alteri praefecisset, magnam laudem et
a summo viro et ab exercitu consequebare equitando, iaculan-
do, omni militari labore tolerando. Atque ea quidem tua laus
pariter cum re publica cecidit. Mihi autem haec oratio suscep-

den zu Lebzeiten keine Billigung bei den Guten, und nach ihrem Tode haben sie ihren Platz in der Zahl der zu Recht Ge-
töteten. Wer also wahren Ruhm erlangen will, erfülle die
Pflichten der Gerechtigkeit. Welche das sind, ist im vorigen
Buche gesagt.

44. Aber daß wir am leichtesten für die gehalten werden, die
wir sind, wenn auch eben darin die größte Kraft liegt, daß wir
die sind, für die wir gelten wollen, dafür sind doch bestimmte
Vorschriften zu geben. Denn wenn einer von Lebensbeginn
an Anlaß bietet zu Berühmtheit und Namen entweder vom
Vater her – was dir, mein Cicero, meine ich, zugefallen ist –
oder durch irgendeinen Zufall und Glücksumstand, auf den
richten sich aller Augen, bei dem wird geforscht, was er treibt,
wie er lebt und, gleich wie wenn er im strahlenden Lichte sich
bewegte, so kann keines seiner Worte verborgen sein noch
eine seiner Taten. 45. Die aber, deren erste Lebenszeit wegen
geringer und unbekannter Abkunft in Unbekanntheit bei den
Menschen verläuft, die müssen, sobald sie herangereift sind,
auf Großes ihren Blick richten und danach mit rechten Beschäftigungen streben. Was sie mit um so festerem Mut tun
werden, weil man jenes Alter nicht nur nicht beneidet, sondern sogar begünstigt. Die vorzüglichste Empfehlung nun
zum Ruhm für den Jüngling ist die, wenn er aus kriegerischen
Taten gewonnen werden kann, worin viele bei unseren Vorfahren hervorgetreten sind. Fast immer nämlich wurden Kriege
geführt. Dein Alter aber fiel in den Krieg, dessen eine Seite allzu
viel Verbrechen aufwies, dessen andere Seite allzu wenig Glück.
Dennoch hast du, als dich in diesem Krieg Pompeius an die
Spitze des einen Reiterregimentes stellte, großes Lob bei dem
hervorragenden Manne und beim Heer geerntet im Reiten,
Schießen und Ertragen aller militärischen Strapazen. Und dieses dein Lob freilich sank zusammen mit dem Gemeinwesen
dahin. Von mir aber wurde diese Rede nicht in bezug auf dich,

ta non de te est, sed de genere toto. Quam ob rem pergamus ad
ea, quae restant.

46. Ut igitur in reliquis rebus multo maiora opera sunt animi quam corporis, sic eae res quas ingenio ac ratione persequimur, gratiores sunt quam illae, quas viribus. Prima igitur
commendatio proficiscitur a modestia, cum pietate in parentes, in suos benevolentia. Facillume autem et in optimam partem cognoscuntur adulescentes, qui se ad claros et sapientes
viros bene consulentes rei publicae contulerunt, quibuscum si
frequentes sunt, opinionem adferunt populo eorum fore se similes, quos sibi ipsi delegerint ad imitandum. 47. P. Rutilii
adulescentiam ad opinionem et innocentiae et iuris scientiae
P. Mucii commendavit domus.

Nam L. quidem Crassus, cum esset admodum adulescens,
non aliunde mutuatus est, sed sibi ipse peperit maximam laudem ex illa accusatione nobili et gloriosa, et, qua aetate qui
exercentur, laude adfici solent, ut de Demosthene accepimus,
ea aetate L. Crassus ostendit, id se in foro optume iam facere,
quod etiam tum poterat domi cum laude meditari.

(14) 48. Sed cum duplex ratio sit orationis, quarum in altera
sermo sit, in altera contentio, non est id quidem dubium, quin
contentio orationis maiorem vim habeat ad gloriam – ea est
enim, quam eloquentiam dicimus –, sed tamen difficile dictu
est, quantopere conciliet animos comitas adfabilitasque sermonis. Extant epistolae et Philippi ad Alexandrum et Antipa-
tri ad Cassandrum et Antigoni ad Philippum filium, trium

sondern auf die ganze Gattung begonnen. Darum gehen wir
weiter zu dem, was übrig bleibt.

46. Wie bei den übrigen Dingen die Werke des Geistes viel
größer sind als die des Körpers, so sind die Dinge, denen wir
mit Begabung und Vernunft nachgehen, willkommener als die,
die wir mit Körperkraft zu erreichen suchen. Die erste Empfehlung also geht aus von der Bescheidenheit, dann von der
Liebe gegen die Eltern, dem Wohlwollen gegen die Angehöri-
gen. Am leichtesten aber und von der besten Seite werden die
Jünglinge erkannt, die sich zu einem Gefolge berühmter und
weiser Männer, die das Gemeinwesen wohl beraten, begeben
haben. Wenn sie mit denen häufig zusammen sind, erwecken
sie beim Volk die Meinung, sie würden denen ähnlich sein, die
sie sich selber zur Nachahmung erwählten. 47. Das Haus des
Publius Mucius empfahl für den Ruf der Unbescholtenheit und
Rechtskenntnis die Jugend des Publius Rutilius.

Denn Lucius Crassus, obwohl er noch recht jung war, lieh
ihn nicht anderswoher, sondern erwarb sich selbst das höchste
Lob auf Grund seiner bekannten und ruhmvollen Anklage.
Und in dem Alter, wo die, welche sich üben, gelobt zu werden
pflegen, wie wir es von Demosthenes vernommen, hat Lucius
Crassus gezeigt, daß er das schon auf dem Forum aufs vortrefflichste ausüben konnte, was er damals noch daheim mit Lob
hätte üben dürfen.

48. Da aber zwiefach das Wesen der Rede ist, so daß in dem
einen davon das Gespräch, in dem anderen die Spannung ruht,
so ist das nicht zweifelhaft, daß die Gespanntheit der Rede
größere Bedeutung für den Ruhm hat – sie ist's nämlich, die
wir Beredsamkeit heißen –, aber schwerer ist es noch, in Worten zu sagen, wie sehr die Freundlichkeit und Zugänglichkeit
des Gesprächs die Herzen gewinnt. Erhalten sind Briefe von
Philipp an Alexander, von Antipater an Kassander und von
Antigonos an seinen Sohn Philipp, von drei sehr klugen Män-

prudentissimorum – sic enim accepimus –, quibus praecipiunt,
ut oratione benigna multitudinis animos ad benevolentiam
alliciant militesque blande appellando sermone deleniant.
Quae autem in multitudine cum contentione habetur oratio,
ea saepe universam excitat gloriam. Magna est enim admiratio
copiose sapienterque dicentis, quem qui audiunt intellegere
etiam et sapere plus quam ceteros arbitrantur. Si vero inest in
oratione mixta modestia gravitas nihil admirabilius fieri potest,
eoque magis, si ea sunt in adulescente. 49. Sed cum sint plura
causarum genera, quae eloquentiam desiderent, multique in
nostra re publica adulescentes et apud iudices et apud populum
et apud senatum dicendo laudem assecuti sint, maxima est admiratio in iudiciis, quorum ratio duplex est. Nam ex accusatione et ex defensione constat, quarum etsi laudabilior est de-
fensio, tamen etiam accusatio probata persaepe est. Dixi paulo
ante de Crasso. Idem fecit adulescens M. Antonius. Etiam P.
Sulpicii eloquentiam accusatio inlustravit, cum seditiosum et
inutilem civem, C. Norbanum, in iudicium vocavit. 50. Sed
hoc quidem non est saepe faciendum nec umquam nisi aut rei
publicae causa, ut ii, quos ante dixi, aut ulciscendi gratia, ut
duo Luculli, aut patrocinii, ut nos pro Siculis, pro Sardis [in
Albucio] Iulius. In accusando etiam M'. Aquilio L. Fufii cognita industria est. Semel igitur aut non saepe certe. Sin erit, cui
faciendum sit saepius, rei publicae tribuat hoc muneris, cuius
inimicos ulcisci saepius non est reprehendendum; modus tamen adsit. Duri enim hominis, vel potius vix hominis videtur

nern – so ist uns überliefert –, in denen sie raten, die Herzen
der Menge durch gütige Rede zum Wohlwollen zu locken und
die Soldaten durch freundliche Anrede im Gespräch zu besänftigen. Die Rede wiederum, die vor der Menge mit Anspannung gehalten wird, die weckt oft Ruhm bei allen. Groß ist
nämlich die Bewunderung für einen beredt und weise Sprechenden. Wenn man ihn hört, glaubt man, er sähe und ver-
stünde auch mehr als die übrigen. Wenn sich aber in einer Rede
Ernst gepaart mit Bescheidenheit findet, so kann es nichts
Wunderbareres geben und um so mehr, wenn sich das bei einem Jüngling findet. 49. Da es aber mehrere Arten von Fällen
gibt, die der Beredsamkeit bedürfen, und viele Jünglinge in
unserem Staatswesen bei den Richtern, vor dem Volk, und im
Senat durch Reden Lob erlangt haben, so erntet man größte
Bewunderung bei den Gerichten. Ihr Wesen ist zwiefach. Denn
es besteht aus Anklage und aus Verteidigung. Wenn davon
auch die Verteidigung löblicher ist, hat doch auch die Anklage
oft Beifall gefunden. Ich habe eben vorher von Crassus gesprochen. Dasselbe hat als Jüngling Marcus Antonius getan. Auch
des Publius Sulpicius Beredsamkeit hat eine Anklage berühmt
gemacht, dadurch, daß er einen aufsässigen und verderblichen
Bürger, den Gaius Norbanus, vor Gericht zog. 50. Das aber
darf man freilich nicht oft tun und immer um des Gemeinwesens willen, wie die, welche ich vorher nannte, oder um der Ver-
geltung wegen, wie die beiden Luculli, oder um des Schutzes
willen, wie wir es für die Sizilianer, wie Julius es für die Sardinier getan hat [gegen Albucius]. In der Anklage gegen Ma-
nius Aquilius ist auch der Fleiß des Lucius Fufius bekannt
geworden. Einmal also oder wenigstens nicht oft! Wenn es
aber einer öfters tun muß, dann soll er diese Aufgabe dem Gemeinwesen widmen, dessen Feinde öfters zu strafen nicht zu
tadeln ist. Nur ein Maß soll da sein. Eines harten Menschen
nämlich oder vielmehr kaum eines Menschen Art scheint es,

periculum capitis inferre multis. Id cum periculosum ipsi est,
tum etiam sordidum ad famam committere, ut accusator no-
minere; quod contigit M. Bruto, summo genere nato, illius filio, qui iuris civilis in primis peritus fuit. 51. Atque etiam hoc
praeceptum officii diligenter tenendum est, ne quem umquam
innocentem iudicio capitis arcessas; id enim sine scelere fieri
nullo pacto potest. Nam quid est tam inhumanum, quam eloquentiam a natura ad salutem hominum et ad conservationem
datam ad bonorum pestem perniciemque convertere? Nec tamen, ut hoc fugiendum est, item est habendum religioni no-
centem aliquando, modo ne nefarium impiumque defendere.
Vult hoc multitudo, patitur consuetudo, fert etiam humanitas.
Iudicis est semper in causis verum sequi, patroni non numquam veri simile, etiam si minus sit verum, defendere, quod
scribere, praesertim cum de philosophia scriberem, non aude-
rem, nisi idem placeret gravissimo Stoicorum Panaetio. Maxime autem et gloria paritur et gratia defensionibus, eoque maior,
si quando accidit, ut ei subveniatur, qui potentis alicuius opibus circumveniri urgerique videatur, ut nos et saepe alias et
adulescentes contra L. Sullae dominantis opes pro Sex. Roscio
Amerino fecimus, quae, ut scis, extat oratio.

(15) 52. Sed expositis adulescentium officiis, quae valeant ad
gloriam adipiscendam, deinceps de beneficentia ac de liberali-

vielen Gefahr für die Existenz zu bereiten. Das ist ihm selbst gefährlich, dann ist es auch schmählich für den Ruf, zuzulassen, daß man ein Ankläger genannt werde. Das geschah dem Marcus Brutus, dem aus höchstem Hause geborenen, dem Sohne dessen, der in besonderer Weise des bürgerlichen Rechtes kundig war. 51. Und auch an dieser Richtschnur ist peinlich festzuhalten, daß man nie einen Unschuldigen auf Tod und Leben vor Gericht fordert. Das kann nämlich ohne Verbrechen auf keine Weise geschehen. Denn was ist so unmenschlich, als die Beredsamkeit, die uns von der Natur zum Heile der Menschen und ihrer Bewahrung gegeben ist, zum Verderben und der Vernichtung der Guten zu kehren? Doch ist es nicht ebenso, wie dies zu fliehen ist, für bedenklich zu halten, einmal einen Schuldigen, wenn er nur kein Verbrecher und Gottloser ist, zu verteidigen. Es will das die Menge, es erträgt's der Brauch, es bringt es sogar die Menschlichkeit mit sich. Pflicht des Richters ist es, bei den Prozessen immer der Wahrheit zu folgen, des Verteidigers, bisweilen auch das Wahrscheinliche, selbst wenn es weniger wahr sein sollte, zu verteidigen, was ich, zumal ich über Philosophie schreibe, nicht zu schreiben wagen würde, wenn Panaitios, der ernsthafteste der Stoiker, nicht derselben Ansicht wäre. Am meisten aber wird sowohl Ruhm als auch Beliebtheit erworben durch Verteidigungen, und zwar in um so größerem Maße, wenn es einmal geschieht, daß man dem zu Hilfe kommt, der durch die Macht irgendeines Starken unterdrückt und bedrängt zu werden scheint, wie wir es häufig sonst und in unserer Jugend gegen die Macht des noch herrschenden Sulla für Sextus Roscius aus Ameria getan haben, eine Rede, die, wie du weißt, noch vorliegt.

52. Nachdem aber das rechte Handeln der Jünglinge, das geeignet ist, Ruhm zu erwerben, dargelegt worden ist, müssen wir darnach über Wohltun und Großzügigkeit reden,

tate dicendum est, cuius est ratio duplex. Nam aut opera benigne fit indigentibus aut pecunia. Facilior est haec posterior lo-
cupleti praesertim, sed illa lautior ac splendidior et viro forti
claroque dignior. Quamquam enim in utroque inest gratificandi liberalis voluntas, tamen altera ex arca, altera ex virtute de-
promitur, largitioque, quae fit ex re familiari, fontem ipsum
benignitatis exhaurit. Ita benignitate benignitas tollitur, qua
quo in plures usus sis, eo minus in multos uti possis. 53. At qui
opera, id est virtute et industria, benefici et liberales erunt,
primum, quo pluribus profuerint, eo plures ad benigne faciendum adiutores habebunt, dein consuetudine beneficentiae pa-
ratiores erunt et tamquam exercitatiores ad bene de multis pro-
merendum. Praeclare in epistula quadam Alexandrum filium
Philippus accusat, quod largitione benivolentiam Macedonum
consectetur. 'Quae te, malum, inquit, ratio in istam spem induxit, ut eos tibi fideles putares fore, quos pecunia corrupis-
ses? An tu id agis, ut Macedones non te regem suum, sed ministrum et praebitorem sperent fore?' Bene 'ministrum et
praebitorem', quia sordidum regi, melius etiam, quod largitionem corruptelam dixit esse. Fit enim deterior, qui
accipit, atque ad idem semper expectandum paratior. Hoc
ille filio, sed praeceptum putemus omnibus. 54. Quam ob rem
id quidem non dubium est, quin illa benignitas, quae constet
ex opera et industria, et honestior sit et latius pateat et possit
prodesse pluribus. Non numquam tamen est largiendum nec

deren Weise zwiefach ist. Denn entweder geschieht Bedürfti-
gen etwas Wohltätiges durch Bemühung oder durch Geld.
Leichter ist die letztere Art, vor allem für den Begüterten, aber
die erste ist rühmlicher und glänzender und eines tapferen und
berühmten Mannes würdiger. Obwohl nämlich in beiden ein
edler Wille, jemandem einen Gefallen zu erweisen, wohnt,
wird doch der eine aus der Truhe, der andere aus der Tüchtigkeit hervorgeholt, und das Schenken, das auf Grund des Vermögens geschieht, erschöpft den Quell der Freigebigkeit selber. So wird durch Freigebigkeit die Freigebigkeit selber aufgehoben. Je mehr Menschen gegenüber du sie anwendest, bei
um so wenigeren vermagst du sie noch zu gebrauchen. 53. Die
jedoch, die durch Bemühung, das heißt durch Tüchtigkeit und
Fleiß, wohltätig und großzügig sind, werden, je mehr Menschen sie genützt haben, um so mehr Helfer fürs Wohltätigsein
haben, dann werden sie durch die Gepflogenheit des Wohltuns
bereiter und gleichsam geübter sein, sich um so viele wohlverdient zu machen. Vortrefflich wirft in einem Brief Philipp seinem Sohn Alexander vor, daß er durch reiche Schenkungen
das Wohlwollen der Mazedonen zu erlangen suche. «Welcher
Gedanke, zum Teufel», sagt er, «hat dich zu der Hoffnung gebracht, daß du glaubtest, die würden dir treu sein, die du durch
Geld verdorben hättest? Oder legst du es darauf an, daß die
Mazedonen hoffen, du werdest nicht ihr König, sondern ihr
Diener und Lieferant sein?» Gut sagte er «Diener und Lieferant», weil es schmutzig ist für einen König, besser, daß er
sagte, Schenken sei Verderben. Schlechter nämlich wird, wer
nimmt, und bereiter, immer auf dasselbe zu warten. Das schrieb
jener an seinen Sohn, wir wollen meinen, es sei allen geraten.
54. Darum ist das nicht zweifelhaft, daß jene Wohltätigkeit,
die in Bemühung und Fleiß besteht, ehrenvoller ist, einen weiteren Umfang hat und mehr Menschen zu nützen vermag. Bisweilen jedoch muß man schenken und ist diese Art Wohltätig-

hoc benignitatis genus omnino repudiandum est et saepe idoneis hominibus indigentibus de re familiari impertiendum, sed
diligenter atque moderate. Multi enim patrimonia effuderunt,
inconsulte largiendo. Quid autem est stultius quam, quod li-
benter facias, curare ut id diutius facere non possis? Atque
etiam sequuntur largitionem rapinae. Cum enim dando egere
coeperunt, alienis bonis manus afferre coguntur. Ita, cum be-
nivolentiae comparandae causa benefici esse velint, non tanta
studia assequuntur eorum, quibus dederunt, quanta odia eorum, quibus ademerunt. 55. Quam ob rem nec ita claudenda res
est familiaris, ut eam benignitas aperire non possit, nec ita re-
seranda, ut pateat omnibus; modus adhibeatur isque referatur
ad facultates. Omnino meminisse debemus id, quod a nostris
hominibus saepissime usurpatum iam in proverbii consuetudinem venit, largitionem fundum non habere. Etenim quis
potest modus esse, cum et idem qui consueverunt et idem illud
alii desiderent.

(16) Omnino duo sunt genera largorum, quorum alteri prodigi, alteri liberales; prodigi, qui epulis et viscerationibus et
gladiatorum muneribus ludorum venationumque apparatu
pecunias profundunt in eas res, quarum memoriam aut brevem
aut nullam omnino sint relicturi, liberales autem, qui suis facultatibus aut captos a praedonibus redimunt aut aes alienum
suscipiunt amicorum aut in filiarum collocatione adiuvant aut
opitulantur vel in re quaerenda vel augenda. 56. Itaque miror,
quid in mentem venerit Theophrasto in eo libro, quem de divi-

keit nicht gänzlich zu verschmähen, und oft muß man bedürf-
tigen Menschen, die es verdienen, von seinem Vermögen zu-
weisen, aber mit Umsicht und Maß. Viele nämlich haben ihr
väterliches Erbteil verschleudert dadurch, daß sie unüberlegt
darauflos schenkten. Was aber ist törichter als dafür zu sorgen,
daß du das, was du gern tust, nicht länger tun kannst? Und auf
Schenken folgen auch Räubereien. Wenn man nämlich durch
Geben Mangel zu haben beginnt, sieht man sich gezwungen,
nach fremden Gütern die Hand auszustrecken. So erreichen sie,
obwohl sie, um Wohlwollen zu erwerben, wohltätig sein wollen, nicht so große Liebe bei denen, denen sie gegeben haben,
wie Haß bei denen, denen sie genommen haben. 55. Darum
ist das Vermögen nicht so zu verschließen, daß es die Wohltätigkeit nicht zu öffnen vermöchte, noch so zu öffnen, daß
es allen freisteht. Maß soll man anwenden, und das soll man
beziehen auf die Möglichkeiten. Überhaupt müssen wir an das
denken, was, von unseren Landsleuten so überaus oft gebraucht,
schon zur Gewohnheit eines Sprichwortes geworden ist:
Schenken habe keinen Boden. Denn welches Maß kann es geben, da die, welche es gewohnt sind, dasselbe, und eben dasselbe auch noch andere begehren.

Überhaupt gibt es zwei Arten von Freigebigen: die einen
von ihnen sind die Verschwender, die anderen die Großzügigen. Verschwender sind die, welche mit Festessen, Fleisch-
spenden, Gladiatorenspielen und der Ausstattung von Thea-
terstücken und Tierhetzen ihr Geld vergeuden für Dinge, an
die sie ein kurzes oder überhaupt kein Gedächtnis zurücklas-
sen werden. Großzügig aber die, welche mit eigenen Möglichkeiten etwa Gefangene von Seeräubern loskaufen oder
Schulden von Freunden übernehmen oder bei der Verheira-
tung von Töchtern beistehen oder beim Erwerb oder der
Mehrung des Vermögens helfen. 56. Daher wundere ich
mich, was dem Theophrast in dem Buche, das er über den

tiis scripsit, in quo multa praeclare, illud absurde: est enim
multus in laudanda magnificentia et apparitione popularium
munerum taliumque sumptuum facultatem fructum divitiarum putat. Mihi autem ille fructus liberalitatis, cuius pauca
exempla posui, multo et maior videtur et certior. Quanto Aristoteles gravius et verius nos reprehendit, qui has pecuniarum
effusiones non admiremur, quae fiunt ad multitudinem dele-
niendam. At ii qui ab hoste obsidentur, si emere aquae sexta-
rium cogerentur mina, hoc primo incredibile nobis videri omnesque mirari, sed cum adtenderint, veniam necessitati dare,
in his immanibus iacturis infinitisque sumptibus nihil nos magnopere mirari, cum praesertim neque necessitati subveniatur
nec dignitas augeatur ipsaque illa delectatio multitudinis ad
breve ⟨quaeratur⟩ exiguumque tempus eaque a levissimo quoque, in quo tamen ipso una cum satietate memoria quoque mo-
riatur voluptatis. 57. Bene etiam colligit haec pueris et mulier-
culis et servis et servorum simillimis liberis esse grata, gravi
vero homini et ea, quae fiunt, iudicio certo ponderanti probari
posse nullo modo. Quamquam intellego in nostra civitate in-
veterasse iam bonis temporibus, ut splendor aedilitatum ab
optimis viris postuletur. Itaque et P. Crassus cum cognomine
dives tum copiis functus est aedilicio maximo munere, et paulo
post L. Crassus cum omnium hominum moderatissimo Q. Mucio magnificentissima aedilitate functus est, deinde C. Claudius App. f., multi post, Luculli, Hortensius, Silanus; omnes

Reichtum geschrieben hat, in den Sinn kam, in dem vieles vortrefflich gesagt ist, das folgende aber widersinnig: er ist nämlich weitschweifig im Lob von Prunk und Ausrichtung von
Spielen für das Volk und hält die Fülle solchen Aufwands für
die Frucht des Reichtums. Mir aber scheint jene Frucht der
Großzügigkeit, von der ich wenige Beispiele anführte, um vieles größer und sicherer. Um wieviel ernster und wahrer tadelt
uns Aristoteles, die wir uns über solche Geldverschwendungen
nicht wundern, die getrieben werden, um die Masse zu be-
schwichtigen. Wenn die dagegen, die vom Feinde belagert werden, den Schoppen Wasser zu einer Mine zu kaufen gezwungen
würden, so schiene uns dies zunächst unglaublich, und alle ver-
wunderten sich, aber wenn sie aufmerkten, hätten sie Nachsicht für die Notlage; bei diesem ungeheuerlichen Aufwand
und maßlosen Kosten aber wunderten wir uns nicht sehr, obwohl doch weder einer Not abgeholfen noch die Würde gesteigert würde und eben jene Ergötzung der Menge nur für
eine kurze und geringe Zeitspanne ⟨gesucht würde⟩, und zwar
gerade von den Nichtswürdigsten, bei denen freilich eben zusammen mit der Sättigung auch das Gedächtnis an den Genuß
stürbe. 57. Gut schließt er auch, daß dies Kindern, Weibern
und Sklaven und sklavenähnlichen Freien willkommen sei,
einem ernsten Manne aber und einem, der das, was geschieht,
mit sicherem Urteile abwöge, könne das auf keine Weise Beifall
ablocken. Freilich weiß ich, daß es sich in unserem Staate
schon zu den guten Zeiten eingebürgert hat, daß der Glanz
der Ädilität von den besten Männern gefordert wird. Daher
hat Publius Crassus – sowohl nach dem Beinamen als auch
nach den Mitteln der Reiche – eine besonders prunkvolle ädili-
zische Amtsführung geübt; und wenig später hat Lucius Crassus mit dem maßvollsten aller Menschen, Quintus Mucius,
zusammen die prächtigste Ädilität durchgeführt, darauf Gaius
Claudius, des Appius Sohn, viele später, die Luculli, Horten-

autem P. Lentulus me consule vicit superiores; hunc est Scaurus imitatus; magnificentissima vero nostri Pompei munera
secundo consulatu; in quibus omnibus quid mihi placeat, vides. (17) 58. Vitanda tamen suspicio est avaritiae. Mamerco,
homini divitissimo, praetermissio aedilitatis consulatus repulsam attulit. Quare et si postulatur a populo, bonis viris si non
desiderantibus, at tamen approbantibus faciundum est, modo
pro facultatibus, nos ipsi ut fecimus, et si quando aliqua res
maior atque utilior populari largitione adquiritur, ut Oresti
nuper prandia in semitis decumae nomine magno honori fuerunt. Ne M. quidem Seio vitio datum est, quod in caritate asse
modium populo dedit; magna enim se et inveterata invidia nec
turpi iactura, quando erat aedilis, nec maxima liberavit. Sed
honori summo nuper nostro Miloni fuit qui gladiatoribus emptis rei publicae causa, quae salute nostra continebatur, omnes
P. Clodii conatus furoresque compressit. 59. Causa igitur largitionis est, si aut necesse est aut utile. In his autem ipsis medio-
critatis regula optima est. L. quidem Philippus, Q. f., magno
vir ingenio inprimisque clarus, gloriari solebat se sine ullo munere adeptum esse omnia, quae haberentur amplissima. Dicebat idem Cotta, Curio. Nobis quoque licet in hoc quodam modo gloriari; nam pro amplitudine honorum, quos cunctis suffragiis adepti sumus nostro quidem anno, quod contigit eorum

sius, Silanus. Alle früheren aber hat unter meinem Konsulat
Publius Lentulus übertroffen. Den hat Scaurus nachgeahmt.
Am prächtigsten aber waren die Spiele unseres Pompeius im
zweiten Konsulat. Du siehst, was mir an all diesem gefällt.
58. Freilich muß man den Verdacht der Habsucht vermeiden.
Dem Mamercus, einem schwerreichen Manne, brachte das
Umgehen der Ädilität eine Zurückweisung im Konsulat ein.
Darum müssen es, sowohl wenn es vom Volk gefordert wird,
gute Männer tun, nicht mit Verlangen, aber mit Billigung,
wenn es nur entsprechend den Möglichkeiten geschieht, so
wie wir es selber getan haben, als auch, wenn einmal eine größere und nützlichere Sache durch volkstümliche Schenkung
gewonnen wird, wie neulich die der Speisung an dem Wege
unter dem Namen der Zehntweihe dem Orestes große Ehre
einbrachte. Auch dem Marcus Seius ist es nicht zum Vorwurf
gemacht worden, daß er bei einer Teuerung dem Volke den
Scheffel um ein As gegeben hat. Aus einer großen nämlich und
fest gewurzelten Unbeliebtheit hat er sich durch ein nicht
schimpfliches – da er ja Ädil war – und nicht sehr großes Opfer
gelöst. Höchste Ehre aber brachte es vor nicht zu langer Zeit
unserem Milo ein, daß er mit Gladiatoren, die er um des Gemeinwesens willen, das wesentlich in meiner Unversehrtheit
bestand, gekauft hatte, alle Versuche und Wildheiten des Publius Clodius unterdrückte. 59. Anlaß also zum Schenken besteht, wenn es entweder unausweichlich oder nützlich ist. In
eben diesen Dingen aber ist der Maßstab der Mitte am besten.
Lucius Philippus jedenfalls, der Sohn des Quintus, ein Mann
von großer Anlage und außerordentlich angesehen, pflegte sich
zu rühmen, ohne Geschenk alles, was für das Ehrenvollste gehalten wurde, erreicht zu haben. Dasselbe sagte Cotta, Curio.
Auch wir dürfen uns in dieser Hinsicht in gewisser Weise rühmen. Denn im Verhältnis zur Größe der Ehren, die wir mit
allen Stimmen im fälligen Jahr erreicht haben, was niemandem

nemini, quos modo nominavi, sane exiguus sumptus aedilitatis fuit. 60. Atque etiam illae impensae meliores, muri, navalia,
portus, aquarum ductus omniaque, quae ad usum rei publicae
pertinent, quamquam, quod praesens tamquam in manum da-
tur, iucundius est, tamen haec in posterum gratiora. Theatra,
porticus, nova templa verecundius reprehendo propter Pompeium, sed doctissimi non probant, ut et hic ipse Panaetius,
quem multum in his libris secutus sum non interpretatus, et
Phalereus Demetrius, qui Periclem principem Graeciae vituperat, quod tantam pecuniam in praeclara illa propylaea conie-
cerit. Sed de hoc genere toto in iis libris, quos de re publica
scripsi, diligenter est disputatum. Tota igitur ratio talium lar-
gitionum genere vitiosa est, temporibus necessaria et tum ipsum et ad facultates accommodanda et mediocritate moderan-
da est.

(18) 61. In illo autem altero genere largiendi, quod a liberalitate proficiscitur, non uno modo in disparibus causis adfecti
esse debemus. Alia causa est eius, qui calamitate premitur, et
eius, qui res meliores quaerit nullis suis rebus adversis. 62. Propensior benignitas esse debebit in calamitosos, nisi forte erunt
digni calamitate. In iis tamen, qui se adiuvari volent, non ne
adfligantur, sed ut altiorem gradum ascendant, restricti omnino esse nullo modo debemus, sed in deligendis idoneis iudicium et diligentiam adhibere. Nam praeclare Ennius 'Bene
facta male locata male facta arbitror'. 63. Quod autem tributum est bono viro et grato, in eo cum ex ipso fructus est, tum
etiam ex ceteris. Temeritate enim remota gratissima est libe-

von denen glückte, die ich eben genannt habe, war der Aufwand unserer Ädilität wirklich gering. 60. Besser sind noch jene Ausgaben: Mauern, Docks, Häfen, Wasserleitungen und alles, was den Nutzen des Gemeinwesens berührt. Freilich ist, was im Augenblick gleichsam in die Hand gegeben wird, angenehmer, aber dies ist für die Zukunft dankbarer. Theater, Säulenhallen, neue Tempel tadle ich mit mehr Zurückhaltung wegen Pompeius, aber die Gelehrtesten billigen sie nicht, wie auch eben dieser Panaitios, dem ich in diesen Büchern weitgehend gefolgt bin, ohne ihn freilich nur zu übersetzen, und Demetrios von Phaleron, der Perikles, den ersten Mann Griechenlands, tadelt, weil er soviel Geld in die berühmten Propyläen gesteckt habe. Aber über dieses ganze Gebiet ist in den Büchern, die ich über den Staat geschrieben habe, sorgfältig gesprochen worden. Das ganze Wesen solcher Schenkungen ist also im allgemeinen fehlerhaft, zu Zeiten unumgänglich und auch dann noch den Möglichkeiten anzupassen und nach einem Mittelmaß auszugleichen.

61. Bei jener anderen Art aber des Schenkens, die der Großzügigkeit entspringt, dürfen wir in ungleichen Fällen nicht ein und dieselbe Haltung zeigen. Anders ist die Lage dessen, der vom Unglück bedrängt wird, und dessen, der bessere Umstände erstrebt, ohne daß seine ungünstig wären. 62. Geneigter wird die Wohltätigkeit gegen die Unglücklichen sein müssen, es müßte denn sein, sie verdienten ihr Unglück. Bei denen hingegen, die unterstützt werden wollen, nicht um nicht zu Boden geschlagen zu werden, sondern um eine höhere Stufe zu erklimmen, müssen wir keineswegs gänzlich abweisend sein, wohl aber bei der Auswahl der Geeigneten Urteil und Sorgfalt anwenden. Denn vortrefflich sagt Ennius: «Eine Wohltat übel angewendet ist Übeltat.» 63. Was aber einem guten und dankbaren Manne zugefügt wird, in dem ist Frucht sowohl aus ihm selber als auch aus den übrigen. Denn drängt man die Leicht-

ralitas, eoque eam studiosius plerique laudant, quod summi
cuiusque bonitas commune perfugium est omnium. Danda igitur opera est, ut iis beneficiis quam plurimos adficiamus, quorum memoria liberis posterisque prodatur, ut iis ingratis esse
non liceat. Omnes enim immemorem beneficii oderunt eamque iniuriam in deterrenda liberalitate sibi etiam fieri eumque,
qui faciat, communem hostem tenuiorum putant.

Atque haec benignitas etiam rei publicae est utilis, redimi e
servitute captos, locupletari tenuiores; quod quidem volgo
solitum fieri ab ordine nostro in oratione Crassi scriptum copiose videmus. Hanc ergo consuetudinem benignitatis largi-
tioni munerum longe antepono; haec est gravium hominum
atque magnorum, illa quasi assentatorum populi multitudinis
levitatem voluptate quasi titillantium. 64. Conveniet autem
cum in dando munificum esse, tum in exigendo non acerbum
in omnique re contrahenda, vendundo emendo, conducendo
locando, vicinitatibus et confiniis aequum, facilem, multa multis de suo iure cedentem, a litibus vero, quantum liceat et nescio an paulo plus etiam, quam liceat, abhorrentem. Est enim
non modo liberale paulum non numquam de suo iure decedere,
sed interdum etiam fructuosum. Habenda autem ratio est rei
familiaris, quam quidem dilabi sinere flagitiosum est, sed ita,
ut inliberalitatis avaritiaeque absit suspicio. Posse enim liberalitate uti non spoliantem se patrimonio nimirum est pecuniae

fertigkeit zurück, ist die Großzügigkeit am meisten dankbrin-
gend und loben sie die meisten um so emsiger, weil die Güte
der Höchsten die gemeinsame Zuflucht aller ist. Man muß
sich also Mühe geben, daß wir so vielen wie möglich solche
Wohltaten erweisen, deren Andenken den Kindern und Kin-
deskindern weitergegeben wird, so daß sie nicht undankbar
sein dürfen. Alle nämlich hassen den, der einer Wohltat nicht
eingedenk ist, und meinen, dies Unrecht geschähe, da hierbei
die Großzügigkeit abgeschreckt wird, auch ihnen und halten
den, der das tut, für den gemeinsamen Feind der Schwächeren.

Und diese Wohltätigkeit ist auch dem Gemeinwesen nützlich:
daß die Gefangenen aus der Knechtschaft losgekauft werden,
daß den sozial Schwächeren zu Wohlstand verholfen wird. Das
ist allgemein von unserem Stande nach alter Gewohnheit geübt worden, wie wir in einer Rede des Crassus beredt geschrieben sehen. Diesen Brauch der Wohltätigkeit ziehe ich
dem Spenden von Geschenken weit vor. Dies ist Art ernster
und großer Männer, jenes die von Schmeichlern des Volkes, die
den Leichtsinn der Masse mit einem Genuß gleichsam kitzeln.
64. Es wird sich aber schicken, im Schenken freigebig zu sein,
vor allem aber im Eintreiben nicht scharf und bei jeglichem
Abschluß, im Verkaufen und Kaufen, im Mieten und Anlegen,
in Nachbarschafts- und Grenzverhältnissen gerecht und billig,
zugänglich, in vielen Dingen vielen gegenüber vom eigenen
Anspruch abtretend, Streitigkeiten gar, so weit es möglich ist,
und vielleicht sogar noch ein wenig mehr als es möglich ist,
abhold. Es ist nämlich nicht nur großzügig, bisweilen ein wenig von seinem Anspruch abzugehen, sondern manchmal auch
fruchtbringend. Rücksicht aber ist auf das Vermögen zu nehmen, das zerrinnen zu lassen schandbar ist, aber so, daß der
Verdacht von Knauserigkeit und Habsucht nicht aufkommt.
Großzügigkeit nämlich üben können, ohne sich des väterlichen
Erbteils zu berauben, ist zweifellos die größte Frucht des Gel-

fructus maximus. Recte etiam a Theophrasto est laudata hospi-
talitas. Est enim, ut mihi quidem videtur, valde decorum patere
domos hominum inlustrium hospitibus inlustribus idque etiam
rei publicae est ornamento homines externos hoc liberalitatis
genere in urbe nostra non egere. Est autem etiam vehementer
utile iis, qui honeste posse multum volunt, per hospites apud
externos populos valere opibus et gratia. Theophrastus quidem scribit Cimonem Athenis etiam in suos curiales Laciadas
hospitalem fuisse; ita enim instituisse et vilicis imperavisse, ut
omnia praeberentur, quicumque Laciades in villam suam de-
vertisset.

(19) 65. Quae autem opera, non largitione beneficia dantur,
haec tum in universam rem publicam tum in singulos cives
conferuntur. Nam in iure cavere, consilio iuvare atque hoc
scientiae genere prodesse quam plurimis vehementer et ad
opes augendas pertinet et ad gratiam. Itaque cum multa praeclara maiorum, tum quod optime constituti iuris civilis summo
mo semper in honore fuit cognitio atque interpretatio; quam
quidem ante hanc confusionem temporum in possessione sua
principes retinuerunt, nunc, ut honores, ut omnes dignitatis
gradus, sic huius scientiae splendor deletus est, idque eo indignius, quod eo tempore hoc contigit, cum is esset, qui omnes
superiores, quibus honore par esset, scientia facile vicisset.
Haec igitur opera grata multis et ad beneficiis obstringendos
homines accommodata. 66. Atque huic arti finitima est dicendi gravior facultas et gratior et ornatior. Quid enim eloquentia

des. Mit Recht ist auch von Theophrast die Gastfreundschaft
gelobt worden. Es schickt sich nämlich sehr, wie mir wenigstens scheint, daß die Häuser der Männer von Rang Gästen von
Rang offenstehen, und das ist auch für den Staat ein Schmuck,
daß Männer von auswärts in unserer Stadt diese Art Großzügigkeit nicht vermissen. Es ist aber auch überaus nützlich für
die, welche auf ehrenvolle Weise viel erreichen wollen, durch
Gastfreunde bei auswärtigen Völkern an Macht und Einfluß
etwas zu gelten. Theophrast schreibt, Kimon sei in Athen
auch gegen die Mitglieder seines Demos, die Lakiaden, gast-
freundlich gewesen. Denn so habe er es festgesetzt und seinen Meiern befohlen, daß alles zur Verfügung gestellt werden
sollte, wenn irgendein Lakiade auf sein Landgut einkehrte.

65. Die Wohltaten aber, die durch Mühe, nicht durch Schenken erwiesen werden, werden bald dem Gemeinwesen insgesamt, bald einzelnen Bürgern zugewendet. Denn in Rechts-
dingen Vorsorge treffen, mit seinem Rate helfen und mit dieser
Art Wissen so vielen wie möglich zu nützen, hat lebhaftesten
Einfluß sowohl auf Mehrung der Mittel als auf Beliebtheit.
Daher war unter vielem Vortrefflichem bei den Vorfahren es
dies besonders, daß Kenntnis und Auslegung des aufs beste
geordneten bürgerlichen Rechtes immer in höchster Ehre standen. Sie haben die führenden Männer vor der jetzigen Verwüstung der Zeiten immer fest im Besitz gehalten. Jetzt ist, wie
die Ehren, wie die Stufen der Würde, so auch der Glanz dieses
Wissens vernichtet, und dies in um so unwürdigerer Weise,
weil es zu der Zeit eintrat, als der lebte, der alle Früheren, denen er an Ehre gleichstand, in seiner Wissenschaft leicht besiegt hatte. Diese Mühewaltung ist also vielen willkommen
und geeignet, die Menschen durch Wohltaten zu verbinden.
66. Und dieser Kunst benachbart ist die Fähigkeit des Redens,
die noch mehr Gewicht, noch mehr Beliebtheit und Pracht an
sich hat. Denn was ist vorzüglicher als die Beredsamkeit in

praestabilius vel admiratione audientium vel spe indigentium
vel eorum, qui defensi sunt, gratia? Huic quoque ergo a maioribus nostris est in toga dignitatis principatus datus. Diserti
igitur hominis et facile laborantis, quodque in patriis est moribus, multorum causas et non gravate et gratuito defendentis
beneficia et patrocinia late patent. 67. Admonebat me res, ut
hoc quoque loco intermissionem eloquentiae, ne dicam interitum deplorarem, ni vererer, ne de me ipso aliquid viderer queri.
Sed tamen videmus, quibus extinctis oratoribus quam in paucis spes, quanto in paucioribus facultas, quam in multis sit audacia. Cum autem omnes non possint, ne multi quidem, aut
iuris periti esse aut diserti, licet tamen opera prodesse multis
beneficia petentem, commendantem iudicibus, magistratibus,
vigilantem pro re alterius, eos ipsos, qui aut consuluntur aut
defendunt, rogantem; quod qui faciunt, plurimum gratiae consequuntur, latissimeque eorum manat industria. 68. Iam illud
non sunt admonendi – est enim in promptu –, ut animadver-
tant, cum iuvare alios velint, ne quos offendant. Saepe enim aut
eos laedunt, quos non debent, aut eos, quos non expedit; si
imprudentes, neglegentiae est, si scientes, temeritatis. Utendum etiam est excusatione adversus eos, quos invitus offen-
das, quacumque possis, quare id, quod feceris, necesse fuerit
nec aliter facere potueris, ceterisque operis et officiis erit id,
quod violatum videbitur, compensandum.

Hinsicht auf die Bewunderung der Hörer oder die Hoffnung
derer, die ihrer bedürfen, oder den Dank derer, die verteidigt
worden sind? Ihr also ist auch von unseren Vorfahren im Frieden die Würde der ersten Stelle zugestanden worden. Die
Wohltaten und Verteidigungen also eines Mannes, der beredt
ist, leicht Mühen auf sich nimmt und, wie es in der alten Väter-
sitte liegt, die Fälle vieler Menschen umsonst und nicht wider-
willig verteidigt, haben einen weiten Bereich. 67. Der Gegenstand würde mich locken, hier über das Aussetzen der Beredsamkeit, um nicht zu sagen ihren Untergang zu jammern,
müßte ich nicht fürchten, es schiene so, daß ich mich selbst
etwas beklagte. Aber wir sehen doch, was für Redner erloschen,
in wie wenigen Hoffnung, in wieviel wenigeren noch Fähigkeit, in wie vielen Frechheit wohnt. Obwohl aber nicht alle –
nicht einmal viele – rechtskundig oder beredt sein können,
können sie doch vielen durch ihre Bemühung nützen, indem
sie Stellen erbitten, den Richtern, den Beamten jemanden empfehlen, wachsam das Vermögen des Nächsten schützen, eben
die, welche man ums Recht fragt oder die verteidigen, darum
angehen. Wer das tut, erlangt den größten Einfluß, und ihre
Rührigkeit findet die meiste Ausbreitung. 68. An jenes gar
braucht man sie nicht zu erinnern – liegt es doch auf der Hand –,
daß sie achthaben sollen, wenn sie anderen helfen wollen, niemanden vor den Kopf zu stoßen. Oft nämlich verletzt man entweder die, die man nicht darf, oder die, die zu verletzen schadet.
Wenn aus Versehen, ist es Nachlässigkeit, wenn bewußt, Toll-
heit. Auch muß man von der Entschuldigung Gebrauch machen denen gegenüber, die du wider Willen verletzt hast,
so gut du kannst, warum das, was du getan, unumgänglich
gewesen ist, und du nicht hast anders handeln können; und
durch andere Bemühungen und Dienste wird man das, was
man an offenkundigem Schaden angerichtet hat, aufwiegen
müssen.

(20) 69. Sed cum in hominibus iuvandis aut mores spectari
aut fortuna soleat, dictu quidem est proclive, itaque volgo lo-
quuntur, se in beneficiis collocandis mores hominum, non fortunam sequi. Honesta oratio est, sed quis est tandem, qui in-
opis et optimi viri causae non anteponat in opera danda gratiam
fortunati et potentis? A quo enim expeditior et celerior remu-
neratio fore videtur, in eum fere est voluntas nostra propensior.
Sed animadvertendum est diligentius, quae natura rerum sit.
Nimirum enim inops ille, si bonus est vir, etiam si referre gratiam non potest, habere certe potest. Commode autem, quicumque dixit, 'pecuniam qui habeat, non reddidisse, qui red-
diderit, non habere, gratiam autem et, qui rettulerit, habere et,
qui habeat, rettulisse'. At qui se locupletes, honoratos, beatos
putant, ii ne obligari quidem beneficio volunt; quin etiam beneficium se dedisse arbitrantur, cum ipsi quamvis magnum
aliquod acceperint, atque etiam a se aut postulari aut exspec-
tari aliquid suspicantur, patrocinio vero se usos aut clientes
appellari mortis instar putant.

70. At vero ille tenuis, cum quidquid factum sit, se spectatum, non fortunam putat, non modo illi, qui est meritus, sed
etiam illis, a quibus exspectat – eget enim multis –, gratum se
videri studet, neque vero verbis auget suum munus, si quo
forte fungitur, sed etiam extenuat. Videndumque illud est,
quod, si opulentum fortunatumque defenderis, in uno illo aut,
si forte in liberis eius manet gratia; sin autem inopem, probum

69. Indes, da man, wenn man Menschen hilft, entweder auf ihre Art oder ihr Glück schaut, ist es zu sagen zwar leicht, und so redet man gemeinhin, daß man beim Erweisen von Wohltaten nach der Art der Menschen, nicht nach ihrem Glück geht. Eine schöne Rede! Aber wen gibt es denn schließlich, der die Sache eines mittellosen und vortrefflichen Mannes beim Erweisen seiner Bemühungen vorzöge der Gunst eines vom Glück Begünstigten und Mächtigen? Von wem nämlich glattere und schnellere Erwiderung zu erwarten ist, gegen den ist unser Wille zumeist geneigter. Aber man muß genauer achthaben, was das Wesen der Dinge ist. Denn zweifellos kann jener Mittellose, wenn er ein guter Mann ist, mag er auch Dank nicht abstatten können, doch dankbar gesinnt sein. Den Nagel auf den Kopf getroffen hat, wer sagte: «Wer Geld habe, habe es nicht erstattet, wer es erstattet habe, habe es nicht. Wer aber Dank erwies, bewahre ihn und wer ihn bewahrt, habe ihn erwiesen.» Doch die sich für begütert, geehrt, vom Glück gesegnet halten, wünschen gar nicht, durch eine Wohltat verpflichtet zu werden. Sie glauben sogar, eine Wohltat erwiesen zu haben, wenn sie selbst irgendwas angenommen haben, und vermuten auch, es werde von ihnen etwas gefordert oder erwartet; sich eines Schutzes gar bedient zu haben oder Klient zu heißen, achten sie gleich dem Tod.

70. Jener Geringe jedoch, da er ja glaubt, man habe bei allem, was geschah, auf ihn, nicht auf sein Glück geblickt, bemüht sich, nicht nur jenem, der sich verdient gemacht hat, sondern auch denen, von denen er es erwartet – bedarf er doch vieler –, dankbar zu erscheinen, übertreibt aber nicht mit Worten seinen Dienst, wenn er etwa einen leistet, sondern schwächt ihn gar noch ab. Auch dies muß man sehen, daß der Dank, wenn man einen Reichen und vom Glück Gesegneten verteidigt, bei jenem einen oder, wenn es hochkommt, bei seinen Kindern dauert, wenn aber einen Mittellosen, freilich Rechtschaffenen

tamen et modestum, omnes non improbi humiles, quae magna
in populo multitudo est, praesidium sibi paratum vident.
71. Quam ob rem melius apud bonos quam apud fortunatos beneficium collocari puto. Danda omnino opera est, ut omni generi
satis facere possimus, sed, si res in contentionem veniet, nimirum Themistocles est auctor adhibendus, qui cum consulere-
tur, utrum bono viro pauperi an minus probato diviti filiam collocaret 'Ego vero, inquit, malo virum, qui pecunia egeat,
quam pecuniam quae viro'. Sed corrupti mores depravatique
sunt admiratione divitiarum; quarum magnitudo quid ad
unumquemque nostrum pertinet? Illum fortasse adiuvat, qui
habet; ne id quidem semper; sed fac iuvare: utentior sane sit,
honestior vero quomodo? Quod si etiam bonus erit vir, ne im-
pediant divitiae quominus iuvetur, modo ne adiuvent, sitque
omne iudicium, non quam locuples, sed qualis quisque sit.
Extremum autem praeceptum in beneficiis operaque danda,
ne quid contra aequitatem contendas, ne quid pro iniuria; fundamentum enim est perpetuae commendationis et famae iustitia, sine qua nihil potest esse laudabile.

(21) 72. Sed quoniam de eo genere beneficiorum dictum est,
quae ad singulos spectant, deinceps de iis, quae ad universos
quaeque ad rem publicam pertinent, disputandum est. Eorum
autem ipsorum partim eius modi sunt, ut ad universos cives
pertineant, partim, singulos ut attingant, quae sunt etiam gratiora. Danda opera est omnino, si possit, utrisque, nec minus,
ut etiam singulis consulatur, sed ita, ut ea res aut prosit aut

und Bescheidenen, sehen alle Geringen, die nicht verworfen
sind – eine Menge, die groß ist in einem Volk –, daß sie einen
Schutz gefunden haben. 71. Darum meine ich, ist eine Wohltat
besser bei Guten als bei den vom Glück Begünstigten angebracht. Überhaupt muß man sich Mühe geben, daß wir Leuten jeder Art Genüge tun können. Aber wenn es zum Konflikt
kommt, muß man sicher Themistokles zum Gewährsmann
nehmen. Als dieser nämlich gefragt wurde, ob er lieber einem
armen guten Manne oder einem weniger bewährten Reichen
seine Tochter geben solle, sagte er: Ich will lieber einen Mann,
der kein Geld hat, als Geld, das keinen Mann hat. Aber verworfen sind die Sitten und entstellt infolge der Bewunderung
des Reichtums. Was geht seine Größe einen jeden von uns an?
Vielleicht hilft sie jenem, der ihn hat. Auch das nicht immer.
Aber nimm an, sie hülfe: ausgiebiger mag sie ja sein, aber ehrenvoller, wieso? Wenn es sich aber auch um einen guten Mann
handelt, dann soll der Reichtum nicht hindern, daß ihm geholfen werde, wenn jener nur nicht dabei hilft, und das Urteil soll
nur danach gehen, nicht wie begütert, sondern wie beschaffen
jeder ist. Die letzte Vorschrift aber beim Erweisen von Wohltaten und Diensten ist, daß du nichts gegen die Billigkeit an-
strengst, nichts für ein Unrecht. Denn die Grundlage dauernder Empfehlung und dauernden Rufes ist die Gerechtigkeit,
ohne die nichts lobenswert sein kann.

72. Da aber nun über die Art Wohltaten gesprochen worden
ist, die auf die einzelnen zielen, muß man danach über die,
welche sich auf alle insgesamt und die sich auf das Gemeinwesen beziehen, reden. Unter eben diesen aber ist ein Teil
derart, daß sie sich auf die Bürger insgesamt beziehen, ein Teil
derart, daß sie die einzelnen mitberühren. Diese sind noch
dankbringender. Bemühen muß man sich aufs Ganze gesehen,
wenn möglich, daß man für beide Teile, aber nicht minder,
daß man auch für den einzelnen sorgt, aber in der Weise, daß

certe ne obsit rei publicae. C. Gracchi frumentaria magna lar-
gitio; exhauriebat igitur aerarium; modica M. Octavii et rei
publicae tolerabilis et plebi necessaria, ergo et civibus et rei
publicae salutaris. 73. In primis autem videndum erit ei, qui
rem publicam administrabit, ut suum quisque teneat neque
de bonis privatorum publice deminutio fiat. Perniciose enim
Philippus in tribunatu, cum legem agrariam ferret, quam tamen antiquari facile passus est et in eo vehementer se modera-
tum praebuit – sed cum in agendo multa populariter, tum illud
male, 'non esse in civitate duo milia hominum, qui rem haberent'. Capitalis oratio est ad aequationem bonorum pertinens,
qua peste quae potest esse maior? Hanc enim ob causam maxime, ut sua tenerentur, res publicae civitatesque constitutae
sunt. Nam, etsi duce natura congregabantur homines, tamen
spe custodiae rerum suarum urbium praesidia quaerebant.
74. Danda etiam opera est, ne, quod apud maiores nostros saepe
fiebat propter aerarii tenuitatem assiduitatemque bellorum,
tributum sit conferendum, idque ne eveniat multo ante erit
providendum. Sin quae necessitas huius muneris alicui rei
publicae obvenerit – ⟨ita⟩ malo enim quam nostrae ominari
neque tamen de nostra, sed de omni re publica disputo –, danda
erit opera, ut omnes intellegant, si salvi esse velint, necessitati
esse parendum. Atque etiam omnes, qui rem publicam guber-
nabunt, consulere debebunt, ut earum rerum copia sit, quae

diese Sache entweder dem Gemeinwesen nützt oder wenigstens nicht schadet. Des Gaius Gracchus Getreidespende war
groß, erschöpfte also die Staatskasse. Die gemäßigte des Marcus Octavius war für das Gemeinwesen erträglich und für das
Volk notwendig, also für Bürger und Gemeinwesen heilsam.
73. Vor allem aber wird der, der das Gemeinwesen verwaltet,
sehen müssen, daß jeder das Seine behält und nicht von Staats
wegen eine Minderung der Güter von Privatleuten stattfindet.
Verderblich nämlich sprach Philippus in seinem Tribunat, als
er das Ackergesetz einbrachte – das ließ er freilich leicht fallen
und zeigte sich dabei sehr gemäßigt – aber sonst hat er viele
demagogische Reden geführt und besonders das übel gesagt:
es seien im Staate nicht zweitausend Menschen, die Vermögen
hätten. Eine hochnotpeinliche Rede ist das, die auf die gleichmäßige Verteilung der Güter zielt, und was kann schlimmer
sein als dieses Verderben? Aus dem Grunde nämlich am meisten, daß das Eigentum behalten werden könnte, wurden Gemeinwesen und Staat gegründet. Denn wenn sich die Menschen auch unter Leitung der Natur gesellten, erstrebten sie
doch in der Hoffnung auf Bewahrung ihres Besitzes die Schutz-
mittel der Städte. 74. Man muß sich auch bemühen, daß nicht –
was bei unseren Vorfahren häufig geschah wegen der Schmal-
heit der Kasse und der dauernden Kriege – eine Abgabe geleistet werden muß, und damit das nicht eintrifft, muß man lange
vorher Vorsorge treffen. Wenn aber eine Notwendigkeit einer
solchen Abgabe irgendeinem Gemeinwesen entgegentritt –
⟨diese Wendung⟩ ziehe ich vor, um nicht über unseres eine
böse Vorbedeutung zu geben, freilich spreche ich nicht von
unserem Staate, sondern von einem jeden –, wird man sich bemühen müssen, daß alle einsehen, daß sie, wollen sie unversehrt bleiben, der Notwendigkeit gehorchen müssen. Und alle,
die das Gemeinwesen steuern, werden auch darum sich sorgen
müssen, daß die zum Leben notwendigen Dinge reichlich da

sunt ad victum necessariae. Quarum qualis comparatio fieri
soleat et debeat, non est necesse disputare; est enim in promptu; tantum locus attingendus fuit.

75. Caput autem est in omni procuratione negotii et muneris publici, ut avaritiae pellatur etiam minima suspicio. 'Utinam', inquit C. Pontius Samnis, 'ad illa tempora me fortuna
reservavisset et tum essem natus, quando Romani dona accipere coepissent. Non essem passus diutius eos imperare'. Ne
illi multa saecula expectanda fuerunt: modo enim hoc malum in
hanc rem publicam invasit. Itaque facile patior tum potius
Pontium fuisse, si quidem in illo tantum fuit roboris. Nondum
centum et decem anni sunt, cum de pecuniis repetundis a
L. Pisone lata lex est, nulla antea cum fuisset. At vero postea tot
leges et proxumae quaeque duriores, tot rei, tot damnati, tantum Italicum bellum propter iudiciorum metum excitatum,
tanta sublatis legibus et iudiciis expilatio direptioque sociorum, ut inbecillitate aliorum, non nostra virtute valeamus. (22)
76. Laudat Africanum Panaetius, quod fuerit abstinens. Quidni
laudet? Sed in illo alia maiora. Laus abstinentiae non hominis
est solum, sed etiam temporum illorum. Omni Macedonum
gaza, quae fuit maxima, potitus est Paulus; tantum in aerarium
pecuniae invexit, ut unius imperatoris praeda finem attulerit
tributorum. At hic nihil domum suam intulit praeter memoriam nominis sempiternam. Imitatus patrem Africanus nihilo
locupletior Karthagine eversa. Quid? qui eius collega fuit in

sind. Wie ihre Beschaffung stattzufinden pflegt und zu geschehen hat, ist nicht notwendig zu erörtern. Liegt es doch vor der
Hand. Soweit war dieses Gebiet zu berühren.

75. Die Hauptsache aber bei jeder Besorgung eines öffentlichen Geschäftes und Amtes ist es, daß auch der leiseste Verdacht der Habsucht vertrieben wird. «Wenn doch», sagte der
Samnite Gaius Pontius, «das Schicksal mich für jene Zeiten aufgehoben hätte und ich zu der Zeit geboren worden wäre, wo
die Römer Geschenke zu nehmen begonnen hätten. Ich hätte
sie nicht länger herrschen lassen.» Fürwahr, er hätte viele
Menschenalter warten müssen: Eben erst nämlich ist dies
Übel in dieses Gemeinwesen eingebrochen. Daher lasse ich es
mir gern gefallen, daß Pontius lieber damals gelebt hat, wenn
wirklich in ihm solche Kraft steckte. Noch nicht hundertund-
zehn Jahre her sind es, daß von Lucius Piso das Gesetz wegen
Erpressung eingebracht wurde, während es vorher keines
gegeben hatte. Später jedoch folgten so viele Gesetze und in
der Folge immer härtere, so viele Anklagen, so viele Verur-
teilte, der so gewaltige Italikerkrieg, der aus Furcht vor den
Gerichten entfesselt wurde, die so gewaltige Ausplünderung
und Beraubung der Bundesgenossen nach Beseitigung der Gesetze und Gerichte, daß wir nur dank der Schwäche der anderen, nicht aus unserer eigenen Kraft stark sind. 76. Panaitios
lobte Africanus, weil er beherrscht gewesen sei. Warum sollte
er ihn nicht loben? Aber in ihm war anderes, Größeres. Das
Lob der Beherrschtheit gehört nicht einem Manne allein, sondern auch jenen Zeiten. Des ganzen Schatzes der Mazedonen,
der überaus groß war, hat sich Paulus bemächtigt. So viel Geld
führte er der Staatskasse zu, daß die Beute eines einzigen Feldherrn den Abgaben ein Ende gebracht hat. Jedoch in sein Haus
hat dieser Mann nichts heimgebracht als das ewige Gedächtnis seines Namens. Den Vater nachgeahmt hat Africanus, der
trotz der Zerstörung Karthagos um nichts begüterter war.

censura, L. Mummius, num quid copiosior, cum copiosissimam
urbem funditus sustulisset? Italiam ornare quam domum suam
maluit; quamquam Italia ornata domus ipsa mihi videtur ornatior. 77. Nullum igitur vitium taetrius est, ut eo, unde digressa
est, referat se oratio, quam avaritia, praesertim in principibus
et rem publicam gubernantibus. Habere enim quaestui rem
publicam non modo turpe est, sed sceleratum etiam et nefarium. Itaque, quod Apollo Pythius oraclum edidit, Spartam
nulla re alia nisi avaritia esse perituram, id videtur non solum
Lacedaemoniis, sed etiam omnibus opulentis populis praedi-
xisse. Nulla autem re conciliare facilius benevolentiam multitudinis possunt ii, qui rei publicae praesunt, quam abstinentia
et continentia. 78. Qui vero se populares volunt ob eamque
causam aut agrariam rem temptant, ut possessores pellantur
suis sedibus, aut pecunias creditas debitoribus condonandas
putant, labefactant fundamenta rei publicae, concordiam primum, quae esse non potest, cum aliis adimuntur, aliis condo-
nantur pecuniae, deinde aequitatem, quae tollitur omnis, si
habere suum cuique non licet. Id enim est proprium, ut supra
dixi, civitatis atque urbis, ut sit libera et non sollicita suae rei
cuiusque custodia. 79. Atque in hac pernicie rei publicae ne
illam quidem consequuntur, quam putant, gratiam. Nam cui
res erepta est, est inimicus; cui data est, etiam dissimulat se
accipere voluisse et maxime in pecuniis creditis occultat suum
gaudium, ne videatur non fuisse solvendo. At vero ille, qui

Wie? Er, der sein Kollege in der Zensur war, Lucius Mummius, war er etwa nur etwas reicher, obwohl er die reichste Stadt von Grund auf vernichtet hat? Italien wollte er lieber schmücken als sein Haus. Freilich scheint mir sein Haus selber geschmückter durch das geschmückte Italien. 77. Kein Laster ist also scheußlicher, damit die Rede sich dorthin, von wo sie abschweifte, zurückbegebe, als die Habsucht, vorzüglich bei führenden Männern und den Lenkern des Staates. Zur Erwerbsquelle nämlich das Gemeinwesen machen, ist nicht nur schändlich, sondern sogar verbrecherisch und ruchlos. Wenn daher der pythische Apoll das Orakel gab, durch nichts anderes denn durch Habsucht werde Sparta zugrunde gehen, so scheint das nicht nur den Lazedämoniern, sondern allen reichen Völkern geweissagt zu sein. Durch nichts anderes aber können die, welche an der Spitze des Staates stehen, das Wohlwollen der Menge leichter gewinnen als durch Enthaltsamkeit und Beherrschung. 78. Die aber volksfreundlich sein wollen und aus diesem Grunde entweder Ackerreformen in Angriff nehmen, so daß die Besitzer aus ihrer Heimstatt vertrieben werden, oder meinen, anvertraute Geldsummen müßten den Schuldnern geschenkt werden, die lockern die Grundlagen des Gemeinwesens, die Eintracht zuerst, die nicht bestehen kann, wenn den einen Geld weggenommen, den anderen geschenkt wird, dann die Gerechtigkeit, die ganz zerstört wird, wenn nicht einem jeden das Seine zu behalten möglich ist. Denn dies ist, wie ich oben sagte, das Eigentümliche eines Staates und einer Stadt, daß die Bewahrung des Eigentums frei und nicht mit Ängsten verbunden ist. 79. Und bei diesem Verderben des Gemeinwesens erreichen sie nicht einmal jene Gunst, die sie glauben. Denn wem sein Vermögen entrissen wurde, ist Feind. Wem es gegeben wurde, verbirgt noch, daß er es hat annehmen wollen, und besonders bei Schulden versteckt er seine Freude, damit es nicht scheint, als ob er nicht imstande

accepit iniuriam, et meminit et prae se fert dolorem suum, nec, si
plures sunt ii, quibus inprobe datum est, quam illi, quibus iniuste ademptum est, idcirco plus etiam valent. Non enim numero haec iudicantur, sed pondere. Quam autem habet aequitatem,
ut agrum multis annis aut etiam saeculis ante possessum qui
nullum habuit habeat, qui autem habuit amittat? (23) 80. Ac
propter hoc iniuriae genus Lacedaemonii Lysandrum ephorum
expulerunt, Agim regem, quod nunquam antea apud eos ac-
ciderat, necaverunt, exque eo tempore tantae discordiae secu-
tae sunt, ut et tyranni existerent et optumates exterminaren-
tur et praeclarissime constituta res publica dilaberetur. Nec
vero solum ipsa cecidit, sed etiam reliquam Graeciam evertit
contagionibus malorum, quae a Lacedaemoniis profectae ma-
narunt latius. Quid? nostros Gracchos, Ti. Gracchi summi viri
filios, Africani nepotes, nonne agrariae contentiones perdide-
runt? 81. At vero Aratus Sicyonius iure laudatur, qui, cum eius
civitas quinquaginta annos a tyrannis teneretur, profectus Ar-
gis Sicyonem clandestino introitu urbe est potitus, cumque tyrannum Nicoclem inproviso oppressisset, sescentos exules, qui
locupletissimi fuerant eius civitatis, restituit remque publicam
adventu suo liberavit. Sed cum magnam animadverteret in bonis et possessionibus difficultatem, quod et eos, quos ipse resti-
tuerat, quorum bona alii possederant, egere iniquissimum esse
arbitrabatur et quinquaginta annorum possessiones movere
non nimis aequum putabat, propterea quod tam longo spatio

gewesen wäre, zu zahlen. Aber jener, der Unrecht erfahren hat,
denkt daran und zeigt seinen Schmerz offen, und wenn es mehr
sind, denen verbrecherisch gegeben, als jene, denen ungerecht
genommen wurde, so haben sie deshalb auch nicht mehr Macht.
Denn nicht nach der Zahl wird das beurteilt, sondern nach
dem Gewicht. Was aber ist das für eine Gerechtigkeit, daß einen Acker, der viele Jahre oder auch Menschenalter vorher in
Besitz war, der besitzt, der keinen gehabt hat, der ihn gehabt
hat, aber verliert? 80. Und wegen dieser Art des Unrechts
haben die Lazedämonier den Ephoren Lysander vertrieben,
den König Agis, was niemals vorher bei ihnen geschehen war,
getötet. Und seit dieser Zeit folgten so gewaltige Zwistigkeiten, daß Tyrannen aufkamen, Optimaten verjagt wurden und
das aufs vortrefflichste eingerichtete Gemeinwesen auseinan-
derfiel. Aber es stürzte nicht nur selber, sondern vernichtete
auch das übrige Griechenland durch Ansteckung des Übels,
das von den Lazedämoniern seinen Ausgang nahm und sich
weiter ausbreitete. Wie? Haben nicht Kämpfe um Bodenre-
formen unsere Gracchen, die Söhne des Tiberius Gracchus, des
hohen Mannes, die Enkel des Africanus zugrunde gerichtet?
81. Dagegen wird Arat von Sikyon mit Recht gepriesen. Als
seine Heimatstadt fünfzig Jahre lang von Tyrannen beherrscht
wurde, brach er von Argos nach Sikyon auf, bemächtigte sich
durch heimliches Eindringen der Stadt, und als er den Tyrannen
Nikokles überraschend überfallen hatte, setzte er sechshundert
Verbannte, die die Begütertsten seiner Stadt gewesen waren,
wieder ein und befreite den Staat durch seine Ankunft. Da er
aber bei den Gütern und Besitzungen eine große Schwierigkeit bemerkte, weil er es einesteils für überaus ungerecht hielt,
daß die, die er selber wieder eingesetzt hatte und deren Güter
andere in Besitz genommen hatten, darbten, und es andererseits für nicht allzu gerecht erachtete, daß Besitzrechte von
fünfzig Jahren in Bewegung gebracht wurden, deswegen, weil

multa hereditatibus, multa emptionibus, multa dotibus tene-
bantur sine iniuria, iudicavit neque illis adimi nec iis non satis
fieri, quorum illa fuerant, oportere. 82. Cum igitur statuisset
opus esse ad eam rem constituendam pecunia, Alexandream se
proficisci velle dixit remque integram ad reditum suum iussit
esse, isque celeriter ad Ptolemaeum, suum hospitem, venit,
qui tum regnabat alter post Alexandream conditam. Quoi cum
exposuisset patriam se liberare velle causamque docuisset, a
rege opulento vir summus facile impetravit, ut grandi pecunia
adiuvaretur. Quam cum Sicyonem attulisset, adhibuit sibi in
consilium quindecim principes, cum quibus causas cognovit
et eorum, qui aliena tenebant, et eorum, qui sua amiserant,
perfecitque aestumandis possessionibus, ut persuaderet aliis,
ut pecuniam accipere mallent, possessionibus cederent, aliis,
ut commodius putarent numerari sibi, quod tanti esset, quam
suum recuperare. Ita perfectum est, ut omnes concordia constituta sine querella discederent. 83. O virum magnum di-
gnumque, qui in re publica nostra natus esset! Sic par est, agere
cum civibus, non, ut bis iam vidimus, hastam in foro ponere et
bona civium voci subicere praeconis. At ille Graecus, id quod
fuit sapientis et praestantis viri, omnibus consulendum putavit, eaque est summa ratio et sapientia boni civis, commoda
civium non divellere atque omnis aequitate eadem continere.
Habitent gratis in alieno. Quid ita? ut, cum ego emerim, aedi-

in einem so langen Zeitraum vieles durch Erbschaft, vieles
durch Käufe, vieles durch Mitgiften ohne Unrecht besessen
wurde, entschied er, daß es jenen nicht genommen werden
dürfe und daß denen, denen es gehört hatte, doch Genüge getan werden müsse. 82. Da er nun festgestellt hatte, daß, um
die Sache in Ordnung zu bringen, Geld nötig sei, sagte er, er
wolle nach Alexandria reisen, und befahl, die Sache bis zu seiner
Rückkehr unberührt zu lassen. Er kam rasch zu Ptolemaios,
seinem Gastfreund, der damals als zweiter nach der Gründung
Alexandrias König war. Als er dem auseinandersetzte, daß er
seine Heimat frei machen wolle, und die Sachlage darstellte,
erlangte der bedeutende Mann leicht von dem reichen Könige,
daß ihm mit einer großen Geldsumme geholfen wurde. Als er
das nach Sikyon gebracht hatte, zog er fünfzehn führende
Männer zum Rate herbei, mit denen er die Fälle prüfte, sowohl derer, die Fremdes in Besitz hatten, als auch derer, die das
Ihre verloren hatten, und es gelang ihm durch Abschätzung
der Besitzungen, die einen zu bestimmen, daß sie lieber Geld
annehmen und aus den Besitzungen gehen wollten, die anderen,
daß sie es für bequemer hielten, sich den Geldwert auszahlen
zu lassen, als ihr Eigentum wieder in Besitz zu nehmen. So
wurde es erreicht, daß alle nach Herstellung der Eintracht
ohne Klage auseinandergingen. 83. Ein großer Mann und wert,
daß er in unserem Staate geboren wäre! So ist es gerecht, mit
den Bürgern zu verhandeln, nicht, wie wir es zweimal schon
gesehen haben, die Lanze auf dem Forum aufzupflanzen und
die Güter der Bürger der Stimme des Versteigerers zu unterwerfen. Aber jener Grieche glaubte – was Art eines weisen und
hervorragenden Mannes war –, man müsse für alle sorgen, und
dies ist die höchste Vernunft und Weisheit eines guten Bürgers,
die Vorteile der Bürger nicht zu zerreißen und alle unter der
gleichen Gerechtigkeit zu halten. Sie sollen umsonst in frem-
dem Besitze wohnen. Warum so? Damit du, während ich es

ficarim, tuear, impendam, tu me invito fruare meo? Quid est
aliud aliis sua eripere, aliis dare aliena? 84. Tabulae vero novae
quid habent argumenti, nisi ut emas mea pecunia fundum, eum
tu habeas, ego non habeam pecuniam? (24) Quam ob rem ne
sit aes alienum, quod rei publicae noceat, providendum est,
quod multis rationibus caveri potest, non, si fuerit, ut locupletes suum perdant, debitores lucrentur alienum. Nec enim ulla
res vehementius rem publicam continet quam fides, quae esse
nulla potest, nisi erit necessaria solutio rerum creditarum.
Numquam vehementius actum est quam me consule ne solve-
retur. Armis et castris temptata res est ab omni genere hominum et ordine; quibus ita restiti, ut hoc totum malum de re
publica tolleretur. Numquam nec maius aes alienum fuit nec
melius nec facilius dissolutum est; fraudandi enim spe sublata
solvendi necessitas consecuta est. At vero hic nunc victor tum
quidem victus, quae cogitarat, cum ipsius intererat, tum ea
perfecit, cum eius iam nihil interesset. Tanta in eo peccandi
libido fuit, ut hoc ipsum eum delectaret peccare, etiam si causa
non esset. 85. Ab hoc igitur genere largitionis, ut aliis detur,
aliis auferatur, aberunt ii, qui rem publicam tuebuntur, inprimisque operam dabunt, ut iuris et iudiciorum aequitate suum
quisque teneat et neque tenuiores propter humilitatem cir-
cumveniantur neque locupletibus ad sua vel tenenda vel recu-
peranda obsit invidia, praeterea, quibuscumque rebus vel belli

gekauft, gebaut habe, ich schütze und zahle, wider meinen
Willen das Meine genießt? Was ist es anderes, den einen das
Ihre zu entreißen, den anderen Fremdes zu geben? 84. Schul-
dentilgungen gar, was haben sie für einen Sinn, als daß du mit
meinem Gelde Grund kaufst, du ihn besitzest, ich aber das
Geld nicht habe? Darum muß man Vorsorge treffen, daß es
keine Schulden gibt, die dem Gemeinwesen schaden können,
wogegen man mit vielen Mitteln Maßnahmen treffen kann,
nicht, wenn der Fall eintritt, daß die Begüterten das Ihre verlieren, die Schuldner das Fremde gutmachen. Nichts nämlich
hält das Gemeinwesen fester zusammen als Verläßlichkeit, die
nicht bestehen kann, wenn die Einlösung anvertrauter Dinge
nicht nötig ist. Nie wurde heftiger als unter meinem Konsulat
darum gekämpft, daß nicht gezahlt werden sollte. Mit Waffen
und Kriegslager wurde die Sache von jeder Art Menschen und
jedem Stande in Angriff genommen. Denen habe ich so wider-
standen, daß dieses ganze Übel aus dem Staate beseitigt wurde.
Nie gab es größere Schulden, und nie sind sie besser und leichter eingelöst worden. Da nämlich die Hoffnung auf Betrug beseitigt war, folgte die Notwendigkeit zu zahlen. Aber dieser,
jetzt Sieger, damals besiegt, hat, was er ausgedacht hatte, als
es für ihn wichtig war, dann durchgesetzt, als es für ihn nicht
mehr wichtig war: so groß war in ihm die Lust, sich zu vergehen, daß ihm gerade dies Freude machte, sich zu vergehen,
auch wenn kein Grund vorlag. 85. Von dieser Art des Schenkens, daß den einen gegeben wird, den andern genommen, werden die Abstand nehmen, die das Gemeinwesen schützen wollen, und vorzüglich werden sie sich Mühe geben, daß durch
Gleichheit des Rechts und der Gerichte ein jeder das Seine
behält und weder die Schwächeren wegen ihrer Niedrigkeit
umgarnt werden, noch den Begüterten, das Ihre zu behalten
oder wieder zu bekommen, die Mißgunst hinderlich ist; außerdem sollen sie das Gemeinwesen, wodurch immer sie in Krieg

vel domi poterunt, rem publicam augeant imperio, agris, vectigalibus. Haec magnorum hominum sunt, haec apud maiores nostros factitata, haec genera officiorum qui persecuntur cum summa utilitate rei publicae magnam ipsi adipiscentur et gratiam et gloriam.

86. In his autem utilitatum praeceptis Antipater Tyrius, Stoicus, qui Athenis nuper est mortuus, duo praeterita censet esse a Panaetio, valitudinis curationem et pecuniae; quas res a summo philosopho praeteritas arbitror, quod essent faciles; sunt certe utiles. Sed valetudo sustentatur notitia sui corporis et observatione, quae res aut prodesse soleant aut obesse, et continentia in victu omni atque cultu corporis tuendi causa praetermittendis voluptatibus, postremo arte eorum quorum ad scientiam haec pertinent. 87. Res autem familiaris quaeri debet iis rebus, a quibus abest turpitudo, conservari autem diligentia et parsimonia, eisdem etiam rebus augeri. Has res commodissime Xenophon Socraticus persecutus est in eo libro, qui Oeconomicus inscribitur, quem nos, ista fere aetate cum essemus, qua es tu nunc, e Graeco in Latinum convertimus.

(25) 88. Sed utilitatum comparatio, quoniam hic locus erat quartus, a Panaetio praetermissus, saepe est necessaria. Nam et corporis commoda cum externis et externa cum corporis et ipsa inter se corporis et externa cum externis comparari solent. Cum externis corporis hoc modo comparantur, valere ut malis quam dives esse, cum corporis externa hoc modo, dives esse potius quam maximis corporis viribus: ipsa inter se corporis

und Frieden es können, mehren durch Herrschaft, Land und
Steuern. Das ist Art großer Männer, das wurde bei unseren
Vorfahren immer wieder getan. Die diese Art von Pflichten
befolgen, die werden zum höchsten Nutzen für den Staat auch
selber gewaltigen Einfluß und Ruhm erlangen.

86. Bei diesen Vorschriften aber über den Nutzen meint
Antipater von Tyros, der Stoiker, der neulich in Athen gestorben ist, seien zwei von Panaitios übersehen worden, die Sorge
um die Gesundheit und das Geld. Diese Dinge, meine ich, sind
von dem großen Philosophen übergangen worden, weil sie
leicht waren. Sie sind gewiß nützlich. Aber die Gesundheit
wird aufrechterhalten durch Kenntnis des eigenen Körpers
und Beobachtung, welche Dinge ihm zu nützen oder zu schaden pflegen, durch Beherrschung in jeglicher Lebensführung
und -gestaltung dadurch, daß man, um den Körper zu schonen, Genüsse meidet, schließlich durch die Kunst derjenigen,
deren Wissenschaft dies angeht. 87. Vermögen aber muß erworben werden durch die Dinge, die nichts Schmutziges an
sich haben, bewahrt werden aber durch Umsicht und Sparsam-
keit. Durch dieselben Dinge muß es auch vermehrt werden.
Das hat aufs treffendste der Sokratiker Xenophon in seinem
Oikonomikos ausgeführt, den wir, als wir etwa in dem Alter
waren, in dem du jetzt bist, aus dem Griechischen ins Lateinische übersetzt haben.

88. Ein Vergleich aber des Nutzens, da ja dies das vierte Gebiet war, von Panaitios übergangen, ist häufig unumgänglich.
Denn die Vorteile für den Körper pflegt man mit den äußerlichen, die äußerlichen mit denen des Körpers und die des Körpers selber unter sich und die äußerlichen mit den äußerlichen
zu vergleichen. Mit den äußerlichen werden die des Körpers
auf folgende Weise verglichen, daß du lieber gesund als reich
sein willst, die äußeren mit denen des Körpers auf die Weise,
daß du lieber reich als von größter Körperkraft sein möchtest.

sic, ut bona valitudo voluptati anteponatur, vires celeritati, externorum autem, ut gloria divitiis, vectigalia urbana rusticis. 89. Ex quo genere comparationis illud est Catonis senis; a quo cum quaereretur, quid maxime in re familiari expediret, respondit 'bene pascere'; quid secundum: 'satis bene pascere'; quid tertium: 'male pascere'; quid quartum 'arare'. Et cum ille, qui quaesierat, dixisset, quid faenerari, tum Cato 'quid hominem, inquit, occidere?' Ex quo et multis aliis intellegi debet utilitatum comparationes fieri solere recteque hoc adiunctum esse exquirendorum officiorum genus. [Sed toto hoc de genere, de quaerenda, de collocanda pecunia, etiam de utenda commodius a quibusdam optimis viris ad Ianum medium sedentibus quam ab ullis philosophis ulla in schola disputatur. Sunt tamen ea cognoscenda; pertinent enim ad utilitatem, de qua hoc libro disputatum est.] 90. Reliqua deinceps persequemur.

Die des Körpers selbst unter sich auf die Art, daß Gesundheit dem Genuß vorgezogen wird, Kraft der Schnelligkeit, die der äußeren aber, daß man Ruhm dem Reichtum vorzieht, Einkünfte in der Stadt denen auf dem Lande. 89. Aus dieser Art des Vergleichs rührt jenes Wort des alten Cato: als man ihn fragte, was am meisten fürs Vermögen förderlich sei, antwortete er: «Gut Viehzucht treiben!», was an zweiter Stelle: «Ziemlich gut Viehzucht treiben!», was an dritter Stelle: «Schlecht Viehzucht treiben!», was an vierter Stelle: «Ackerbau treiben!» Und als jener, der gefragt hatte, sagte: «Wie steht es denn mit Geld verleihen?» sagte Cato: «Wie denn damit, einen Menschen zu töten?» Aus diesem und vielem anderen muß man erkennen, daß Vergleiche zwischen dem Nutzen stattzufinden pflegen und daß mit Recht diese Art, die Pflichten aufzusuchen, hinzugefügt wurde. [Aber über diese ganze Frage, über den Erwerb, die Anlage, über den Gebrauch des Geldes wird treffender noch von manchen sehr tüchtigen Männern, die am mittleren Janusbogen sitzen, als von irgendwelchen Philosophen in irgendeiner Schule gesprochen. Kennenlernen muß man es jedoch. Erstreckt es sich doch auf den Nutzen, über den in diesem Buche gesprochen worden ist.] 90. Das übrige werden wir danach weiter ausführen.

LIBER TERTIUS

P. Scipionem, Marce fili, eum, qui primus Africanus appellatus est, dicere solitum scripsit Cato, qui fuit eius fere aequa-
lis, numquam se minus otiosum esse, quam cum otiosus, nec minus solum, quam cum solus esset. Magnifica vero vox et magno
viro ac sapiente digna; quae declarat illum et in otio de negotiis cogitare et in solitudine secum loqui solitum, ut neque ces-
saret umquam et interdum conloquio alterius non egeret. Ita
duae res, quae languorem adferunt ceteris, illum acuebant,
otium et solitudo. Vellem nobis hoc idem vere dicere liceret,
sed si minus imitatione tantam ingenii praestantiam consequi
possumus, voluntate certe proxime accedimus. Nam et a re
publica forensibusque negotiis armis impiis vique prohibiti
otium persequimur et ob eam causam urbe relicta rura per-
agrantes saepe soli sumus. 2. Sed nec hoc otium cum Africani
otio nec haec solitudo cum illa comparanda est. Ille enim re-
quiescens a rei publicae pulcherrimis muneribus otium sibi
sumebat aliquando et coetu hominum frequentiaque interdum
tamquam in portum se in solitudinem recipiebat, nostrum autem otium negotii inopia, non requiescendi studio constitutum est. Extincto enim senatu deletisque iudiciis quid est,
quod dignum nobis aut in curia aut in foro agere possimus?
3. Ita qui in maxima celebritate atque in oculis civium quondam

Publius Scipio, mein Sohn Marcus, der als erster den Beinamen Africanus erhielt, pflegte, wie Cato schrieb, der etwa sein Altersgenosse war, zu sagen: niemals sei er weniger müßig, als wenn er Zeit hätte, und nie weniger allein, als wenn er für sich wäre. Ein prachtvolles Wort und eines großen und weisen Mannes würdig! Es zeigt klar, daß er auch in der Muße an die Geschäfte zu denken und in der Einsamkeit mit sich selber zu reden pflegte, derart, daß er nie feierte und bisweilen des Gesprächs mit dem Nächsten nicht bedurfte. So schärften ihn die zwei Dinge, die den anderen Schlaffheit bringen, Muße und Einsamkeit. Ich wollte, wir dürften dasselbe mit Recht behaupten. Aber wenn wir in der Nachfolge die so große Überlegenheit des Geistes nicht erreichen können, so kommen wir ihm sicherlich im Willen ganz nahe. Denn von der öffentlichen Tätigkeit und den Rechtsgeschäften durch gottlose Waffen und Gewalt ferngehalten, gehen wir der Muße nach, und darum durchreisen wir nach Verlassen der Stadt das Land und sind häufig allein. 2. Aber weder ist die Muße mit der Muße des Africanus vergleichbar noch diese Einsamkeit mit jener. Denn er nahm sich ausruhend von den schönsten Leistungen für das Gemeinwesen manchmal Muße und zog sich bisweilen aus dem Kreis und dem Getriebe der Menschen in die Einsamkeit wie in einen Hafen zurück, unsere Muße ist durch den Mangel an Geschäften, nicht durch das Verlangen nach Ruhe begründet worden. Denn nach Auslöschen des Senates und Zerstörung der Gerichte, was gibt es da noch, was wir unserer Würdiges in der Kurie oder auf dem Forum tun könnten? 3. So fliehen wir, die wir einst in größter Öffentlichkeit und vor den Au-

vixerimus, nunc fugientes conspectum sceleratorum, quibus omnia redundant, abdimus nos quantum licet et saepe soli sumus. Sed quia sic ab hominibus doctis accepimus, non solum ex malis eligere minima oportere, sed etiam excerpere ex his ipsis, si quid inesset boni, propterea et otio fruor, non illo quidem, quo debeat is, qui quondam peperisset otium civitati, nec eam solitudinem languere patior, quam mihi adfert necessitas, non voluntas. 4. Quamquam Africanus maiorem laudem meo iudicio assequebatur. Nulla enim eius ingenii monumenta mandata litteris, nullum opus otii, nullum solitudinis munus extat; ex quo intellegi debet illum mentis agitatione investigationeque earum rerum, quas cogitando consequebatur, nec otiosum nec solum umquam fuisse; nos autem, qui non tantum roboris habemus, ut cogitatione tacita a solitudine abstrahamur, ad hanc scribendi operam omne studium curamque convertimus. Itaque plura brevi tempore eversa quam multis annis stante re publica scripsimus.

(2) 5. Sed cum tota philosophia, mi Cicero, frugifera et fructuosa nec ulla pars eius inculta ac deserta sit, tum nullus feracior in ea locus est nec uberior, quam de officiis, a quibus constanter honesteque vivendi praecepta ducuntur. Quare, quamquam a Cratippo nostro, principe huius memoriae philosophorum, haec te assidue audire atque accipere confido, tamen conducere arbitror talibus aures tuas vocibus undique circumsonare, nec eas, si fieri possit, quicquam aliud audire. 6. Quod cum omnibus est faciendum, qui vitam honestam ingredi cogitant, tum haud scio an nemini potius quam tibi. Sus-

gen der Bürger lebten, jetzt den Anblick der Verbrecher, von
denen alles übervoll ist, verstecken uns, so gut es geht, und
sind häufig allein. Indes, weil wir es so von gelehrten Männern
vernommen haben, daß man nicht nur unter den Übeln die
kleinsten auswählen müsse, sondern aus diesen selber noch
Gutes ziehen, wofern etwas in ihnen sei, darum genieße ich die
Muße, freilich nicht die, die der genießen müßte, der einst dem
Staate Ruhe schaffte, und lasse die Einsamkeit nicht schlaff
darniederliegen, die mir der Zwang, nicht der freie Wille bringt.
4. Freilich erlangte Africanus größeres Lob nach meinem Urteil. Keine Denkmäler nämlich seines Geistes sind den Schriften anvertraut, kein Werk der Muße, keine Leistung der Einsamkeit liegt vor. Daraus muß man ersehen, daß er in der Be-
tätigung des Geistes und dem Aufspüren der Dinge, die er
im Denken erreichte, weder je müßig noch einsam gewesen
ist. Wir aber, die wir nicht so viel Kraft haben, daß wir uns
durch schweigendes Denken der Einsamkeit entziehen, haben
allen Eifer und alle Sorge auf diese Schreibarbeit gewendet.
Daher haben wir mehr in der kurzen Zeit nach der Zerstörung
als in den vielen Jahren während des Bestehens des Gemeinwesens geschrieben.

5. Indes die ganze Philosophie, mein Cicero, ist fruchtbringend und fruchtbar und kein Teil von ihr öde und wüst, besonders aber ist kein Gebiet in ihr ertragreicher und blutvoller als
das über das rechte Handeln, von dem sich die Vorschriften
über in sich beständiges und ehrenhaftes Leben ableiten. Wenn
ich darum auch darauf baue, daß du von unserem Kratipp,
dem Fürsten der Philosophie dieses Zeitalters, dies beständig
hörst und empfängst, meine ich doch, daß es dir zuträglich sei,
daß deine Ohren von solchen Worten von allen Seiten umtönt
werden und sie, wofern das möglich ist, nichts anderes hören.
6. Das müssen alle tun, die daran denken, ein ehrenvolles Leben zu beginnen, aber vielleicht niemand mehr als du. Ruht

tines enim non parvam expectationem imitandae industriae
nostrae, magnam honorum, non nullam fortasse nominis. Sus-
cepisti onus praeterea grave et Athenarum et Cratippi; ad
quos cum tamquam ad mercaturam bonarum artium sis profectus, inanem redire turpissimum est dedecorantem et urbis
auctoritatem et magistri. Quare quantum coniti animo potes,
quantum labore contendere, si discendi labor est potius quam
voluptas, tantum fac ut efficias neve committas, ut, cum omnia suppeditata sint a nobis, tute tibi defuisse videare. Sed
haec hactenus; multa enim saepe ad te cohortandi gratia scripsimus; nunc ad reliquam partem propositae divisionis revertamur.

7. Panaetius igitur, qui sine controversia de officiis accura-
tissime disputavit quemque nos correctione quadam adhibita
potissimum secuti sumus, tribus generibus propositis, in quibus deliberare homines et consultare de officio solerent, uno
cum dubitarent, honestumne id esset, de quo ageretur, an
turpe, altero, utilene esset an inutile, tertio, si id, quod speciem haberet honesti, pugnaret cum eo, quod utile videretur,
quomodo ea discerni oporteret, de duobus generibus primis
tribus libris explicavit, de tertio autem genere deinceps se
scripsit dicturum nec exsolvit id, quod promiserat. 8. Quod
eo magis miror, quia scriptum a discipulo eius Posidonio est,
triginta annis vixisse Panaetium posteaquam illos libros edidis-
set. Quem locum miror a Posidonio breviter esse tactum in
quibusdam commentariis, praesertim cum scribat nullum esse

doch auf dir keine geringe Erwartung, daß du unsere Energie
nachahmen werdest, eine große, daß du die Ämter, vielleicht
eine gewisse, daß du einen Namen erreichst. Du hast außerdem auf dich genommen die schwere Last Athens und des
Kratipp. Da du zu ihnen gleichsam wie zum Einkauf guter
Künste aufgebrochen bist, wäre es überaus schmählich, leer
zurückzukehren und so Schande zu machen dem Ansehen der
Stadt und des Lehrers. So sehr du darum dich geistig anzu-
strengen, so sehr in Mühen anzuspannen vermagst, wenn
Lernen Mühe ist und nicht vielmehr Genuß, soviel suche zu
erreichen und laß nicht zu, daß du, wo alles von uns zur Verfügung gestellt wurde, dir selber gefehlt zu haben scheinst.
Aber dies bis hierher! Haben wir doch vieles oft an dich geschrieben, um dich zu ermahnen. Jetzt wollen wir zum restli-
chen Teil der vorgenommenen Gliederung zurückkehren.

7. Panaitios also, der ohne Zweifel am genauesten über das
rechte Handeln gesprochen hat und dem wir mit einer bestimmten Richtigstellung besonders gefolgt sind, hat drei Arten aufgestellt, bei denen die Menschen zu überlegen und über das
rechte Handeln zu Rate zu gehen pflegten; eine, wenn sie
zweifelten, ob das, worum es sich handle, ehrenvoll sei oder
schändlich, die andere, ob es nützlich sei oder schädlich, die
dritte, wenn das, was den Anschein des Ehrenvollen hätte, mit
dem im Streite läge, was nützlich schiene. Und wie man dies
unterscheiden müsse, hat er betreffs der beiden ersten Arten
in drei Büchern entwickelt; über die dritte Art aber wollte er,
wie er schreibt, danach sprechen, löste aber nicht ein, was er
versprochen hatte. 8. Worüber ich mich um so mehr wundere,
weil bei seinem Schüler Poseidonios steht, daß Panaitios noch
dreißig Jahre, nachdem er diese Bücher herausgegeben habe,
gelebt habe. Ich wundere mich, daß Poseidonios dieses Gebiet nur kurz in bestimmten Lehrschriften berührt hat, zumal
er doch schreibt, daß kein Gebiet in der ganzen Philosophie

locum in tota philosophia tam necessarium. 9. Minime vero
assentior iis, qui negant eum locum a Panaetio praetermissum,
sed consulto relictum, nec omnino scribendum fuisse, quia
numquam posset utilitas cum honestate pugnare. De quo alterum potest habere dubitationem, adhibendumne fuerit hoc
genus, quod in divisione Panaetii tertium est, an plane omit-
tendum, alterum dubitari non potest, quin a Panaetio susceptum sit, sed relictum. Nam qui e divisione tripertita duas partes absolverit, huic necesse est restare tertiam; praeterea in
extremo libro tertio de hac parte pollicetur se deinceps esse
dicturum. 10. Accedit eodem testis locuples Posidonius, qui
etiam scribit in quadam epistola, P. Rutilium Rufum dicere solere, qui Panaetium audierat, ut nemo pictor esset inventus, qui
in Coa Venere eam partem, quam Apelles inchoatam reliquis-
set, absolveret – oris enim pulchritudo reliqui corporis imi-
tandi spem auferebat –, sic ea, quae Panaetius praetermisisset
et non perfecisset, propter eorum, quae perfecisset, praestantiam neminem persecutum.

(3) 11. Quam ob rem de iudicio Panaetii dubitari non potest;
rectene autem hanc tertiam partem ad exquirendum officium
adiunxerit an secus, de eo fortasse disputari potest. Nam, sive
honestum solum bonum est, ut Stoicis placet, sive, quod honestum est, id ita summum bonum est, quemadmodum Peripateticis vestris videtur, ut omnia ex altera parte collocata vix
minimi momenti instar habeant, dubitandum non est, quin
numquam possit utilitas cum honestate contendere. Itaque
accepimus Socratem exsecrari solitum eos, qui primum haec

so notwendig sei. 9. Keineswegs aber stimme ich denen bei,
die sagen, dieses Gebiet sei von Panaitios nicht liegengelassen,
sondern mit Absicht aufgegeben worden, und es hätte überhaupt nicht geschrieben werden dürfen, weil der Nutzen nie
mit der Anständigkeit streiten könne. Hierbei kann das eine
zweifelhaft sein, ob die Art, die in der Einteilung des Panaitios
die dritte ist, hier heranzuziehen war oder überhaupt hätte
beiseite gelassen werden müssen, das andere kann nicht be-
zweifelt werden, daß sie von Panaitios als Aufgabe erkannt,
aber gelassen worden ist. Denn wer von einer dreigeteilten
Gliederung zwei Teile eingelöst hat, dem muß notwendig ein
dritter übrig sein. Außerdem verspricht er am Ende des dritten
Buches, er werde über diesen Teil in der Folge sprechen. 10. Es
kommt noch hinzu der zuverlässige Zeuge Poseidonios, der
auch in einem Brief schreibt, Publius Rutilius Rufus, der den
Panaitios gehört hatte, pflege zu sagen: wie sich kein Maler
gefunden habe, der an der koischen Venus den Teil, den Apelles angefangen liegengelassen hätte, vollendete – die Schönheit des Antlitzes nämlich nahm die Hoffnung, den übrigen
Körper ähnlich zu machen –, so habe niemand das, was Panaitios liegengelassen und nicht vollendet hätte, wegen der Vor-
züglichkeit dessen, was er vollendet habe, zu Ende geführt.

11. Darum läßt sich an der Ansicht des Panaitios nicht zweifeln. Ob er aber mit Recht diesen dritten Teil an die Erforschung
des rechten Handelns angefügt hat oder nicht, darüber läßt
sich vielleicht streiten. Denn ob das Ehrenvolle das einzige
Gut ist, wie die Stoiker meinen, oder das, was ehrenvoll ist,
das höchste Gut derart, wie es eueren Peripatetikern richtig
scheint, daß alles, was auf der anderen Seite liegt, kaum das
Gewicht des kleinsten Wertes hat, so darf man doch nicht
zweifeln, daß der Nutzen nie mit dem Ehrenvollen in Streit
kommen kann. Daher haben wir gelesen, daß Sokrates die zu
verwünschen pflegte, die zuerst dies von Natur Zusammen-

natura cohaerentia opinione distraxissent. Cui quidem ita sunt
Stoici assensi, ut et, quicquid honestum esset, id utile esse cen-
serent nec utile quicquam, quod non honestum. 12. Quodsi is
esset Panaetius, qui virtutem propterea colendam diceret,
quod ea efficiens utilitatis esset, ut ii, qui res expetendas vel
voluptate vel indolentia metiuntur, liceret ei dicere utilitatem
aliquando cum honestate pugnare. Sed cum sit is, qui id solum
bonum iudicet, quod honestum sit, quae autem huic repugnent
specie quadam utilitatis, eorum neque accessione meliorem
vitam fieri nec decessione peiorem, non videtur debuisse eiusmodi deliberationem introducere, in qua quod utile videretur
cum eo, quod honestum est, compararetur. 13. Etenim quod
summum bonum a Stoicis dicitur, convenienter naturae vivere,
id habet hanc, ut opinor, sententiam: cum virtute congruere
semper, cetera autem, quae secundum naturam essent, ita legere, si ea virtuti non repugnarent. Quod cum ita sit, putant
quidam hanc comparationem non recte introductam nec omnino de eo genere quicquam praecipiendum fuisse. Atque illud
quidem honestum, quod proprie vereque dicitur, id in sapientibus est solis neque a virtute divelli umquam potest. In iis autem, in quibus sapientia perfecta non est, ipsum illud quidem
perfectum honestum nullo modo, similitudines honesti esse
possunt. 14. Haec enim officia, de quibus his libris disputamus,
media Stoici appellant; ea communia sunt et late patent; quae
et ingenii bonitate multi assequuntur et progressione discendi. Illud autem officium, quod rectum idem appellant, perfectum atque absolutum est et, ut idem dicunt, omnes numeros

hängende in der Vorstellung auseinandergerissen hätten. Ihm
stimmten die Stoiker so sehr bei, daß sie der Meinung waren,
was immer ehrenvoll wäre, das sei nützlich, und nichts nützlich, was nicht ehrenvoll sei. 12. Wenn aber Panaitios der Mann
wäre, der sagte, man müsse die Tugend deswegen pflegen,
weil sie den Nutzen bewirke, wie die, welche die erstrebenswerten Dinge nach der Lust oder der Schmerzlosigkeit bemessen, dann würde es ihm möglich sein zu behaupten, der Nutzen streite manchmal mit dem Ehrenvollen. Da er aber der ist,
der das für das einzige Gut erachtet, was ehrenvoll ist, was
aber diesem mit einem gewissen Anschein des Nutzens wider-
streite, durch sein Hinzutreten das Leben weder besser mache
noch durch sein Hinwegfallen schlechter, hätte er, scheint es,
nicht eine Überlegung derart einführen dürfen, in der das, was
nützlich scheint, mit dem, was ehrenvoll ist, verglichen wird.
13. Denn was von den Stoikern das höchste Gut geheißen wird,
mit der Natur in Einklang zu leben, das bedeutet, wie ich meine, immer mit der Tugend übereinzustimmen, das übrige
aber, was der Natur gemäß ist, dann auszuwählen, wenn es
der Tugend nicht widerstreitet. Da das so ist, glauben manche,
dieser Vergleich sei nicht mit Recht eingeführt worden, und
es hätte überhaupt nichts derart vorgetragen werden dürfen.
Jedoch jenes Ehrenvolle, das eigentlich und wahrhaft so geheißen wird, gibt es allein in dem Weisen und kann nie von
der Tugend getrennt werden. In denen aber, in denen vollkommene Weisheit nicht ist, kann eben jenes vollkommene
Ehrenhafte auf keine Weise sein, wohl aber Abbilder des Ehrenvollen. 14. Das rechte Handeln nämlich, über das wir in diesen
Büchern sprechen, nennen die Stoiker ein mittleres. Das geht
alle an und erstreckt sich weit. Das erreichen viele dank der
Güte ihrer Anlage und im Fortschritt des Lernens. Jenes Handeln aber, das dieselben Leute das richtige nennen, ist vollkommen und unbedingt, und, wie dieselben sagen, ist abge-

habet nec praeter sapientem cadere in quemquam potest.
15. Cum autem aliquid actum est, in quo media officia compa-
reant, id cumulate videtur esse perfectum propterea, quod vulgus, quid absit a perfecto, non fere intellegit; quatenus autem
intellegit, nihil putat praetermissum; quod idem in poematis,
in picturis usu venit in aliisque compluribus, ut delectentur
imperiti laudentque ea, quae laudanda non sint, ob eam, credo,
causam, quod insit in his aliquid probi, quod capiat ignaros,
qui idem, quid in unaquaque re vitii sit, nequeant iudicare.
Itaque cum sunt docti a peritis, desistunt facile sententia.
(4) Haec igitur officia, de quibus his libris disserimus, quasi secunda quaedam honesta esse dicunt, non sapientium modo
propria, sed cum omni hominum genere communia. 16. Itaque
iis omnes, in quibus est virtutis indoles, commoventur. Nec
vero, cum duo Decii aut duo Scipiones fortes viri commemorantur aut cum Fabricius aut Aristides iustus nominatur, aut
ab illis fortitudinis aut ab his iustitiae tamquam a sapiente pe-
titur exemplum; nemo enim horum sic sapiens, ut sapientem
volumus intellegi, nec ii, qui sapientes habiti et nominati, M.
Cato et C. Laelius, sapientes fuerunt, ne illi quidem septem,
sed ex mediorum officiorum frequentia similitudinem quandam gerebant speciemque sapientium. 17. Quocirca nec id,
quod vere honestum est, fas est cum utilitatis repugnantia
comparari, nec id quod communiter appellamus honestum,
quod colitur ab iis, qui bonos se viros haberi volunt, cum emolumentis umquam est comparandum tamque id honestum,

rundet nach allen Seiten und kann auf keinen denn den Weisen
zutreffen. 15. Wenn aber irgend etwas getan worden ist, in dem
mittleres rechtes Handeln zutage tritt, so scheint das deshalb
höchst vollkommen zu sein, weil das Volk meist nicht sieht,
was am Vollkommenen fehlt. Soweit es dies aber erkennt, so
glaubt es, es sei doch nichts Wesentliches übersehen worden.
Dasselbe kommt vor bei Gedichten, Gemälden und mehrerem
anderen, daß sich Unerfahrene ergötzen und das loben, was doch
nicht lobenswert ist, aus dem Grunde, glaube ich, weil in diesen Dingen etwas Rechtes enthalten ist, was die Unkundigen
gefangennimmt, die freilich zugleich nicht beurteilen können,
was an einer jeden Sache fehlerhaft ist. Daher stehen sie, wenn
sie von Kundigen belehrt werden, leicht von ihrer Meinung ab.
Dieses rechte Handeln also, über das wir in diesen Büchern die
Erörterung führen, ist, wie sie sagen, gleichsam Handeln zweiten Ranges, nicht nur den Weisen eigen, sondern mit dem ganzen Menschengeschlechte geteilt. 16. Daher lassen sich alle,
in denen Anlage zur Tugend ist, durch es bewegen. Nicht
aber, wenn die zwei Decier oder die zwei Scipionen als tapfere
Männer erwähnt, oder wenn Fabricius oder Aristides gerecht
genannt werden, wird von jenen das Muster der Tapferkeit
oder von diesen das der Gerechtigkeit gleich wie vom Weisen
genommen. Niemand nämlich von ihnen ist so weise, wie wir
den Weisen verstanden wissen wollen; und auch die nicht, die
für weise gehalten und so genannt wurden, Marcus Cato und
Gaius Laelius, waren Weise, nicht einmal jene sieben: aus
häufiger Übung des mittleren rechten Handelns hatten sie eine
gewisse Ähnlichkeit und das Ansehen von Weisen an sich.
17. Deshalb darf weder das, was wahrhaft ehrenvoll ist, mit dem
Widerstreit des Nutzens verglichen werden, noch ist das, was
wir gemeinhin das Ehrenvolle nennen, das von denen gepflegt
wird, die als gute Männer gelten wollen, je mit Vorteilen zu
vergleichen, und so ist das Ehrenvolle, das unter unser Erken-

quod in nostram intellegentiam cadit, tuendum conservan-
dumque nobis est quam illud, quod proprie dicitur vereque
est honestum, sapientibus; aliter enim teneri non potest, si
quae ad virtutem est facta progressio. Sed haec quidem de his,
qui conservatione officiorum existimantur boni. 18. Qui autem omnia metiuntur emolumentis et commodis neque ea
volunt praeponderari honestate, ii solent in deliberando honestum cum eo, quod utile putant, comparare, boni viri non
solent. Itaque existimo Panaetium, cum dixerit homines solere in
hac comparatione dubitare, hoc ipsum sensisse, quod dixerit
solere modo, non etiam oportere. Etenim non modo pluris putare, quod utile videatur quam quod honestum sit, sed etiam
haec inter se comparare et in his addubitare turpissimum est.
Quid ergo est quod non numquam dubitationem adferre soleat
considerandumque videatur? Credo, si quando dubitatio accidit, quale sit id, de quo consideretur. 19. Saepe enim tempore
fit, ut quod turpe plerumque haberi soleat, inveniatur non esse
turpe. Exempli causa ponatur aliquid, quod pateat latius.
Quod potest maius scelus quam non modo hominem, sed etiam
familiarem hominem occidere? Num igitur se adstrinxit scelere, si qui tyrannum occidit quamvis familiarem? Populo quidem Romano non videtur, qui ex omnibus praeclaris factis
illud pulcherrimum existimat. Vicit ergo utilitas honestatem?
Immo vero, honestas utilitatem secuta est.

Itaque, ut sine ullo errore diiudicare possimus, si quando
cum illo, quod honestum intellegimus, pugnare id videbitur,

nen fällt, von uns zu schützen und zu bewahren, wie jenes,
was im eigentlichen Sinn so genannt wird und wahrhaft ehrenvoll ist, von den Weisen. Anders kann nämlich nicht festgehalten werden, wenn ein Fortschritt zur Tugend gemacht
worden ist. Aber dies über die, die dank der Innehaltung des
rechten Handelns für gut gehalten werden. 18. Die aber, welche alles nach Gewinn und Vorteilen bemessen und der Ehrenhaftigkeit nicht das Übergewicht einräumen, die pflegen beim
Zurategehen des Ehrenvolle mit dem, was sie für nützlich
halten, zu vergleichen, gute Männer pflegen es nicht zu tun.
Daher, schätze ich, hat Panaitios, da er gesagt hat, die Menschen pflegen bei diesem Vergleich zu schwanken, eben dieses
gemeint, was er gesagt hat, daß sie es nur zu tun pflegen, nicht
auch müssen. Denn nicht nur höher zu schätzen, was nützlich
scheint, als was ehrenvoll ist, sondern auch diese Dinge untereinander zu vergleichen und dabei zu zweifeln, ist überaus
schändlich. Was ist's also, was bisweilen Zweifel mit sich zu
bringen pflegt und überlegenswert scheint? Ich glaube, wenn
einmal eine Ungewißheit auftritt, wie beschaffen das ist, worüber man überlegt. 19. Oft nämlich geschieht es in einer Situation, daß man manches, was meist für schändlich zu gelten
pflegt, nicht schändlich findet. Beispielshalber soll etwas aufgestellt werden, was sich weiter erstreckt. Was kann es für ein
größeres Verbrechen geben, als nicht nur einen Menschen,
sondern sogar einen befreundeten Menschen zu töten? Hat
sich also auch einer in ein Verbrechen verstrickt, wenn einer
einen Tyrannen, mag er noch so befreundet sein, getötet hat?
Dem römischen Volke wenigstens scheint es nicht so, das von
allen rühmlichen Taten jene für die schönste hält. Hat also der
Nutzen die Ehrenhaftigkeit überwunden? Nein, im Gegenteil:
Die Ehrenhaftigkeit ist dem Nutzen gefolgt!

Daher muß man eine Formel aufstellen, damit wir ohne
jeden Irrtum entscheiden können, wenn einmal mit jenem,

quod appellamus utile, formula quaedam constituenda est;
quam si sequemur in comparatione rerum, ab officio numquam
recedemus. 20. Erit autem haec formula Stoicorum rationi dis-
ciplinaeque maxime consentanea; quam quidem his libris
propterea sequimur, quod, quamquam et a veteribus Academicis et a Peripateticis vestris, qui quondam idem erant, qui
Academici, quae honesta sunt, anteponuntur iis, quae videntur utilia, tamen splendidius haec ab eis disserentur, quibus
quicquid honestum est, idem utile videtur nec utile quicquam,
quod non honestum, quam ab iis, quibus et honestum aliquid
non utile aut utile non honestum. Nobis autem nostra Acade-
mia magnam licentiam dat, ut, quodcumque maxime probabile occurrat, id nostro iure liceat defendere. Sed redeo ad for-
mulam.

(5) 21. Detrahere igitur alteri aliquid et hominem hominis
incommodo suum commodum augere magis est contra naturam quam mors, quam paupertas, quam dolor, quam cetera,
quae possunt aut corpori accidere aut rebus externis. Nam
principio tollit convictum humanum et societatem. Si enim
sic erimus adfecti, ut propter suum quisque emolumentum
spoliet aut violet alterum, disrumpi necesse est eam, quae maxime est secundum naturam, humani generis societatem.
22. Ut, si unum quodque membrum sensum hunc haberet, ut
posse putaret se valere, si proximi membri valitudinem ad se
traduxisset, debilitari et interire totum corpus necesse esset,
sic, si unus quisque nostrum ad se rapiat commoda aliorum
detrahatque quod cuique possit emolumenti sui gratia, socie-

was wir als ehrenvoll erkennen, das zu streiten scheint, was wir
nützlich nennen. Wenn wir diese bei der Vergleichung der
Dinge befolgen, werden wir nie vom rechten Handeln abweichen. 20. Es wird aber diese Formel mit dem Gedanken und der
Lehre der Stoiker besonders harmonieren. Ihr folgen wir in diesen Büchern aus folgendem Grunde: mag auch von den alten
Akademikern und von eueren Peripatetikern, die einst dieselben waren wie die Akademiker, was ehrenvoll ist, dem, was nützlich scheint, vorangestellt werden, werden diese Dinge doch
von denen glänzender dargestellt werden, denen, was ehrenvoll
ist, zugleich nützlich scheint, und nichts nützlich, was nicht
ehrenvoll, als von denen, denen irgend etwas Ehrenvolles nicht
nützlich oder etwas Nützliches nicht ehrenvoll ist. Uns aber
gibt unsere Akademie große Freiheit, alles, was uns als besonders einleuchtend entgegentritt, verteidigen zu dürfen. Aber
ich kehre zur Formel zurück!

21. Den Nächsten also um etwas zu kürzen und als Mensch
durch des Mitmenschen Nachteil den eigenen Vorteil zu mehren, ist mehr gegen die Natur als der Tod, als die Armut, als
der Schmerz, als das übrige, was dem Körper oder den äußeren
Dingen zustoßen kann. Denn zum ersten hebt es die menschliche Lebensgemeinschaft und Gesellschaft auf. Wenn wir
nämlich die Haltung einnehmen, daß ein jeder seines Vorteils
wegen den anderen beraubt oder verletzt, muß mit Notwendigkeit die Gesellschaft des Menschengeschlechtes, die besonders
der Natur gemäß ist, auseinandergerissen werden. 22. Wie
notwendig der ganze Körper geschwächt werden und zugrunde gehen müßte, wenn ein jedes einzelne Glied dieses Empfinden hätte, daß es glaubte, es vermöchte lebenskräftig zu sein,
wenn es die Lebenskraft des nächsten Gliedes an sich gezogen
hätte, so muß die Gesellschaft der Menschen und ihre Gemeinschaft zerstört werden, wenn ein jeder von uns die Vorteile
anderer an sich reißt und einem jeden kürzt, was er kann, um

tas hominum et communitas evertatur necesse est. Nam sibi
ut quisque malit, quod ad usum vitae pertineat, quam alteri
adquirere, concessum est non repugnante natura, illud natura
non patitur, ut aliorum spoliis nostras facultates, copias, opes
augeamus.

23. Neque vero hoc solum natura, id est iure gentium, sed
etiam legibus populorum, quibus in singulis civitatibus res
publica continetur, eodem modo constitutum est, ut non liceat
sui commodi causa nocere alteri. Hoc enim spectant leges, hoc
volunt, incolumem esse civium coniunctionem; quam qui dirimunt, eos morte, exsilio, vinclis, damno coercent.

Atque hoc multo magis efficit ipsa naturae ratio, quae est lex
divina et humana; cui parere qui velit – omnes autem pare-
bunt, qui secundum naturam volent vivere –, numquam com-
mittet, ut alienum appetat et id, quod alteri detraxerit, sibi
adsumat. 24. Etenim multo magis est secundum naturam excelsitas animi et magnitudo itemque comitas, iustitia, liberalitas quam voluptas, quam vita, quam divitiae; quae quidem
contemnere et pro nihilo ducere comparantem cum utilitate
communi magni animi et excelsi est, detrahere autem de altero
sui commodi causa magis est contra naturam quam mors,
quam dolor, quam cetera generis eiusdem.

25. Itemque magis est secundum naturam, pro omnibus gentibus, si fieri possit, conservandis aut iuvandis, maximos labores molestiasque suscipere imitantem Herculem illum, quem
hominum fama beneficiorum memor in concilio caelestium
conlocavit, quam vivere in solitudine non modo sine ullis mo-

des eigenen Gewinnes wegen. Denn daß ein jeder lieber für
sich, was auf die Bedürfnisse des Lebens Bezug hat, als für den
anderen erwerben will, das ist zugestanden, ohne daß die Natur widerstreitet; jenes aber duldet die Natur nicht, daß wir
durch Beute von anderen unsere Möglichkeiten, Mittel, Macht
mehren.

23. Aber nicht allein von Natur, das heißt durch das Menschenrecht, sondern auch durch die Gesetze der Völker, die in
den einzelnen Staaten das Gemeinwesen ausmachen, ist es auf
dieselbe Weise bestimmt, daß es nicht erlaubt sein soll, des
eigenen Vorteils wegen dem anderen zu schaden. Darauf nämlich zielen die Gesetze, das wollen sie, daß die Verbindung der
Bürger unversehrt sei. Die, welche sie trennen, halten sie durch
Todesstrafe, Verbannung, Gefängnis, Buße in Schranken.
    Und das bewirkt noch viel mehr die Vernunft der Natur
selber, die das göttliche und menschliche Gesetz ist. Wer ihr
gehorchen will – alle aber werden ihr gehorchen, die gemäß der
Natur leben wollen –, wird es nie dahin kommen lassen, daß er
Fremdes begehrt, und das, worum er den andern gekürzt hat,
sich hinzunimmt. 24. Denn viel mehr ist der Natur gemäß
Erhabenheit und Größe der Seele und ebenso Freundlichkeit,
Gerechtigkeit, Großzügigkeit als Genuß, als Leben, als Reichtum. Dies geringzuschätzen und für nichts zu achten im Vergleich zum allgemeinen Nutzen, ist das Wesen einer großen
und erhabenen Seele, den anderen aber zu verkürzen des eigenen Vorteils wegen, ist mehr gegen die Natur als Tod, als
Schmerz, als das übrige derselben Art.
    25. Ebenso ist es mehr der Natur gemäß, für die Erhaltung
und Förderung aller Völker, wenn möglich, die größten Strapazen und Beschwerlichkeiten auf sich zu nehmen, den Herkules nachahmend, den das Rühmen der Menschen, seiner Wohltaten eingedenk, in den Kreis der Himmlischen versetzte, als
in der Einsamkeit zu leben nicht nur ohne Beschwerlichkeiten,

lestiis, sed etiam in maximis voluptatibus, abundantem omnibus copiis, ut excellas etiam pulchritudine et viribus. Quocirca optimo quisque et splendidissimo ingenio longe illam
vitam huic anteponit. Ex quo efficitur, hominem naturae oboedientem homini nocere non posse.

26. Deinde qui alterum violat, ut ipse aliquid commodi consequatur, aut nihil existimat se facere contra naturam aut magis fugienda censet mortem, paupertatem, dolorem, amissio-
nem etiam liberorum, propinquorum, amicorum, quam facere
cuiquam iniuriam. Si nihil existimat contra naturam fieri hominibus violandis, quid cum eo disseras, qui omnino hominem
ex homine tollat? Sin fugiendum id quidem censet, sed multo
illa peiora, mortem, paupertatem, dolorem, errat in eo, quod
ullum aut corporis aut fortunae vitium vitiis animi gravius existimat. (6) Ergo unum debet esse omnibus propositum, ut eadem sit utilitas uniuscuiusque et universorum; quam si ad se
quisque rapiet, dissolvetur omnis humana consortio.

27. Atque etiam si hoc natura praescribit, ut homo homini,
quicumque sit, ob eam ipsam causam, quod is homo sit, con-
sultum velit, necesse est secundum eandem naturam omnium
utilitatem esse communem. Quod si ita est, una continemur
omnes et eadem lege naturae, idque ipsum si ita est, certe
violare alterum naturae lege prohibemur. Verum autem primum, verum igitur extremum. 28. Nam illud quidem absurdum est, quod quidam dicunt, parenti se aut fratri nihil de-
tracturos sui commodi causa, aliam rationem esse civium reliquorum. Hi sibi nihil iuris, nullam societatem communis uti-

sondern sogar in den höchsten Genüssen, im Überfluß an allen
Mitteln, derart, daß du auch noch durch Schönheit und Körperkraft hervorragst. Darum stellen gerade alle von bester und
glänzendster Anlage jenes Leben diesem weit voran. Daraus
folgt, daß ein Mensch, der auf die Natur hört, seinem Mitmenschen nicht schaden kann.

26. Weiter glaubt der, der den anderen verletzt, um selber
irgendeinen Vorteil zu erlangen, entweder, er tue nichts gegen
die Natur, oder er meint, mehr zu fliehen seien Tod, Armut,
Schmerz, Verlust auch der Kinder, Verwandten, Freunde, als
irgend jemandem Unrecht zuzufügen. Wenn er glaubt, durch
Verletzung von Menschen geschähe nichts gegen die Natur,
was soll man sich dann noch mit dem auseinandersetzen, der
überhaupt den Menschen aus dem Menschen beseitigt? Wenn
er aber meint, das sei zwar zu fliehen, aber jenes sei viel schlimmer, Tod, Armut, Schmerz, so irrt er darin, daß er irgendeinen
Mangel an Körper oder Glück für schwerer hält als die Schäden
der Seele. Also eines muß allen vor Augen stehen, daß der
Nutzen eines jeden einzelnen und der Gesamtheit derselbe ist.
Wenn den ein jeder an sich reißt, wird sich alle menschliche
Schicksalsgemeinschaft auflösen.

27. Und auch wenn dies die Natur vorschreibt, daß der
Mensch für den Mitmenschen, wer er auch immer sei, eben
aus dem Grunde, weil dieser ein Mensch ist, gesorgt wissen
will, ist es notwendig, daß gemäß derselben Natur der Nutzen
aller gemeinsam ist. Wenn dies so ist, stehen wir alle unter ein
und demselben Naturgesetz, und wenn eben dies so ist, werden
wir sicher durch das Gesetz der Natur gehindert den anderen
zu verletzen. Wahr ist aber das erste, wahr ist also das letzte.

28. Denn jenes ist unsinnig, was manche sagen, daß sie den Vater oder den Bruder um nichts des eigenen Vorteils willen verkürzen würden, anders laute die Rechnung mit den übrigen
Mitbürgern. Die stellen damit fest, daß sie kein Rechtsverhält-

litatis causa statuunt esse cum civibus quae sententia omnem
societatem distrahit civitatis. Qui autem civium rationem dicunt habendam, externorum negant, ii dirimunt communem
humani generis societatem; qua sublata beneficentia, liberalitas, bonitas, iustitia funditus tollitur; quae qui tollunt, etiam
adversus deos immortales impii iudicandi sunt. Ab iis enim
constitutam inter homines societatem evertunt, cuius societatis artissimum vinculum est magis arbitrari esse contra naturam hominem homini detrahere sui commodi causa quam
omnia incommoda subire vel externa vel corporis vel etiam
ipsius animi, quae vacent iustitia. Haec enim una virtus omnium est domina et regina virtutum.

29. Forsitan quispiam dixerit: Nonne igitur sapiens, si fame
ipse conficiatur, abstulerit cibum alteri homini ad nullam rem
utili? Minime vero: non enim mihi est vita mea utilior quam
animi talis affectio, neminem ut violem commodi mei gratia.
Quid? si Phalarim, crudelem tyrannum et immanem, vir bonus, ne ipse frigore conficiatur, vestitu spoliare possit, nonne
faciat?

Haec ad iudicandum sunt facillima. 30. Nam si quid ab homine ad nullam partem utili utilitatis tuae causa detraxeris,
inhumane feceris contraque naturae legem, sin autem is tu sis,
qui multam utilitatem rei publicae atque hominum societati, si
in vita remaneas, adferre possis, si quid ob eam causam alteri
detraxeris, non sit reprehendendum. Sin autem id non sit eius-

nis, keine Gesellschaft um des allgemeinen Nutzens willen mit
ihren Mitbürgern haben, eine Meinung, die alle Gesellschaft des
Staates zerreißt. Die aber, welche sagen, Rücksicht sei auf die
Mitbürger zu nehmen, nicht aber auf Fremde, die trennen damit die gemeinsame Gesellschaft des Menschengeschlechtes
auseinander. Ist die aufgehoben, ist auch Wohltun, Großzügigkeit, Güte, Gerechtigkeit von Grund aus aufgehoben. Die
aber, die das aufheben, haben auch als Frevler gegen die unsterblichen Götter zu gelten. Die von ihnen nämlich unter den
Menschen gestiftete Gesellschaft zerstören sie damit, deren
festestes Band es ist, zu glauben, es sei mehr gegen die Natur,
daß ein Mensch seinen Mitmenschen seines eigenen Vorteils
wegen um etwas verkürzt, als alle Nachteile zu erleiden, seien
es äußere oder welche des Körpers oder gar auch der Seele selber, die mit der Gerechtigkeit nichts zu tun haben. Diese eine
Tugend nämlich ist allen Tugenden Herrin und Königin.

29. Vielleicht könnte hier jemand sagen: Der Weise würde
also nicht, wenn er selber von Hunger verzehrt wird, einem
anderen Menschen, der zu nichts nütze ist, Nahrung entfüh-
ren? Aber keineswegs: Denn mein Leben ist mir nicht nützlicher als eine solche Seelenhaltung, daß ich niemanden verletze
um meines Vorteils willen. Wie? Wenn ein guter Mann den
grausamen und unmenschlichen Tyrannen Phalaris, um selbst
nicht vor Kälte zu vergehen, der Kleidung berauben könnte,
würde er es nicht tun?

Diese Dinge sind sehr leicht zu entscheiden. 30. Denn wenn
du einen Menschen, der in keiner Richtung etwas nütze ist,
deines Nutzens wegen verkürzest, würdest du unmenschlich
handeln und gegen das Gesetz der Natur. Wenn du aber ein
solcher Mann bist, daß du dem Gemeinwesen und der Gesellschaft der Menschen, wenn du am Leben bliebest, großen
Nutzen bringen könntest, so wäre es, wofern du darum den
anderen um etwas kürzest, nicht zu tadeln. Wenn es aber nicht

modi, suum cuique incommodum˙ ferendum est potius quam
de alterius commodis detrahendum. Non igitur magis est contra naturam morbus aut egestas aut quid eiusmodi quam de-
tractio atque appetitio alieni, sed communis utilitatis derelic-
tio contra naturam est; est enim iniusta. 31. Itaque lex ipsa
naturae, quae utilitatem hominum conservat et continet, de-
cernet profecto, ut ab homine inerti atque inutili ad sapientem,
bonum, fortem virum transferantur res ad vivendum necessariae, qui si occiderit, multum de communi utilitate detraxerit, modo hoc ita faciat, ut ne ipse de se bene existimans
seseque diligens hanc causam habeat ad iniuriam. Ita semper
officio fungetur utilitati consulens hominum et ei, quam saepe
commemoro, humanae societati. 32. Nam quod ad Phalarim
attinet, perfacile iudicium est. Nulla est enim societas nobis
cum tyrannis et potius summa distractio est, neque est contra
naturam spoliare eum, si possis, quem est honestum necare,
atque hoc omne genus pestiferum atque impium ex hominum
communitate exterminandum est. Etenim, ut membra quaedam amputantur, si et ipsa sanguine et tamquam spiritu carere
coeperunt et nocent reliquis partibus corporis, sic ista in figura
hominis feritas et immanitas beluae a communi tamquam humanitate corporis segreganda est. Huius generis quaestiones
sunt omnes eae, in quibus ex tempore officium exquiritur.

(7) 33. Eiusmodi igitur credo res Panaetium persecuturum
fuisse, nisi aliqui casus aut occupatio eius consilium peremis-
set. Ad quas ipsas consultationes ex superioribus libris satis

derart ist, muß jeder lieber seinen Nachteil tragen als die Vorteile des anderen kürzen. Krankheit ist also nicht mehr gegen die Natur, Armut oder etwas derart als Verkürzung und Erstreben des Fremden, sondern das Aufgeben des allgemeinen Nutzens ist gegen die Natur. Ist sie doch ungerecht! 31. Daher wird das Gesetz der Natur selber, das den Nutzen des Menschen bewahrt und umfaßt, in der Tat bestimmen, daß von einem trägen und unnützen Menschen auf den weisen, guten, tapferen die zum Leben notwendigen Dinge übertragen werden, der, falls er zugrunde ginge, dem allgemeinen Nutzen viel abbrechen würde, nur soll er es so tun, daß er nicht, weil er selber gut von sich denkt und sich selber schätzt, dies zum Grund nehme, Unrecht zu begehen. So wird er immer seine Pflicht erfüllen, indem er für den Nutzen der Menschen und für die oft erwähnte menschliche Gesellschaft sorgt. 32. Denn was Phalaris angeht, so ist das Urteil sehr leicht. Mit Tyrannen nämlich haben wir keine Gesellschaft, vielmehr schärfste Trennung, und es ist nicht gegen die Natur, den zu berauben, wofern du kannst, den zu töten ehrenhaft ist; und dies ganze verderbenbringende und gottlose Geschlecht muß aus der Gemeinschaft der Menschen ausgeschlossen werden. Denn wie manche Glieder amputiert werden, wenn sie selber das Blut und gleichsam den Lebensodem verlieren und den übrigen Teilen des Körpers schaden, so ist diese Vertiertheit in Menschengestalt und diese Ungeheuerlichkeit einer Bestie aus der gemeinsamen Menschlichkeit des Körpers, wenn ich mich so ausdrücken darf, auszuscheiden. Fragen dieser Art sind alle solche, in denen das rechte Handeln in bestimmter Lage erforscht wird.

33. Dinge derart also, glaube ich, würde Panaitios verfolgt haben, wenn nicht ein Zufall oder eine Beschäftigung seinen Plan zunichte gemacht hätte. Eben zu diesen Erwägungen gibt es aus den vorhergehenden Büchern zur Genüge viele Anwei-

multa praecepta sunt, quibus perspici possit, quid sit propter
turpitudinem fugiendum, quid sit, quod idcirco fugiendum
non sit, quod omnino turpe non sit. Sed quoniam operi in-
choato, prope tamen absoluto, tamquam fastigium imponimus,
ut geometrae solent non omnia docere, sed postulare, ut quaedam sibi concedantur, quo facilius quae volunt explicent, sic
ego a te postulo, mi Cicero, ut mihi concedas, si potes, nihil
praeter id, quod honestum sit, propter se esse expetendum.
Sin hoc non licet per Cratippum, at illud certe dabis, quod
honestum sit, id esse maxime propter se expetendum. Mihi
utrumvis satis est et tum hoc, tum illud probabilius videtur
nec praeterea quicquam probabile. 34. Ac primum in hoc Panaetius defendendus est, quod non utilia cum honestis pugnare
aliquando posse dixerit – neque enim ei fas erat – sed ea quae
viderentur utilia. Nihil vero utile, quod non idem honestum,
nihil honestum, quod non idem utile sit, saepe testatur negat-
que ullam pestem maiorem in vitam hominum invasisse quam
eorum opinionem, qui ista distraxerint. Itaque non ut aliquando anteponeremus utilia honestis, sed ut ea sine errore
diiudicaremus, si quando incidissent, induxit eam, quae videretur esse, non quae esset, repugnantiam. Hanc igitur partem
relictam explebimus nullis adminiculis, sed, ut dicitur, Marte
nostro. Neque enim quicquam est de hac parte post Panaetium
explicatum, quod quidem mihi probaretur, de iis, quae in manus meas venerint.

(8) 35. Cum igitur aliqua species utilitatis obiecta est, com-
moveri necesse est. Sed si, cum animum attenderis, turpitudinem videas adiunctam ei rei, quae speciem utilitatis attu-

sungen, durch die sich erkennen läßt, was wegen Schändlichkeit zu fliehen ist, und wie das ist, was darum nicht zu fliehen
ist, weil es überhaupt nicht schändlich ist. Aber da wir ja
dem angefangenen, freilich bald vollendeten Werk sozusagen
den First aufsetzen, so bitte ich dich, mein Cicero, wie auch
die Mathematiker gewöhnlich nicht alles aufweisen, sondern
fordern, daß ihnen manches eingeräumt wird, damit sie um so
leichter, was sie wollen, entwickeln können, mir, wenn du
kannst, zuzugeben, daß nichts außer dem, was ehrenvoll ist,
an sich erstrebenswert sei. Wenn das aber nach Kratippos nicht
möglich ist, wirst du doch wenigstens jenes zugestehen: was
ehrenvoll ist, das müsse am meisten an sich erstrebt werden.
Mir ist beides, was du willst, ausreichend und scheint bald das
eine einleuchtender, bald das andere, nichts aber sonst einleuchtend. 34. Und zunächst muß Panaitios darin verteidigt
werden, daß er nicht gesagt hat, daß das Nützliche mit dem
Ehrenvollen bisweilen im Streite läge – denn das hätte er nicht
dürfen –, sondern das, was uns nützlich scheine. Daß aber nicht
nützlich sei, was nicht zugleich ehrenvoll, nichts ehrenvoll,
was nicht zugleich nützlich sei, bezeugt er häufig und sagt,
kein größeres Verderben sei in das Leben des Menschen eingebrochen als die Vorstellung derer, die diese Dinge auseinandergerissen hätten. Nicht damit wir bisweilen das Nützliche dem
Ehrenvollen vorziehen sollen, sondern damit wir es ohne Irrtum auseinanderhalten könnten, wenn diese Dinge einmal vor-
kämen, hat er also diesen scheinbaren, nicht wirklichen Widerstreit angeführt. Diesen ausgelassenen Teil also werden wir
ohne Stütze, auf eigene Faust, wie man sagt, ausführen. Denn
nach Panaitios ist nichts über diesen Teil entwickelt worden,
was meinen Beifall hätte, von dem, was mir in die Hände kam.

35. Wenn also ein Schein von Nutzen entgegentritt, wird
man notwendig davon bewegt. Wenn du aber, sobald du auf-
merkst, siehst, daß der Sache, die den Schein des Nutzens

lerit, tum non utilitas relinquenda est, sed intellegendum, ubi
turpitudo sit, ibi utilitatem esse non posse. Quod si nihil est
tam contra naturam quam turpitudo – recta enim et convenientia et constantia natura desiderat aspernaturque contraria
– nihilque tam secundum naturam quam utilitas, certe in eadem re utilitas et turpitudo esse non potest. Itemque, si ad
honestatem nati sumus eaque aut sola expetenda est, ut Ze-
noni visum est, aut certe omni pondere gravior habenda quam
reliqua omnia, quod Aristoteli placet, necesse est, quod honestum sit, id esse aut solum aut summum bonum; quod autem bonum, id certe utile, ita, quicquid honestum, id utile.
36.Quare error hominum non proborum, cum aliquid, quod utile
visum est, arripuit, id continuo secernit ab honesto. Hinc sicae,
hinc venena, hinc falsa testamenta nascuntur, hinc furta, pe-
culatus, expilationes direptionesque sociorum et civium, hinc
opum nimiarum, potentiae non ferendae, postremo etiam in
liberis civitatibus regnandi existunt cupiditates, quibus nihil
nec taetrius nec foedius excogitari potest. Emolumenta enim
rerum fallacibus iudiciis vident, poenam, non dico legum, quam
saepe perrumpunt, sed ipsius turpitudinis, quae acerbissima
est, non vident. 37. Quam ob rem hoc quidem deliberantium
genus pellatur e medio – est enim totum sceleratum et impium –, qui deliberant, utrum id sequantur, quod honestum
esse videant, an se scientes scelere contaminent; in ipsa enim
dubitatione facinus inest, etiamsi ad id non pervenerint. Ergo
ea deliberanda omnino non sunt, in quibus est turpis ipsa deliberatio.

hatte, eine Schändlichkeit beigemischt ist, so ist nicht etwa
der Nutzen aufzugeben, sondern zu erkennen, dort könne kein
Nutzen sein, wo Schändlichkeit ist. Wenn aber nichts so gegen
die Natur ist wie Schändlichkeit – Rechtes nämlich, mit der
Natur Übereinstimmendes und in sich Beständiges verlangt
die Natur und weist ihr Gegenteil zurück – und nichts so gemäß der Natur wie Nützlichkeit, können gewiß in derselben
Sache nicht Nützlichkeit und Schändlichkeit sein. Ebenso:
Wenn wir zum Ehrenvollen geboren sind und dies entweder
allein erstrebenswert ist, wie es Zeno schien, oder wenigstens
als um alles Gewicht schwerer zu gelten hat als alles übrige, wie
Aristoteles entscheidet, so ist notwendig, was ehrenvoll ist,
entweder das einzige oder das höchste Gut; was aber gut ist,
das ist sicherlich nützlich; demnach ist alles, was ehrenvoll ist,
nützlich. 36. Darum scheidet der Irrtum ruchloser Menschen,
hat er etwas, was nützlich schien, an sich gerissen, das sogleich
vom Ehrenvollen. Daher entspringen Mord, daher Gift, daher
gefälschte Testamente, daher Diebstähle, Unterschlagungen,
Ausplünderungen, Ausraubung von Bundesgenossen und Bürgern, daher die Begierde nach allzu großen Schätzen, unerträg-
licher Macht, schließlich auch in freien Staaten die nach Herrschaft, das Abscheulichste und Gemeinste, was sich ausdenken
läßt. Die Gewinne der Dinge nämlich sehen sie mit ihrem trü-
gerischen Urteil; die Strafe, ich meine nicht die der Gesetze,
die sie oft durchbrechen, sondern der Schändlichkeit an sich,
die am bittersten ist, sehen sie nicht. 37. Fort daher mit dieser
Art von Überlegenden – ist sie doch ganz verbrecherisch und
gottlos –, die überlegen, ob sie dem folgen sollen, was ehrenvoll
ist, wie sie sehen, oder ob sie sich wissend mit Verbrechen be-
flecken sollen. Im Zweifel schon liegt nämlich die Schandtat,
auch wenn sie nicht zu ihr gelangen. Also darf man das, wobei
schon die Überlegung schimpflich ist, überhaupt nicht erwägen.

(9) 38. Atque etiam ex omni deliberatione celandi et occultandi spes opinioque removenda est; satis enim nobis, si modo in philosophia aliquid profecimus, persuasum esse debet, si omnes deos hominesque celare possimus, nihil tamen avare, nihil iniuste, nihil libidinose, nihil incontinenter esse faciendum. Hinc ille Gyges inducitur a Platone, qui cum terra discessisset magnis quibusdam imbribus, descendit in illum hiatum aeneumque equum, ut ferunt fabulae, animadvertit, cuius in lateribus fores essent; quibus apertis corpus hominis mortui vidit magnitudine invisitata anulumque aureum in digito; quem ut detraxit, ipse induit – erat autem regius pastor –, tum in concilium se pastorum recepit. Ibi cum palam eius anuli ad palmam converterat, a nullo videbatur, ipse autem omnia videbat; idem rursus videbatur, cum in locum anulum inverterat. Itaque hac oportunitate anuli usus reginae stuprum intulit eaque adiutrice regem dominum interemit, sustulit quos obstare arbitrabatur, nec in his eum facinoribus quisquam potuit videre. Sic repente anuli beneficio rex exortus est Lydiae. Hunc igitur ipsum anulum si habeat sapiens, nihil plus sibi licere putet peccare, quam si non haberet; honesta enim bonis viris, non occulta quaeruntur. 39. Atque hoc loco philosophi quidam minime mali illi quidem, sed non satis acuti, fictam et commenticiam fabulam prolatam dicunt a Platone, quasi vero ille aut factum id esse aut fieri potuisse defendat. Haec est vis huius anuli et huius exempli: si nemo sciturus, nemo ne suspicaturus quidem sit, cum aliquid divitiarum, potentiae, domi-

38. Auch ist aus jeder Überlegung die Hoffnung, es zu verheimlichen und zu verbergen, und die Vorstellung davon fernzuhalten. Zur Genüge nämlich sollten wir, wofern wir in der
Philosophie auch nur etwas vorangekommen sind, überzeugt
sein, daß wir, auch wenn wir es vor allen Göttern und Menschen verheimlichen könnten, doch nichts habgierig, nichts
ungerecht, nichts nach unseren Gelüsten, nichts unbeherrscht
tun dürfen. Darum führt Plato den Gyges ein. Dieser stieg, als
die Erde durch gewaltige Regengüsse gerissen war, in jenen
Schlund und bemerkte, wie die Fabeln melden, ein ehernes
Roß, an dessen Flanken Türen waren. Als er sie öffnete, sah
er die Leiche eines Mannes von ungeschauter Größe und an
seinem Finger einen goldenen Ring. Wie er den abgezogen
hatte, steckte er ihn an – er war aber Hirt des Königs –, dann
begab er sich in den Kreis der Hirten zurück. Wenn er dort
die Fassung dieses Ringes zur Handfläche umdrehte, wurde
er von niemandem gesehen, selber aber sah er alles. Ebenso
wurde er wieder gesehen, wenn er den Ring an seinen Ort um-
gedreht hatte. Und so benutzte er die Gelegenheit des Ringes,
tat der Königin Gewalt an, tötete mit ihrer Unterstützung
den König, seinen Herrn, beseitigte, die er für hinderlich hielt,
und keiner konnte ihn bei diesen Untaten sehen. So wurde er
plötzlich dank des Ringes König von Lydien. Wenn nun der
Weise eben diesen Ring besäße, wäre ihm nach seiner Ansicht
nichts mehr erlaubt, als wenn er ihn nicht hätte. Ehrenvolles
nämlich, nicht Verstecktes wird von guten Männern erstrebt.
39. Und hier sagen manche Philosophen, die an sich keineswegs
schlecht, aber nicht recht scharfsinnig sind, eine unwahre und
erdichtete Geschichte sei hier von Plato vorgebracht worden,
gerade als ob jener sich dafür einsetzte, daß das geschehen
wäre oder hätte geschehen können. Dies ist nämlich die Bedeutung dieses Ringes und Exempels: wenn niemand wissen,
niemand nicht einmal vermuten könnte, wenn du etwas des

nationis, libidinis causa feceris, si id diis hominibusque futurum sit semper ignotum, sisne facturus? Negant id fieri posse. Quamquam potest id quidem, sed quaero, quod negant posse, id si posset, quidnam facerent. Urgent rustice sane. Negant enim posse et in eo perstant, hoc verbum quid valeat non vident. Cum enim quaerimus, si celare possint, quid facturi sint, non quaerimus, possintne celare, sed tamquam tormenta quaedam adhibemus, ut si responderint se impunitate proposita facturos, quod expediat, facinorosos se esse fateantur, si negent, omnia turpia per se ipsa fugienda esse concedant. Sed iam ad propositum revertamur.

(10) 40. Incidunt multae saepe causae, quae conturbent animos utilitatis specie, non, cum hoc deliberetur, relinquendane sit honestas propter utilitatis magnitudinem – nam id quidem improbum est –, sed illud, possitne id, quod utile videatur, fieri non turpiter. Cum Collatino collegae Brutus imperium abrogabat, poterat videri facere id iniuste; fuerat enim in regibus expellendis socius Bruti consiliorum et adiutor. Cum autem consilium hoc principes cepissent, cognationem Superbi nomenque Tarquiniorum et memoriam regni esse tollendam, quod erat utile, patriae consulere, id erat ita honestum, ut etiam ipsi Collatino placere deberet. Itaque utilitas valuit propter honestatem, sine qua ne utilitas quidem esse potuisset. 41. At in eo rege, qui urbem condidit, non item. Species enim uti-

Reichtums, der Macht, der Herrschaft, des Gelüstens wegen
tätest, wenn das Göttern und Menschen immer unbekannt
bleiben würde, würdest du es tun? Sie bestreiten, daß das geschehen könne. Freilich ist es möglich. Aber ich frage, wenn
es möglich wäre, was sie bestreiten, was sie denn dann tun würden. Sie bleiben freilich bäurisch hartnäckig. Sie bestreiten
nämlich, daß es möglich sei, und bestehen darauf; was das
Wort bedeutet, sehen sie nicht. Wenn wir nämlich fragen, was
sie tun würden, wenn sie es verheimlichen könnten, fragen
wir nicht, ob sie es verheimlichen können, sondern wir legen
hier gleichsam Daumenschrauben an, damit sie, antworten sie,
sie würden bei in Aussicht gestellter Straflosigkeit tun, was
nütze, bekennen, daß sie Schandbuben sind, sagen sie nein,
zugeben, daß alles Schändliche an sich zu fliehen sei. Aber kehren wir jetzt zum Thema zurück!

40. Oft treten viele Ursachen auf, die die Gemüter durch den
Anschein des Nutzens in Verwirrung bringen, nicht wenn man
dies in Erwägung zieht, ob man das Ehrenvolle aufgeben solle
wegen der Größe des Nutzens – denn das ist auf jeden Fall
schurkisch –, sondern jenes, ob das, was nützlich scheint, ohne
Schändlichkeit getan werden kann. Als Brutus seinem Kollegen Collatinus sein Amt abforderte, konnte es scheinen, als
täte er das zu Unrecht. War er doch bei der Vertreibung der
Könige der Verbündete des Brutus bei seinen Plänen und sein
Helfer gewesen! Da aber die führenden Männer diesen Beschluß gefaßt hatten, die Verwandtschaft des Superbus und
den Namen der Tarquinier sowie das Gedächtnis an das Königtum zu tilgen, war das, was nützlich war, nämlich für das Gemeinwesen Sorge zu tragen, derart ehrenvoll, daß es auch
Collatinus selber hätte richtig scheinen müssen. Daher hatte
der Nutzen Gewicht wegen des Ehrenvollen, ohne das er auch
nicht Nutzen hätte sein können. 41. Jedoch bei dem Könige,
der die Stadt gegründet hatte, nicht ebenso. Ein Aufleuchten

litatis animum pepulit eius; cui cum visum esset utilius solum quam cum altero regnare, fratrem interemit. Omisit hic et pietatem et humanitatem, ut id, quod utile videbatur neque erat, assequi posset, et tamen muri causam opposuit, speciem honestatis nec probabilem nec sane idoneam. Peccavit igitur, pace vel Quirini vel Romuli dixerim. 42. Nec tamen nostrae nobis utilitates omittendae sunt aliisque tradendae, cum his ipsi egeamus, sed suae cuique utilitati, quod sine alterius iniuria fiat, serviendum est. Scite Chrysippus, ut multa, 'qui stadium', inquit, 'currit, eniti et contendere debet quam maxime possit, ut vincat, supplantare eum, quicum certet, aut manu depellere nullo modo debet; sic in vita sibi quemque petere, quod pertineat ad usum, non iniquum est, alteri deripere ius non est.'

43. Maxime autem perturbantur officia in amicitiis, quibus et non tribuere, quod recte possis, et tribuere, quod non sit aequum, contra officium est. Sed huius generis totius breve et non difficile praeceptum est. Quae enim videntur utilia, honores, divitiae, voluptates, cetera generis eiusdem, haec amicitiae numquam anteponenda sunt. At neque contra rem publicam neque contra ius iurandum ac fidem amici causa vir bonus faciet, ne si iudex quidem erit de ipso amico; ponit enim personam amici, cum induit iudicis. Tantum dabit amicitiae, ut veram amici causam esse malit, ut orandae litis tempus, quoad per leges liceat, accommodet.

des Nutzens nämlich traf sein Gemüt. Da es ihm nützlicher
schien, allein als mit einem anderen zusammen König zu sein,
tötete er seinen Bruder. Er ließ Bruderliebe und Menschlichkeit beiseite, um das, was nützlich schien, aber es nicht war,
erreichen zu können; jedoch führte er als Entschuldigung die
Mauer dagegen an, einen Schein des Ehrenvollen, der freilich
weder zu billigen noch recht geeignet war. Er hat sich also vergangen, möchte ich behaupten, mit des Quirinus' oder Romulus' Vergebung. 42. Aber wir sollen unsere Vorteile nicht außer
acht lassen und nicht anderen übergeben, wenn wir ihrer selber
bedürfen, sondern jeder muß dem eigenen Nutzen, soweit
es ohne Unrecht an dem anderen geschieht, dienen. Hübsch
sagt, wie vieles, Chrysipp: «Wer die Rennbahn läuft, muß sich
anstrengen und anspannen, so sehr er kann, um zu siegen; dem,
mit dem er kämpft, ein Bein stellen oder ihn mit der Hand zu-
rückstoßen darf er auf keinen Fall. So ist im Leben, wenn jeder
nach dem trachtet, was für seine Bedürfnisse wichtig ist, dies
nicht unbillig; dem anderen es zu entreißen, ist nicht recht.»
43. Am meisten in Verwirrung geraten aber die Pflichten in
den Freundschaften. Ihnen nicht zu erweisen, was du mit
Recht könntest, und ihnen zu erweisen, was nicht billig sein
würde, ist gegen das rechte Handeln. Die Vorschrift aber für
diese ganze Art ist kurz und nicht schwierig. Was nämlich nützlich scheint, Ehren, Reichtum, Genüsse, das übrige dergleichen,
das darf nie der Freundschaft vorgezogen werden. Jedoch wird
ein guter Mann des Freundes wegen weder gegen das Gemeinwesen noch gegen Eid und Wort handeln, auch nicht, wenn er
Richter über den Freund selber sein sollte. Ab legt er nämlich
die Rolle des Freundes, wenn er die des Richters anlegt. Nur
soviel wird er der Freundschaft einräumen, daß er lieber will,
daß die Sache des Freundes wahr ist, daß er ihm die Zeit, seine
Sache zu vertreten, soweit es durch die Gesetze erlaubt ist,
günstig legt.

44. Cum vero iurato sententia dicendast, meminerit deum
se adhibere testem, id est, ut ego arbitror, mentem suam, qua
nihil homini dedit deus ipse divinius. Itaque praeclarum a
maioribus accepimus morem rogandi iudicis, si eum teneremus,
'quae salva fide facere possit'. Haec rogatio ad ea pertinet, quae
paulo ante dixi honeste amico a iudice posse concedi. Nam si
omnia facienda sint, quae amici velint, non amicitiae tales, sed
coniurationes putandae sint. 45. Loquor autem de communibus amicitiis; nam in sapientibus viris perfectisque nihil potest
esse tale. Damonem et Phintiam Pythagoreos ferunt hoc animo
inter se fuisse, ut, cum eorum alteri Dionysius tyrannus diem
necis destinavisset et is, qui morti addictus esset, paucos sibi
dies commendandorum suorum causa postulavisset, vas factus
est alter eius sistendi, ut si ille non revertisset, moriendum
esset ipsi. Qui cum ad diem se recepisset, admiratus eorum
fidem tyrannus petivit, ut se ad amicitiam tertium adscribe-
rent. 46. Cum igitur id, quod utile videtur in amicitia, cum
eo, quod honestum est, comparatur, iaceat utilitatis species,
valeat honestas. Cum autem in amicitia, quae honesta non
sunt, postulabuntur, religio et fides anteponatur amicitiae; sic
habebitur is, quem exquirimus dilectus officii.

44. Wenn er aber unter Eid seine Meinung sagen muß, soll er daran denken, daß er Gott zum Zeugen nimmt, das heißt, wie ich meine, seine Überzeugung, das Göttlichste, das der Gott selber dem Menschen gegeben hat. Daher haben wir die vortreffliche Sitte von den Vorfahren übernommen, wenn wir sie nur innehielten, den Richter um das zu bitten,

Was er guten Gewissens tun könnte.

Diese Forderung erstreckt sich auf das, was, wie ich eben vorher sagte, dem Freunde vom Richter mit Anstand zugestanden werden kann. Denn wenn man alles tun müßte, was die Freunde wollen, so müßte man so etwas nicht für Freundschaften, sondern für Verschwörungen halten. 45. Ich spreche aber von den allgemeinen Freundschaften. Denn bei weisen und vollkommenen Männern kann Derartiges nicht vorkommen. Die Pythagoreer Damon und Phintias, erzählt man, waren so unter sich gesinnt, daß, als der Tyrann Dionys dem einen von ihnen den Tag der Hinrichtung bestimmt hatte und der, der dem Tode geweiht war, sich wenige Tage ausgebeten hatte, die Seinen dem Schutze der Freunde zu empfehlen, der andere sich für sein Erscheinen zum Termin verbürgte, unter der Bedingung, daß er selber sterben müsse, wenn jener nicht zurückkehrte. Als dieser sich zum Termin zurückbegeben hatte, verwunderte sich der Tyrann über ihre Treue und bat darum, ihn als dritten in ihre Freundschaft aufzunehmen. 46. Wenn also das, was nützlich scheint, in der Freundschaft mit dem, was ehrenvoll ist, verglichen wird, soll der Schein des Nutzens ohne Bedeutung sein, Gewicht haben das Ehrenvolle. Wenn aber in der Freundschaft etwas gefordert wird, was nicht ehrenvoll ist, sollen der Freundschaft Bedenken und Verläßlichkeit vorangehen. So soll die Wahl des rechten Handelns, das wir erforschen, getroffen werden.

(11) Sed utilitatis specie in republica saepissime peccatur, ut in Corinthi disturbatione nostri; durius etiam Athenienses, qui sciverunt, ut Aeginetis, qui classe valebant, pollices praeciderentur. Hoc visum est utile; nimis enim imminebat propter propinquitatem Aegina Piraeo. Sed nihil, quod crudele, utile; est enim hominum naturae, quam sequi debemus, maxima inimica crudelitas. 47. Male etiam, qui peregrinos urbibus uti prohibent eosque exterminant, ut Pennus apud patres nostros, Papius nuper. Nam esse pro cive, qui civis non sit, rectum est non licere, quam legem tulerunt sapientissimi consules Crassus et Scaevola. Usu vero urbis prohibere peregrinos, sane inhumanum est. Illa praeclara, in quibus publicae utilitatis species prae honestate contemnitur. Plena exemplorum est nostra res publica cum saepe, tum maxime bello Punico secundo, quae Cannensi calamitate accepta maiores animos habuit quam unquam rebus secundis; nulla timoris significatio, nulla mentio pacis. Tanta vis est honesti, ut speciem utilitatis obscuret. 48. Athenienses cum Persarum impetum nullo modo possent sustinere statuerentque, ut urbe relicta, coniugibus et liberis Troezene depositis, naves conscenderent libertatemque Graeciae classe defenderent, Cyrsilum quendam suadentem, ut in urbe manerent Xerxemque reciperent, lapidibus obruerunt. Atque ille utilitatem sequi videbatur, sed ea nulla erat repugnante honestate. 49. Themistocles post victoriam eius belli, quod cum Persis fuit, dixit in contione se habere consilium rei publicae salutare, sed id sciri non opus esse; postulavit, ut

Aber unter dem Schein des Nutzens begeht man im Staatsleben am öftesten Fehler, wie die Unseren bei der Zerstörung
Korinths. Grausamer noch die Athener, die beschlossen, daß
den Ägineten, die durch ihre Flotte mächtig waren, die Dau-
men abgehackt würden. Das schien nützlich. Allzu sehr nämlich drohte Ägina wegen der Nähe dem Piräus. Aber nichts,
was grausam ist, ist nützlich. Ist doch der Menschennatur, der
wir folgen müssen, die Grausamkeit die größte Feindin. 47. Bös
handeln auch die, welche die Fremden sich der Städte zu bedienen hindern und sie ausweisen, wie Pennus bei unseren Vätern, Papius vor nicht langer Zeit. Denn daß es nicht erlaubt
ist, daß einer an Bürgers Statt ist, der nicht Bürger ist, ist
richtig, ein Gesetz, das die hochweisen Konsuln Crassus und
Scaevola eingebracht haben. An der Benutzung der Stadt aber
die Fremden zu hindern, ist wirklich unmenschlich. Das ist
vielmehr rühmlich, bei dem der Schein eines öffentlichen Nutzens im Vergleich zur Ehrenhaftigkeit geringgeschätzt wird.
Voll der Beispiele ist unser Gemeinwesen, so ganz besonders
im Zweiten Punischen Kriege. Es hat nach dem Unglück bei
Cannae größeren Mut gehabt als je im Glück. Kein Anzeichen
von Furcht, kein Wort vom Frieden! So gewaltig ist die Macht
des Ehrenvollen, daß sie den Schein des Nutzens verdunkelt.
48. Als die Athener den Ansturm der Perser auf keine Weise mehr
aushalten konnten und beschlossen, die Stadt zu verlassen, die
Frauen und Kinder in Troizen unterzubringen, die Schiffe zu
besteigen und die Freiheit Griechenlands mit der Flotte zu
verteidigen, haben sie einen Kyrsilos, der riet, man solle in der
Stadt bleiben und Xerxes aufnehmen, gesteinigt. Er schien
dem Nutzen zu folgen, aber es war keiner, da die Ehre dage-
genstand. 49. Themistokles sagte in der Volksversammlung
nach dem Sieg im Krieg, den sie mit den Persern führten, er
habe einen für den Staat heilsamen Plan, aber es sei nicht dienlich, daß man ihn wisse. Er forderte, das Volk solle jemanden

aliquem populus daret, quicum communicaret; datus est Aristides. Huic ille, classem Lacedaemoniorum, quae subducta
esset ad Gytheum, clam incendi posse, quo facto frangi Lacedaemoniorum opes necesse esset. Quod Aristides cum audisset,
in contionem magna exspectatione venit dixitque perutile esse
consilium, quod Themistocles adferret, sed minime honestum.
Itaque Athenienses, quod honestum non esset, id ne utile quidem putaverunt totamque eam rem, quam ne audierant quidem, auctore Aristide repudiaverunt. Melius hi quam nos, qui
piratas immunes, socios vectigales habemus.

(12) Maneat ergo, quod turpe sit, id numquam esse utile,
ne tum quidem, cum id, quod utile esse putes, adipiscare; hoc
enim ipsum, utile putare quod turpe sit, calamitosum est.
50. Sed incidunt, ut supra dixi, saepe causae, cum repugnare
utilitas honestati videatur, ut animadvertendum sit, repugnet-
ne plane an possit cum honestate coniungi. Eius generis hae sunt
quaestiones: si exempli gratia vir bonus Alexandrea Rhodum
magnum frumenti numerum advexerit in Rhodiorum inopia
et fame summaque annonae caritate, si idem sciat complures
mercatores Alexandrea solvisse navesque in cursu frumento
onustas petentes Rhodum viderit, dicturusne sit id Rhodiis
an silentio suum quam plurimo venditurus? Sapientem et bonum virum fingimus; de eius deliberatione et consultatione
quaerimus, qui celaturus Rhodios non sit, si id turpe iudicet,
sed dubitet, an turpe non sit. 51. In huiusmodi causis aliud
Diogeni Babylonio videri solet, magno et gravi Stoico, aliud

geben, dem er ihn mitteile. Gegeben wurde ihm Aristides. Ihm
sagte jener, die Flotte der Spartaner, die bei Gytheon an Land
gezogen sei, könne heimlich angezündet werden, wodurch die
Macht der Spartaner notwendig gebrochen werden müsse.
Als das Aristides gehört hatte, kam er unter großer Erwartung
in die Volksversammlung und sagte, der Plan, den Themistokles vorschlüge, sei sehr nützlich, aber sehr wenig anstän-
dig. Daher hielten die Athener, was nicht ehrenvoll sei, auch
nicht für nützlich und haben diese ganze Sache, die sie nicht
einmal gehört hatten, auf Veranlassung des Aristides zurück-
gewiesen. Besser sie als wir, die wir die Seeräuber ungeschoren
lassen, die Bundesgenossen tributpflichtig halten.

Also soll bestehen bleiben, daß, was schändlich ist, nie nützlich sein kann, auch dann nicht, wenn du das, was du für nützlich hältst, erreichst. Denn eben dies, für nützlich zu halten,
was schändlich ist, ist verderblich. 50. Aber es treten, wie ich
oben sagte, häufig Lagen ein, wo der Nutzen dem Ehrenvollen
zu widerstreiten scheint, so daß man sein Augenmerk darauf
haben muß, ob er völlig widerstreitet oder ob er mit dem
Ehrenvollen sich vereinigen läßt. Dieser Art sind folgende
Probleme: wenn beispielsweise ein guter Mann aus Alexandria nach Rhodos eine große Menge Getreide geführt hat bei
einer großen Hungersnot der Rhodier und der größten Teuerung des Getreides und weiß, daß mehrere Kaufleute aus Alexandria Anker gelöst haben, und gesehen hat, wie die Schiffe
auf ihrer Fahrt mit Getreide beladen nach Rhodos steuern,
wird er das dann den Rhodiern sagen, oder wird er stillschwei-
gend seines so teuer wie möglich verkaufen? Wir stellen uns
einen weisen und guten Mann vor. Über dessen Überlegung
und Erwägung suchen wir ins klare zu kommen, der es den
Rhodiern nicht verheimlichen würde, wenn er es für schändlich erachtete, aber zweifelt, ob es schändlich ist. 51. In Fällen
dieser Art pflegt Diogenes der Babylonier, ein großer und be-

Antipatro, discipulo eius, homini acutissimo; Antipatro omnia patefacienda, ut ne quid omnino, quod venditor norit,
emptor ignoret, Diogeni venditorem, quatenus iure civili constitutum sit, dicere vitia oportere, cetera sine insidiis agere et,
quoniam vendat, velle quam optime vendere. 'Advexi, expo-
sui, vendo meum non pluris, quam ceteri, fortasse etiam minoris, cum maior est copia; cui fit iniuria?' 52. Exoritur Anti-
patri ratio ex altera parte: 'Quid ais? tu, cum hominibus consulere debeas et servire humanae societati eaque lege natus sis
et ea habeas principia naturae, quibus parere et quae sequi debeas, ut utilitas tua communis sit utilitas vicissimque communis utilitas tua sit, celabis homines, quid iis adsit commoditatis et copiae?' Respondebit Diogenes fortasse sic: 'Aliud est
celare, aliud tacere, neque ego nunc te celo, si tibi non dico,
quae natura deorum sit, qui sit finis bonorum, quae tibi plus
prodessent cognita quam tritici vilitas. Sed non, quicquid tibi
audire utile est, idem mihi dicere necesse est.' 53. 'Immo vero
[inquiet ille] necesse est, si quidem meministi esse inter homines natura coniunctam societatem.' 'Memini', inquiet ille,
'sed num ista societas talis est, ut nihil suum cuiusque sit?
Quod si ita est, ne vendendum quidem quicquam est, sed do-
nandum.'

(13) Vides in hac tota disceptatione non illud dici 'quamvis
hoc turpe sit, tamen, quoniam expedit, faciam', sed ita expedire, ut turpe non sit, ex altera autem parte, ea re, quia turpe

deutender Stoiker, anders zu entscheiden, anders Antipater, sein Schüler, ein überaus scharfsinniger Mann. Antipater sagt, alles müsse offen dargelegt werden, damit dem Käufer nichts unbekannt sei, was der Verkäufer wisse, Diogenes, daß der Verkäufer, soweit es im bürgerlichen Recht festgesetzt sei, die Mängel sagen, im übrigen ohne Hinterlist vorgehen und, da er ja verkaufe, so gut wie möglich verkaufen wollen müsse: «Ich habe eingeführt, ausgestellt, ich verkaufe meines nicht teurer als die übrigen, vielleicht sogar billiger, weil die Menge größer ist. Wem geschieht Unrecht?» 52. Da erhebt sich der Gedankengang des Antipater auf der anderen Seite: «Was sagst du? Obwohl du für den Menschen sorgen müßtest und der menschlichen Gesellschaft dienen, obwohl du unter dem Gesetz geboren bist und dies als Grundzug deines Wesens hast, dem du gehorchen und folgen mußt, daß dein Nutzen der allgemeine und wieder der allgemeine dein Nutzen sei, willst du Menschen verheimlichen, was sie an Vorteilen und Fülle da haben?» Diogenes wird vielleicht so antworten: «Etwas anderes ist verheimlichen, etwas anderes verschweigen, und ich verheimliche es dir jetzt nicht, wenn ich dir nicht sage, was das Wesen der Götter, was das Höchste der Güter ist, was dir zu wissen noch mehr nützen würde, als der niedrige Preis von Getreide. Aber was dir zu hören nützlich ist, ist mir nicht auch zu sagen notwendig.» 53. «Doch ist es notwendig, wenigstens wenn du daran denkst, daß unter den Menschen von Natur eine Gesellschaft geknüpft ist.» «Ich denke daran», wird jener sagen, «aber ist etwa diese Gesellschaft so beschaffen, daß nichts eines jeden Eigentum ist? Wenn es so ist, dann darf auch nichts verkauft werden, sondern nur geschenkt.»

Du siehst bei dieser ganzen Erörterung, daß nicht jenes gesagt wird: obwohl dies schändlich ist, werde ich es doch tun, weil es nützlich ist, sondern daß es in der Weise nütze, daß es nicht schändlich ist, auf der anderen Seite aber, daß man es

sit, non esse faciendum. 54. Vendat aedes vir bonus, propter
aliqua vitia, quae ipse norit, ceteri ignorent, pestilentes sint
et habeantur salubres, ignoretur in omnibus cubiculis apparere
serpentes, ⟨sint⟩ male materiatae et ruinosae, sed hoc praeter
dominum nemo sciat; quaero, si haec emptoribus venditor non
dixerit aedesque vendiderit pluris multo, quam se venditurum
putarit, num id iniuste aut improbe fecerit? 'Ille vero' inquit
Antipater. 'Quid est enim aliud erranti viam non monstrare,
quod Athenis execrationibus publicis sanctum est, si hoc non
est, emptorem pati ruere et per errorem in maximam fraudem
incurrere. Plus etiam est quam viam non monstrare, nam est
scientem in errorem alterum inducere.' 55. Diogenes contra
'Num te emere coegit, qui ne hortatus quidem est? Ille, quod
non placebat, proscripsit, tu quod placebat, emisti. Quod si
qui proscribunt villam bonam beneque aedificatam non existimantur fefellisse, etiam si illa nec bona est nec aedificata ratione, multo minus, qui domum non laudarunt. Ubi enim iudicium emptoris est, ibi fraus venditoris quae potest esse? Sin
autem dictum non omne praestandum est, quod dictum non
est, id praestandum putas? Quid vero est stultius quam venditorem eius rei, quam vendat, vitia narrare? Quid autem tam
absurdum quam si domini iussu ita praeco praedicet: «domum
pestilentem vendo?»' 56. Sic ergo in quibusdam causis dubiis
ex altera parte defenditur honestas, ex altera ita de utilitate dicitur, ut id, quod utile videatur, non modo facere honestum

darum nicht tun dürfe, weil es schändlich sei. 54. Es soll ein guter Mann sein Haus verkaufen wegen irgendwelcher Fehler,
die er selber kennt, die übrigen nicht kennen, es soll verseucht
sein und für gesund gelten, man soll nicht wissen, daß sich in
allen Schlafgemächern Schlangen zeigen, ⟨es soll⟩ aus schlechtem Holzwerk und baufällig ⟨sein⟩, aber niemand außer dem
Besitzer soll es wissen. Ich frage, wenn dies der Verkäufer den
Käufern nicht gesagt hat und das Haus viel teurer verkauft
hat als er hoffte, es zu verkaufen, ob er dann unrecht oder
schurkisch gehandelt hat. «Ja», sagt Antipater, «was ist es
denn anderes, einem Irrenden den Weg nicht zu zeigen, was in
Athen durch öffentliche Verfluchungen verpönt ist, wenn es
dies nicht ist, einen Käufer stürzen und aus Irrtum in die größte
Falle laufen zu lassen? Es ist sogar noch mehr, als die Straße
nicht zu zeigen. Denn es ist wissend den anderen in einen Irrtum führen.» 55. Diogenes dagegen: «Hat er dich etwa zu kaufen gezwungen, da er dich doch nicht einmal aufgefordert hat?
Er hat zum Verkauf gestellt, was ihm nicht gefiel, du hast gekauft, was dir gefiel. Wenn aber die, welche ein gutes und
schön gebautes Haus ausschreiben, nicht in dem Ruf stehen,
getäuscht zu haben, auch wenn jenes nicht gut noch vernünftig gebaut ist, dann doch noch viel weniger die, die ihr Haus
nicht gelobt haben. Wo nämlich der Käufer die Entscheidung
hat, welcher Betrug kann dort beim Verkäufer sein? Wenn
aber nicht für alles, was gesagt ist, eingestanden werden muß,
glaubst du dann, es müsse für das, was nicht gesagt worden
ist, eingestanden werden? Was aber ist törichter, als daß der
Verkäufer die Mängel der Sache, die er verkaufen will, erzählt?
Was ist so verkehrt, als wenn auf Befehl des Besitzers der Ausrufer verkündet: ich habe ein verseuchtes Haus zu verkaufen?»
56. So also wird in gewissen zweifelhaften Fällen auf der einen
Seite das Ehrenvolle verteidigt, auf der anderen so über den
Nutzen gesprochen, daß das, was nützlich ist, nicht nur zu tun

sit, sed etiam non facere turpe. Haec est illa, quae videtur uti-
lium fieri cum honestis saepe dissensio. Quae diiudicanda sunt;
non enim, ut quaereremus, exposuimus, sed ut explicaremus.
57. Non igitur videtur nec frumentarius ille Rhodios nec hic
aedium venditor celare emptores debuisse. Neque enim id est
celare, quicquid reticeas, sed cum, quod tu scias, id ignorare
emolumenti tui causa velis eos, quorum intersit id scire. Hoc
autem celandi genus quale sit et cuius hominis, quis non videt?
Certe non aperti, non simplicis, non ingenui, non iusti, non
viri boni, versuti potius, obscuri, astuti, fallacis, malitiosi, callidi, veteratoris, vafri. Haec tot et alia plura nonne inutile est
vitiorum subire nomina?

(14) 58. Quod si vituperandi qui reticuerunt, quid de iis
existimandum est, qui orationis vanitatem adhibuerunt?
C. Canius, eques Romanus, nec infacetus et satis litteratus,
cum se Syracusas otiandi, ut ipse dicere solebat, non negotiandi
causa contulisset, dictitabat se hortulos aliquos emere velle,
quo invitare amicos et ubi se oblectare sine interpellatoribus
posset. Quod cum percrebuisset, Pythius ei quidam, qui argen-
tariam faceret Syracusis, venales quidem se hortos non habere,
sed licere uti Canio, si vellet, ut suis, et simul ad cenam
hominem in hortos invitavit in posterum diem. Cum ille
promisisset, tum Pythius, qui esset ut argentarius apud omnes
ordines gratiosus, piscatores ad se convocavit et ab iis petivit,

ehrenvoll ist, sondern sogar es nicht zu tun schimpflich. Das
ist jener Widerstreit, der häufig zwischen dem Nützlichen und
dem Ehrenvollen einzutreten scheint. Das muß entschieden
werden. Denn nicht, um Fragen aufzuwerfen haben wir es aus-
einandergelegt, sondern um es klarzumachen. 57. Es hätte also,
wie wir meinen, weder jener Getreidehändler den Rhodiern
noch dieser Hausverkäufer es den Käufern verheimlichen dürfen. Denn nicht alles, was du verschweigst, ist verheimlichen,
sondern wenn du um deines Gewinnes willen willst, daß die,
denen daran gelegen ist es zu wissen, nicht wissen, was
du weißt. Diese Art aber des Verheimlichens, wer sieht
nicht, wie geartet sie ist und zu welchem Menschen gehörig?
Sicherlich nicht zu einem offenen, geraden, freien, gerechten,
einem guten Manne, sondern vielmehr einem dunklen, heimlichen, schlauen, betrügerischen, arglistigen, raffinierten,
routinierten und pfiffigen. Diese so große Menge und noch
anderes mehr an Lastertiteln auf sich zu laden, ist das nicht
undienlich?

58. Wenn aber die getadelt werden müssen, die etwas ver-
schwiegen haben, was soll man dann zu denen meinen, die noch
Verlogenheit der Rede beigezogen haben? Gaius Canius, römischer Ritter, nicht ohne Witz und recht gebildet, ließ häufig
die Bemerkung fallen, als er sich, um sich zu erholen, wie er zu
sagen pflegte, nicht um Geschäfte zu machen, nach Syrakus
begeben hatte, er wolle irgendein Anwesen mit Geld kaufen,
wo er die Freunde einladen und sich ohne Störung ergötzen
könnte. Als das bekannt wurde, sagte ihm ein Mann namens
Pythius, der in Syrakus das Wechslergeschäft betrieb, verkäuf-
lich habe er zwar seinen Garten nicht, aber Canius dürfe sich
seiner bedienen, wenn er wolle, wie eines eigenen, und zugleich
lud er den Mann zur Abendmahlzeit für den folgenden Tag in
seinen Garten ein. Als jener zugesagt hatte, rief Pythius, der
als Bankier bei allen Ständen Einfluß hatte, die Fischer zu sich,

ut ante suos hortulos postridie piscarentur, dixitque quid eos
facere vellet. Ad cenam tempori venit Canius; opipare a Pythio
adparatum convivium, cumbarum ante oculos multitudo, pro
se quisque, quod ceperat, adferebat; ante pedes Pythii pisces
abiciebantur. 59. Tum Canius 'quaeso', inquit, 'quid est hoc,
Pythi? tantumne piscium? tantumne cumbarum?' Et ille 'quid
mirum?' inquit, 'hoc loco est Syracusis quidquid est piscium,
hic aquatio, hac villa isti carere non possunt.' Incensus Canius
cupiditate contendit a Pythio, ut venderet. Gravate ille primo.
Quid multa? impetrat. Emit homo cupidus et locuples tanti,
quanti Pythius voluit, et emit instructos. Nomina facit, negotium conficit. Invitat Canius postridie familiares suos, venit
ipse mature, scalmum nullum videt. Quaerit ex proximo vi-
cino, num feriae quaedam piscatorum essent, quod eos nullos
videret. 'Nullae, quod sciam', ille [inquit], 'sed hic piscari nulli
solent. 60. Itaque heri mirabar, quid accidisset.' Stomachari
Canius, sed quid faceret? Nondum enim C. Aquilius, collega
et familiaris meus, protulerat de dolo malo formulas; in quibus
ipsis, cum ex eo quaereretur, quid esset dolus malus, respon-
debat, cum esset aliud simulatum, aliud actum. Hoc quidem
sane luculente, ut ab homine perito definiendi. Ergo et Pythius
et omnes aliud agentes, aliud simulantes perfidi, improbi, malitiosi. Nullum igitur eorum factum potest utile esse, cum sit
tot vitiis inquinatum.

(15) 61. Quod si Aquiliana definitio vera est, ex omni vita
simulatio dissimulatioque tollenda est. Ita nec ut emat melius

bat sie, sie sollten am anderen Tage vor seinem Garten fischen, und sagte ihnen, was er von ihnen getan zu sehen wünschte. Canius kam beizeiten zum Abendessen. Von Pythius war das Gastmahl prächtig zugerüstet, vor Augen lagen eine Menge Kähne, jeder brachte, was er gefangen hatte. Vor den Füßen des Pythius wurden die Fische hingeworfen. 59. Da sagte Canius: «Ich bitte dich, was ist das, Pythius? Soviel Fische? Soviel Kähne?» Und er darauf: «Was ist da merkwürdig? An dieser Stelle ist alles, was es in Syrakus an Fischen gibt, hier holt man das Wasser, dieses Anwesen können diese Leute nicht entbehren.» Brennend vor Begierde drang Canius auf Pythius ein, er solle verkaufen. Jener macht zunächst Umstände. Was soll ich viele Worte machen? Er setzt es durch. Der Mann, voll Begierde und begütert, kauft zu dem Preis, den Pythius wollte, und er kauft mit Zubehör. Er setzt die Namen ein, schließt das Geschäft ab. Am anderen Tage lädt Canius seine Freunde ein, kommt selber beizeiten und – siehe: kein Ruder. Er fragt den nächsten Nachbarn, ob die Fischer einen Feiertag hätten, weil er keine sähe. «Nein, soviel ich weiß», sagte jener, «aber hier pflegen keine zu fischen. 60. Daher wunderte ich mich gestern, was los wäre.» Canius wütet, aber was hätte er tun sollen? Hatte doch Gaius Aquilius, mein Kollege und Freund, noch nicht die Formeln über böswillige Täuschung bekanntgemacht! Auf die Frage, was böswillige Täuschung sei, antwortete er ihnen: wenn etwas anderes vorgespiegelt worden sei, etwas anderes aber betrieben. Das ist eindeutig und klar gesagt, wie von einem Mann, der sich aufs Definieren versteht. Also sind Pythius und alle, die etwas anderes betreiben, aber etwas anderes vorspiegeln, unredlich, schurkisch, arglistig. Keine Tat also von ihnen kann nützlich sein, da sie von so vielen Lastern besudelt ist.

61. Wenn aber die Definition des Aquilius wahr ist, ist aus dem ganzen Leben Vorspiegelung und Verstellung zu tilgen.

nec ut vendat quicquam simulabit aut dissimulabit vir bonus.
Atque iste dolus malus et legibus erat vindicatus, ut tutela
duodecim tabulis, circumscriptio adulescentium lege Plaetoria
et sine lege iudiciis, in quibus additur 'ex fide bona'. Reliquorum autem iudiciorum haec verba maxime excellunt: in arbi-
trio rei uxoriae 'melius aequius', in fiducia 'ut inter bonos bene
agier'. Quid ergo? aut in eo, 'quod melius aequius', potest ulla
pars inesse fraudis? aut cum dicitur 'inter bonos bene agier',
quicquam agi dolose aut malitiose potest? Dolus autem malus
in simulatione, ut ait Aquilius, continetur. Tollendum est igitur ex rebus contrahendis omne mendacium. Non inlicitato-
rem venditor, non qui contra se liceatur, emptor apponet.
Uterque, si ad eloquendum venerit, non plus quam semel elo-
quetur. 62. Quintus quidem Scaevola, Publi filius, cum postu-
lasset, ut sibi fundus, cuius emptor erat, semel indicaretur idque venditor ita fecisset, dixit se pluris aestumare; addidit
centum milia. Nemo est, qui hoc viri boni fuisse neget; sapientis negant, ut si minoris quam potuisset vendidisset. Haec igitur est illa pernicies, quod alios bonos alios sapientes existimant. Ex quo Ennius 'nequiquam sapere sapientem, qui ipse
sibi prodesse non quiret'. Vere id quidem, si, quid esset prodesse mihi cum Ennio conveniret. 63. Hecatonem quidem Rho-
dium, discipulum Panaetii, video in iis libris, quos de officio
scripsit Q. Tuberoni, dicere, sapientis esse nihil contra mores,

So wird ein guter Mann weder um besser zu kaufen noch zu verkaufen etwas vorspiegeln oder vertuschen. Und diese böswillige Täuschung war auch in den Gesetzen unter Strafe gestellt, wie Vormundschaft durch die zwölf Tafeln, die Übervor-
teilung der Minderjährigen nach dem Plaetorischen Gesetz und
in den Prozessen ohne Gesetz, bei denen hinzugefügt wird:
«nach gutem Glauben». Bei den übrigen Prozessen aber ragen
folgende Worte besonders hervor: in der Entscheidung über
das Vermögen der Frau «besser und billiger», bei Treuabrede
«als unter Guten gut handeln». Wie also? Kann in dem, was
«besser und billiger», irgendein Stück Betrug stecken? Oder
kann, wenn es heißt «unter Guten gut handeln», irgendwie
tückisch oder arglistig vorgegangen werden? Böswillige Täuschung aber besteht, wie Aquilius sagt, in Vorspiegelung. Fernzuhalten ist also bei Abmachungen jegliche Lüge. Nicht wird
der Verkäufer einen Scheinkäufer anstiften, nicht der Käufer
einen, der gegen ihn bietet. Wenn beide zur Preisbestimmung
kommen, werden sie ihn nicht mehr als einmal bestimmen.
62. Als jedenfalls Quintus Scaevola, der Sohn des Publius, die
Forderung gestellt hatte, daß ihm ein Grundstück, dessen
Käufer er war, einmal beurteilt würde und der Verkäufer so
getan hatte, sagte er, er schätze es höher ein. Er legte hundert
Tausend zu. Es gibt niemanden, der bestritte, daß das Art
eines guten Mannes war. Daß es das Tun eines weisen Mannes
war, bestreiten sie, wie auch, wenn er billiger verkauft hätte,
als er hätte können. Das ist also jenes Verderben, daß man andere für gut, andere für weise hält. Weswegen Ennius sagt:
«Keineswegs sei weise der Weise, der sich selbst nicht nützen
könne!» Richtig, wenn ich mit Ennius darin übereinstimmte,
was nützlich ist. 63. Hekaton von Rhodos jedenfalls, Schüler
des Panaitios, sagt, wie ich sehe, in den Büchern, die er an
Quintus Tubero über das rechte Handeln geschrieben hat, es
sei Aufgabe des Weisen, ohne etwas gegen die Sitten, Gesetze,

leges, instituta facientem habere rationem rei familiaris. Neque
enim solum nobis divites esse volumus, sed liberis, propinquis,
amicis maximeque rei publicae. Singulorum enim facultates et
copiae divitiae sunt civitatis. Huic Scaevolae factum, de quo
paulo ante dixi, placere nullo modo potest. Etenim omnino
tantum se negat facturum compendii sui causa, quod non liceat.
Huic nec laus magna tribuenda nec gratia est. 64. Sed sive et
simulatio et dissimulatio dolus malus est, perpaucae res sunt,
in quibus non dolus malus iste versetur, sive vir bonus est is,
qui prodest quibus potest, nocet nemini, certe istum virum
bonum non facile reperimus. Numquam igitur est utile peccare, quia semper est turpe, et, quia semper est honestum virum bonum esse, semper est utile.

(16) 65. Ac de iure quidem praediorum sanctum apud nos
est iure civili, ut in iis vendendis vitia dicerentur, quae nota
essent venditori. Nam cum ex duodecim tabulis satis esset ea
praestari, quae essent lingua nuncupata, quae qui infitiatus
esset, dupli poenam subiret, a iuris consultis etiam reticentiae
poena est constituta. Quidquid enim est in praedio vitii, id
statuerunt, si venditor sciret, nisi nominatim dictum esset,
praestari oportere. 66. Ut, cum in arce augurium augures acturi
essent iussissentque T. Claudium Centumalum, qui aedes in
Caelio monte habebat, demoliri ea, quorum altitudo officeret
auspiciis, Claudius proscripsit insulam [vendidit], emit P. Calpurnius Lanarius. Huic ab auguribus illud idem denuntiatum

Einrichtungen zu tun, sich um sein Vermögen zu kümmern.
Denn wir wollen nicht allein für uns reich sein, sondern für
unsere Kinder, Verwandten, Freunde und besonders für das
Gemeinwesen. Der einzelnen Möglichkeiten und Mittel nämlich sind die Reichtümer des Staates. Ihm kann die Handlung
Scaevolas, von der ich eben sprach, auf keine Weise gefallen.
Denn er sagte, er werde überhaupt nur soviel seines Vorteils
wegen nicht tun, soweit es verboten sei. Dem gebührt weder
großes Lob noch Dank. 64. Sondern wenn sowohl Vorspiegelung wie Verstellung böswillige Täuschung ist, gibt es nur
wenige Dinge, in denen diese böswillige Täuschung nicht eine
Rolle spielt, und wenn nur der ein guter Mann ist, der nützt,
wem er kann, niemandem aber schadet, finden wir diesen guten Mann sicherlich nicht leicht. Nie ist es also nützlich, sich
zu vergehen, weil es immer schimpflich ist; und weil es immer
ehrenvoll ist, ein guter Mann zu sein, ist es immer nützlich.

65. Und betreffs des Grundstückrechtes jedenfalls ist bei uns
durch das bürgerliche Recht festgesetzt, daß bei Verkauf die
Mängel gesagt werden sollen, die den Verkäufern bekannt sind.
Denn während es nach den zwölf Tafeln genug war, für das
einzustehen, was ausdrücklich gesagt worden sei, und der, der
das nicht anerkannte, um das Doppelte gestraft sein sollte, ist
von den Rechtsgelehrten auch eine Strafe für das Verschweigen bestimmt worden. Für alles nämlich, was es an einem
Grundstück an Mängeln gibt, müsse man, bestimmten sie,
wenn der Verkäufer es wüßte, einstehen, wenn es nicht ausdrücklich gesagt worden wäre. 66. Ein Beispiel: als die Auguren auf der Burg eine Vogelschau anstellen wollten und dem
Titus Claudius Centumalus, der sein Haus auf dem Caelius
hatte, befohlen hatten, das abzureißen, was durch seine Höhe
der Vogelschau die Sicht nahm, schrieb Claudius sein Haus
zum Verkauf aus. Publius Calpurnius Lanarius kaufte es. Diesem wurde von den Auguren dasselbe angekündigt. Als daher

est. Itaque Calpurnius cum demolitus esset cognossetque
Claudium aedes postea proscripsisse, quam esset ab auguribus
demoliri iussus, arbitrum illum adegit 'quidquid sibi dare facere oporteret ex fide bona'. M. Cato sententiam dixit, huius
nostri Catonis pater. Ut enim ceteri ex patribus, sic hic, qui
illud lumen progenuit, ex filio est nominandus. Is igitur iudex
ita pronuntiavit, cum in vendundo rem eam scisset et non pro-
nuntiasset, emptori damnum praestari oportere. 67. Ergo ad
fidem bonam statuit pertinere notum esse emptori vitium,
quod nosset venditor. Quod si recte iudicavit, non recte frumentarius ille, non recte aedium pestilentium venditor tacuit.
Sed huiusmodi reticentiae iure civili comprehendi non possunt;
quae autem possunt diligenter tenentur. M. Marius Gratidianus, propinquus noster, C. Sergio Oratae vendiderat aedes eas,
quas ab eodem ipse paucis ante annis emerat. Eae serviebant,
sed hoc in mancipio Marius non dixerat; adducta res in iudicium est. Oratam Crassus, Gratidianum defendebat Antonius.
Ius Crassus urgebat, 'quod vitii venditor non dixisset sciens,
id oportere praestari', aequitatem Antonius, 'quoniam id vitium ignotum Sergio non fuisset, qui illas aedes vendidisset,
nihil fuisse necesse dici nec eum esse deceptum, qui id, quod
emerat, quo iure esset, teneret'. Quorsus haec? Ut illud intellegas, non placuisse maioribus nostris astutos.

(17) 68. Sed aliter leges, aliter philosophi tollunt astutias;
leges, quatenus manu tenere possunt, philosophi, quatenus ra-

Calpurnius abgerissen und erfahren hatte, daß Claudius sein
Haus zum Verkauf ausgeschrieben hatte, nachdem er von den
Auguren den Befehl erhalten hatte, abzureißen, brachte er jenen
vor den Schiedsrichter nach der Formel «Was immer ihm zu
geben und zu tun nötig sei nach Treu und Glauben». Marcus
Cato fällte den Rechtsspruch, der Vater dieses unseres Cato.
Wie nämlich die übrigen nach den Vätern, so ist dieser, der
jenes Licht zeugte, nach dem Sohn zu benennen. Dieser also verkündete als Richter, weil er beim Verkauf die Sache gewußt und
nicht angegeben habe, müsse dem Käufer der Schaden erstattet
werden. 67. Also stellte er fest, daß es für Treu und Glauben
von Belang sei, daß dem Käufer der Mangel bekannt wäre, den
der Verkäufer kenne. Wenn er aber richtig urteilte, dann hat
jener Getreidehändler zu Unrecht, zu Unrecht auch der Verkäufer des verseuchten Hauses geschwiegen. Aber solche Fälle
von Verschweigen lassen sich durch das bürgerliche Recht
nicht fassen. Die sich aber fassen lassen, werden sorgfältig aufgegriffen. Marcus Marius Gratidianus, unser Verwandter,
hatte an Gaius Sergius Orata das Haus verkauft, das er seiner-
seits von ihm wenige Jahre vorher gekauft hatte. Auf ihm laste-
te eine Verpflichtung, aber das hatte Marius beim Kaufab-
schluß nicht gesagt. Die Sache wurde vor Gericht gebracht.
Crassus verteidigte Orata, Antonius Gratidianus. Crassus
drang auf strenges Recht: «Was an Mängeln der Verkäufer
trotz Wissens nicht gesagt hätte, dafür müsse eingestanden
werden», Antonius auf Billigkeit: «Da dieser Mangel dem Sergius wohlbekannt gewesen sei, der jenes Haus verkauft habe,
sei es nicht nötig gewesen, etwas zu sagen, und der sei nicht getäuscht worden, der wußte, in welcher Rechtslage sich das
befand, was er gekauft hatte.» Was soll das? Damit du erkennst:
Unseren Vorfahren haben nicht gefallen die Schlauen!

68. Aber anders räumen Gesetze, anders Philosophen die
schlauen Kniffe aus dem Wege. Die Gesetze, soweit sie sie mit

tione et intellegentia. Ratio ergo hoc postulat, ne quid insi-
diose, ne quid simulate, ne quid fallaciter. Suntne igitur insi-
diae tendere plagas, etiam si excitaturus non sis, nec agitatu-
rus? Ipsae enim ferae nullo insequente saepe incidunt. Sic tu
aedes proscribas, tabulam tamquam plagam ponas, [domum
propter vitia vendas] in eam aliquis incurrat inprudens?
69. Hoc quamquam video propter depravationem consuetudinis
neque more turpe haberi neque aut lege sanciri aut iure civili,
tamen naturae lege sanctum est. Societas est enim – quod etsi
saepe dictum est, dicendum est tamen saepius – latissime quidem quae pateat, omnium inter omnes, interior eorum, qui
eiusdem gentis sint, propior eorum, qui eiusdem civitatis. Itaque maiores aliud ius gentium, aliud ius civile esse voluerunt,
quod civile, non idem continuo gentium, quod autem gentium,
idem civile esse debet. Sed nos veri iuris germanaeque iustitiae
solidam et expressam effigiem nullam tenemus, umbra et ima-
ginibus utimur. Eas ipsas utinam sequeremur. Feruntur enim
ex optimis naturae et veritatis exemplis. 70. Nam quanti verba
illa: 'Uti ne propter te fidemve tuam captus fraudatusve sim!'
Quam illa aurea: 'Ut inter bonos bene agier oportet et sine
fraudatione.' Sed, qui sint boni et quid sit bene agi, magna quaestio est. Q. quidem Scaevola, pontifex maximus, summam vim
esse dicebat in omnibus iis arbitriis, in quibus adderetur 'ex
fide bona', fideique bonae nomen existimabat manare latissime,

Händen greifen können, die Philosophen, soweit mit Vernunft und Einsicht. Die Vernunft fordert dies: daß du nichts hinterlistig, nichts erheuchelt, nichts trügerisch tust. Ist es also ein Hinterhalt, ein Netz zu stellen, auch wenn du nicht aufscheuchen, nicht hetzen willst? Ja, denn auch die Tiere geraten häufig von selbst hinein, ohne daß jemand verfolgt. So sollst du ein Haus zum Verkauf ausschreiben, eine Tafel gleich einem Netz aufstellen, [sollst das Haus wegen seiner Fehler verkaufen] und einer soll arglos hineinlaufen? 69. Obwohl dies, wie ich sehe, wegen der Entstellung der Gewohnheiten weder nach der Sitte für schimpflich gilt noch durch das Gesetz oder bürgerliche Recht verpönt ist, ist es doch durch das Gesetz der Natur verboten. Es besteht nämlich eine Gesellschaft – ich habe es schon oft gesagt, es muß aber doch noch öfters gesagt werden –, die sich am weitesten erstreckt, aller untereinander, die innere derer, die desselben Volkes sind, eine noch nähere derer, die derselben Stadtgemeinde angehören. Daher haben die Vorfahren gewollt, daß ein anderes das Recht der Völker sei, ein anderes das Bürgerrecht. Das Bürgerrecht jedoch muß nicht sogleich auch Völkerrecht, das Völkerrecht aber zugleich auch Bürgerrecht sein. Aber wir haben keine feste und ausgeprägte Gestalt des wahren Rechts und der echten Gerechtigkeit: Schatten und Abbilder verwenden wir. Wenn wir doch diesen wenigstens folgten! Rühren sie doch her von den besten Mustern der Natur und der Wahrheit! 70. Denn wieviel wert sind doch jene Worte: «Daß ich nicht deiner und deines Wortes wegen getäuscht und betrogen bin!» Wie goldene Worte jene: «Daß als unter Guten muß recht gehandelt werden und ohne Betrügen!» Aber wer die Guten sind und was recht gehandelt ist, ist eine große Frage. Quintus Scaevola, der Oberpriester, sagte, die größte Bedeutung läge in allen den Schiedssprüchen, bei denen hinzugefügt würde «aus gutem Glauben», und er meinte, der Begriff des guten Glaubens habe die

idque versari in tutelis, societatibus, fiduciis, mandatis, rebus
emptis, venditis, conductis, locatis, quibus vitae societas contineretur; in iis magni esse iudicis statuere, praesertim cum in
plerisque essent iudicia contraria, quid quemque cuique praestare oporteret. 71. Quocirca astutiae tollendae sunt eaque
malitia, quae vult illa quidem videri se esse prudentiam, sed
abest ab ea distatque plurimum; prudentia est enim locata in
dilectu bonorum et malorum, malitia, si omnia, quae turpia
sunt, mala sunt, mala bonis ponit ante. Nec vero in praediis
solum ius civile ductum a natura malitiam fraudemque vindicat, sed etiam in mancipiorum venditione venditoris fraus omnis excluditur. Qui enim scire debuit de sanitate, de fuga, de
furtis, praestat edicto aedilium. Heredum alia causa est. 72. Ex
quo intellegitur, quoniam iuris natura fons sit, hoc secundum naturam esse, neminem id agere, ut ex alterius praedetur
inscitia. Nec ulla pernicies vitae maior inveniri potest quam
in malitia simulatio intellegentiae, ex quo ista innumerabilia
nascuntur, ut utilia cum honestis pugnare videantur. Quotus
enim quisque reperietur, qui impunitate et ignoratione omnium proposita abstinere possit iniuria.

(18) 73. Periclitemur, si placet, et in iis quidem exemplis, in
quibus peccari volgus hominum fortasse non putet. Neque
enim de sicariis, veneficis, testamentariis, furibus, peculatori-
bus hoc loco disserendum est, qui non verbis sunt et disputatione philosophorum, sed vinclis et carcere fatigandi, sed haec

weiteste Ausbreitung und spiele eine Rolle bei Vormund-
schaften, Gesellschaftsverträgen, vertrauensvollen Übergaben,
Aufträgen, gekauften und verkauften, gemieteten und ver-
mieteten Dingen, worin die Gesellschaft des Lebens bestehe.
Hierbei sei es Aufgabe eines großen Richters, zu bestimmen,
zumal da es bei den meisten Dingen Gegenklagen gibt, was
jeder einem jeden leisten müsse. 71. Darum sind schlaue Kniffe
fernzuhalten und die Arglist, die Klugheit scheinen möchte,
von ihr aber am weitesten entfernt und getrennt ist. Klugheit
liegt nämlich in der Wahl zwischen Gutem und Schlechtem,
Arglist zieht, wenn alles, was schimpflich ist, schlecht ist, das
Schlechte dem Guten vor. Aber nicht nur beim Grundbesitz
straft das bürgerliche Recht, von der Natur hergeleitet, Arglist und Betrug, sondern auch beim Verkauf von Sklaven wird
jeder Betrug der Verkäufer ausgeschlossen. Wer nämlich über
Gesundheit, Entlaufen, Diebstähle hat Bescheid wissen müssen, steht nach dem Edikt der Ädilen dafür ein. Ein anderer
Fall ist der der Erben. 72. Daraus erkennt man, da ja die Natur
der Quell des Rechtes ist, daß dies der Natur gemäß ist, daß
niemand darauf ausgeht, aus der Unwissenheit des anderen
Beute zu schlagen. Und es läßt sich kein größeres Verderben
für das Leben finden als bei Arglist Vortäuschen von Einsicht,
woraus diese unzähligen Fälle entspringen, daß das Nützliche
mit dem Ehrenvollen zu streiten scheint. Wie wenige lassen
sich doch finden, die, wenn Straflosigkeit und Unkenntnis
aller in Aussicht steht, sich des Unrechts enthalten können.

73. Lassen wir uns, wenn es recht ist, auf eine Prüfung auch
bei den Beispielen ein, bei denen die Masse der Menschen vielleicht nicht glaubt, daß man sich vergeht. Denn nicht über
Meuchelmörder, Giftmischer, Testamentsfälscher, Diebe, Ver-
untreuer ist hier zu sprechen, die nicht mit Worten und durch
die Erörterung der Philosophen, sondern durch Gefängnis und
Kerker zu entkräften sind, sondern wir wollen das erwägen,

consideremus, quae faciunt ii, qui habentur boni. L. Minuci
Basili locupletis hominis falsum testamentum quidam e Grae-
cia Romam attulerunt. Quod quo facilius obtinerent, scripse-
runt heredes secum M. Crassum et Q. Hortensium, homines
eiusdem aetatis potentissimos. Qui cum illud falsum esse su-
spicarentur, sibi autem nullius essent conscii culpae, alieni faci-
noris munusculum non repudiaverunt. Quid ergo? Satin est
hoc, ut non deliquisse videantur? Mihi quidem non videtur,
quamquam alterum vivum amavi, alterum non odi mortuum.
74. Sed cum Basilus M. Satrium sororis filium nomen suum
ferre voluisset eumque fecisset heredem – hunc dico patronum
agri Piceni et Sabini! o turpe temporum! –, non erat aequum
principes civis rem habere, ad Satrium nihil praeter nomen
pervenire. Etenim si is, qui non defendit iniuriam neque pro-
pulsat a suis, cum potest, iniuste facit, ut in primo libro disse-
rui, qualis habendus est is, qui non modo non repellit, sed
etiam adiuvat iniuriam? Mihi quidem etiam verae hereditates
non honestae videntur, si sunt malitiosis blanditiis, officiorum
non veritate, sed simulatione quaesitae. Atqui in talibus rebus
aliud utile interdum, aliud honestum videri solet. Falso; nam
eadem utilitatis quae honestatis est regula. 75. Qui hoc non
perviderit, ab hoc nulla fraus aberit, nullum facinus. Sic enim
cogitans 'est istuc quidem honestum, verum hoc expedit', res
a natura copulatas audebit errore divellere, qui fons est frau-
dium, maleficiorum, scelerum omnium. (19) Itaque si vir bonus
habeat hanc vim, ut, si digitis concrepuerit, possit in locu-

was die tun, die für gut gelten. Gewisse Leute brachten ein
falsches Testament des Lucius Minucius Basilus, eines reichen
Mannes, aus Griechenland nach Rom. Um leichter zum Ziel
zu kommen, schrieben sie als Miterben Marcus Crassus und
Quintus Hortensius ein, die mächtigsten Männer derselben
Zeit. Obwohl diese vermuteten, daß es gefälscht wäre, sie sich
aber keiner Schuld bewußt waren, wiesen sie das kleine Geschenk aus einer fremden Untat nicht ab. Wie also? Ist das
genug, daß sie sich nicht vergangen zu haben scheinen? Mir
scheint es nicht so, obwohl ich den einen zu seinen Lebzeiten
geliebt habe, den anderen nach seinem Tode nicht hasse. 74. Da
aber Basilus Marcus Satrius, seinen Schwestersohn, seinen Namen tragen lassen wollte und ihn zum Erben gemacht hatte –
den meine ich, den Schutzherrn des Picenischen und Sabini-
schen Gebietes! O Schande der Zeit! –, war es nicht billig, daß
die führenden Bürger das Vermögen hatten, an Satrius nichts
außer dem Namen kam. Denn wenn der, der ein Unrecht von
den Seinen nicht abwehrt und abschlägt, wenn er's vermag,
Unrecht tut, wie ich im ersten Buche dargelegt habe, wofür ist
der erst zu halten, der das Unrecht nicht nur nicht zurück-
schlägt, sondern sogar noch fördert? Mir scheinen auch die
echten Erbschaften nicht ehrenhaft zu sein, wenn sie durch
arglistige Schmeicheleien, nicht durch Aufrichtigkeit der
Dienste, sondern durch ihre Vorspiegelung erworben worden
sind. Jedoch pflegt bei solchen Dingen anderes bisweilen nützlich, anderes ehrenvoll zu scheinen. Falsch! Denn dasselbe
Maß gilt für den Nutzen wie für das Ehrenvolle. 75. Wer das
nicht eingesehen hat, dem wird kein Betrug, keine Untat fern
sein. Wenn er nämlich so denkt: «Das ist zwar ehrenhaft, aber
dieses nützt», wird er von der Natur verbundene Dinge durch
einen Irrtum auseinanderzureißen wagen, was die Quelle aller
Betrügereien, Untaten und Verbrechen ist. Wenn daher ein
guter Mann diese Möglichkeit hätte, daß sein Name, wenn er

pletium testamenta nomen eius inrepere, hac vi non utatur,
ne si exploratum quidem habeat id omnino neminem umquam
suspicaturum. At dares hanc vim M. Crasso, ut digitorum percussione heres posset scriptus esse, qui re vera non esset heres,
in foro, mihi crede, saltaret. Homo autem iustus isque, quem
sentimus virum bonum, nihil cuiquam, quod in se transferat,
detrahet. Hoc qui admiratur, is se, quid sit vir bonus, nescire
fateatur. 76. At vero, si qui voluerit animi sui complicatam
notionem evolvere, iam se ipse doceat eum virum bonum esse,
qui prosit, quibus possit, noceat nemini nisi lacessitus iniuria.
Quid ergo? Hic non noceat, qui quodam quasi veneno perficiat,
ut veros heredes moveat, in eorum locum ipse succedat? 'Non
igitur faciat', dixerit quis, 'quod utile sit, quod expediat?'
Immo intellegat nihil nec expedire nec utile esse, quod sit
iniustum. Hoc qui non didicerit, bonus vir esse non poterit.
77. ⟨C.⟩ Fimbriam consularem audiebam de patre nostro puer
iudicem M. Lutatio Pinthiae fuisse, equiti Romano sane honesto, cum is sponsionem fecisset 'ni vir bonus esset'. Itaque ei
dixisse Fimbriam se illam rem numquam iudicaturum, ne aut
spoliaret fama probatum hominem, si contra iudicavisset, aut
statuisse videretur virum bonum esse aliquem, cum ea res in-
numerabilibus officiis et laudibus contineretur. Huic igitur

nur mit den Fingern schnippte, sich in die Testamente der
Begüterten einschleichen könnte, würde er dieser Macht sich
doch nicht bedienen, nicht einmal wenn es ihm ausgemachte
Sache wäre, daß dies überhaupt niemand je vermuten würde.
Gäbst du jedoch diese Macht dem Marcus Crassus, daß er
durch ein Fingerschnippen als Erbe eingeschrieben sein könnte, wenn er auch in Wirklichkeit gar nicht Erbe wäre, er würde,
glaube mir, auf dem Forum tanzen. Ein gerechter Mann aber,
und der, den wir als guten Mann empfinden, wird niemanden
um etwas verkürzen, um es auf sich zu übertragen. Wer sich
darüber verwundert, der würde damit bekennen, daß er nicht
weiß, was ein guter Mann ist. 76. Jedoch, wenn jemand den zu-
sammengefalteten Begriff seiner Seele entwickeln wollte,
könnte er sich schon selber belehren, daß der ein guter Mann
ist, der nützt, wem er kann, niemandem aber schadet, außer
wenn er durch angetanes Unrecht gereizt ist. Wie also? Der
soll nicht schaden, der gleichsam durch eine Art Zaubertrank
erreicht, daß er die wahren Erben beiseite schiebt, an ihre Stelle
aber selber nachrückt? «Er soll also nicht tun», könnte einer
sagen, «was dienlich ist, was nützt!» Nein! Er soll vielmehr
erkennen, daß etwas weder nützt noch dienlich ist, was ungerecht ist. Wer das nicht gelernt hat, wird ein guter Mann nicht
sein können. 77. Der Konsular ⟨Gaius⟩ Fimbria – ich hörte die
Geschichte als Knabe von meinem Vater – war Richter in der
Sache des Marcus Lutatius Pinthia, eines recht angesehenen
römischen Ritters, als dieser eine Prozeßwette eingegangen
war, «wenn er nicht ein guter Mann wäre». Daher habe ihm
Fimbria gesagt, er werde jene Sache nie entscheiden, um nicht
entweder einen bewährten Mann seines Rufes zu berauben,
wenn er gegen ihn entscheide, oder um nicht den Anschein
zu erwecken, er habe festgestellt, jemand sei ein guter Mann,
obwohl diese Sache doch aus ungezählten Pflichten und lobens-
werten Eigenschaften bestünde. Diesem guten Mann also, den

viro bono, quem Fimbria etiam, non modo Socrates noverat,
nullo modo videri potest quicquam esse utile, quod non honestum sit. Itaque talis vir non modo facere, sed ne cogitare quidem quicquam audebit, quod non audeat praedicare. Haec non
turpe est dubitare philosophos, quae ne rustici quidem dubi-
tent? a quibus natum est id, quod iam contritum est vetustate
proverbium. Cum enim fidem alicuius bonitatemque laudant,
dignum esse dicunt, quicum in tenebris mices. Hoc quam habet vim nisi illam, nihil expedire quod non deceat, etiam si id
possis nullo refellente optinere? 78. Videsne hoc proverbio neque Gygi illi posse veniam dari neque huic, quem paulo ante
fingebam digitorum percussione hereditates omnium posse
converrere? Ut enim, quod turpe est, id, quamvis occultetur,
tamen honestum fieri nullo modo potest, sic, quod honestum
non est, id utile ut sit effici non potest adversante et repugnante
natura.

(20) 79. At enim cum permagna praemia sunt, est causa peccandi. C. Marius, cum a spe consulatus longe abesset et iam
septimum annum post praeturam iaceret neque petiturus umquam consulatum videretur, Q. Metellum, cuius legatus erat,
summum virum et civem, cum ab eo, imperatore suo, Romam
missus esset, apud populum Romanum criminatus est, bellum
illum ducere, si se consulem fecissent, brevi tempore aut vivum
aut mortuum Iugurtham se in potestatem populi Romani re-
dacturum. Itaque factus est ille quidem consul, sed a fide iusti-
tiaque discessit, qui optimum et gravissimum civem, cuius

auch Fimbria, nicht nur Sokrates kannte, kann auf keine Weise
irgend etwas nützlich scheinen, was nicht ehrenhaft ist. Daher
wird ein solcher Mann nicht nur nicht zu tun, sondern auch
nicht einmal etwas zu denken wagen, was er nicht offen zu sagen wagen würde. Das sollte nicht eine Schande sein, daß dieses Philosophen bezweifeln, obwohl nicht einmal die Bauern
zweifeln? Von ihnen stammt die Redensart, die schon durchs
Alter abgebraucht ist. Wenn sie nämlich die Zuverlässigkeit
jemandes und seine gute Art loben, sagen sie: er ist's wert, daß
man mit ihm im Dunkeln Fingerschnellen spielt. Was hat das
für eine Bedeutung, wenn nicht die, daß nichts nützt, was sich
nicht schickt, selbst wenn du es, ohne daß jemand dich über-
führte, erlangen könntest? 78. Siehst du, daß nach dieser Redensart weder jenem Gyges Nachsicht erwiesen werden kann
noch dem, der, wie ich selber vorher ausdachte, mit einem
Schnippen der Finger die Erbschaften aller zusammenscharren
kann? Wie nämlich, was schimpflich ist, mag es verheimlicht
werden, doch auf keine Weise ehrenvoll werden kann, so läßt
sich nicht erwirken, daß nützlich ist, was nicht ehrenvoll ist, da
die Natur widerstreitet und widerstrebt.

79. Aber wenn der Lohn sehr groß ist, liegt Grund vor, sich
zu vergehen?! Als Gaius Marius von der Hoffnung auf das Konsulat weit entfernt war, schon das siebente Jahr nach der Prätur
untätig verstreichen ließ und es schien, als würde er sich nie
ums Konsulat bewerben, hat er den Quintus Metellus, dessen
Legat er war, einen großen Mann und Bürger, obwohl er von
ihm, seinem Feldherrn, nach Rom geschickt worden war, beim
römischen Volke beschuldigt, er zöge den Krieg in die Länge;
würden sie ihn zum Konsul machen, würde er in Kürze Jugurtha entweder lebendig oder tot in die Gewalt des römischen
Volkes bringen. Und so wurde jener zwar Konsul, aber wich
ab von Treue und Gerechtigkeit, da er den besten und ernst-
haftesten Bürger, obwohl er sein Legat war und von ihm ge-

legatus et a quo missus esset, in invidiam falso crimine addu-
xerit. 80. Ne noster quidem Gratidianus officio viri boni functus est tum, cum praetor esset collegiumque praetorium tribuni plebi adhibuissent, ut res nummaria de communi sententia constitueretur; iactabatur enim temporibus illis nummus
sic, ut nemo posset scire, quid haberet. Conscripserunt communiter edictum cum poena atque iudicio constitueruntque,
ut omnes simul in rostra post meridiem escenderent. Et ceteri
quidem alius alio: Marius ab subselliis in rostra recta idque,
quod communiter compositum fuerat, solus edixit. Et ea res,
si quaeris, ei magno honori fuit; omnibus vicis statuae, ad eas
tus, cerei. Quid multa? Nemo umquam multitudini fuit carior.
81. Haec sunt, quae conturbent in deliberatione non numquam,
cum id, in quo violatur aequitas, non ita magnum, illud autem,
quod ex eo paritur, permagnum videtur, ut Mario praeripere
collegis et tribunis plebi popularem gratiam non ita turpe,
consulem ob eam rem fieri, quod sibi tum proposuerat, valde
utile videbatur. Sed omnium una regula est, quam tibi cupio
esse notissimam: aut illud, quod utile videtur, turpe ne sit, aut
si turpe est, ne videatur esse utile. Quid igitur? possumusne
aut illum Marium virum bonum iudicare aut hunc? Explica
atque excute intellegentiam tuam, ut videas, quae sit in ea
species [forma] et notio viri boni. Cadit ergo in virum bonum
mentiri emolumenti sui causa, criminari, praeripere, fallere?
Nihil profecto minus. 82. Est ergo ulla res tanti aut commodum

schickt worden war, durch die falsche Anschuldigung in üble Nachrede brachte. 80. Auch unser Gratidianus hat nicht die Pflichten eines guten Mannes erfüllt, damals als er Prätor war und die Volkstribunen das Kollegium der Prätoren zuzogen, um die Geldverhältnisse auf allgemeinen Beschluß zu ordnen. Es schwankte nämlich zu jenen Zeiten das Geld so, daß niemand wissen konnte, was er besaß. Sie schrieben gemeinsam eine Verordnung mit Strafe und Prozeßverfahren und bestimmten, daß alle nach dem Mittag zugleich auf die Rednerbühne steigen sollten. Und die übrigen gingen auseinander, der eine dahin, der andere dorthin: Marius von dem Sitze des Tribunen geradewegs auf die Rednerbühne und verkündete allein das, was gemeinsam ausgemacht worden war. Und diese Sache brachte ihm, wenn du ihr nachgehst, große Ehre ein, in allen Stadtvierteln Statuen, dazu Weihrauch, Wachskerzen. Was soll ich viele Worte machen? Niemand war je bei der Menge beliebter. 81. Das ist es, was beim Erwägen bisweilen Verwirrung stiftet, wenn das, worin die Billigkeit verletzt wird, nicht gar so groß, jenes aber, was daraus erworben wird, sehr groß scheint. So schien es für Marius nicht gar so schmählich, den Kollegen und Volkstribunen die Volksgunst wegzuschnappen, deswegen aber Konsul zu werden – das hatte er sich damals zum Ziel gesetzt – sehr nützlich. Aber für alles gibt es ein einziges Maß, das dir nach meinem Wunsche ganz bekannt sein soll: entweder darf jenes, was nützlich scheint, nicht schmählich sein oder, wenn es schmählich ist, nicht nützlich scheinen. Wie also? Können wir jenen Marius für einen guten Mann halten oder den zuletzt Genannten? Entfalte und prüfe deine Vorstellung, damit du siehst, welches in ihr das Ideal [die Gestalt] und der Begriff eines guten Mannes ist. Paßt es also zu einem guten Manne, seines Vorteils wegen zu lügen, zu verleumden, jemandem etwas wegzufischen, zu täuschen? Nichts in der Tat weniger! 82. Ist also eine Sache soviel wert oder irgendein Vor-

ullum tam expetendum, ut viri boni et splendorem et nomen
amittas? Quid est, quod afferre tantum utilitas ista, quae dicitur, possit, quantum auferre, si boni viri nomen eripuerit,
fidem iustitiamque detraxerit? Quid enim interest, utrum ex
homine se convertat quis in beluam an hominis figura immani-
tatem gerat beluae?

(21) Quid? qui omnia recta et honesta neglegunt, dummodo
potentiam consequantur, nonne idem faciunt, quod is, qui
etiam socerum habere voluit eum, cuius ipse audacia potens
esset. Utile ei videbatur plurimum posse alterius invidia. Id
quam iniustum in patriam et quam turpe esset, non videbat.
Ipse autem socer in ore semper Graecos versus de Phoenissis
habebat, quos dicam ut potero, incondite fortasse, sed tamen,
ut res possit intellegi:

> Nam si violandum est ius, regnandi gratia,
> Violandum est; aliis rebus pietatem colas.

Capitalis Eteocles vel potius Euripides, qui id unum quod
omnium sceleratissimum fuerit, exceperit. 83. Quid igitur mi-
nuta colligimus, hereditates, mercaturas, venditiones fraudu-
lentas? Ecce tibi, qui rex populi Romani dominusque omnium
gentium esse concupiverit idque perfecerit. Hanc cupiditatem
si honestam quis esse dicit, amens est; probat enim legum et
libertatis interitum earumque oppressionem taetram et dete-
stabilem gloriosam putat. Qui autem fatetur honestum non
esse in ea civitate, quae libera fuerit quaeque esse debeat, re-

teil so erstrebenswert, daß du darum den Glanz und den Namen eines guten Mannes verlieren möchtest? Was ist's, was
dieser so genannte Nutzen so Großes mit sich bringen wie hin-
wegnehmen könnte, wenn er den Namen eines guten Mannes
entführt, Treue und Gerechtigkeit nimmt? Denn was besteht
für ein Unterschied, ob sich einer aus einem Menschen in ein
Tier verwandelt oder bei Menschengestalt die Ungeheuerlichkeit eines Untiers an sich hat?

Wie weiter? Diejenigen, die alles Richtige und Ehrenvolle
in den Wind schlagen, wenn sie nur Macht erlangen, tun sie
nicht dasselbe wie der, der sogar zum Schwiegervater den
Mann haben wollte, durch dessen Verwegenheit er selber
mächtig sein könnte? Nützlich schien es ihm, die größte Macht
infolge der Verhaßtheit des anderen zu haben. Er sah nicht,
wie ungerecht gegen das Vaterland und wie schmählich das
war. Er selber aber, der Schwiegervater, führte immer die griechischen Verse aus den Phönissen im Munde. Ich werde sie
sagen, wie ich's vermag. Plump vielleicht, aber doch so, daß
sich der Inhalt verstehen läßt:

> Denn wenn der Macht zulieb das Recht zu schänden ist,
> dann ist's zu schänden. Sonst verehre frommen Sinn!

Todeswürdig ist Eteokles oder vielmehr Euripides, der gerade
mit dem Allerverbrecherischsten eine Ausnahme macht. 83. Was
stellen wir also Geringes zusammen, betrügerische Erbschaften, Handelsgeschäfte, Verkäufe? Da ist ja schon der, der König des römischen Volkes und Herr aller Völker zu sein begehrt und es durchsetzt! Wenn einer sagt, diese Begierde sei
ehrenvoll, ist er wahnsinnig; billigt er doch den Untergang
der Gesetze und der Freiheit und hält ihre schmähliche und
verabscheuungswürdige Unterdrückung für ruhmvoll. Wer
aber bekennt, es sei nicht ehrenvoll in einem Staate, der frei
gewesen sei und es sein müßte, als König zu herrschen, aber

gnare, sed ei, qui id facere possit, esse utile, qua hunc obiurga-
tione aut quo potius convicio a tanto errore coner avellere?
Potest enim, di immortales, cuiquam esse utile foedissimum et
taeterrimum parricidium patriae, quamvis is, qui se eo ob-
strinxerit, ab oppressis civibus parens nominetur? Honestate
igitur dirigenda utilitas est, et quidem sic, ut haec duo verbo
inter se discrepare, re unum sonare videantur. 84. Non habeo
ad volgi opinionem quae maior utilitas quam regnandi esse
possit, nihil contra inutilius ei, qui id iniuste consecutus sit,
invenio, cum ad veritatem coepi revocare rationem. Possunt
enim cuiquam esse utiles angores, sollicitudines, diurni et noc-
turni metus, vita insidiarum periculorumque plenissima?

'Multi iniqui atque infideles regno, pauci benivoli' inquit
Accius. At cui regno? quod a Tantalo et Pelope proditum iure
optinebatur. Nam quanto plures ei regi putas, qui exercitu populi Romani populum ipsum Romanum oppressisset civita-
temque non modo liberam, sed etiam gentibus imperantem
servire sibi coegisset? 85. Hunc tu quas conscientiae labes in
animo censes habuisse, quae vulnera? Cuius autem vita ipsi
potest utilis esse, cum eius vitae ea condicio sit, ut qui illam
eripuerit, in maxima et gratia futurus sit et gloria? Quod si
haec utilia non sunt, quae maxime videntur, quia plena sunt
dedecoris ac turpitudinis, satis persuasum esse debet nihil esse
utile, quod non honestum sit.

für den, der es fertigbrächte, nützlich, mit welchem Schelten
oder vielmehr mit welcher Schmähung soll ich dem einen so
schlimmen Irrtum zu entreißen versuchen? Kann denn etwa,
ihr unsterblichen Götter! jemandem der schimpflichste und
scheußlichste Mord am Vaterland nützlich sein, mag auch der,
der sich dessen schuldig gemacht hat, von den vergewaltigten
Bürgern zum Vater ernannt werden? Nach dem Ehrenvollen
ist also der Nutzen zu richten, und zwar so, daß diese beiden
Dinge dem Wort nach auseinanderzugehen, in Wahrheit eines
zu bedeuten scheinen. 84. Ich weiß nicht, gehe ich nach der Meinung des Volkes, welcher Nutzen größer sein könnte als der,
zu herrschen; nichts dagegen finde ich Verderblicheres für
den, der es auf ungerechte Weise erlangt hat, wenn ich begin-
ne, den Gedanken auf die Wahrheit zu beziehen. Denn können
etwa jemandem Beklemmungen dienlich sein, Aufregungen,
Ängste Tag und Nacht, ein Leben voll der Nachstellungen
und Gefahren?

«Feind und treulos sind dem Königtume viele, wenig wohl-
gesinnt!» sagt Accius. Aber welchem Königtum? Das von Tantalus und Pelops vererbt mit Recht besessen wurde. Denn wieviel mehr, glaubst du wohl, sind es dem Könige gegenüber,
der mit dem Heer des römischen Volkes eben dieses römische
Volk vergewaltigt hatte und einen Staat, der nicht nur frei
war, sondern auch andere Völker beherrschte, gezwungen
hatte, ihm dienstbar zu sein? 85. Was, meinst du wohl, hat dieser für eine Verseuchung des Gewissens in der Seele gehabt, was
für Wunden? Wessen Leben aber vermag ihm selber zu Nutz
zu sein, wenn seines Lebens Lage so ist, daß der, der es ihm
entreißt, in höchster Gunst und höchstem Ansehen steht?
Wenn aber die Dinge nicht nützlich sind, die es am meisten
scheinen, weil sie voller Schmach und Schande sind, darf man
zur Genüge überzeugt sein, daß nichts nützlich ist, was nicht
ehrenvoll ist.

(22) 86. Quamquam id quidem cum saepe alias, tum Pyrrhi bello a C. Fabricio consule iterum et a senatu nostro iudicatum est. Cum enim rex Pyrrhus populo Romano bellum ultro intulisset cumque de imperio certamen esset cum rege generoso ac potente, perfuga ab eo venit in castra Fabricii eique est pollicitus, si praemium sibi proposuisset, se, ut clam venisset, sic clam in Pyrrhi castra rediturum et eum veneno necaturum. Hunc Fabricius reducendum curavit ad Pyrrhum idque eius factum laudatum a senatu est. Atqui si speciem utilitatis opinionemque quaerimus, magnum illud bellum perfuga unus et gravem adversarium imperii sustulisset, sed magnum dedecus et flagitium, quicum laudis certamen fuisset, eum non virtute, sed scelere superatum. 87. Utrum igitur utilius vel Fabricio, qui talis in hac urbe qualis Aristides Athenis fuit, vel senatui nostro, qui numquam utilitatem a dignitate seiunxit, armis cum hoste certare an venenis? Si gloriae causa imperium expetundum est, scelus absit, in quo non potest esse gloria; sin ipsae opes expetuntur quoquo modo, non poterunt utiles esse cum infamia. Non igitur utilis illa L. Philippi Q. f. sententia, quas civitates L. Sulla pecunia accepta ex senatus consulto liberavisset, ut eae rursus vectigales essent, neque iis pecuniam, quam pro libertate dederant, redderemus. Ei senatus est assensus. Turpe imperio! Piratarum enim melior fides quam senatus. 'At aucta vectigalia, utile igitur.' Quousque audebunt dicere

86. Doch das ist häufig sonst, vor allem aber im Pyrrhus-Krieg von Gaius Fabricius, der zum zweiten Male Konsul war, und von unserem Senate so beurteilt worden. Denn als der König Pyrrhus das römische Volk mit Krieg überzogen hatte und ein Kampf um die Herrschaft geführt wurde mit einem edlen und mächtigen Könige, kam ein Überläufer von ihm ins Lager des Fabricius und versprach ihm, wenn er ihm eine Belohnung in Aussicht stellte, würde er, wie er heimlich gekommen wäre, so heimlich ins Lager des Pyrrhus zurückkehren und ihn mit Gift töten. Diesen Mann ließ Fabricius zu Pyrrhus zurückführen, und diese seine Tat wurde vom Senat gelobt. Wenn wir nach dem Schein des Nutzens und seiner gewöhnlichen Vorstellung fragen, so hätte jenen großen Krieg und einen gewichtigen Gegner des Reiches ein einziger Überläufer erledigt; aber es wäre eine große Schmach und Schande gewesen, daß der, mit dem man einen Kampf um den Ruhm führte, nicht durch Tapferkeit, sondern durch Verbrechen überwunden worden wäre. 87. War es also nützlicher, sei es für Fabricius, der in dieser Stadt so geartet war wie Aristides in Athen, oder für unseren Senat, der nie den Nutzen von der Würde getrennt hat, mit Waffen gegen den Feind zu kämpfen oder mit Gift? Wenn um des Ruhmes willen Herrschaft zu erstreben ist, muß Verbrechen fern sein, in dem Ruhm nicht sein kann. Wenn aber die Machtmittel an sich auf jede Weise erstrebt werden, werden sie in Verbindung mit Schande nicht nützlich sein können. Nicht nützlich also war jene Ansicht des Lucius Philippus, des Sohnes des Quintus, daß die Gemeinden, die Lucius Sulla nach Erhalt von Geld auf Senatsbeschluß steuerfrei gemacht hatte, wieder abgabepflichtig sein und wir ihnen das Geld, was sie für ihre Freiheit gegeben hatten, nicht zurückgeben sollten. Ihm stimmte der Senat zu. Eine Schande für das Reich! Das Wort von Seeräubern ist besser als das des Senates! «Aber die Einkünfte stiegen, es war also nützlich.» Wie lange

quicquam utile, quod non honestum? 88. Potest autem ulli
imperio, quod gloria debet fultum esse et benevolentia sociorum, utile esse odium et infamia? Ego etiam cum Catone meo
saepe dissensi. Nimis mihi praefracte videbatur aerarium vecti-
galiaque defendere, omnia publicanis negare, multa sociis, cum
in hos benefici esse deberemus, cum illis sic agere, ut cum co-
lonis nostris soleremus, eoque magis, quod illa ordinum coniunctio ad salutem rei publicae pertinebat. Male etiam Curio,
cum causam Transpadanorum aequam esse dicebat, semper
autem addebat 'vincat utilitas'. Potius doceret non esse aequam, quia non esset utilis rei publicae, quam cum utilem diceret non esse, aequam fateretur.

(23) 89. Plenus est sextus liber de officiis Hecatonis talium
quaestionum, sitne boni viri in maxima caritate annonae fami-
liam non alere. In utramque partem disputat, sed tamen ad
extremum utilitate, ut putat, officium dirigit magis quam humanitate. Quaerit, si in mari iactura facienda sit, equine pre-
tiosi potius iacturam faciat an servuli vilis. Hic alio res familiaris, alio ducit humanitas. 'Si tabulam de naufragio stultus ar-
ripuerit, extorquebitne eam sapiens, si potuerit?' Negat, quia
sit iniurium. Quid? dominus navis eripietne suum? Minime,
non plus quam [si] navigantem in alto eicere de navi velit, quia
sua sit. Quoad enim perventumst eo, quo sumpta navis est,

noch werden sie zu behaupten wagen, es sei etwas nützlich, was nicht ehrenvoll ist? 88. Können irgendeiner Herrschaft, die auf den Ruhm und das Wohlwollen der Bundesgenossen gestützt sein muß, Haß und übler Ruf nützlich sein? Ich habe auch mit meinem Cato oft Meinungsverschiedenheiten gehabt. Allzu schroff schien er mir die Kasse und die Einkünfte zu verteidigen, alles den Staatspächtern, vieles den Bundesgenossen zu verweigern, obwohl wir gegen diese wohltätig hätten sein, mit jenen so verfahren müssen, wie wir es mit unseren Privatpächtern zu tun pflegten, und um so mehr, weil jene Eintracht der Stände für das Heil des Gemeinwesens von Belang war. Schlecht auch Curio, sooft er sagte, die Sache der Transpadaner sei gerecht, immer aber hinzufügte: «Den Ausschlag gebe der Nutzen!» Er hätte lieber noch zeigen sollen, sie sei nicht gerecht, weil sie nicht nützlich für das Gemeinwesen sei, sie, von der er bekannte, sie sei gerecht, obgleich er sie nicht nützlich hieß.

89. Voll ist das sechste Buch des Hekaton über das rechte Handeln von solchen Fragen, ob es das Tun eines guten Mannes sei, bei der größten Teuerung des Getreides das Gesinde nicht zu ernähren. Er führt die Erörterung nach beiden Seiten, richtet aber schließlich doch die Pflicht mehr nach dem Nutzen, wie er ihn auffaßt, als nur nach der Menschlichkeit. Er fragt, wenn auf dem Meere Ballast über Bord geworfen werden müßte, ob er lieber ein kostbares Pferd über Bord werfen soll oder einen billigen Sklaven. Hier zieht das Vermögen andere Wege als die Menschlichkeit. «Wenn ein Tor ein Brett aus einem Schiffbruch gepackt hat, wird es der Weise entwinden, wenn er's vermag?» Er sagt «nein», weil es unrecht sei. Wie? Wird der Besitzer des Schiffes sein Eigentum entreißen? Keineswegs, ebensowenig wie er ihn auf hoher See fahrend aus dem Schiff herauswerfen wollte, weil das sein Eigentum sei. Bis man nämlich dahin gekommen ist, wohin das Schiff ge-

non domini est navis, sed navigantium. 90. Quid? si una tabula
sit, duo naufragi, eique sapientes, sibine uterque rapiat an alter
cedat alteri? Cedat vero, sed ei, cuius magis intersit vel sua vel
rei publicae causa vivere. Quid? si haec paria in utroque? Nullum erit certamen, sed quasi sorte aut micando victus alteri
cedet alter. Quid? si pater fana expilet, cuniculos agat ad aerarium, indicetne id magistratibus filius? Nefas id quidem est,
quin etiam defendat patrem si arguatur. Non igitur patria
praestat omnibus officiis? Immo vero, sed ipsi patriae conducit
pios habere cives in parentes. Quid? si tyrannidem occupare,
si patriam prodere conabitur pater, silebitne filius? Immo vero
obsecrabit patrem, ne id faciat. Si nihil proficiet, accusabit,
minabitur etiam; ad extremum, si ad perniciem patriae res
spectabit, patriae salutem anteponet saluti patris. 91. Quaerit
etiam, si sapiens adulterinos nummos acceperit imprudens pro
bonis, cum id rescierit, soluturusne sit eos, si cui debeat, pro
bonis. Diogenes ait, Antipater negat, cui potius assentior. Qui
vinum fugiens vendat sciens, debeatne dicere. Non necesse
putat Diogenes, Antipater viri boni existimat. Haec sunt quasi
controversa iura Stoicorum. In mancipio vendundo dicendane
vitia, non ea, quae nisi dixeris, redhibeatur mancipium iure
civili, sed haec, mendacem esse, aleatorem, furacem, ebriosum.

mietet ist, gehört das Schiff nicht dem Eigner, sondern den
Insassen. 90. Wie? Wenn ein Brett da ist, aber zwei Schiffbrü-
chige, und zwar zwei Weise, soll dann jeder für sich es an sich
reißen oder der eine dem anderen weichen? Er soll weichen,
aber dem, für den es von größerer Wichtigkeit ist, seinet- oder
des Gemeinwesens wegen, zu leben. Wie? Wenn dies bei beiden
gleich ist? Dann wird kein Kampf stattfinden, sondern gleich
wie wenn er durchs Los oder beim Fingerschnellen verloren
hätte, wird der eine dem anderen weichen. Wie? Wenn der
Vater Heiligtümer ausplündert, Stollen zur Staatskasse gräbt,
soll das der Sohn den Beamten anzeigen? Sünde ist das, ja er soll
den Vater sogar verteidigen, wenn er beschuldigt werden
sollte. Geht das Vaterland nicht allen Pflichten voran? Ja, aber
dem Vaterland selber nützt es, Bürger zu haben, die fromm
sind gegen ihre Eltern. Wie? Wenn der Vater versucht, die
Tyrannis einzunehmen, das Vaterland zu verraten, wird der
Sohn schweigen? Nein, im Gegenteil, er wird seinen Vater be-
schwören, er solle es nicht tun. Wenn er damit nichts erreicht,
wird er ihm Vorwürfe machen, sogar drohen. Im äußersten
Falle, wenn die Sache auf den Untergang des Vaterlandes
zielt, wird er das Heil des Vaterlandes dem Heil des Vaters
voranstellen. 91. Er fragt auch: wenn der Weise aus Versehen
statt guten Geldes falsches Geld angenommen hat, wird er es,
wenn er's gemerkt hat, wofern er jemandem etwas schuldet,
ihm für gutes auszahlen? Diogenes sagt ja, Antipater nein.
Ihm stimme ich lieber zu. «Wer gärenden Wein verkauft und
darum weiß, ob er es sagen muß?» Nicht nötig, meint Diogenes, Antipater hält es für die Pflicht eines guten Mannes. Das
sind etwa die widersprüchlichen Rechtsfälle der Stoiker. Beim
Verkauf eines Sklaven: ob man da die Fehler sagen müsse, nicht
die, bei deren Verschweigen der Sklave nach dem bürgerlichen
Recht zurückgenommen werden muß, sondern die, daß er ein
Lügner ist, ein Spieler, diebisch und trunksüchtig? Der eine

Alteri dicenda videntur, alteri non videntur. 92. Si quis aurum vendens orichalcum se putet vendere, indicetne ei vir bonus aurum illud esse, an emat denario, quod sit mille denarium? Perspicuum est iam et quid mihi videatur et quae sit inter eos philosophos, quos nominavi, controversia.

(24) Pacta et promissa semperne servanda sint, 'quae nec vi nec dolo malo', ut praetores solent, 'facta sint'. Si quis medicamentum cuipiam dederit ad aquam intercutem pepigeritque, si eo medicamento sanus factus esset, ne illo medicamento umquam postea uteretur, si eo medicamento sanus factus sit et annis aliquot post inciderit in eundem morbum nec ab eo, quicum pepigerat, impetret, ut iterum eo liceat uti, quid faciendum sit. Cum sit is inhumanus, qui non concedat, nec ei quicquam fiat iniuriae, vitae et saluti consulendum. 93. Quid? si qui sapiens rogatus sit ab eo, qui eum heredem faciat, cum ei testamento sestertium milies relinquatur, ut ante quam hereditatem adeat luce palam in foro saltet, idque se facturum promiserit, quod aliter heredem eum scripturus ille non esset, faciat quod promiserit necne? Promisisse nollem et id arbitror fuisse gravitatis; quoniam promisit, si saltare in foro turpe ducet, honestius mentietur, si ex hereditate nihil ceperit, quam si ceperit, nisi forte eam pecuniam in rei publicae magnum aliquod tempus contulerit, ut vel saltare, cum patriae consulturus sit, turpe non sit.

meint, man müsse sie sagen, der andere nicht. 92. Wenn einer
Gold verkauft, aber glaubt, er verkaufe Messing, soll ihm dann
der gute Mann sagen, daß das Gold ist, oder soll er für einen
Denar kaufen, was tausend Denare Wert hat? Es ist nun wohl
offenbar, was meine Meinung ist und welcher Streit unter den
Philosophen besteht, die ich genannt habe.

Ob Abmachungen und Versprechen immer zu halten sind,
«die weder mit Gewalt noch böswilliger Täuschung», wie die
Prätoren sich auszudrücken pflegen, «zustande gekommen
sind». Wenn einer jemandem ein Heilmittel gegen die Wasser-
sucht gegeben und ausgemacht hat, er solle, wenn er durch
dieses Heilmittel gesund würde, jenes Heilmittel später nie
mehr gebrauchen, und wenn er nach Gesundung durch dieses
Heilmittel mehrere Jahre später in dieselbe Krankheit verfällt
und von dem, mit dem er die Abmachung getroffen hat, nicht
erlangt, daß er's ein zweites Mal gebrauchen darf, was soll man
da tun? Da der unmenschlich ist, der es nicht zuläßt, und ihm
kein Unrecht geschieht, ist für Leben und Rettung Sorge zu
tragen. 93. Wie? Wenn ein Weiser von dem, der ihn zum Erben
macht, indem ihm im Testament hundert Millionen Sester-
zien hinterlassen werden, aufgefordert wird, er solle, bevor er
die Erbschaft antritt, bei Tage in aller Öffentlichkeit auf dem
Forum tanzen, und er das zu tun verspricht, weil jener ihn
sonst nicht zum Erben einsetzen würde, soll er dann tun, was
er versprochen hat oder nicht? Ich wünschte, er hätte es nicht
versprochen, und das wäre , meine ich, Pflicht der Würde gewesen. Da er es einmal versprochen hat, wird er, wofern er auf
dem Forum zu tanzen für schimpflich hält, mit mehr Anstand
zum Lügner werden, wenn er von der Erbschaft nichts nimmt,
als wenn er etwas nimmt; es müßte denn sein, daß er das Geld
für irgendeine entscheidungsvolle Lage des Gemeinwesens
stiftet, so daß selbst zu tanzen nicht schimpflich ist, da er für
das Vaterland sorgen wird.

(25) 94. Ac ne illa quidem promissa servanda sunt, quae non sunt iis ipsis utilia, quibus illa promiseris. Sol Phaetonti filio, ut redeamus ad fabulas, facturum se esse dixit, quidquid optasset. Optavit, ut in currum patris tolleretur; sublatus est; atque is ante quam constitit ictu fulminis deflagravit; quanto melius fuerat in hoc promissum patris non esse servatum. Quid? quod Theseus exegit promissum a Neptuno? Cui cum tres optationes Neptunus dedisset, optavit interitum Hippolyti filii, cum is patri suspectus esset de noverca; quo optato impetrato, Theseus in maximis fuit luctibus. Quid Agamemnon? 95. cum devovisset Dianae, quod in suo regno pulcherrimum natum esset illo anno, immolavit Iphigeniam, qua nihil erat eo quidem anno natum pulchrius. Promissum potius non faciendum, quam tam taetrum facinus admittendum fuit. Ergo et promissa non facienda nonnumquam neque semper deposita reddenda. Si gladium quis apud te sana mente deposuerit, repetat insaniens, reddere peccatum sit, officium non reddere. Quid? si is, qui apud te pecuniam deposuerit, bellum inferat patriae, reddasne depositum? Non credo, facies enim contra rem publicam, quae debet esse carissima. Sic multa, quae honesta natura videntur esse, temporibus fiunt non honesta. Facere promissa, stare conventis, reddere deposita commutata utilitate fiunt non honesta. Ac de iis quidem, quae videntur esse utilitates contra iustitiam simulatione prudentiae, satis arbitror dictum.

94. Und auch die Versprechen sind nicht zu halten, die denen,
denen du sie versprochen hast, selber nicht dienlich sind. Sol
hatte seinem Sohn Phaeton, um wieder auf die Mythen zurück-
zukommen, gesagt, er werde alles tun, was er sich immer wünsche. Er wünschte, daß er auf den Wagen des Vaters gehoben
würde. Er wurde daraufgehoben. Bevor er wieder festen Boden
unter den Füßen hatte, ging er durch einen Blitzschlag in Flam-
men auf. Wieviel besser wäre es gewesen, daß in diesem Falle das
Versprechen des Vaters nicht gehalten worden wäre. Wie? Das
Versprechen, das Theseus von Neptun einforderte? Als ihm Neptun drei Wünsche gewährt hatte, wünschte er den Tod seines
Sohnes Hippolyt, da dieser dem Vater wegen der Stiefmutter verdächtig war. Als er diesen Wunsch erlangt hatte, war Theseus in
der größten Trauer. 95. Wie? Da Agamemnon der Diana geweiht
hatte, was in seinem Reiche in dem fraglichen Jahr als Schön-
stes geboren würde, opferte er Iphigenie, das Schönste, was
in diesem Jahr geboren ward. Er hätte lieber das Versprechen
nicht halten sollen, als eine so scheußliche Untat zu begehen.
Also sollten bisweilen sowohl Versprechen nicht eingelöst
werden als auch Anvertrautes nicht immer zurückgegeben.
Wenn jemand gesunden Sinnes ein Schwert bei dir niedergelegt hat und es, wahnsinnig geworden, zurückforderte, wäre
es ein Vergehen, es zurückzugeben, Pflicht, es nicht zurückzugeben. Wie? Wenn der, der bei dir Geld niedergelegt hat,
das Vaterland mit Krieg überzöge, würdest du dann das Anvertraute zurückgeben? Ich glaube nicht, denn du wirst dann
gegen das Gemeinwesen handeln, das am teuersten sein muß.
So wird vieles, was von Natur ehrenvoll zu sein scheint, durch
die Umstände nicht ehrenvoll. Versprechen zu erfüllen, zu
Abmachungen zu stehen, Anvertrautes zurückzugeben wird,
wenn der Nutzen sich wandelt, unehrenhaft. Und über die
Vorteile, die gegen die Gerechtigkeit unter dem Vorwand der
Klugheit zu bestehen scheinen, meine ich, ist genug gesagt.

96. Sed quoniam a quattuor fontibus honestatis primo libro
officia duximus, in eisdem versemur, cum docebimus, ea, quae
videantur esse utilia neque sint, quam sint virtutis inimica.
Ac de prudentia quidem, quam vult imitari malitia, itemque
de iustitia, quae semper est utilis, disputatum est. Reliquae
sunt duae partes honestatis, quarum altera in animi excellentis
magnitudine et praestantia cernitur, altera in conformatione
et moderatione continentiae et temperantiae.

(26) 97. Utile videbatur Ulixi, ut quidem poetae tragici pro-
diderunt, nam apud Homerum, optimum auctorem, talis de
Ulixe nulla suspicio est –: sed insimulant eum tragoediae simulatione insaniae militiam subterfugere voluisse. Non honestum consilium, at utile, ut aliquis fortasse dixerit, regnare
et Ithacae vivere otiose cum parentibus, cum uxore, cum filio.
Ullum tu decus in cotidianis laboribus et periculis cum hac
tranquillitate conferendum putas? Ego vero istam contemnen-
dam et abiciendam, quoniam quae honesta non sit ne utilem
quidem esse arbitror. 98. Quid enim auditurum putas fuisse
Ulixem, si in illa simulatione perseverasset? Qui cum maximas
res gesserit in bello, tamen haec audiat ab Aiace:

> Cuius ipse princeps iuris iurandi fuit,
> Quod omnes scitis, solus neglexit fidem.
> Furere adsimulare, ne coiret, institit.
> Quod ni Palamedi perspicax prudentia
> Istius percepset malitiosam audaciam
> Fide sacratae ius perpetuo falleret.

96. Aber da wir aus vier Quellen des Ehrenvollen im ersten Buche das rechte Handeln abgeleitet haben, wollen wir auch in ihnen bleiben, wenn wir zeigen, wie feindlich das der Tugend ist, was nützlich zu sein scheint, aber es nicht ist. Und über die Klugheit, die Arglist nachahmen will, und ebenso über die Gerechtigkeit, die immer nützlich ist, ist gesprochen worden. Übrig sind zwei Teile des Ehrenvollen, deren einer in der Größe und Überlegenheit einer hervorragenden Seele, deren anderer in der Bildung und Mäßigung durch Enthaltsamkeit und Beherrschung sichtbar wird.

97. Nützlich schien es Odysseus, wie jedenfalls die Tragiker überliefert haben – denn bei Homer, dem besten Gewährsmann, besteht kein solcher Verdacht gegen Odysseus –: aber die Tragödien beschuldigen ihn, er habe durch Vorspiegelung von Wahnsinn dem Kriegsdienst entgehen wollen. Kein ehrenhafter Plan. Aber nützlich wäre es gewesen, wie vielleicht einer sagen könnte, König zu sein und in Ithaka ruhig zu leben mit den Eltern, seinem Weib und seinem Sohn: Meinst du, irgendeine glanzvolle Tat in den täglichen Kämpfen und Gefahren wäre mit dieser Ruhe zu vergleichen? Ich meine, sie ist zu verachten und zu verwerfen, da ich ja der Ansicht bin, was nicht ehrenvoll ist, ist auch nicht nützlich. 98. Was meinst du wohl, hätte Odysseus zu hören bekommen, wenn er in jener Verstellung verharrt wäre? Mußte er doch, obwohl er die größten Taten im Kriege vollbrachte, von Aiax hören:

Des Eids, den selber er zuerst geschworen hat,
ihr alle wißt es, Treue hat nur er verletzt.
Zu heucheln Wahnsinn fing, um zu entfliehn, er an.
Hätt' Palamedes nicht durch Klugheit scharfen Sinns
des Mannes listige Verwegenheit bemerkt,
der heil'gen Treue Recht wär trügend immerdar.

99. Illi vero non modo cum hostibus, verum etiam cum fluctibus, id quod fecit, dimicare melius fuit quam deserere con-
sentientem Graeciam ad bellum barbaris inferendum. Sed
omittamus et fabulas et externa; ad rem factam nostramque
veniamus. M. Atilius Regulus, cum consul iterum in Africa ex
insidiis captus esset duce Xanthippo Lacedaemonio, imperatore autem patre Hannibalis Hamilcare, iuratus missus est ad
senatum, ut nisi redditi essent Poenis captivi nobiles quidam,
rediret ipse Karthaginem. Is cum Romam venisset, utilitatis
speciem videbat, sed eam, ut res declarat, falsam iudicavit;
quae erat talis: manere in patria, esse domui suae cum uxore,
cum liberis, quam calamitatem accepisset in bello communem
fortunae bellicae iudicantem tenere consularis dignitatis gradum. Quis haec negat esse utilia? quem censes? (27) 100. Magnitudo animi et fortitudo negat. Num locupletiores quaeris auctores? Harum enim est virtutum proprium nihil exti-
mescere, omnia humana despicere, nihil, quod homini accidere
possit, intolerandum putare. Itaque quid fecit? In senatum venit, mandata exposuit, sententiam ne diceret, recusavit;
quamdiu iure iurando hostium teneretur, non esse se senato-
rem. Atque illud etiam (o stultum hominem, dixerit quispiam,
et repugnantem utilitati suae) reddi captivos negavit esse
utile; illos enim adulescentes esse et bonos duces, se iam con-
fectum senectute. Cuius cum valuisset auctoritas, captivi re-
tenti sunt, ipse Karthaginem rediit, neque eum caritas patriae

99. Für ihn aber ist es besser gewesen, nicht nur mit den Feinden, sondern auch mit den Fluten, was er ja auch getan hat, zu kämpfen, als Griechenland im Stich zu lassen, dessen allgemeiner Wille es war, die Barbaren mit Krieg zu überziehen. Aber lassen wir die Fabeln und Auswärtiges. Zu Wirklichem und bei uns Geschehenem wollen wir kommen. Marcus Atilius Regulus wurde, als er, zum zweiten Male Konsul, in Afrika durch eine List in Gefangenschaft geraten war – Xanthippos, der Spartaner, war Führer, Feldherr aber der Vater Hannibals, Hamilcar –, zum Senat geschickt, durch einen Eid gebunden, daß er selber, wenn bestimmte vornehme Gefangene den Puniern nicht zurückgegeben würden, nach Karthago zurückkehren solle. Als er nach Rom kam, sah er den Schein des Nutzens, hielt ihn aber, wie die Tatsachen zeigen, für trügerisch. Dieser Schein bot sich so dar: im Vaterland zu bleiben, in seinem Heim mit seinem Weibe und mit seinen Kindern zu leben, das Unglück, das er im Krieg erlitt, für ein gewöhnliches Ereignis des Kriegsglücks zu halten und den Rang der Konsulwürde weiter einzunehmen. Wer leugnet, daß dies nützlich wäre? Wer, meinst du wohl? 100. Größe der Seele und Tapferkeit bestreiten es. Verlangst du etwa gewichtigere Gewährsmänner? Dieser Tugenden Wesen ist es nämlich, nichts zu fürchten, alles Menschliche zu verachten, nichts, was einem Menschen begegnen kann, für unerträglich zu halten. Was tat er daher? Er kam in den Senat, legte seinen Auftrag dar, weigerte sich, seine Meinung abzugeben. Solange er durch den Eid gegenüber dem Feinde gebunden sei, sei er nicht Senator. Und dazu – oh, der Tor, wird mancher vielleicht sagen, und seinem Vorteil widerstrebend! – bestritt er noch, daß es nützlich wäre, die Gefangenen zurückzugeben. Das seien nämlich junge Leute und gute Führer, er schon vom Alter zermürbt. Da sein Gewicht den Ausschlag gab, wurden die Gefangenen zurückbehalten, er selber kehrte nach Karthago zurück, und es hielt ihn

retinuit nec suorum. Neque vero tum ignorabat se ad crudelis-
simum hostem et ad exquisita supplicia proficisci, sed ius iurandum conservandum putabat. Itaque tum, inquam, cum vi-
gilando necabatur, erat in meliore causa, quam si domi senex
captivus, periurus consularis remansisset. 101. At stulte, qui
non modo non censuerit captivos remittendos, verum etiam
dissuaserit. Quo modo stulte? etiamne, si rei publicae condu-
cebat? Potest autem, quod inutile rei publicae sit, id cuiquam
civi utile esse?

(28) Pervertunt homines ea, quae sunt fundamenta naturae,
cum utilitatem ab honestate seiungunt. Omnes enim expeti-
mus utilitatem ad eamque rapimur nec facere aliter ullo modo
possumus. Nam quis est, qui utilia fugiat? aut quis potius, qui
ea non studiosissime persequatur? Sed quia nusquam possumus nisi in laude, decore, honestate utilia reperire, propterea
illa prima et summa habemus, utilitatis nomen non tam splen-
didum quam necessarium ducimus.

102. Quid est igitur, dixerit quis, in iure iurando? num iratum timemus Iovem? At hoc quidem commune est omnium
philosophorum, non eorum modo, qui deum nihil habere ipsum negotii dicunt, nihil exhibere alteri, sed eorum etiam, qui
deum semper agere aliquid et moliri volunt, numquam nec
irasci deum nec nocere. Quid autem iratus Iuppiter plus nocere potuisset, quam nocuit sibi ipse Regulus? Nulla igitur vis
fuit religionis, quae tantam utilitatem perverteret. An ne turpiter faceret? Primum minima de malis! Num igitur tantum

nicht die Liebe zum Vaterland und zu den Seinen. Er wußte
aber da sehr wohl, daß er zum grausamsten Feinde und zu aus-
gesuchten Martern aufbrach, aber er glaubte, daß man einen
Eid halten müsse. Daher war er damals, als er durch Beraubung des Schlafes getötet wurde, in einem besseren Zustand,
als wenn er als gefangener Greis und eidbrüchiger Konsular daheim geblieben wäre. 101. Aber töricht, daß er nicht
nur nicht gemeint hat, man müsse die Gefangenen zurück-
schicken, sondern sogar abgeraten hat! Wieso töricht? Auch
wenn es dem Gemeinwesen förderlich war? Kann aber, was
dem Gemeinwesen schadet, für irgendeinen Bürger nützlich
sein?

Die Menschen verkehren die Grundlagen der Natur, wenn
sie den Nutzen von dem Ehrenvollen trennen. Alle nämlich
erstreben wir den Nutzen, werden zu ihm fortgerissen und
können gar nicht anders handeln. Denn wen gäbe es, der dem
Nützlichen aus dem Wege ginge? Oder vielmehr wen, der ihm
nicht aufs eifrigste nachginge? Aber weil wir nirgends außer
im Ruhm, im Schicklichen, im Ehrenvollen Nützliches finden
können, darum halten wir dies für das erste und höchste; den
Begriff des Nutzens erachten wir nicht so sehr für glanzvoll
wie für notwendig.

102. Wie steht es, könnte einer sagen, mit dem Eid? Haben
wir etwa Angst vor dem Zorn Juppiters? Aber das ist doch allen
Philosophen gemeinsam, nicht nur denen, die behaupten, Gott
habe selber keine und schaffe dem anderen keine Ungelegenheiten, sondern auch denen, die wollen, daß Gott immer irgend etwas tut und in Bewegung setzt: Gott zürnt oder schadet nie. Was aber hätte ein zorniger Juppiter mehr schaden
können, als Regulus sich selber geschadet hat? Es gab also
keine Macht religiöser Bedenken, die einen so großen Nutzen
hätte ins Gegenteil wenden können. Oder etwa, um nicht
schimpflich zu handeln? Zuerst: das kleinste der Übel! Hatte

mali turpitudo ista habebat, quantum ille cruciatus? Deinde
illud etiam apud Accium:

'Fregistin fidem?'
Neque dedi neque do infideli cuiquam.

quamquam ab impio rege dicitur, luculente tamen dicitur.
103. Addunt etiam, quemadmodum nos dicamus videri quaedam utilia, quae non sint, sic se dicere videri quaedam honesta,
quae non sunt, ut hoc ipsum videtur honestum conservandi
iuris iurandi causa ad cruciatum revertisse, sed fit non honestum, quia, quod per vim hostium esset actum, ratum esse non
debuit. Addunt etiam, quicquid valde utile sit, id fieri honestum, etiam si antea non videretur. Haec fere contra Regulum.
Sed prima videamus.

(29) 104. Non fuit Iuppiter metuendus ne iratus noceret, qui
neque irasci solet nec nocere. Haec quidem ratio non magis
contra Reguli, quam contra omne ius iurandum valet. Sed in
iure iurando non qui metus, sed quae vis sit, debet intellegi.
Est enim ius iurandum affirmatio religiosa; quod autem affir-
mate et quasi deo teste promiseris, id tenendum est. Iam enim
non ad iram deorum, quae nulla est, sed ad iustitiam et ad fidem pertinet. Nam praeclare Ennius:

O Fides alma apta pinnis et ius iurandum Iovis.

Qui ius igitur iurandum violat, is Fidem violat, quam in Capi-
tolio vicinam Iovis optimi maximi, ut in Catonis oratione est,
maiores nostri esse voluerunt. 105. At enim ne iratus quidem
Iuppiter plus Regulo nocuisset, quam sibi nocuit ipse Regulus.
Certe, si nihil malum esset nisi dolere. Id autem non modo non

also die Schande etwa so viel Schlimmes wie die Marter? Dann
auch das bekannte Wort bei Accius:

> «Du brachst das Wort?»
> Ich gab und gebe es dem Ungetreuen nie!

Obwohl das von einem gottlosen König gesagt wird, ist es treffend gesagt. 103. Sie fügen hinzu, wie wir sagten, daß manches
nützlich scheine, was es nicht sei, so sagten sie, es scheine manches ehrenvoll, was es nicht ist; wie eben dies ehrenvoll scheint,
zur Marter zurückzukehren, um den Eid zu halten, aber nicht
ehrenvoll wird, weil nicht gültig hätte sein dürfen, was unter
der Gewalt der Feinde getan worden sei. Sie fügen auch hinzu,
alles, was sehr nützlich sei, das werde ehrenvoll, auch wenn
es vorher nicht so scheine. Das etwa gegen Regulus. Aber sehen wir das erste an!

104. Juppiter braucht nicht gefürchtet zu werden, daß er in
seinem Zorn schade, da er weder zu zürnen noch zu schaden
pflegt. Dieser Gedankengang richtet sich ebensosehr gegen
den Eid des Regulus wie gegen jeden Eid. Aber beim Eid muß
man erkennen, nicht welche Furcht besteht, sondern welches
seine Kraft ist. Ist doch der Eid eine heilige Versicherung. Was
du aber hoch und heilig, gleichsam mit Gott als Zeugen
sprichst, das ist zu halten. Hat das doch nichts mehr mit der
Götter Zorn, den es nicht gibt, zu tun, sondern mit Gerechtigkeit und Zuverlässigkeit. Denn vortrefflich sagt Ennius:

> Segnende flügeltragende Fides und Eidesschwur bei Zeus.

Wer also den Eid verletzt, der verletzt die Verläßlichkeit, die
auf dem Kapitol nach dem Willen unserer Vorfahren die Nach-
barin des Juppiter maximus optimus ist, wie in einer Rede
Catos zu lesen steht. 105. Aber nicht einmal der Zorn Juppiters
hätte Regulus mehr geschadet, als sich Regulus selber geschadet hat. Gewiß, wenn nichts anderes noch ein Übel wäre,

summum malum, sed ne malum quidem esse maxima auctoritate philosophi affirmant. Quorum quidem testem non mediocrem, sed haud scio an gravissimum Regulum nolite quaeso vituperare. Quem enim locupletiorem quaerimus quam principem populi Romani, qui retinendi officii causa cruciatum subierit voluntarium? Nam quod aiunt: 'minima de malis', id est, ut turpiter potius quam calamitose: an est ullum maius malum turpitudine? Quae si in deformitate corporis habeat aliquid offensionis, quanta illa depravatio et foeditas turpificati animi debet videri? 106. Itaque nervosius qui ista disserunt, solum audent malum dicere id, quod turpe sit, qui autem remissius, ii tamen non dubitant summum malum dicere. Nam illud quidem

Neque dedi neque do infideli cuiquam

idcirco recte a poeta, quia, cum tractaretur Atreus, personae serviendum fuit. Sed si hoc sibi sument, nullam esse fidem, quae infideli data sit, videant, ne quaeratur latebra periurio.

107. Est autem ius etiam bellicum fidesque iuris iurandi saepe cum hoste servanda. Quod enim ita iuratum est, ut mens conciperet fieri oportere, id servandum est; quod aliter, id si non fecerit, nullum est periurium. Ut, si praedonibus pactum pro capite pretium non attuleris, nulla fraus est, ne si iuratus quidem id non feceris. Nam pirata non est ex perduellium numero definitus, sed communis hostis omnium; cum hoc nec

außer Schmerz zu empfinden. Das aber ist nicht nur nicht das
höchste Übel, sondern überhaupt kein Übel, wie Philosophen
von höchstem Ansehen versichern. Ihren nicht gewöhnlichen,
ja vielleicht gewichtigsten Zeugen Regulus tadelt mir bitte
nicht! Was suchen wir denn noch für einen bedeutenderen als
einen führenden Mann des römischen Volkes, der, um seine
Pflicht zu erfüllen, sich freiwilliger Marter unterzog? Denn
wenn sie sagen: das kleinste von den Übeln! das heißt, lieber
in Schande als im Unglück: gibt es etwa ein schlimmeres Unglück als Schande? Wenn diese schon bei einer Entstellung
des Körpers einigen Anstoß erregt, als wie schlimm muß dann
erst die Ausartung und Scheußlichkeit einer verschandelten
Seele erscheinen? 106. Daher wagen die, welche diese Probleme
kräftiger vertreten, zu sagen, ein Übel sei allein, was schimpflich sei, die aber, die es gemäßigter tun, zaudern doch nicht,
es das schlimmste Übel zu heißen. Denn jenes Wort:

ich gab und gebe es dem Ungetreuen nie

ist deshalb vom Dichter mit Recht gesagt worden, weil er, da
Atreus behandelt wurde, sich der Rolle fügen mußte. Aber
wenn sie dies für sich in Anspruch nehmen, es sei kein Wort,
was man einem Treulosen gegeben habe, sollen sie sehen, daß
nicht ein Versteck gesucht werde für den Meineid.

107. Es ist aber auch das Kriegsrecht und die Sicherheit der
Eide oft im Verkehr mit dem Feinde zu wahren. Was man nämlich so geschworen hat, daß der Geist empfand, es müsse geschehen, das muß gehalten werden. Was nicht so, ist, wenn man
es nicht ausführt, kein Meineid. Zum Beispiel: Wenn du einem
Räuber eine für dein Haupt ausgemachte Summe nicht bringst,
ist das kein Betrug, auch nicht, wenn du trotz Schwur es nicht
tust. Denn der Pirat gehört nach der Definition nicht in die
Zahl der Kriegsgegner, sondern ist der gemeinsame Feind
aller. Mit dem darf weder ein Treuverhältnis noch ein Eid

fides debet nec ius iurandum esse commune. 108. Non enim
falsum iurare periurare est, sed, quod 'ex animi tui sententia'
iuraris, sicut verbis concipitur more nostro, id non facere periurium est. Scite enim Euripides:

Iuravi lingua, mentem iniuratam gero.

Regulus vero non debuit condiciones pactionesque bellicas et
hostiles perturbare periurio. Cum iusto enim et legitimo hoste
res gerebatur, adversus quem et totum ius fetiale et multa sunt
iura communia. Quod ni ita esset, numquam claros viros senatus vinctos hostibus dedidisset. (30) 109. At vero T. Veturius
et Sp. Postumius, cum iterum consules essent, quia, cum male
pugnatum apud Caudium esset, legionibus nostris sub iugum
missis pacem cum Samnitibus fecerant, dediti sunt iis; iniussu
enim populi senatusque fecerant. Eodemque tempore Ti. Numicius, Q. Maelius, qui tum tribuni pl. erant, quod eorum
auctoritate pax erat facta, dediti sunt, ut pax Samnitium repu-
diaretur. Atque huius deditionis ipse Postumius, qui dedeba-
tur, suasor et auctor fuit. Quod idem multis annis post C.
Mancinus, qui, ut Numantinis, quibuscum sine senatus auctoritate foedus fecerat, dederetur, rogationem suasit eam,
quam L. Furius, Sex. Atilius ex senatus consulto ferebant; qua
accepta est hostibus deditus. Honestius hic quam Q. Pompeius, quo, cum in eadem causa esset, deprecante accepta lex
non est. Hic ea, quae videbatur utilitas, plus valuit quam hone-

Gemeinschaft bilden. 108. Nicht Falsches schwören heißt nämlich einen Meineid schwören, sondern was du «aus deines Her-
zens Meinung» geschworen hast, wie es nach unserer Sitte
in Worte gefaßt wird, dies nicht zu tun ist ein Meineid. Hübsch
sagt nämlich Euripides:

mit der Zunge schwur ich, unvereidigt ist mein Geist.

Regulus aber durfte nicht Bedingungen und Abmachungen im
Krieg und mit dem Feind durch einen Meineid in Unordnung
bringen. Mit einem richtigen und gesetzmäßigen Feind nämlich hatte man es zu tun, dem gegenüber das ganze Fetialrecht
und viele Rechtsansprüche gemeinsam sind. Wär’ es nicht so,
nie hätte der Senat berühmte Männer dem Feinde gebunden
ausgeliefert. 109. Aber Titus Veturius und Spurius Postumius
sind, als sie zum zweiten Male Konsul waren, den Samniten ausgeliefert worden, weil sie mit ihnen Frieden geschlossen hatten,
als bei Caudium unglücklich gekämpft und unsere Legionen
unter das Joch geschickt worden waren. Sie haben es nämlich
ohne Geheiß des Volkes und Senates getan. Zur selben Zeit
wurden Tiberius Numicius und Quintus Maelius, die damals
Volkstribunen waren, weil auf ihren Einfluß hin Frieden geschlossen worden war, ausgeliefert, um den Frieden mit den
Samniten zurückzuweisen. Und der Fürsprecher und Urheber
dieser Auslieferung war eben der Postumius, der ausgeliefert
wurde. Dasselbe tat viele Jahre später Gaius Mancinus, der
den Antrag befürwortete, daß er den Numantinern, mit denen
er ohne Zustimmung des Senates einen Vertrag geschlossen
hatte, übergeben werden sollte, den Lucius Furius und Sextus
Atilius auf Senatsbeschluß einbrachten. Als er angenommen
worden war, wurde er den Feinden ausgeliefert. Ehrenvoller
er als Quintus Pompeius, auf dessen Losbitten hin, als er in derselben Lage war, das Gesetz nicht angenommen wurde. Hier
hatte der scheinbare Nutzen mehr Kraft als das Ehrenvolle,

stas, apud superiores utilitatis species falsa ab honestatis auctoritate superata est. 110. 'At non debuit ratum esse, quod
erat actum per vim.' Quasi vero forti viro vis possit adhiberi.
Cur igitur ad senatum proficiscebatur, cum praesertim de captivis dissuasurus esset? Quod maximum in eo est, id reprehen-
ditis. Non enim suo iudicio stetit, sed suscepit causam, ut esset
iudicium senatus; cui nisi ipse auctor fuisset, captivi profecto
Poenis redditi essent. Ita incolumis in patria Regulus restitis-
set. Quod quia patriae non utile putavit, idcirco sibi honestum
et sentire illa et pati credidit. Nam quod aiunt, quod valde
utile sit, id fieri honestum: immo vero esse, non fieri. Est enim
nihil utile, quod idem non honestum, nec, quia utile, honestum,
sed, quia honestum, utile. Quare ex multis mirabilibus exemplis haud facile quis dixerit hoc exemplo aut laudabilius aut
praestantius.

(31) 111. Sed ex tota hac laude Reguli unum illud est admiratione dignum, quod captivos retinendos censuit. Nam
quod rediit, nobis nunc mirabile videtur, illis quidem temporibus aliter facere non potuit. Itaque ista laus non est hominis,
sed temporum. Nullum enim vinculum ad astringendam fidem
iure iurando maiores artius esse voluerunt. Indicant leges in
duodecim tabulis, indicant sacratae, indicant foedera, quibus
etiam cum hoste devincitur fides, indicant notiones animad-
versionesque censorum, qui nulla de re diligentius quam de

bei den Vorhergehenden ist der falsche Schein des Nutzens von
der Autorität des Ehrenvollen überwunden worden. 110. «Aber
es hätte nicht gültig sein brauchen, was unter Zwang getan
wurde.» Gerade als ob ein tapferer Mann gezwungen werden
könnte! Warum also reiste er zum Senat, zumal wo er doch
betreffs der Gefangenen abraten wollte? Was das Größte an ihm
ist, das tadelt ihr. Er blieb nämlich nicht bei seiner Ansicht
stehen, sondern unterzog sich der Sache, damit es auch die
Ansicht des Senates wäre. Wenn er diesem aber nicht selber
verantwortlich geraten hätte, wären die Gefangenen in der Tat
den Puniern zurückgegeben worden. So wäre Regulus unversehrt im Vaterland geblieben. Weil er dies nicht als nützlich
für das Vaterland ansah, deshalb hielt er es für ehrenvoll für
sich, jene Meinung zu sagen und die Leiden zu erdulden. Denn
wenn sie sagen, was sehr nützlich sei, das werde ehrenvoll:
nein, es ist, nicht, es wird, müssen sie sagen! Es ist nämlich
nichts nützlich, was nicht zugleich ehrenvoll ist, und es ist
nicht ehrenvoll, weil es nützlich, sondern, weil es ehrenvoll
ist, ist es nützlich. Darum dürfte aus vielen bewundernswer-
ten Vorbildern nicht leicht einer ein rühmlicheres und hervor-
ragenderes als dieses nennen.

111. Aber an diesem ganzen Ruhm des Regulus ist nur das
eine der Bewunderung würdig, daß er die Ansicht vertrat, die
Gefangenen müßten zurückbehalten werden. Denn daß er zurückkehrte, scheint uns jetzt bewunderungswert, zu jenen
Zeiten konnte er anders nicht handeln. Deshalb gebührt dieses
Lob nicht dem Mann, sondern den Zeiten. Denn kein Band,
Treue zur Pflicht zu machen, sollte nach dem Willen der Vorfahren enger sein als der Eid. Das zeigen die Gesetze auf den
zwölf Tafeln, zeigen die mit einem Fluch behafteten Gesetze,
zeigen die Verträge, durch die auch mit dem Feind ein Rechts-
verhältnis geknüpft wird, zeigen Tadel und Ausstellungen der
Zensoren, die über nichts peinlicher als über den Eid urteilten.

iure iurando iudicabant. 112. L. Manlio A. f., cum dictator
fuisset, M. Pomponius tr. pl. diem dixit, quod is paucos sibi
dies ad dictaturam gerendam addidisset; criminabatur etiam,
quod Titum filium, qui postea est Torquatus appellatus, ab
hominibus relegasset et ruri habitare iussisset. Quod cum au-
divisset adulescens filius negotium exhiberi patri, accurrisse
Romam et cum primo luci Pomponii domum venisse dicitur.
Cui cum esset nuntiatum, qui illum iratum allaturum ad se aliquid contra patrem arbitraretur, surrexit e lectulo remotisque
arbitris ad se adulescentem iussit venire. At ille, ut ingressus
est, confestim gladium destrinxit iuravitque se illum statim
interfecturum, nisi ius iurandum sibi dedisset se patrem missum esse facturum. Iuravit hoc terrore coactus Pomponius;
rem ad populum detulit, docuit, cur sibi causa desistere necesse esset, Manlium missum fecit. Tantum temporibus illis
ius iurandum valebat. Atque hic T. Manlius is est, qui ad
Anienem Galli, quem ab eo provocatus occiderat, torque de-
tracto cognomen invenit, cuius tertio consulatu Latini ad Ve-
serim fusi et fugati, magnus vir in primis et qui perindulgens
in patrem, idem acerbe severus in filium.

(32) 113. Sed, ut laudandus Regulus in conservando iure iurando, sic decem illi, quos post Cannensem pugnam iuratos
ad senatum misit Hannibal, se in castra redituros ea, quorum
erant potiti Poeni, nisi de redimendis captivis impetravissent,
si non redierunt, vituperandi. De quibus non omnes uno modo.

112. Den Lucius Manlius, den Sohn des Aulus, zog der Volkstribun Marcus Pomponius, als er Diktator gewesen war, vor Gericht, weil er in seinem Interesse Tage zu der Amtsführung seiner
Diktatur hinzugefügt hätte. Er beschuldigte ihn auch, daß er seinen Sohn Titus, der später den Beinamen Torquatus erhielt, von
den Menschen entfernt und auf dem Lande zu wohnen gezwungen habe. Als dies der junge Sohn vernommen hatte, daß seinem Vater Ungelegenheiten bereitet würden, ist er, wie es
heißt, nach Rom geeilt und bei Tagesanbruch in das Haus des
Pomponius gekommen. Als diesem das gemeldet wurde, erhob
er sich von seinem Lager, da er meinte, jener würde voll Zorn
ihm irgend etwas gegen den Vater hinterbringen, entfernte
alle Beobachter und hieß den Jüngling zu sich kommen. Jener
jedoch zog, wie er eingetreten war, sogleich sein Schwert und
schwur, er werde ihn auf der Stelle töten, wenn er ihm nicht
den Eid leiste, daß er seinen Vater in Ruhe lassen wolle. Pomponius schwur, durch diesen Schrecken gezwungen. Er brachte
die Sache vors Volk, legte dar, warum er von der Sache abstehen
müßte, und ließ Manlius frei. Soviel Kraft hatte zu jenen Zeiten der Eid. Und dieser Titus Manlius ist derselbe, der am
Anio die Kette des Galliers, den er, von ihm herausgefordert,
getötet hatte, abzog und daher seinen Beinamen fand. In seinem dritten Konsulat wurden die Latiner am Veseris völlig
geschlagen, er war ein großer Mann unter den ersten und ebenso überaus nachsichtig gegen seinen Vater, wie er bitter streng
gegen seinen Sohn war.

113. Aber wie Regulus zu loben ist, daß er seinen Eid hielt,
so sind jene zehn, wofern sie nicht zurückgekehrt sind, zu tadeln, die Hannibal nach der Schlacht bei Cannae zum Senate
schickte unter dem Eid, daß sie in das Lager, dessen sich die
Punier bemächtigt hatten, zurückkehren würden, wenn sie
wegen der Auslösung der Gefangenen nichts erreicht hätten.
Über sie berichten nicht alle auf eine Weise. Denn Polybios, ein

Nam Polybius, bonus auctor inprimis, ex decem nobilissimis, qui tum erant missi, novem revertisse dicit re a senatu non impetrata; unum ex decem, qui paulo post quam erat egressus e castris redisset, quasi aliquid esset oblitus, Romae remansisse. Reditu enim in castra liberatum se esse iure iurando interpretabatur, non recte. Fraus enim distringit, non dissolvit ius iurandum. Fuit igitur stulta calliditas, perverse imitata prudentiam. Itaque decrevit senatus, ut ille veterator et callidus vinctus ad Hannibalem duceretur. Sed illud maximum. 114. Octo hominum milia tenebat Hannibal, non quos in acie cepisset, aut qui periculo mortis diffugissent, sed qui relicti in castris fuissent a Paulo et a Varrone consulibus. Eos senatus non censuit redimendos, cum id parva pecunia fieri posset, ut esset insitum militibus nostris aut vincere aut emori. Qua quidem re audita fractum animum Hannibalis scribit idem, quod senatus populusque Romanus rebus afflictis tam excelso animo fuisset. Sic honestatis comparatione ea, quae videntur utilia, vincuntur. 115. C. Acilius autem, qui Graece scripsit historiam, plures ait fuisse, qui in castra revertissent eadem fraude, ut iure iurando liberarentur eosque a censoribus omnibus ignominiis notatos. Sit iam huius loci finis. Perspicuum est enim ea, quae timido animo, humili, demisso fractoque fiant, quale fuisset Reguli factum, si aut de captivis quod ipsi opus esse

besonders guter Gewährsmann, sagt, von den zehn Vornehmsten, die damals geschickt worden waren, seinen neun zurückgekehrt, da sie beim Senat nichts erreicht hätten. Einer von den zehn, der nach Verlassen des Lagers wieder zurückgekehrt, als ob er etwas vergessen hätte, sei in Rom geblieben. Denn durch die Rückkehr in das Lager, so legte er es aus, sei er von seinem Eid frei geworden. Nicht zu Recht! Betrug nämlich zerreißt den Eid, löst ihn aber nicht. Es war also eine dumme Schlauheit, die verkehrt Klugheit nachahmte. Daher entschied der Senat, daß jener Gauner und schlaue Fuchs gefesselt zu Hannibal gebracht werden solle. Aber jenes ist das Größte. 114. Achttausend Mann hielt Hannibal in seiner Gewalt, nicht Leute, die er in der Schlacht gefangen hatte oder die in der Todesgefahr auseinandergelaufen waren, sondern die von den Konsuln Paulus und Varro im Lager zurückgelassen worden waren. Die beschloß der Senat nicht auszulösen, obwohl das mit einer geringen Summe hätte geschehen können, damit es unseren Soldaten fest eingeprägt wäre, entweder zu siegen oder zu sterben. Als er das hörte, sei der Mut Hannibals gebrochen worden, schreibt derselbe Historiker, weil der Senat und das römische Volk in bedrängter Lage so erhabener Gesinnung gewesen wären. So wird im Vergleich mit dem Ehrenvollen das, was nützlich scheint, überwunden. 115. Gaius Acilius aber, der auf griechisch Geschichte geschrieben hat, sagt, es seien mehrere gewesen, die mit derselben Betrugsabsicht in das Lager zurückgekehrt seien, um von ihrem Eid loszukommen, und sie seien von den Zensoren auf das schimpflichste gerügt worden. Machen wir Schluß mit diesem Gedankenbereich. Es ist doch offensichtlich, daß das, was in ängstlicher, niedriger, mutloser und gebrochener Gesinnung vollbracht wird, nicht nützlich ist, weil es schandbar, schimpflich und häßlich sein würde, wie es die Tat des Regulus gewesen wäre, wenn er über die Gefangenen eine Ansicht geäußert hätte, die

videretur, non quod rei publicae, censuisset aut domi remanere voluisset, non esse utilia, quia sint flagitiosa, foeda, turpia.

(33) 116. Restat quarta pars, quae decore, moderatione, modestia, continentia, temperantia continetur. Potest igitur quicquam utile esse, quod sit huic talium virtutum choro contrarium? Atqui ab Aristippo Cyrenaici atque Annicerii philosophi nominati omne bonum in voluptate posuerunt virtutemque censuerunt ob eam rem esse c⟨on⟩laudandam, quod efficiens esset voluptatis; quibus obsoletis floret Epicurus, eiusdem fere adiutor auctorque sententiae. Cum his viris equisque, ut dicitur, si honestatem tueri ac retinere sententia est, decertandum est. 117. Nam si non modo utilitas, sed vita omnis beata corporis firma constitutione eiusque constitutionis spe explorata, ut a Metrodoro scriptum est, continetur, certe haec utilitas et quidem summa – sic enim censent – cum honestate pugnabit. Nam ubi primum prudentiae locus dabitur? an ut conquirat undique suavitates? Quam miser virtutis famulatus servientis voluptati. Quod autem munus prudentiae? an legere intellegenter voluptates? Fac nihil isto esse iucundius, quid cogitari potest turpius? Iam, qui dolorem summum malum dicat, apud eum quem habet locum fortitudo, quae est dolorum laborumque contemptio? Quamvis enim multis locis dicat Epicurus, sicuti dicit, satis fortiter de dolore, tamen non id spectandum est, quid dicat, sed quid consentaneum sit ei dicere, qui bona voluptate terminaverit, mala dolore. Ut si illum audiam de continentia et temperantia: dicit ille

ihm selber förderlich schien, nicht dem Gemeinwesen, oder
wenn er hätte daheim bleiben wollen.

116. Bleibt der vierte Teil, der im Schicklichen, der Mäßigung, der Bescheidenheit, Beherrschtheit und Ausgeglichenheit besteht. Kann also etwas nützlich sein, was diesem Reigen
solcher Tugenden entgegengesetzt ist? Gleichwohl setzten
die nach Aristipp benannten kyrenaischen und annicerischen
Philosophen jegliches Gut in die Lust und meinten, die Tugend
sei deshalb zu loben, weil sie Lust bewirke. Nachdem diese ab-
gestorben sind, blüht Epikur, der Förderer und Vertreter
etwa derselben Ansicht. Mit diesen Leuten muß man mit
Mann und Roß, wie es heißt, um die Entscheidung kämpfen,
wofern unsere Absicht ist, das Ehrenvolle zu schützen und festzuhalten. 117. Denn wenn nicht nur der Nutzen, sondern das
ganze glückliche Leben in einem festen Gesundheitszustand
des Körpers und der ausgemachten Hoffnung auf diesen Zustand besteht, wie von Metrodor geschrieben wurde, wird
sicherlich dieser Nutzen, und zwar als höchster – so ist nämlich
ihre Ansicht –, mit dem Ehrenvollen in Widerstreit kommen.
Denn wo weist man zunächst der Klugheit ihren Platz an?
Etwa, daß sie überall Ergötzendes zusammensuchen soll? Was
für ein jämmerlicher Dienst der Tugend, wenn sie der Lust
dienstbar ist! Welches Amt aber wird zweitens der Klugheit
gegeben? Etwa einsichtig die Genüsse zu sammeln? Gesetzt,
nichts sei angenehmer als dies, was läßt sich Schimpflicheres
ausdenken? Wer gar den Schmerz das schlimmste Übel nennt,
welche Stelle nimmt bei dem die Tapferkeit ein, die Verachtung von Schmerzen und Strapazen ist? Mag nämlich Epikur,
wie er es tut, an vielen Stellen recht tapfer über den Schmerz
sprechen, so darf man doch nicht darauf sehen, was er sagt, sondern was er, der die Güter nach der Lust, die Übel nach dem
Schmerz bemißt, konsequenterweise sagen müßte! Wie, wenn
ich jenen über Beherrschtheit und Maßhalten hören wollte:

quidem multa multis locis, sed aqua haeret, ut aiunt. Nam qui potest temperantiam laudare is, qui ponat summum bonum in voluptate? Est enim temperantia libidinum inimica, libidines autem consectatrices voluptatis. 118. Atque in his tamen tribus generibus quoquo modo possunt, non incallide tergiversantur. Prudentiam introducunt scientiam suppeditantem voluptates, depellentem dolores. Fortitudinem quoque aliquo modo expediunt, cum tradunt rationem neglegendae mortis, perpetiendi doloris. Etiam temperantiam inducunt non facillime illi quidem, sed tamen quoquo modo possunt. Dicunt enim voluptatis magnitudinem doloris detractione finiri. Iustitia vacillat vel iacet potius omnesque eae virtutes, quae in communitate cernuntur et in societate generis humani. Neque enim bonitas nec liberalitas nec comitas esse potest, non plus quam amicitia, si haec non per se expetantur, sed ad voluptatem utilitatemve referantur. 119. Conferamus igitur in pauca. Nam ut utilitatem nullam esse docuimus, quae honestati esset contraria, sic omnem voluptatem dicimus honestati esse contrariam. Quo magis reprehendendos Calliphonem et Dinomachum iudico, qui se dirempturos controversiam putaverunt, si cum honestate voluptatem tamquam cum homine pecudem copulavissent. Non recipit istam coniunctionem honestas, aspernatur, repellit. Nec vero finis bonorum et malorum, qui simplex esse debet, ex dissimillimis rebus misceri et temperari potest. Sed de hoc – magna enim res est – alio loco pluribus; nunc ad propositum. 120. Quemadmodum igitur, si quando ea, quae videtur utilitas, honestati repugnat, diiudicanda res sit,

er sagt zwar vieles an vielen Stellen darüber, aber das Wasser
klebt, wie man sagt. Denn wie kann der das Maßhalten loben,
der das höchste Gut in die Lust setzt? Ist doch das Maßhalten
der Begierden Feind, die Begierden aber sind die Begleiter der
Lust. 118. Und doch machen sie bei diesen drei Arten, soweit
sie können, nicht ungewandt Ausflüchte. Die Klugheit führen
sie an als das Wissen, das Freuden schafft, Schmerzen vertreibt.
Auch die Tapferkeit bringen sie einigermaßen zurecht, indem
sie lehren, es sei der Weg, den Tod gering zu schätzen, den
Schmerz zu ertragen. Sogar das Maßhalten führen sie ein, nicht
sehr leicht zwar, aber doch wie sie immer können. Sie sagen
nämlich, die Größe der Lust werde durch die Entfernung des
Schmerzes bestimmt. Die Gerechtigkeit freilich wankt, oder
vielmehr sie liegt zu Boden und alle Tugenden mit ihr, die in
der Gemeinschaft und der Gesellschaft des Menschengeschlechtes sichtbar werden. Denn weder Gutsein noch Großzügigkeit noch Freundlichkeit kann bestehen, ebensowenig
wie Freundschaft, wenn diese Dinge nicht an sich erstrebt,
sondern auf Lust und Nutzen bezogen werden. 119. Fassen wir
es also kurz zusammen. Denn wie wir gezeigt haben, daß es
keinen Nutzen gibt, der dem Ehrenvollen entgegengesetzt
wäre, so behaupten wir, jegliche Lust ist dem Ehrenvollen entgegengesetzt. Um so mehr sind Kalliphon und Dinomachos
zu tadeln nach meinem Urteil, die meinten, sie würden den
Streit entscheiden, wenn sie die Lust mit dem Ehrenvollen
gleichsam wie Mensch und Vieh zusammenschirrten. Das
Ehrenvolle nimmt diese Verbindung nicht an, es verschmäht
sie, es stößt sie zurück. Die Zielvorstellung aber von Gut und
Böse, die einfach sein muß, läßt sich nicht aus ganz verschiedenen Dingen mischen und ausgleichen. Aber darüber – es ist
nämlich eine große Sache – an anderer Stelle ausführlicher.
Jetzt zum Thema! 120. Wie also die Sache, wofern der scheinbare Nutzen dem Ehrenvollen einmal widerstreitet, zu ent-

satis est supra disputatum. Sin autem speciem utilitatis etiam
voluptas habere dicetur, nulla potest esse ei cum honestate
coniunctio. Nam, ut tribuamus aliquid voluptati, condimenti
fortasse non nihil, utilitatis certe nihil habebit.

121. Habes a patre munus, Marce fili, mea quidem sententia
magnum, sed perinde erit, ut acceperis. Quamquam hi tibi
tres libri inter Cratippi commentarios tamquam hospites erunt
recipiendi, sed, ut, si ipse venissem Athenas, quod quidem
esset factum, nisi me e medio cursu clara voce patria revocas-
set, aliquando me quoque audires, sic, quoniam his volumini-
bus ad te profecta vox est mea, tribues iis temporis, quantum
poteris, poteris autem quantum voles. Cum vero intellexero te
hoc scientiae genere gaudere, tum et praesens tecum prope-
diem, ut spero, et dum aberis, absens loquar. Vale igitur, mi
Cicero, tibique persuade esse te quidem mihi carissimum, sed
multo fore cariorem, si talibus monumentis praeceptisque lae-
tabere.

scheiden ist, ist zur Genüge oben erörtert. Wenn aber einen Schein des Nutzens auch die Lust an sich haben soll, kann sie keine Verschmelzung mit dem Ehrenvollen eingehen. Denn gesetzt, wir räumen der Lust etwas ein, so wird sie vielleicht einige Würze, Nutzen jedenfalls nicht haben.

121. So hast du, mein Sohn Marcus, von deinem Vater ein Geschenk, meiner Meinung nach ein großes; aber es wird so sein, wie du es aufnimmst. Freilich wirst du diese drei Bücher unter die Nachschriften des Kratipp wie Gäste aufnehmen müssen, aber wie du auch mich einmal hören würdest, wenn ich selber nach Athen gekommen wäre – was geschehen wäre, wenn mich nicht mitten auf der Fahrt das Vaterland mit lauter Stimme zurückgerufen hätte –, so wirst du, da ja meine Stimme in diesen Rollen zu dir aufbrach, ihnen so viel Zeit widmen, wie du kannst. Du wirst aber können, wieviel du willst. Wenn ich aber merke, daß du an dieser Art Wissenschaft deine Freude hast, dann werde ich mit dir in Bälde, wie ich hoffe, persönlich darüber sprechen; solange du fort bist, aus der Ferne. Lebe also wohl, mein Cicero, und sei überzeugt, daß du mir sehr lieb bist, aber noch viel teurer sein wirst, wenn du dich an solchen Schriftwerken und Lehren freust.

EINFÜHRUNG

Wenn man sich ansieht, welche Rolle heute Ciceros Schrift de officiis in unserem geistigen Haushalt spielt, kann man nicht leicht nachvollziehen, daß Voltaire und Friedrich der Große in ihr das beste Buch über Moral sahen. Das mag daher kommen, daß jene unbefangen die Wirklichkeiten, die in diesem Buche angerührt werden, in sich aufnahmen, unsere Zeit, mißtrauisch geworden durch die Forschung des neunzehnten Jahrhunderts, die Quellen sucht und dabei Mängel über Mängel im Systematischen und in der Komposition entdeckt. Ob es möglich ist, wieder zur Würdigung der unvergänglichen Gedanken zu kommen? Bevor wir diese Frage zu beantworten versuchen, müssen einige Voraussetzungen des Werkes bekanntgemacht werden.

Mit den Werken de finibus und den Tusculanen hatte Cicero schon das Gebiet der Ethik betreten. Er hatte zuerst das Ziel des Menschen ins Auge gefaßt und von ihm aus in der Praxis des Lebens die Feinde, die einem glückseligen Leben entgegenstehen, bekämpft und im Vergleich zum höchsten Gut, der Tugend, der Sittlichkeit, der harmonischen Persönlichkeit, entwertet. Wenn er jetzt in de officiis erneut eine Darstellung der praktischen Ethik gibt, so mochten ihn drei Dinge vor allem locken: es gab das vielbewunderte Hauptwerk des Panaitios über das Angemessene, dem er etwas Entsprechendes im Lateinischen entgegenstellen wollte, er konnte damit seinem in Athen studierenden Sohne eine geistige Führung geben und konnte über das Allgemeine und Negative hinaus seine Erfahrung in konkreten Lebensregeln sprechen und an ihnen seine Grundprinzipien zutage treten lassen. Zumal nach dem Tode Caesars, der Zeit, in der das Werk entstand, das Handeln, das seinen Sinn im Dienst am andern sah, höchst fragwürdig geworden war.

Daß Cicero mit dem Werk beschäftigt ist, erfahren wir zum ersten Male in einem Brief an Atticus vom Oktober 44 (Att. 15, 13, 6),

in dem er schreibt: nos hic φιλοσοφοῦμεν *– quid enim aliud? – et*
τὰ περὶ τοῦ καθήκοντος *magnifice explicamus,* προσφωνοῦμεν-
que Ciceroni (wir philosophieren hier – was sollten wir anderes tun? – und
legen den Gedankenbereich über das angemessene Handeln von einem auf
Größe und Adel gerichteten Standpunkte dar und wenden uns mit unse-
rem Wort an Cicero). Das klingt ganz so, als wenn er – man vergleiche
den Ton des Überblicks in de divinatione – ein weiteres zugehöriges Gebiet
dem schon behandelten hinzufügen wolle. Aber magnifice und προσ-
φωνοῦμεν *Ciceroni lassen stärkere innere Anteilnahme spüren: das*
kampfbereite Pathos für eine bestimmte Entscheidung, für hohes großes
Handeln, und zugleich die Verantwortung des Vaters, der dem Träger
seines Namens in der Zukunft das Beste vermachen will. Darum ist
diese Schrift auch kein Dialog, sie spricht direkt, ist ganz auf die Sache
gerichtet und hat immer das Bild des römischen Staatsmannes vor Augen,
der sein Sohn wie er einmal werden soll. Damit gehört die Schrift in eine
Gattung von Schriften, die der alte Cato mit seinen Werken ad Marcum
filium begründet hatte; sie entspricht ganz römischer Art und Pädago-
gik, die in der Praxis – man denke an das tirocinium fori – und im Schrift-
werk gern der Vorstellung huldigt, daß die Erfahrung des Vaters am
besten den heranwachsenden Sohn mit der Welt vertraut macht.

Das schließt natürlich nicht aus, daß sich Cicero auch hier an ein
griechisches Vorbild hält. Cicero spricht ja im Werk selbst davon, aber
auch an der zweiten erhaltenen Briefstelle (Att. 16, 11, 4 vom No-
vember 44): τὰ περὶ τοῦ καθήκοντος, *quatenus Panaetius, absolvi*
duobus: illius tres sunt; sed cum initio divisisset ita tria genera exqui-
rendi officii esse, unum cum deliberemus, honestum an turpe sit, alterum
utile an inutile, tertium, cum haec inter se pugnare videantur, quo-
modo iudicandum sit ... de duobus primis praeclare disseruit, de tertio
pollicetur se deinceps, sed nihil scripsit. eum locum Posidonius persecu-
tus est; ego autem et eius librum accersivi et ad Athenodorum Calvum
scripsi, ut ad me τὰ κεφάλαια *mitteret ...* προσφωνῶ *autem Ci-*
ceroni filio. (Den Bereich über das Angemessene, soweit es Panaitios
hat, habe ich fertig in zwei Büchern. Er hat drei. Aber während er an-

*fänglich so disponiert hatte, es gäbe drei Arten des rechten Handelns zu
erforschen, die eine, wenn wir mit uns zu Rate gehen, ob es ehrenvoll
oder häßlich ist, die andere, ob es nützlich oder unnütz ist, die dritte,
wie man, wenn dies untereinander zu streiten scheint, die Entscheidung
treffen müsse ... hat er zwar über die beiden ersten vorzüglich gesprochen, über die dritte verspricht er, hernach, aber er hat nichts geschrieben. Dieses Gebiet hat Poseidonius verfolgt, ich aber habe sowohl sein
Buch zugezogen und habe auch Athenodorus Calvus geschrieben, er
solle mir die Hauptsätze schicken ... ich wende mich aber in meinen
Worten an meinen Sohn Cicero). Auch hier wird zum Schluß als etwas
Wichtiges die Ansprache an den Sohn hervorgehoben. Zugleich aber
tun wir einen Blick in Ciceros Werkstatt und die vielfältigen Voraussetzungen der Schrift. Die beiden ersten Bücher sind am ersten fertig
geworden: hier lagen die drei Bücher des Panaitios über dasselbe Thema
vor. Das dritte Buch ist noch nicht geschrieben. Hier ist Panaitios aus
einem nicht genannten Grunde nicht mehr da. Sein Schüler Poseidonius
hat das Problem behandelt, nämlich das Problem, wie man beim Handeln Nutzen und Sittlichkeit, falls sie scheinbar einmal gegeneinander-
stehen sollten, gegeneinander abwägen solle. Dieses Buch wird Cicero
also hier benutzen, und zugleich hat er den Stoiker Athenodorus Calvus
um Unterlagen gebeten und kann wenig später (Att. 16, 14, 4 vom
November 44) melden, daß dieser ihm ein recht hübsches ὑπόμνημα
über dieses Problem geschickt habe, eine Hilfe für das Gedächtnis, einen
commentarius, auf Grund dessen eine Darstellung aufgebaut werden
kann.*

    *Das vorliegende Werk entspricht ganz dem, was wir aus dem Blick
in die Entstehungsgeschichte entnehmen können. Am selbständigsten ist,
wie Cicero auch in der Schrift selbst sagt, das dritte Buch; denn Panaitios hatte – auch das sagt Cicero uns im Werke selbst – das Problem,
wie die Entscheidung fallen müsse, wenn der Nutzen mit dem Sittlich-
Schönen in Konflikt gerate, zu behandeln versprochen, aber aus nicht
erkennbaren Gründen unterlassen. Und so gibt Cicero suo Marte eine
Darstellung, die fast mit Notwendigkeit zu einer eindrucksvollen Samm-*

lung von Beispielen dafür wird, daß das Sittliche und Ehrenvolle stets auch in einem tieferen Sinne das Nützlichste ist, nützlicher als die Erfüllung eines momentanen egoistischen Vorteils, der letztlich die menschliche Gesellschaft zerstört, die das Leben des einzelnen erst lebenswert macht. Leuchtet dieser Satz aufs Wesentliche gesehen unmittelbar ein, wenigstens dem Römer, der noch selbstverständlich von der Gemeinschaft her denkt, so wird der Philosoph, der skeptisch diese Anschauung bestreitet, die Randsituationen aufsuchen, in denen der unverbrüchliche Glaube an Notwendigkeit und Geltung der Sittlichkeit die eigene Existenz im wahrsten Sinne des Wortes aufzugeben zwingt. Obwohl Cicero in seinem « Staate» seiner Abneigung, diese Gedanken bis auf die Spitze zu treiben, mit dem Satze Ausdruck gegeben hatte, eine gefährliche Gerechtigkeit gefalle ihm nicht, in dem der Ausdruck periculosa iustitia eine ähnliche contradictio in adiecto ist wie jene seditiosa veritas des Erasmus, so hat sich Cicero im dritten Buche doch ausführlich auf diese Kasuistik eingelassen und seine Grundüberzeugung mit Proben hellenistischer Spitzfindigkeit und römischen geschichtlichen Beispielen in den äußersten Lagen erhärtet.

Gerade diese Kasuistik hatte Panaitios wohl vermeiden wollen, und dies wird der Grund sein, daß er selbst das Problem, obwohl er seine Behandlung versprochen hatte, nicht ausgeführt hatte. Kein Zweifel aber, daß in den ersten beiden Büchern viel von Panaitios steckt, wenn man auch nicht übersehen darf, daß Cicero im Werke selbst den Grad seiner Nachfolge einschränkt (1,6; 2,60). Panaitios von Rhodos hat zusammen mit dem älteren Historiker Polybios den Scipionenkreis, eben jene Männer um Scipio Africanus, den Zerstörer Karthagos, die die römische Weltpolitik bestimmten und zugleich in echter Weise von den Griechen lernten, nachhaltig beeinflußt. Einziger Begleiter und Vertrauter Scipios auf seiner Orientreise, lebt er lange in Rom, um schließlich die Leitung der stoischen Schule in Athen zu übernehmen. Seine Bedeutung für die Entwicklung der stoischen Lehre ist die, um es mit einem Worte zu sagen, daß er mit seinem Hauptwerke περὶ τοῦ καθήκοντος den Rigorismus der alten Stoa und das Idealbild des Wei-

sen, der reine Vernunft verkörpert und im Leben nicht angetroffen wird,
zugunsten eines lebensnäheren Menschenbildes mildert. Der προκόπ-
των, der Mensch, der sich zum Ziele hinbewegt, steht im Mittelpunkt,
und gegenüber dem Rationalismus der alten Stoa eines Zeno und Chrysipp
sieht Panaitios den Menschen nicht nur als reines Vernunftwesen, sondern in hellenischer Weise – Poblenz faßt seine Philosophie unter den
Begriff der Hellenisierung der Stoa – wieder als eine Ganzheit von ursprünglichen Trieben, die von der Vernunft geläutert und gelenkt sind.

Von diesem Hauptwerke haben wir kein wörtliches Fragment und
nur wenige Reflexe[1], so daß kein Versuch direkter Rekonstruktion gewagt werden kann.

Was wir wissen, stammt aus Ciceros Büchern I und II von de officiis.
Den Titel περὶ τοῦ καθήκοντος hat Cicero mit dem lateinischen
Wort officium wiedergeben zu können geglaubt. καθῆκον das Zukom-
mende, Angemessene, Ziemliche war stoischer Schulterminus geworden,
wie Diogenes Laertius (VII 107) zeigt: ἔτι δὲ καθῆκόν φασιν
εἶναι, ὃ πραχθὲν εὔλογόν τινα ἔχει ἀπολογισμόν. (Außerdem aber sagen sie, gäbe es Angemessenes, das, wenn es getan würde,
eine einsichtige und vertretbare Rechtfertigung in sich trüge). Es
bezeichnet also das rechte Handeln nicht des Weisen, dessen Handeln,
was er auch immer tut, richtig und vorbildlich ist und mit κατόρθωμα bezeichnet wird, sondern des Menschen in der Welt ohne
Rücksicht auf Erlangung der vollkommenen Tugend und Weisheit, die
das Handeln immer richtig macht. Officium entstanden aus* opificium,
sein Werk tun, seine besondere und eigentümliche Verrichtung ausüben –
so noch bei Plautus –, dann das erwartete und geziemende Handeln,
war also wohl der adäquate Ausdruck. Cicero zweifelt jedenfalls nicht
daran. Den Plural nimmt er, weil er voller klingt. Es kann wohl auch
keinen Zweifel darüber geben, wie Panaitios' Werk im großen und ganzen angelegt war. Er hat (s. off. 1, 11ff.) aus den Anlagen des Menschen, den Urtrieben, die er teils mit den Tieren gemeinsam hat und die

---

[1] Gellius, 13, 28 zitiert ein Stück aus dem 2. Buch des Panaitios, das
sich in off. 1, 81 wiederfindet und sehr zusammengezogen ist.

teils ihm allein eigentümlich sind, die Bereiche des Sittlichen, des καλόν, *entwickelt. Das ist ein objektiver Bereich des Schönen, das an sich Liebe erweckt und den Menschen sittlich adelt. Sittlichkeit und Schönheit sind in dieser Konzeption vereinigt. Cicero gibt diesen Bereich mit dem Wort* honestum *wieder, wobei stärker als in dem Begriff des* καλόν *die Abhängigkeit von der Anerkennung der Gemeinschaft mitschwingt. Nach den vier Grundtrieben der Natur des Menschen gliedert sich der Bereich des Sittlichen in vier Teile, die Erforschung der Wahrheit mit ihrer Tugend der sapientia bzw. prudentia, die Bewahrung der Gemeinschaft mit ihrer Tugend der iustitia und beneficentia, den Hochsinn und das Überlegensein mit der Tugend der magnitudo animi und fortitudo und schließlich das Maßhalten mit Tugenden wie moderatio, temperantia und modestia. Hier erscheint das Angemessene, das* decorum, *nicht nur als Übereinstimmung mit dem Sittlichen, sondern als harmonische Schönheit in der besonderen Form der in sich stimmigen Persönlichkeit. Aus diesen Bereichen leiten sich die entsprechenden Handlungen ab, die den Gesetzen dieser der menschlichen Natur antwortenden Bereiche folgen. Nach den Vorschriften, die sich aus dem Sittlich-Schönen ergeben, ist dann Panaitios nach einer langen Erörterung, daß der Mensch dem Menschen am meisten nütze, zu denen übergegangen, die sich ergeben, wenn man im Gedanken an den Nutzen, der aber nie mit dem Wertvollen an sich in Konflikt kommen wird, nun den wichtigsten Nutzen, seine Mitmenschen, zu gewinnen sucht, was dauerhaft allein durch das Sittliche geschieht. Dabei hat ihm der Stoiker Antipater von Tyros den Vorwurf gemacht, er habe sich nicht mit den anderen Dingen, die für den Gesichtspunkt des Nutzens wichtig wären, abgegeben, mit der Erhaltung der Gesundheit und mit Erwerb und Sorge für das Vermögen.*

Zu diesem Bau hat Cicero außer dem dritten Buch – Konflikt zwischen Nutzen und Sittlichkeit – jedem Buche noch einen Abschnitt angefügt, in dem er die Wahl zwischen verschiedenen Graden des Sittlichen und Nützlichen behandelt. Das scheint mir den Schluß unabweisbar zu machen, daß Ciceros Interesse in viel höherem Grade als das des Panaitios auf das Handeln und den Zweifel des Menschen, nicht so

sehr auf eine Darlegung der objektiven Bereiche mit ihren Vorschriften sine controversia geht.

Aber, fragt man weiter, wie Cicero wohl das Gefüge des Panaitios umgestaltet haben mag, so gerät man in ein eigentümliches Dilemma. Das Werk, mit dem Ciceros Werk verglichen werden müßte, um Ciceros eigene Leistung abschätzen zu können, muß aus Ciceros Werk selber gewonnen werden. Ein heikles Unterfangen an all den Stellen, wo Cicero nicht ausdrücklich Änderungen angibt, oder nicht etwa römische Beispiele, die Panaitios noch nicht gebraucht haben kann, ein Kriterium abgeben. Das einzige, das hier Erfolg versprechen könnte, wäre dies, die innere Form der Philosophie des Panaitios aus den angedeuteten Grundrichtungen zu erfassen und in den Konsequenzen durchzudenken, um dann Abweichungen als ciceronisch abzuziehen. Aber was können wir über die Strenge der inneren Form des Werkes des Panaitios sagen? Es darf gesagt werden, daß die Wissenschaft sich noch mitten in der Debatte befindet und Einstimmigkeit noch nicht erreicht ist. Mir scheint es zu weit zu gehen, alles, was nicht ausdrücklich für Cicero bezeugt ist, für panaitianisch zu halten. Das aber zu zeigen, würde einen eigenen Versuch voraussetzen und eine Einführung weit überschreiten. Ist deshalb ein Verständnis und Genuß dieses so voraussetzungsreichen Werkes unmöglich? Es scheint nicht so. Denn was immer Cicero aus Eigenem oder in der Nachfolge des Panaitios sagt: er steht mit der langen Erfahrung seines leidenschaftlichen Lebens hinter jedem Wort. Alles sind Resultate des Lebens. Und wie es bei dem unvollendeten Hauptwerke Nietzsches ein Reiz ist, aus den mehr oder weniger endgültigen Formulierungen das dahinterstehende System zu erschließen, so auch bei Ciceros wahrscheinlich nicht zu Lebzeiten herausgegebenem Werke über das rechte Handeln. Mit dem «Willen zur Macht» teilt aber de officiis überhaupt vieles, und es ist ein besonderer Reiz, auch schon in der Übersetzung nicht nur ciceronische Hinzufügungen und Abbiegungen und ihre Gründe aufzuspüren, sondern auch Ciceros Ergebnisse mit denen Nietzsches zu vergleichen. Was diesen Vergleich sinnvoll macht, ist das, daß bei beiden die große lebensmächtige Persönlichkeit und das Wesen ihres

Handelns bedacht wird, und zwar bei beiden nicht von einer Ethik her, die irgendwelche metaphysischen Begründungen hätte; bei beiden aber wird der «Wille zur Macht» bejaht und von einem Grundtrieb hergeleitet. So kommt es dann zu Forderungen, daß etwas geschehen soll, die sich oft aufs Haar gleichen: man lese etwa bei Cicero über die altitudo animi, bei Nietzsche über das Schauspielertum des überlegenen Menschen, über die Benützung des Menschen, über das Begehren nach Vorrang, über Mitleid, über Liebe und vieles mehr. Freilich ist der kardinale Unterschied der, daß die Kongruenz von utile und honestum festgehalten wird, das heißt, daß das Übermenschliche nicht in der Steigerung des Selbst gegen die Gemeinschaft, sondern in dem Aufsteigen zu einer Größe von einer solchen Allgemeinheit gesehen wird, daß ein echtes und reines Zusammenleben glückt zum Wohle des Geringeren und Sinn gebend dem Höheren. Beide betrachten das große Handeln immanent, nur daß aus einem stärkeren Gefühl für Proportion bei Cicero die Gefahr vermieden wird, daß der große Mensch aus der Gemeinschaft fällt, die ihm doch erst Größe ermöglicht. Man muß, um das Aktuelle der Schrift zu verstehen, von zeitgebundenen Formen absehen; dann wird man in einem der stolzesten Menschenbilder, die entworfen wurden, bei aller Diesseitigkeit Züge entdecken, die uns aus seinem Antlitz gewichen schienen und die vornehm par excellence sind, so vornehm, daß sie fast an den christlichen Adel der Seele reichen. Am deutlichsten mag sich das an einem Problem zeigen, in dem sich beide skizzierten Möglichkeiten des Fragens, Frage nach dem Anteil des Panaitios und Vergleich mit einer modernen Wesensbestimmung menschlichen Handelns, zu kreuzen scheinen und das gerade von einer besonderen Aktualität ist. Gerhard Ritter hatte in seinem Buche über die Dämonie der Macht behauptet, die Antike habe dieses Problem noch nicht gesehen. Josef Vogt, der Althistoriker, hatte widersprochen. In dieser wichtigen Debatte hatte Ciceros Werk über das rechte Handeln eine sehr geringe Rolle gespielt. Und doch ist nicht zu verkennen, daß es dieses Problem ist, das Cicero vielleicht am heftigsten bewegt gerade in seiner rational so schwer faßbaren Schwierigkeit.

*Der große und erhabene Sinn, heißt es zu Beginn der Erörterung
über die Seelengröße und Tapferkeit, ist das Glänzendste und Auffallendste am menschlichen Handeln. Freilich ist diese Erhebung der Seele
in Gefahren und Strapazen ein Fehler und tadelnswert, wofern sie nicht
mit der Gerechtigkeit verbunden ist. Das Schlimme aber ist dies, daß
bei dieser Seelengröße, der glänzendsten Tugend am leichtesten pertinacia hartnäckiger Trotz und nimia cupiditas principatus allzugroße
Begier nach Vorrang entsteht, wie bei den Spartanern, von denen Plato
sagt, sie wären alle entzündet von der Begierde zu siegen, und je überlegener einer sei, um so mehr habe er den Drang, als einziger allen überlegen zu sein. Hat man diesen Willen, so ist es schwer, die aequitas zu
wahren, die der Gerechtigkeit besonders eigentümlich ist, das heißt, daß
man mit den anderen unter gleicher Bedingung lebt. Solche Männer
lassen sich dann nicht mehr durch Argumente und auch nicht durch
Recht und Gesetze überwinden. Sie sind in der Gemeinschaft dann großzügige Bestecher und Klüngelbildner und wollen um jeden Preis zur
Macht kommen und lieber mit Unrecht überlegen sein als mit Gerechtigkeit gleich. Aber: sed quo difficilius, hoc praeclarius. Und zum Schluß
wird ein Hauptgrund für diese Art der Ungerechtigkeit in der Ruhmgier gesehen: facillime autem ad res iniustas impellitur, ut quisque
altissimo animo est, gloriae cupiditate (1, 64 f.).*

*Auffällig ist, daß derselbe Gedanke noch zweimal wiederholt wird.
Das zeigt, wie er Ciceros Denken bewegt, ja wohl überhaupt zu den
Kerngedanken der Schrift zählt.*

*Bei der Behandlung der Gerechtigkeit nämlich werden die zwei Arten des Unrechts – Unrechttun und Unrecht geschehen lassen – erörtert.
Bei der Besprechung der Frage, wieso es zu Unrecht kommt, wird ein
wesentliches Motiv in der Furcht, das wichtigere in der avaritia gesehen. Dann heißt es, am meisten aber vergäße man die Gerechtigkeit in
der Gier nach Kommandos, Ehrenstellen und Ruhm. Ein Enniuszitat
ist Zeuge für den Gedanken, daß in einer Sache, in der naturgemäß wie
in der Herrschaft nicht mehrere herausragen können, die Gemeinschaft
sehr schwer erhalten werden kann. Beweis: der eben ermordete Diktator*

Caesar, der alle Ordnung durcheinanderbrachte wegen des Vorranges, den er sich in seiner Meinung zurechtgedacht hatte: est autem in hoc genere molestum, quod in maximis animis splendidissimisque ingeniis plerumque existunt honoris, imperii, potentiae, gloriae cupiditates. Quo magis cavendum est ne quid in eo genere peccetur (1,26). Und schließlich, steht in einem Stück, das stark in eigener Sache spricht (1,74ff.), der sich immer wieder als wahr erweisende Satz: multi enim bella saepe quaesiverunt propter gloriae cupiditatem, atque id in magnis animis ingeniisque plerumque contingit eoque magis, si sunt ad rem militarem apti.

Hier spricht ein starkes Gefühl dafür, daß Macht errungen wird von den großen besessenen Naturen, die in der cupiditas nach gloria – eben getrieben von dieser dämonischen Besessenheit – sich durchsetzen wollen, Großes, Macht, Ruhm und Ehre erwerben wollen. Man geht nicht so weit zu sagen, daß jeder Machtkampf von Natur dämonisch sein müsse. Aber meistens ist es so. Nun wird aber die Macht an sich nicht als böse abgelehnt. Ja, es wird sogar anerkannt, daß die, die so handeln, die größten und glänzendsten Persönlichkeiten sind. Aber aus einer tiefen Erfahrung der Möglichkeit dieses großen Menschen und der Einsicht in die Gefährlichkeit der Dämonie der Macht, wird das Ideal höher gefaßt: je schwieriger, um so ruhmvoller ist es, zur höchsten Macht durch das Abwehren von Unrecht, nicht das Tun von Unrecht zu kommen. Man wird nicht sagen dürfen, daß hier das Problem der Dämonie der Macht nicht gesehen sei, wenn es auch wie vieles in der Antike nicht thematisch wird und eigene Sonderbehandlung erführe, es handelt sich auch nicht etwa um das Problem der ὕβρις oder des Gesetzes der Macht, die notwendig überwältigen muß, sondern es ist schon die Befürwortung der Lebensmächtigkeit der Persönlichkeit, in der gerade mit ihrem Wesen verknüpft (1,64 innascitur) das ausgreifende Unrechttun als Gefahr verbunden ist. Der Name für diese Wahrheit ist allerdings erst, ebenso wie ihr Rang als unumstößliche Wesenserkenntnis der Macht, auf dem Boden des Christentums möglich.

Poblenz nun schreibt diese Erkenntnis und diese Formulierungen ohne weiteres dem Panaitios zu und meint, Panaitios habe der römischen No-

bilität damit auch eine Gefahr aufweisen wollen. Hier haben wir eine solche Frage, bei der wir gern wüßten, ob Panaitios oder Cicero das Problem der Dämonie der Macht zuerst gesehen hat und wer von beiden nicht wie Plato den Machtpolitiker (Gorgias, Thrasymachos) abgelehnt, sondern wie Nietzsche in dem Willen zur Macht etwas Großes, Lebensförderndes gesehen, freilich darin nicht das letzte Wort hat gelten lassen.

Und hier scheint mir Zweifel an dem jetzigen Stande der Wissenschaft, die in solchen Fällen unbedenklich Panaitios als Urheber einsetzt, geboten. Ausgerechnet Panaitios, der Freund Scipios und des weisen Laelius, sollte diese Konzeption gefaßt und gar jenen Mustern von Beherrschtheit zur Warnung hingestellt haben? Und er sollte das Problem so gefaßt haben, daß es wie dafür gemacht auf C. Caesar paßt, der an allen Stellen dahintersteht (vor allem 1,26 und 1,74, aber auch an der anderen), jene Gestalt, mit der die tiefsten Denker der Zeit sich beschäftigten und nicht fertig wurden (neben Cicero vor allem Sallust)? Und wie steht es mit der Formulierung jenes Strebens nach principatus, wie sie Panaitios ableitet? Man sehe 1,13: huic veri videndi cupiditati adiuncta est appetitio quaedam principatus, ut nemini parere animus bene informatus a natura velit nisi praecipienti aut docenti aut utilitatis causa iuste et legitime imperanti: ex quo magnitudo animi existit humanarumque rerum contemptio. Aus diesem Trieb entsteht also Selbständigkeit, die sich nur der Wahrheit beugt, und Verachtung und Geringschätzung alles Äußeren. Kann derselbe Mann sagen (1,64), daß ein solcher meist der Ruhmsucht, der gloriae cupiditas, dem typisch römischen Laster verfällt? Wie wenig hoch man immer auch die Systematik des Panaitios einschätzen mag — wozu kein Anlaß vorliegt —, kann man ihm in einem griechisch wohlgeordneten Werk eine dreimalige Wiederholung zutrauen, noch dazu bei einem Problem, das sich ihm doch bei seiner Ansicht von der engen Verschmolzenheit der Tugenden einesteils viel leichter lösen müßte, oder vielmehr, das für ihn gar nicht bestand, weil ein solcher Mann eben doch nicht bene informatus war und zu einem rechten Handeln, für das sich gute Gründe beibringen ließen,

gar nicht kommen konnte? Was soll man dazu sagen, daß Cicero gerade an diesen Stellen (1,64) ein Platozitat gibt, das sich nicht verifizieren läßt, mithin von ihm wohl umgestaltet wurde? Soll er hier Panaitios ausgeschrieben haben? Und wie setzt man sich damit auseinander, daß sich sonst keine Vorbilder und Parallelen für diesen Gedanken finden und die Kommentare auch keine anzugeben wissen? Sollte man bei den Stoikern nicht wenigstens Anklänge erwarten, wenn der Gedanke in das System des Panaitios gehörte?

Nein. Man traute wohl Cicero nicht so viel Selbständigkeit zu, daß er von sich aus diesen Gedanken über das Dämonische der Macht hätte fassen können. Aber das scheint mir gerade bezeichnend, wie Cicero aus dem Erlebnis der Zeit – hier Caesar – zu Resultaten kommt, die er nun im Rahmen eines griechischen Systems entwickelt, selbst wenn damit die reibungslose Konsequenz leicht gestört wird. Aber ich breche ab. Hier sollen ja keine philologischen Untersuchungen gegeben werden, sondern nur Anregungen, im Text selbst diese Probleme weiter zu verfolgen. Und wenn mit dieser Einführung die Überzeugung gewonnen wäre, daß sich das lohnt, so hat sie ihre Aufgabe erfüllt.

BEGRÜNDUNG DES TEXTES

Diese Ausgabe und Übersetzung beruht wie die erste Auflage auf der Ausgabe der Teubneriana von C. ATZERT. An den textlichen Grundlagen konnte nichts geändert werden. Doch schien es richtig, den auf der ATZERTschen Grundlage hergestellten und beigegebenen Text in Anmerkungen zu begründen. Es wurden alle Stellen erwähnt, wo von der einhelligen Überlieferung mit oder ohne die anderen Herausgeber abgewichen wurde. Ferner schien es mir richtig, auch dort die Begründung anzufügen, wo ich gegen die communis opinio die einhellige Überlieferung zu verstehen glaube. Schließlich schien es mir notwendig, die Randbemerkungen Ciceros, die ATZERT in Doppelklammern setzt und die auf den unfertigen, postumen Zustand des ciceronischen Manuskriptes weisen, wie auch ich überzeugt bin, einer methodischen Klärung zu unterziehen und ihre Annahme in jedem einzelnen Falle zu rechtfertigen. Gegenüber der ersten Auflage, die von ATZERT nur in evidenten Fällen abzuweichen wagte, reduziert sich ihre Zahl. Es versteht sich, daß die Übersetzung erneut durchgearbeitet wurde und auch die inzwischen erschienenen Ausgaben, vor allem die von GIGON, verglichen wurden. Dagegen konnte die Wahl bei schwankender oder geteilter Überlieferung nicht jeweils gerechtfertigt werden. Der Interessierte wird den Apparat der ATZERTschen Ausgabe bei derartigen Fragen hinzuziehen. Zitiert wird nach Buch und Paragraph; die – eingeklammerten – Kapitelzahlen dienen einzig der leichteren Identifizierung von Zitaten aus älteren Publikationen. Die im Text vorkommenden Klammern haben folgende Bedeutung:

⟨ ⟩   Von der Wissenschaft ergänzte Lücken

[ ]   Zusätze antiker Erklärer

[[ ]] Zusätze von Ciceros eigener Hand, die er nicht mehr in den Zusammenhang einarbeiten konnte.

In der Übersetzung sind Interpolationen nur gekennzeichnet und aufgenommen, wenn sie ohne Zwang wiedergegeben werden konnten.

Nach Korrektur des Umbruchs dieser zweiten Auflage erhalte ich durch die Güte des Herausgebers die eben erscheinende vierte Auflage der ATZERTschen Teubneriana zugesandt. ATZERT gibt jetzt die heftig ver-

fochtene, von Norden gestützte Hypothese der Existenz von nicht eingearbeiteten ciceronischen Notizen und dem daraus sich ergebenden
Schluß, daß das Werk erst nach Ciceros Tode veröffentlicht ist, zugunsten der Brüserschen Interpolationshypothese auf. Nach wie vor aber
scheint mir zwar nicht die Ansicht von einem heillos verderbten Manu-
skript, wohl aber die, daß das Werk die letzte Hand nicht erfahren hat
und so von Cicero nicht veröffentlicht worden wäre, durch fünf Stellen
im ersten Buche gut begründet (1,36–37; 1,82; 1,92; 1,109; 1,145).
Ein Vergleich mit der neuesten Atzertschen Ausgabe hat an keiner Stelle
eine Änderung nahegelegt. Doch können ein paar Bezugnahmen auf die
bis jetzt maßgebende 3. Auflage von 1959, die nun nicht mehr Atzerts
letzte Ansicht wiedergeben, erst bei einer Neuauflage angepaßt werden.

I, 1

Das einhellig überlieferte *discendum* wird zu Unrecht von den Herausgebern in *dicendum* geändert. Die Änderung hängt mit einer falschen Auffassung des Zusammenhanges zusammen, besonders der Wendung *in
utriusque orationis facultate*, was man auf forensische und philosophische
Rede bezieht. Soweit ist man aber noch nicht.

Cicero will begründen, warum er Eulen nach Athen trägt und dem
Philosophiestudenten Cicero Sohn ein philosophisches Buch eigener Feder schickt. Obwohl er überzeugt ist, daß er ihm auch sachlich etwas
zu sagen hat, zieht er sich auf die ganz sichere Position zurück: *de rebus
utere tuo iudicio – orationem autem Latinam efficies pleniorem*, und zwar durch
beiderlei, Reden und philosophische Schriften aus Ciceros Feder.

Der Gedanke läuft so: Obwohl der Sohn in Athen *praecepta* und *exempla* die Hülle und Fülle haben muß, also lernen kann, soll er wie der
Vater doch das Lateinische und Griechische verbinden, um in beidem
gleich zu Hause zu sein. Ausmalend wird hinzugesetzt, daß Cicero dieses
nicht nur in der Philosophie, sondern auch in Redeübungen getan hat.
Zur Bemeisterung des Griechischen (Atzert hält die Überlieferung,
Gigon kehrt zur traditionellen Konjektur zurück) hat Cicero für seine
Landsleute viel geleistet. Nicht nur die des Griechischen Unkundigen
haben viel gewonnen – natürlich nicht für die Rede, sondern sachlich –,
sondern auch die (griechisch) Gebildeten nach eigenem Bekenntnis – für
Rede und Urteil? Nein, die Steigerung Ungebildete–Gebildete zeigt,
daß es sich um die Aufnahme der griechischen Sachen im Lateinischen
handelt, um Lernen und Urteilen. Dieses Lernen und Urteilen nimmt
das folgende *disces* und *utere iudicio* auf: Cicero Sohn ist in einer anderen,
besseren Lage – *tu* betont –; er soll ruhig an der Quelle lernen und sein

eigenes Urteil gebrauchen, er soll aber an Ciceros lateinischen Schriften beiderlei Art seinen Stil formen; denn Cicero hat das unbestreitbare Verdienst, Rede und Philosophie als einziger in einer sprachlichen Einheit verschmolzen zu haben.

I, 3 *laboraret* ω, *elaboraret* edd., GIGON

Bei *elaboraret* erwartete man ein pronominales Objekt, das ungewöhnliche *laboraret* soll ausdrücken, daß man sich – zunächst ohne Gedanken an schriftliche Werke – in beiden Bereichen mühen solle. Daß dies auf den jungen Cicero zutrifft, ist klar. So scheint es zu gewagt, die Überlieferung zu ändern.

I, 5 *quae quamquam ita sunt in promptu sint* BX *sunt* Vb

Den Potentialis kann ich bei solcher Verstärkung der Sicherheit wie im *ut*-Satz nicht nachempfinden. *sint* ist hier kaum als lectio difficilior anzusehen: Cicero gebraucht *quamquam* mit Konjunktiv so gut wie nie (HEINE), und allzu leicht konnte der Indikativ in der Überlieferung zurückgedrängt werden, weil später der Konjunktiv herrscht.

I, 7 *quod positum est in praeceptis, quibus in omnes partes usus vitae conformari possit.*
conformari edd., *confirmari* ω, vgl. de fin. 4, 5; Sen., ep. 95, 7

MADVIG, fin. 1876³, 485 «Ethica mores non confirmat, sed constituit et quales esse debeant, quaerit et praecipit, hoc est, conformat. confusio horum verborum multis locis annotata est.» Auch an den beiden andern Stellen spricht die Überlieferung für *confirmari*. Es fragt sich, ob man sich bei der Konjektur des MANUTIUS beruhigen darf und ob das Bild der Festigung durch *praecepta* nicht in andern Bildern und griechischen Wendungen Stütze findet. MADVIG faßt mit «ethica» zu kühn zusammen. Seneca, de clem. 3, 1 sagt in ähnlichem Zusammenhang – Festigung der Tugend durch *praecepta* – *confirmare*.

I, 28 [*iustitiae genus*]
del. PEARCE; POHLENZ, ATZERT, GIGON schließen sich an.

Cicero hat von Arten der Ungerechtigkeit gesprochen, aber von *munera iustitiae*. Geht man terminologisch vor, ist *iustitiae genus* unmöglich. I, 30 können aber die *munera iustitiae* mit *res* bezeichnet werden. Auch wenn man freilich eine unscharfe Ausdrucksweise annähme (vgl. etwa dieselbe Wortwahl I, 48: *nam cum duo genera liberalitatis sint*), wäre das

zweite *alterum* zunächst mißverständlich. Die Änderung *iniustitioe genus* (Sydow) macht eine zweite Änderung nötig, da *assequuntur* ein positives Ziel impliziert (Sydow darum: *aspernantur*). So ist wohl Annahme der Interpolation am wahrscheinlichsten, wenn sich die Initiative eines Interpolators auch schwer in Verbindung mit so großer Torheit denken lassen will.

1, 31 [*etiamne furioso?*]

Atzert hält diese Worte für eine nicht eingearbeitete Randbemerkung Ciceros und setzt seine Doppelklammer, Gigon versteht sie und beläßt sie im Text, die Herausgeber bis Atzert pflegen sie zu athetieren. Sie verengen die Möglichkeiten der Verweigerung eines *depositum*, einer Form der *fides* des *promissum* oder *conventum* (Anf. § 32), auf die durch Plato bekannte und 3, 95 neben anderen Möglichkeiten behandelte Spezialsituation. So wahrscheinlich es ist, daß Panaitios in diesem Zusammenhange hier davon gesprochen hat, muß doch die Frage lauten, 1. ob die Worte in den Text passen, 2. ob sie Cicero später an den Rand notierte, um sie auszuführen, oder ob sie 3. erklärender Zusatz sind.

Mir scheinen sie die rasche und vorbereitende Reihe der möglichen Fälle vorwegnehmend zu sprengen und zugleich sachlich zu eng zu beschränken. Selbst als Parenthese gefaßt, stören sie einen schrittweise sich entwickelnden Zusammenhang. Sie sind also nicht im Text am Platze. Es ist aber ebenso unwahrscheinlich, daß Cicero sie an dieser Stelle hätte einfügen und ausführen wollen. So bleibt die Annahme, daß ein Interpolator den nicht behandelten Fall aus 3, 95 zur Erklärung und Komplettierung an den Rand notierte, von wo aus das Glossem in den Text drang.

1, 32 [*cui promiseris*]

Atzert hielt dies für Interpolation, Gigon beläßt es im Text. Nach *ei, cui promissum sit, vel ei, qui promiserit* (§ 32), *is, quibus promiseris* scheint mir das immerhin ungebräuchlichere *illi* vor dem Relativsatz darauf hinzuweisen, daß sich Cicero den vierten Relativsatz dieser Art sparen wollte, und ich glaube, daß auch die Überlieferungslage auf die pedantisch verdeutlichende Bemerkung eines Interpolators weist.

1, 36–37

Es kann kein Zweifel bestehen, daß hier der sicherste Beweis dafür vorliegt, daß Entwürfe Ciceros, ohne in den Text eingeordnet zu sein, irgendwie – vom Herausgeber selbst oder im Gang der Tradition – dem

Texte eingefügt wurden, daß wir mithin eine postume Ausgabe vor uns haben und in die «Werkstatt» Ciceros schauen können.

Die früheren Lösungen – HEINE etwa –, die das Stück [*Popilius … in bello movendo*] für eine Interpolation halten und die Doppelfassung der Anekdote am liebsten hinzufügen möchten, können nicht aufrecht erhalten werden. Wenn HEINE darauf hinweist, daß *in bello movendo* für «Krieg beginnen» unciceronisch sei, so ist auf de rep. 1,31, wo ein ähnliches *movere* zu Unrecht durch ein konjiziertes *moliri* ersetzt wurde, aufmerksam zu machen. Dieser jetzt zwischen den beiden Cato-Anekdoten völlig sinnlose Satz ist vielmehr offenkundiger Abschluß des Hinweises auf das Fetialrecht. Es ist der Beweis, daß die erste Anekdote am falschen Platze steht. Beide Anekdoten haben dasselbe Problem zum Gegenstand. Sie berufen sich beide auf Briefe Catos. Sie unterscheiden scharf zwischen *tiro* und *miles*, es ist also denkbar, daß in der Rekrutenzeit unter M. Popillius Laenas (Liv. 42,1,1) im Ligurerkrieg 173 wie unter Aemilius Paulus, dessen Tochter Catos Sohn später heiratete, obwohl er damals nach Ansicht MILTNERS (RE 43. Hbb. 1953, Sp. 168) wegen seiner Verwundungen nach Hause kehren mußte (es wird nicht klar, wie sich MILTNER mit de off. 1,37 auseinandersetzt, das viele halten und das jedenfalls von Cicero stammt. Soll man das Ereignis für eine Episode dieses Krieges halten? Warum aber vor Pydna, wo Catos Sohn sich durch Tapferkeit auszeichnete, eine Entlassung?), eine solche Entlassung stattgefunden hat. Daß sich zwei so ähnliche Geschichten mit dem gleichen Beweisziel nicht vertragen, ist erfreulich klar. Die 1. Fassung hat, abgesehen von stilistischen Unschärfen, weder nach vorn einen Anschluß und wird am Schluß von einem Satz eingefaßt, der über das Stück zurückgreift. Hier sind alle Bedingungen erfüllt, die das Stück als nicht eingearbeitet erweisen.

Die zweite Geschichte schließt mit einem *quidem* an, aber dieses *quidem* führt nicht steigernd weiter wie bei der Erwähnung des Pyrrhus § 38. Und wenn es dann hernach *Equidem etiam illud animadverto* heißt, so setzt auch dies nicht kriegsrechtliche Bestimmungen für einzelne fort – die folgen erst § 39 ff. –, sondern betrachtet nach dem Recht, einen Feind mit Krieg zu überziehen, den Feind und seinen Begriff allgemein. So scheint mir – auch abgesehen von dem sachlichen Zweifel an der Richtigkeit, der auf einem Irrtum Ciceros und seinem Suchen nach einer richtigen Fassung beruhen könnte – auch diese Geschichte nicht ausreichend in einen Zusammenhang eingeordnet, der das Kriegsrecht zwischen Völkern behandelt. Andererseits kann man verstehen, daß Cicero der Gedanke kam, im Anschluß an die Peinlichkeit des Fetialrechtes die

Genauigkeit des Alten Cato in der Auffassung des Kriegsgegners anzu-
führen. Nur hat er nicht die Zeit gefunden, ihn mit einer geeigneten
Brücke in den Hauptgedankenzug einzubauen. So möchte ich mit AT-
ZERT gegen GIGON konsequenterweise auch diese Geschichte für eine
Randnotiz halten.

1,38 ut enim, cum civiliter contendimus, ⟨contendimus⟩ aliter si est inimicus,
aliter si competitor.
cum civiliter cont. aliter Zt; cum om. p¹, superscr. p²; cum cive aliter contendimus si L

Erst GOLDBACHER hat die Konstruktion geklärt, indem er den Ausfall
eines contendimus annahm. Der alte Verlust hat p offenbar bewogen, das
unsinnig gewordene cum zu streichen, das ein sorgfältigerer Korrektor
wieder einfügte, sicher ohne den Text zu verstehen, während L die
Heilung durch Konjektur versuchte. Daß es Konjektur ist, erkennt man
daran, daß civiliter im Vergleich zu (cum) cive lectio difficilior ist (vgl.
civiliter certare fam. 8, 14, 3).

1,38 eorundem libertati me parcere certum est LACHMANN; eorundem me libertati parcere certum est codd.

Eine ingeniöse Umstellung LACHMANNS (zu Lukrez 6,456), bei der sich
ein Hexameter mit Trithemimeres und Hephthemimeres ergibt, während die Dihärese nach dem 4.Fuß von Ennius vermieden wird (LIND-
SAY, Early Latin Verse, Oxford 1922, S. 309). Immerhin ein kühnes Unterfangen, wenn man bedenkt, welcher Bruchteil des ennianischen
Werkes erhalten ist.

1,39–41

GIGON scheint mir hier die von ATZERT und POHLENZ angenommenen
Einschübe mit Recht wieder rehabilitiert zu haben.
  So auffällig die doppelte Behandlung aller drei Beispiele im 3.Buche
ist, so ist weder inhaltlich noch formal gegen sie etwas vorzubringen,
ja beim Wegfall wird der verbleibende Text unverständlich. Man muß
freilich eine bestimmte Art der ciceronischen Assoziation anerkennen.
  Schrittweise kann gezeigt werden, daß a) kein Überlieferungsscha-
den vorliegt, b) keine gedanklichen und formalen Brüche einen späteren nicht eingearbeiteten Zusatz verraten, der vom Herausgeber oder
mechanisch in den Text geraten ist, c) auch noch, daß nicht ein von
Cicero gewollter Einschub des Gedankens vorliegt, der den Textkriti-
ker und Textgestalter sowieso nicht tangieren würde, da es ja gilt, Ci-

ceros gewollte Gestalt festzustellen, nicht interpretatorisch, wie im Laelius etwa, in die Hintergründe der Entstehung hineinzuleuchten. Auch
die Ansicht von POHLENZ, daß Cicero nach der erneuten Formulierung
im dritten Buch die *exempla* hier gestrichen haben würde, ist unbeweis-
bar und für die Frage der Unvollendung unerheblich: sie betrifft nicht
einen gestörten Textzusammenhang.

1,43 *id autem tantum abest officio, ut nihil magis officio possit esse contrarium.*
Eindeutig überliefert ist das doppelte *officio*. ATZERT nimmt eine Interpolation des zweiten an. GIGON folgt ihm darin. Man erwartet dann aber
eine Ergänzung zu dem *abest* und begreift nicht, warum *officio* vor das
ut gezogen ist, obwohl doch aller Ton auf *magis contrarium* liegt. Es besteht die Gefahr, daß ATZERT hier Cicero selbst korrigiert hat. Vorsichtiger ist es jedenfalls, bei der Überlieferung zu bleiben, zumal man den
Grund der Interpolation nicht einsehen würde und zur Annahme einer
mechanischen Korruptel gedrängt wäre, und mit dem trefflichen GEOR-
GES diesen Satz als Vorstufe des Typs *tantum abest, ut ..., ut ...* zu nehmen; «das ist aber so weit davon entfernt, daß es zu billigen wäre, daß
es vielmehr das gerade Gegenteil von pflichtmäßigem Handeln ist». Vor
Wortwiederholungen zumal mit anderer Betonung und Ponderierung
hat sich Cicero zumal im familiären Vortrag von de officiis nicht ge-
scheut (vgl. 3,39 und App. von ATZERT).

1,49 *Multi enim faciunt multa temeritate quadam sine iudicio vel morbo in omnes vel repentino quodam quasi vento impetu animi incitati: ... atque ea, quae
iudicio, considerate constanterque delata sunt.*
Ich sehe keinen Grund zur Änderung (GIGON folgt der Konjektur von
POHLENZ, Cicero und das Lebensideal des Panaitios, Leipzig 1934, S.
36: *vel modo ⟨effusi velut morbo⟩ in omnes*), *vel modo* scheint mir nicht auf
eine Lücke, sondern einen Fehler der Überlieferung zu deuten. Unterschieden werden zuerst Wohltaten gegen alle und gegen Einzelne, letztere aus Leidenschaft, erstere aus urteilsloser Wahllosigkeit *(temeritas)*
und krankhafter Schenksucht (*morbo* durch Seneca, contr. 1, 6, 9 und
Seneca, benef. 1,14,1 gefordert). Die drei richtigen Arten des Schenkens berücksichtigen alle drei Möglichkeiten, gliedern aber nicht mehr
in die zwei Gruppen (gegen alle – gegen einzelne) auf, weil es sich ja
stets um ausgewählte Einzelne handelt. *iudicio* ist Gegensatz zu *temeritas*,
considerate ist gegenüber *morbo in omnes* mit Absicht gemildert: die Wohl-
überlegtheit im Gegensatz zu krankhafter Gestörtheit, *constanter* das Gegenteil von plötzlicher Aufwallung; da das *omnes* auch auf das Fehlen

jeder Urteilskraft bei der Wahl zutrifft, mußte das Komma ATZERTS nach *sine iudicio* getilgt werden.

1,51 *ut quae … observentur*

Dieser Satz enthält mehrere Korruptelen. *discripta* V b ist gegenüber dem *descripta* von BKX wohl die ciceronische Form in diesem Zusammenhang, wo es auf disponierende Ordnung ankommt. *sit* scheint GIGON als Modusassimilation aufzufassen, das *est* im parallelen Satze *ut in Graecorum proverbio est* scheint aber die Konjektur von PEARCE *est* zu empfehlen. Das völlig korrupte *e (ex) quibus* ω (c p) zeigt durch das folgende *ipsis*, daß es sich um eine Wiederaufnahme handelt. MADVIG (p. 498) hat die ingeniöse Heilung gefunden: *legibus*. Die Schwierigkeiten, die ATZERT so schwer dünkten, daß er eine in den Text geratene ciceronische Randbemerkung annahm, hängen mit dem Gesamtsinne, speziell mit dem *cetera* zusammen. Wenn gesagt wird, daß im weitesten Kreis der menschlichen Gesellschaft die Gemeinsamkeit in allen Dingen zu bewahren sei, welche die Natur zum gemeinsamen Gebrauch der Menschen hervorbringe, so müsse wohl das übrige, *cetera*, das Gegenteil von dem sein, was die Natur zu gemeinsamem Gebrauch zur Verfügung stelle (ATZERT p. XXIX: aut nihil aut opposita eis, quae natura genuit ad communem hominum usum. Falso igitur loco legitur *cetera*). Es braucht hier nicht die komplizierte Hypothese ATZERTS referiert zu werden, da es sich um ein Mißverständnis handelt. *cetera* ist nicht der Gegensatz, sondern ein Teil der *res ad communem hominum usum genita*, und zwar der hier wichtigere, weil nicht gesetzlich festgelegte. Von den vielen Dingen, welche die Natur zur Verfügung stellt, soll das, was gesetzlich festgelegt ist, so festgehalten werden, wie es festgelegt ist – also etwa bestimmte Eigentumsrechte an Acker, Frucht, Vieh, Wohnung usw. –, das übrige ist mit Wohlwollen wie unter Freunden zu teilen: es sind die eigentlich allen Menschen gemeinsamen Dinge, die nach Naturrecht Allgemeingut sind. Im wesentlichen so GIGON.

1,51 *omnium* ZUMPT *omnia* ω

Das folgende *omnium* mag an der Korruptel schuld sein.

1,53 *propior est eiusdem gentis, nationis, linguae, qua maxime homines coniunguntur.*

Es ist GIGON einzuräumen, daß *propior* schlechter überliefert ist als *proprior*: L^{corr.} c²p gegen die andern Handschriften. Doch scheint die Klimax – *infinita, propior, interius etiam, artior vero* – eine so starke Her-

vorhebung der Stammes- und Sprachzugehörigkeit zu verbieten und aus
der Vorstellung der bis zum Mittelpunkt sich zusammenziehenden konzentrischen Kreise herauszufallen.

1,53-58

Dies ist eines der Stücke, bei denen ich schon in der ersten Auflage von
ATZERTS These, daß Cicero hier zwei Randbemerkungen angefügt habe,
die in den Text gedrungen seien, glaubte Abstand nehmen zu müssen.
GIGON ist hierin gefolgt. Doch scheint mir innerhalb des ganzen Stük-
kes nicht ein Absatz vor 1,57, sondern in 54 vor *sanguinis* und vor 58
angebracht.

Daß es sich bei den von ATZERT in Doppelklammer gesetzten Stücken
nicht um später eingedrungene Zusätze handeln kann, läßt sich daran
erkennen, daß bei dieser Annahme der verbleibende Anfangssatz von
56 völlig zusammenhangslos dasteht und das Gebot, das sich für die einzelnen Kreise am Schluß ergibt, unverständlich wird, weil von der *similitudo morum* nicht gesprochen worden wäre. Außerdem ist der Anschluß nach rückwärts und vorwärts intakt, die Kriterien, die man für
die Annahme eines Einschubs eines nicht eingepaßten, sondern an den
Rand notierten Stückes fordern muß, sind nicht erfüllt. Wohl aber ist
das Stück, wie es scheint, von disparaten Tendenzen beherrscht.

Sein Aufbau ist klar. Zunächst wird vom weitesten Kreis angefangen,
formal die Abstufung der Gemeinschaft bis zum innersten Kreis verfolgt,
darauf im Prozeß ihr Entstehen bis zum Gemeinwesen in umgekehrter
Bewegung. Damit ist ein unterschiedlicher Wert der Gemeinschaften
gegeben. Die staatliche ist der äußerste Kreis der Bewegung, die mit
der Ehe anfängt, ist aber in die Stufenleiter bis zum weitesten Kreis an
einer Stelle eingeordnet.

Das folgende Stück klärt größere oder geringere Bedeutung der einzelnen Gemeinschaften, wobei das Bestreben offenbar dies ist, der Gemeinschaft des gemeinsamen Blutes und deren Auswirkung eine höhere
geistige entgegenzustellen. Der Abschnitt ist charakterisiert dadurch,
daß die Aussagen jeweils die Enge, Vortrefflichkeit, Festigkeit der Bindung betonen. Überraschend ist dabei dies, daß, obwohl zu Anfang sogleich der Blutsverwandtschaft die Bindung der Gemeinsamkeit in der
Tugend entgegengestellt worden ist, am Ende als Gipfel einer Klimax
die *patria* erscheint, die alle *caritates* in sich schließt.

Ebenso überraschend ist es, daß im Schlußabschnitt, der aus der verschiedenen Intensität der Bindungen die Folgerungen für die *beneficentia*
zieht, zwar zunächst im groben die verschiedene Weite, angefangen von

den Nächststehenden, fruchtbar gemacht wird und diesem Prinzip die
Freundschaft in der *virtus* als Lebensgemeinschaft entgegengestellt wird,
daß aber an erster Stelle nicht Frau und Kind entsprechend der Sorge
um die Nachkommen, sondern neben den *parentes* die *patria* erscheint.
    Eine ciceronische Gestaltung scheint, anknüpfend an eine Theorie
der konzentrischen Kreise verschieden abgestufter Gemeinschaften und
der Bindung der Weisen in der Tugend, schon vom zweiten Gang ab,
der von unten aufbaute, mit diesem Kunstgriff Heimat und Staat stärker in den Vordergrund gerückt zu haben, als es in dem polaren Vor-
bildgedankengang angelegt war.

1, 59 *Haec igitur et talia circumspicienda ... intellegas*

Diesen Passus hält ATZERT für eine Randbemerkung Ciceros und setzt
darum seine Doppelklammer, GIGON schließt sich an. GOLDBACHER
hatte das unmittelbar Folgende für einen ciceronischen Zusatz gehalten.
    Mir scheinen die Grundgedanken beider Stücke notwendig zu sein
und auch in der richtigen Abfolge zu stehen: man muß alle Umstände
beachten, daß man bei jeder Pflichterfüllung ein guter Berechner der
Schuldigkeit ist. Dabei aber hilft wie bei andern Künsten zwar auch
Lehre, vor allem aber Erfahrung und Übung. *Sed* bringt dabei eine ein-
schränkende Nebenbemerkung: «davon abgesehen gehört vor allem
Übung dazu». Diese Funktion wird dadurch in Frage gestellt, daß in
dem vorhergehenden fraglichen Stück auch schon von «Gewohnheit
und Übung» die Rede ist, allerdings ohne Ton und an die Hauptaussage,
die das Vorhergehende fortsetzt, merkwürdig angehängt: *haec igitur et
talia circumspicienda sunt in omni officio et consuetudo exercitatioque capienda.*
Hat Cicero im Gedanken an das Folgende diesen Vorgriff selbst getan?
Mir scheint vieles, auch der Sprachgebrauch (*consuetudinem* statt des folgenden zweimal wiederholten *usum* und die seltsame Vorstellung *consuetudinem et exercitationem capere*), für die Lösung des FACCIOLATUS zu
sprechen, der [*et consuetudo exercitatio capienda*] für die Interpolation eines Mannes hält, der schon hier ergänzend und zusammenfassend auf das
Wichtigste aufmerksam machen wollte (so auch C.F.W.MÜLLER,
Komm. Leipzig 1882).

1, 68 *haec vitanda*

Hier wird von der einhelligen Überlieferung *videnda* (nur p hat *videnda
sunt)* abgewichen, und die Konjektur *vitanda* (in Parallelität zu *fugienda*)
aufgenommen: *videnda* allein (anders 1, 42 *videndum est ne obsit*) ist gegenüber *fugienda* zu schwach und wäre allein wohl auch positiv zu fassen.

1,69 *voluptate nimia* ORELLI, POHLENZ, ATZERT, GIGON; *voluptate animi* ω
Man könnte an eine mechanische oder bewußte Interpolation des *animi*
wie die Früheren denken. Doch wäre *voluptas* wohl im Lateinischen zu
schwach, um die Entartungsform der Freude auszudrücken. So schließe
ich mich der Konjektur an (wenn man vielleicht bei Unterscheidungs-
funktion auch die Voranstellung des *nimia* erwartete).

1,73 [*maioraque efficiendi*]
Gegen die einhellige Überlieferung (vgl. ATZERT IX) ist zu sagen, daß
sie darum korrupt sein muß, weil es sich nicht um die Fähigkeit, Größeres zu wirken, sondern um einen Vergleich zwischen Politiker und Philosophen handelt. So käme nur eine Konjektur wie *maiorque cura efficiendi* oder *maioraque studia efficiendi* (UNGER und C. F. W. MÜLLER, GI-
GON) in Frage. Der Gedankengang ist dabei aber nicht berücksichtigt.
Bewiesen werden soll, daß die Politiker größere *magnificentia* und *despicientia rerum humanarum* und größere *tranquillitas animi* nötig haben als
der Philosoph. Nach der Explikation wird jetzt zusammenfassend bestimmt festgestellt, daß mit Grund bei den Staatsmännern *maiores motus
animorum* erregt werden, denen entsprechend größere Heilmittel entgegengestellt werden müssen. Daher dann: *quo magis* usw., was zu beweisen war. Wie man immer die unverständlichen Wörter verändert oder
ergänzt, es kommt keine zu unterdrückende Leidenschaft heraus.
    ATZERT glaubt mit Recht an eine erklärend-präzisierende Interpola-
tion, zu der im Laufe der Zeit ein verbindendes *que* hinzugekommen ist.

1,81 *aliquando* ω statt des richtigen *aliquanto*,

1,82 *callida* ω statt des richtigen *calida* zeigen, wie sehr eine Gesamt-
überlieferung durch gemeinsame Fehler gelitten hatte.

1,82 [[*De evertendis ... retinere*]]
GIGON folgt hier ATZERT in der Annahme eines nicht eingearbeiteten
Zusatzes nicht, doch scheinen mir die prinzipiell zu fordernden Kriterien gegeben. In der Bestimmung eines großen Sinnes ist das Verhalten
bei der Plünderung und Zerstörung von Städten sicher wichtig, aber es
bringt kein wesentlich neues Verhalten, abgesehen davon, daß die wenigsten in die Lage kommen werden, sich damit zu befassen: das heißt,
Cicero selber wollte auch diese Lehre seinem Sohn mit auf den Weg
geben. Nachträglich: denn der intendierte Zusammenhang ging, worüber der Abschnitt bei ATZERT und GIGON hinwegtäuscht, auf etwas
anderes: gegenüber mutiger und planender Entschlußkraft wurde in 81

ein Verhalten angeprangert, das in wildem Draufgängertum ohne Plan und Sinn *(temere)* sich in die Schlacht stürzt und mit dem Feinde rauft *(manu confligere)*. Der Sohn war diesen Verführungen offenbar zugänglich (s. TESTARD, zit. in Anm. zu 2,45). Der Satz *ut enim* begründet dieses Verhalten von der Sicht dieser Draufgänger aus: ihnen scheinen hitzige und gefährliche Entschlüsse glanzvoller als überlegte. Mit dem Verhalten nach der Eroberung von Städten hat das nichts direkt zu tun, weil die Verhaltensweisen dabei weder *periculosa* noch *splendidiora* sind. Der Passus unterbricht also ein Begründungsverhältnis. Er setzt ohne genaue Verbindung ein und täuscht am Schluß ein Begründungsverhältnis nur vor. Hinzu kommt, daß *ne quid temere, ne quid crudeliter* Notizenstil ist und auch im übrigen die Handlungsweise des *vir bonus* in konventionellen, stilistisch wenig zugespitzten Wendungen geschildert wird. Darum scheint es angebracht, hier an eine Randnotiz zu denken, die irgendwie in den Zusammenhang gehört, die Cicero aber der ursprünglichen Intention des Gedankens sicher noch besser angepaßt hätte.

1,92 [[*tum ... praebeat*]] [[*nec ... pareat*]]

Es handelt sich um Erwerb und Vermehrung des Reichtums, nachdem das Bild eines großzügig mitteilenden Grandseigneurs gezeichnet worden ist.

Der erste Satz gibt Anstoß durch das einleitende *tum*, das in der feststehenden Reihe nach *primum* und *deinde* folgt, dann durch den Wechsel des Subjektes, wofern *se utilem praebeat* sich besser auf den Besitzer bezieht (*dignis ait esse paratus:* Horaz epist. 1,7; vgl. freilich *utentior* und Anm. zu 2,71), schließlich dadurch, daß zwischen Erwerb und Vermehrung der schon behandelte Gebrauch eingeschoben wird. HEINE und MÜLLER halfen sich mit einer Umstellung des Satzes hinter den *deinde*-Satz. Der Wechsel von Erwerb und Mehrung und ihrer Art zum Gebrauch vor allem auch in Hinsicht auf die Verschwendung kommt abrupt, und die Dublette bleibt.

So mag Cicero bei den curae posteriores am Rande die Sätze notiert haben, um die Rede über den Reichtum ohne große Rücksicht auf den Zusammenhang zu ergänzen. Inhalt und Form weisen auf einen nicht eingearbeiteten Zusatz Ciceros.

1,92 *vere hominum amice*

Fast zu kühn. Adverb durch Adverb gestützt und von dem Adverb abhängig ein Genitiv, den erst das Substantiv erhalten hat, ist sehr schwer und einmalig. Es ist zu befürchten, daß eine Korruptel vorliegt.

1,93 *Graece enim* πρέπον *dicitur* [decorum]

Der Interpolator, der mit seinem *decorum* unsere Überlieferung entstellt hat – an eine mechanische Korruptel, das heißt eine Dittographie,
wird man bei Überlieferungsströmen in der Antike nicht denken – hat
das ciceronische Verhältnis zur Sprache nicht verstanden: an dieser
Stelle, meint Cicero, spiele das eine Rolle, was man im Lateinischen
mit *decorum* bezeichne; denn dieser Sachverhalt wird im Griechischen
πρέπον genannt, so daß er mit dem Ähnliches bedeutenden lateinischen
Wort *decorum* getroffen werden dürfte. Die Begründung liegt nicht etwa darin, daß die griechische Übersetzung für lat. *decorum* πρέπον ist.
Das Primäre für Cicero ist also der Sachverhalt, der sein passendes Wort
braucht, nicht der Wortbegriff, weswegen er auch oft mehrere Termini
für die gleiche Sache findet und sein Gedanke, wenn auch logisch oft
nicht ganz konsequent, stets im vollen Sinne das Gemeinte zum Ausdruck
bringt, nie bloßes Wort oder bloße Stelle in der Beweisführung bleibt.

1,97 *sed ut tum servare ...*
ut om. Xς Po.[1] p.62 edd. (einschl. ATZERT und GIGON)

Ich glaube, daß *omisit* im eigentlichen Sinne genommen werden muß,
das heißt, daß ein echtes *ut* im geringeren Zweig der Überlieferung
weggelassen worden ist. Wer in aller Welt sollte bei dem dann ober-
flächlich glatt laufenden Gedankengang das Bedürfnis verspürt haben,
ein *ut* zu interpolieren?
  Es handelt sich um ein typisches Anakoluth. Freilich ist sein Verständnis abhängig von der Auffassung des ganzen Zusammenhanges. Da
es sich um eine Erläuterung der zwei Formen des πρέπον handelt und
diese erst mit Paragraph 98 zu einem Abschluß kommt, darf allerdings
vor *sed poetae* (§ 97) kein Abschnitt angesetzt werden (GIGON).
  Offensichtlich soll das *genus subiectum* des *decorum* erläutert werden,
das Schickliche, das durch Proportion und Aussehen auf die Menschen
erfreulich wirkt. Denn irgendwie erweckt auf dem Theater das Passende an sich Beifall. Angemessen wäre für dieses Verhältnis des Vergleiches ein *enim* etwa. Statt dessen wird der erläuternde Vergleich mit einem *sed ut* eingeführt und damit belastet. Ciceros Engagement und Absicht ist mit Händen zu greifen. Ihm ist der Vergleich mit dem Schauspieler wegen der Gefahr der Relativität, der das Tor geöffnet werden
könnte, abscheulich. Und so entwertet er den positiven Vergleich mit
dem *sed* und ordnet ihn dem *ut* unter – «wie wir dann vom poetisch
Passenden reden, wenn Wort und Handlung zur Rolle stimmen» statt

«das poetisch Passende nämlich besteht in der Übereinstimmung von
Wort und Handlung mit der Rolle und weckt dadurch Beifall» – und
verfolgt in einem Konsekutivsatz nun nicht etwa den Fall einer solchen
Übereinstimmung im Positiven, sondern im Negativen: so daß, wenn
der gerechte Minos einen tyrannischen Vers spräche, dies *indecorum*
schiene, weil es den Tatsachen nicht entspricht. Damit ist aber Cicero,
in dem Wunsche, von vornherein dem Relativismus vorzubeugen, in
der Sackgasse gelandet. Denn schon das positive Ziel des Vergleiches
muß jetzt selbständig ausgedrückt werden: *at Atreo dicente plausus exci-*
tantur; est enim digna persona oratio. Der Vergleich war aber mit *sed* eingeleitet, um mit dem Gleichen zugleich den Unterschied hervorzuheben. Das wird von dem folgenden Satz *sed poetae quid ... weitergeführt,*
so daß man erkennt, daß er noch zu dem geschlossenen Gedankenkom-
plex gehört. Die Dichter erfassen das Passende aus der Rolle, der
Mensch hat von der Natur die Rolle der Überlegenheit über alle Lebewesen, also der Sittlichkeit. Die Dichter suchen deshalb das Passende
für alle Rollen, da die Natur dem Menschen aber einmal die Rolle des
Vorranges gegeben hat und zugleich Rücksicht auf die Menschen üben
heißt (die zwei Formen des *decorum*), nun müßte es weitergehen, sieht
man, daß das sittliche *decorum* im Unterschied zum poetischen zweifach
ist, wie eben an Hand des poetischen erläutert werden sollte, das dem
speziellen verwandt ist. Statt dessen heißt es nur, welch große Bedeutung beide Formen des *decorum* und welchen Bereich sie haben. Die allgemeine Formulierung wird gewählt, um den Vergleich mit der Schönheit des Körpers und das *praeceptum* an den Sohn anbringen zu können.
Da der Gedankengang nur mit Ansetzung eines durch *ut* eingeleiteten
Vergleiches und unter Annahme eines emotional verständlichen Ana-
koluthes verstanden werden kann, bei Weglassung des *ut* aber und
womöglich Ansetzung eines Abschnittes vor *sed poetae ...* dieselbe Aussage am Schluß des alten und Anfang des neuen Abschnittes einfach
wiederholt würde, ist das *ut* beizubehalten und ein Anakoluth anzu-
erkennen.

    Die Auffassung des Gedankens bei ATZERT im Apparat kehrt das Ver-
hältnis der Begründung um. Es handelt sich nicht darum, daß nur das
im Leben *decorum* ist, was Beifall hervorruft, sondern daß es ein *decorum*
gibt neben der einfachen Erscheinungsform des *honestum*, das durch Ordnung und Schönheit Beifall erweckt wie eine gut gespielte Rolle. Man
sieht, daß die Entscheidung über das *ut* letztlich mit die Erkenntnis der
Philosophie des Panaitios bestimmt und umgekehrt von dem Verständnis der Lehre abhängt.

1,101 *naturae* ω, Ambr. 1,228 und 227, *natura Lambinus*, edd., LABOW-
SKY, GIGON

Daß *vis atque natura* eine bei Cicero geläufige Verbindung ist, berechtigt natürlich nicht zu der Änderung des einhellig Überlieferten. Vielmehr ist zu fragen, ob der mit der Überlieferung gegebene Sinn verständlich ist. Ein Zweifel konnte nur aufkommen, weil man nicht den
ganzen Zusammenhang betrachtet hat. Dort wo Cicero das Zuviel oder
Zuwenig der Triebe als Maßlosigkeit charakterisiert und in einer Rückkehr des Gedankens ein zweites Mal die Begründung dafür gibt, heißt es
(102): *relinquunt enim et abiciunt oboedientiam nec rationi parent, cui sunt
subiecti lege naturae.* Vom «Naturgesetz» hätten wir noch nichts gehört,
wenn nicht eben in dem fraglichen Satz mit *vis animorum atque naturae*
das Vermögen der Geistnatur bestimmt worden wäre, die nach dem
Gesetz des Wesens *(naturae lege)* beherrschte Regung ist. Nicht zufällig
ist es weiter, daß zweimal auf diese allgemeine Geistnatur vorher hingewiesen wird (100): *ad convenientiam conservationemque naturae* und *ad
naturam accommodati.* Es handelt sich beide Male um die allgemeine
Geistnatur des Menschen, nicht etwa die individuelle. Offenbar hat der
Irrtum, daß es sich in den §§ 100ff. um das *decorum* im engeren Sinne
handle (LABOWSKY a.O. 36), bei dem Mißverständnis eine Rolle gespielt. Ausgeführt wird das doppelte Vermögen der Geistnatur im Folgenden, wo die Frage der Doppelfassung von der Entscheidung für *naturae* betroffen ist (s. nächste Anm.).

1,101 *Ita fit ... haec est fere descriptio officii*

Gegen GOLDBACHER und ATZERT neige ich mit L. LABOWSKY und GI-
GON dazu, den ganzen Passus für unentbehrlich, also nicht für eine nicht
eingearbeitete Erweiterung Ciceros zu halten.

Die Kriterien für einen unbeabsichtigten oder jedenfalls nicht eingearbeiteten Einschub treffen nicht zu: der Inhalt ist so verschieden,
daß jedenfalls das Stück nicht ohne Schaden wegbleiben kann, die An-
schlüsse vorn und hinten sind intakt. Die vorläufige Stilisierung könnte
man in dem zu ergänzenden Subjekt zu *nec vero agere quicquam* erkennen.
Freilich ist denkbar, daß das Abstraktum Subjekt bleibt wie *officium* in
§ 100 (Eine genaue Parallele findet sich zu Beginn von 2,39. Vgl. auch
C.F.W.MÜLLER S.12 Z.1.). Jedenfalls scheint dies kein genügender
Grund, um einen Einschub anzusetzen, der nicht eingearbeitet wäre.

Der Gedanke läuft so: das doppelte Seelenvermögen reißt den Menschen hierhin und dorthin und klärt andererseits über das zu Meidende

und Erstrebenswerte auf. Also – *ita fit* objektiver Tatbestand wie 1,21; fin. 3,64 – hat das eine, die *ratio* den Vorrang, das andere, der *appetitus* richtet sich danach (man beachte das objektive *obtemperare* zum folgenden *oboedire*: einmal stimmt sich der *appetitus* ab, das andere Mal muß er hörig sein). Jede Handlung – mit *autem* wird eine weitere Feststellung angereiht – muß unter Vermeidung von Leichtsinn und Unachtsamkeit, also absichtlicher oder unabsichtlicher Verstöße gegen das Vernünftige, planvoll und begründbar sein, eben ein καθῆκον. Weiter – mit *autem* wird hier, verwunderlicherweise, zunächst kein Schluß gezogen, sondern eine weitere Bestimmung angereiht – ergibt sich aus dem doppelten Vermögen der Geistnatur die Aufgabe, daß die Triebe «gehorchen» müssen. Diese Aussage unterscheidet sich von der vorigen auf den strukturellen Vorrang gehenden erstens dadurch, daß das sich aus dem Naturgesetz ergebende Sollen betont wird, zweitens dadurch, daß das Gehorchen näher bestimmt wird als ein geordnetes und ungetrübtes Entsprechen. Das ist der Grund für jede *constantia* und *moderatio*, wie das rechte Wesensverhältnis für die Bestimmung des rechten Handelns, des καθῆκον. Auch hier folgt wie in dem Satz *haec est enim fere descriptio officii* eine Begründung: die überschießenden Triebe überschreiten das Maß, da sie der Vernunft nicht nach dem Naturgesetz gehorchen. Das sieht man nicht nur im Geistigen, sondern das erstreckt sich bis zu Ausdrucksverzerrungen. Offenbar war die rückläufige Begründung gebracht, um diesen handgreiflichen Beweis anschließen zu können: Erst jetzt kehrt Cicero zur Form des καθῆκον zurück, das heißt zum Ende von § 100. Aus allem ergibt sich die Pflicht, die Triebe zu beherrschen, das heißt, wie oben gesagt wurde, die Geistnatur zu bewahren.

Da sowohl Rangverhältnis von *ratio* und *appetitus* wie ihre völlige Entsprechung für das Verständnis der Formulierung des καθῆκον unerläßlich sind. das erstere sogar in höherem Grade, kann man Cicero wohl wegen unscharfer Herausarbeitung der Unterschiede tadeln, aber kaum bezweifeln, daß er so geschrieben hat, wie es dasteht, und damit abgesehen von einer unbedachten Verwendung des Begriffes *pars* wohl Panaitios richtig wiedergegeben hat.

1,104 〈vel severissimo〉

Es scheint klar, daß *homine dignus* nicht von *ne libero quidem* eingeschränkt werden kann. Eher wäre das umgekehrte Verhältnis möglich. Die Steigerung, die erwartet wird, nimmt *ad severitatem* (103) auf. Man könnte auch an 〈vel gravissimo〉 denken. Anders liegt der Fall bei derselben Antithese 1,151.

1,106 *in natura* ⟨*nostra*⟩ add. Po.[1] p. 66

Zu bedenken ist, daß auch 1,101 (s. Anm. S. 341) einfach von *natura* als der Geistnatur gesprochen wird (vgl. auch 1,146: *ab officio naturaque*).

1,109 *callidissimum quemque* BUECHNER

Die offenkundige Korruptel † *alium quemque* wird von den meisten so zu heilen versucht, daß an dem *quemque* gerüttelt wird (zuletzt lassen es POHLENZ und GIGON weg). ATZERT schlägt vor ⟨*s*⟩ *alium quemque … efficere, ut …*, was ich weder konstruieren kann noch verstehe. Meines Erachtens muß man davon ausgehen, daß ein Einschub von *quemque* unverständlich wäre, wenn ein einfaches *alium* dagestanden hätte. Also muß *quemque* gehalten werden. Dann ist ein Superlativ zu suchen, an den sich *quemque* anlehnen kann. Denn der Infinitiv *efficere* wird wohl sinngemäß noch von *accepimus* abhängig gemacht. Mit *item in sermonibus* wird eine andere Doppelgruppe von Verschlagenen und Offenen angefügt und, da sie sich nur in dem Bereich unterscheidet, auch abhängig gemacht. Es empfiehlt sich also vor *itemque* leichter zu interpungieren. Sucht man nun den Superlativ – die Rede hat sich schon vorher zu den Superlativen gesteigert –, der den äußersten Grad von Pfiffigkeit bezeichnet, daß man es nämlich im Gespräch erreicht, trotz aller Übermacht als einer von vielen zu erscheinen, so bietet sich *callidissimus* – oben waren Hannibal und Quintus Fabius Maximus als *callidi* bezeichnet worden – an. So wäre zu lesen: *itemque in sermonibus callidissimum quemque quamvis praepotens sit, efficere, ut unus de multis esse videatur.* Offenbar ist das Wort verderbt gewesen, und nur ein *alium* hat daraus entziffert werden können.

1,109 *in Q. Mucio,* ⟨*in*⟩ *Mancia*

Da in der Familie der Mucier der Beiname Mancia nicht üblich ist, muß es sich wohl um einen zweiten handeln. Darum wird man um die Verbesserung von UNGER nicht herumkommen, der ⟨*in*⟩ einschiebt (so auch GIGON).

1,109 [[*ne Xenocratem quidem severissimum philosophorum*]]

Die Annahme einer Interpolation hat VAHLEN (2,343) widerlegt. Es bleibt, daß der Satz abrupt den Gedankenzug unterbricht – *ob eamque rem* schließt über ihn hinweg direkt an – und weder in die Reihe der römischen Beispiele noch zu dem Hauptverb *audivi ex maioribus natu* paßt. Es sind alle Bedingungen erfüllt, die man methodisch aufstellen muß, um eine Randnotiz Ciceros anzunehmen, die er nicht eingefügt hat und die wohl nur dazu dienen sollte, Material für eine spätere Aus-

gestaltung bereitzustellen; denn daß ein Interpolator sich an den Cicero
so vertrauten Xenokrates in diesem Zusammenhang erinnert haben sollte, ist zu unwahrscheinlich.

1,111 *qui notus est nobis* ω

Die *aequabilitas*, die Gleichmäßigkeit des ganzen Lebens, das Angemes-
senste, was sich denken läßt, die man nicht einhalten kann, wenn man
das Wesen (*natura*) anderer nachahmt und das eigene außer acht läßt,
wird mit der Sprache verglichen. Wir müssen die Sprache sprechen, die
uns eigen ist. Sonst macht man sich lächerlich. So muß der Gedanke
etwa laufen. Überliefert ist (sc. *sermo*), *qui notus est nobis*. Man hat dieses
notus nicht verstanden, vor allem, weil das Folgende mit dem Beispiel
griechischer Wörter arbeitet und das Griechisch doch eine bekannte
Sprache darstellt (C. F. W. MÜLLER schreibt darum ohne weiteres *innatus;* vgl. HEINE: «daß man sich keiner unbekannten Sprache bedienen
solle, braucht nicht erst vorgeschrieben werden»). Es handelt sich aber
nicht um den abstrakten Begriff der Sprache, sondern um die persönliche Sprechweise des Römers im sprachlichen Miteinander, in die ein
falscher Ton kommt, wenn man affektiert die Harmonie stört, indem
man gewaltsam (*inculcantes*) – wahrscheinlich halbverstandene – Brocken
mischt (*Canusini more bilinguis:* vgl. Horaz, s. 1, 10, 20 ff.). Hört man
hinter dem *notus* das griechische οἰκεῖος, ist die Brücke zur eigenen
Natur, um die es geht, geschlagen. Abgesehen davon, daß die Sprache
nicht angeboren ist (weswegen *innatus*, wie ATZERT mit Recht schreibt,
unmöglich wird) und daß *qui natus est nobis* kaum heißen kann «die, die
uns gemäß ist», ja überhaupt unverständlich ist, geht es also darum, daß
man im Vertrauten sich richtig bewegt und sich nicht lächerlich macht,
indem man Fremdes nachäfft wie die, welche mit griechischen gewaltsam
eingefügten Fremdwörtern statt fein, holprig und lächerlich werden. Zu
denken ist an Horaz' «ars poetica», die so viele Vorsichtsmaßregeln empfiehlt, ehe *verba inaudita* bei den gegürteten Cethegern Glauben finden.
Auf Seneca ep. 114, 20 und Ovid, a. a. 3, 47 a weist ATZERT selbst hin.

1,113 ⟨*suum*⟩

Daß hier in der gesamten Überlieferung ein *suum* verlorengegangen ist,
ist offenkundig.

1,115 *nam ... nobilitatem ... divitias ... temporibus gubernantur*

Die Anstöße – der herausfallende Singular und der nicht zu konstruierende
Akkusativ – wären leicht zu beseitigen. Aber es ist besser, mit ATZERT ein

Anakoluth anzunehmen. Cicero schwebt noch von *imponit* her ein Verb des Gebens vor, die Reihe wird selbständig und am Schluß dann in einer plötzlichen Wendung zusammenfassend zu Ende geführt. Auch mir ist zweifelhaft, ob Cicero bei Überarbeitung diesen Satz stehengelassen hätte. Sicher ist nicht an verschiedene Stufen der *nobilitas* gedacht, sondern nur an Vorhandensein oder Fehlen. Dann muß der Singular stehen. Es ist auch nicht einzusehen, wie jemand in der Reihe der Plurale ein *nobilitates*, das zur Not verständlich ist, in einen Singular geändert haben sollte.

1,118. Das einhellig überlieferte *idem* muß zu *item* verbessert werden. Dieselbe Lage bei 1,90.

1,121 [*ut quaedam imitari possint*]

Hier möchte ich die von ATZERT angenommene Interpolation mit GIGON anerkennen. Mit einer Änderung des überlieferten *possint* in *possit* (HEUSINGER) scheint es nicht getan. Das Anakoluth macht ein allgemeines «wenn die Anlage es nicht erträgt» allmählich deutlich: es handelt sich um Größe, die man an den Vorfahren nachahmen soll, etwas, was der Sohn Scipios wegen seines Gesundheitszustandes nicht konnte (*non potuit* nimmt das *feret* auf und bestimmt es). In diesem Fall, so wird neu mit der Konstruktion angesetzt, muß man menschlich-persönlich hervorragend sein, um den Mangel nicht spüren zu lassen. Der Interpolator – ein Spätling, wie das unciceronische passive *imitari* zeigt – hat *feret* nicht voll verstanden und den Gegensatz *virtus* und *humanitas* nicht realisiert. So expliziert er das *feret*, das er wohl in der Bedeutung «mit sich bringen» auffaßt, und setzt für das nach der Anlage nicht Mögliche ein verblasenes *quaedam*. So unterbricht der Einschub den Zusammenhang: Nachahmung der *maiores* (ohne Fehler natürlich) im ganzen, ihrer *virtus*, – wenn die Anlage nicht ausreicht zu überragender politischer Leistung, Rückzug auf das vom Menschen Abhängige. Wenn es heißt, Scipio konnte seinem Vater Africanus nicht ähnlich sein, so meint das diese ganzheitliche Nachahmung der Größe. Die Aufsplitterung in manches, was nicht nachgeahmt werden kann – der logische Gegensatz wäre: dann das andere –, erweist sich als unpassend.

1,122 *si* ⟨*ne*⟩ *in eiusmodi quidem rebus maiores natu nolent interesse*
⟨*ne*⟩ add. STUERENBURG   *nolint* Z *volent* X *velint* ς

Der Versuch der ersten Auflage, ohne *ne* auszukommen, scheint jetzt nicht mehr geglückt. Man müßte dann annehmen, daß die Teilnahme Älterer die Ausgelassenheit vergröbert. Gedacht ist aber doch an die oben genannten *probatissimi*, die auch von den geistigen und körperli-

chen Entspannungen sich nicht ausschließen sollen. Dieser Gedanke gibt
den Ausschlag für eine Form von *nolle*, zu der als Subjekt die *maiores natu*
zu denken ist, die einwilligen daran teilzunehmen. An eine Willens-
äußerung der Jünglinge selber, die keinen Zutritt gewähren, ist nicht
zu denken. Das braucht von seiten der Älteren noch kein *descendere* zu
sein, wie es in de rep. verspottet wird (nach Plato: 1,67). Merkwürdig
scheint das Schwanken zwischen *-ent* und *-int*. Wenn ATZERT die Vermutung hegt, daß es entstanden sei aus nolenteresse im Archetypus, müßte
er konsequenterweise *nolent* in den Text setzen. Die Litotes und der
Potentialis dienen aber dazu, das Ungewöhnliche des Ratschlages zu
mildern. Denn was man über solches Verhalten denkt, wofern es aus
Vergnügungssucht geschieht, folgt ja sogleich.

1,124 *iura discribere*
describere ω, *discr.* BAITER. – ATZERT: describere (GIGON schließt sich an
unter Hinweis auf Quinct. 45, de leg. 1,17, Th.l.L. Sp. 663).

In der Überlieferung werden beide Wörter so durcheinandergeworfen,
daß auf die einheitliche Bezeugung nicht viel gebaut werden kann. Da
es sich hier nicht um den juristischen Sonderberuf der Rechtsdarstel-
lung, sondern die Ordnung der Rechtsansprüche kraft *imperium* handelt,
ist hier *discribere* vorzuziehen. Gedacht ist an den Prätor.

1,139 *O domus antiqua! at quam dispari* GIGON *et quam dispari* ATZERT *heu
quam dispari* RIBBECK TRF I 303.

1,144 *turpe enim valdeque vitiosum in re severa convivio digna aut delicatum
aliquem inferre sermonem.*

POHLENZ hält die wohl sichere Überlieferung (Z gegen *convivio dignum*
Pcorr. cς und *convivii dicta* Lp) für korrupt und verbessert zu *in re severa
⟨verba⟩ convivio digna*. GIGON folgt, während ATZERT den Text für heil
hält. Ich schließe mich ATZERT an, weil von der Rede erst im zweiten
Teil des doppelgliedrigen Ausdruckes gesprochen wird (*delicatus* weist
auf die Geschichte voraus), im Vorhergehenden (s. *ordo actionum, in re
severa*) das gesamte Handeln berücksichtigt wird (*res severa – convivium*
der allgemeine Gegensatz *negotium – otium*).

1,145 [[*Ut – concentus est*]]

ATZERT hält den Passus für ciceronische Randbemerkung, GIGON hält
ihn wohl im Anschluß an POHLENZ (S. 82) für nicht durchgeformt, beläßt ihn aber im ursprünglich intendierten Text.

Wenn auch die Verbindungslosigkeit kein entscheidender Anstoß ist – s. 1,95 –, so ist sie doch auffällig genug. Weiter ist die Doppelung mit dem gleichen Anfang *ut in fidibus* ebenso anstößig wie die inhaltlich genaue Wiederholung des Vergleichssatzes. Nur scheint die zweite Fassung, die folgt, knapper, präziser und prägnanter: *in fidibus aut tibiis* (unüberlegt, weil bei der Flöte nur ein grobes Vergreifen in Frage kommt) – *fidibus; quamvis paulum discrepent* (mit unklarem Subjekt) – *vel minima; a sciente* (allgemein) – *musicorum aures; animadverti solet – sentiunt* (schärfer das Sensorium für das Kleinste betonend). Allein die folgende zweite Fassung fügt sich klar in die Absicht: bei groben Vergehen liege das Unpassende zutage und bedürfe keiner Vorschrift, vor kleineren, die von der Mehrheit nicht bemerkt werden, müsse man sich *sorgfältiger* hüten. Wie die Musiker das Kleinste bemerkten, so werden wir, wenn wir genaue Richter über Verkehrtheiten sein wollen, Großes aus kleinen Dingen erkennen. Daß man dagegen, wie in der ersten Fassung betont wird, Diskrepanzen in der Lebensführung noch mehr vermeiden müsse als Disharmonien in der Musik, ist zwar schön und verständlich, ist aber die Voraussetzung des ganzen Zusammenhanges. Wenn die erste Fassung fehlte, wäre alles klar. So liegt es nahe, zu vermuten, Cicero habe den schönen Gedanken, daß man volle Harmonie im Leben noch mehr als in der Musik verwirklichen müsse, noch einfügen wollen und salopp ohne Verbindung am Rande notiert unter starker Benützung des schon Formulierten. An Interpolation ist nicht zu denken. Da zudem die in der Reihe erste Fassung schon direkt auf das Fehlerhafte zusteuert, während der Gedanke zunächst nur die Wichtigkeit des Kleinsten für die Erkenntnis des Passenden sowohl wie des Unpassenden herausarbeiten will, weswegen im zweiten Vergleich nur *minima* gesagt wird, mithin die 2. Fassung den Gedankenschritten nach vor die erste gehörte, scheint es mir vorsichtiger, hier eine spätere nicht eingearbeitete Notiz Ciceros anzunehmen mit der Absicht, das paränetische Moment zu unterstreichen (zu bedenken ist auch beim zweiten Vergleich *si acres ac diligentes iudices esse volumus* ..., das hypothetisch ausdrückt, was vorher als Ziel hingestellt war; vgl. 1,18 dieselbe Figur).

Hinzu kommt die Parallelität mit den anderen Stellen. Die Kriterien sind erfüllt: Störung des Zusammenhanges, entsprechend schwieriger Anschluß vorn und hinten, sprachliche Härten in der Notiz.

(POHLENZ S. 82, Anm. 2 glaubt, daß *magna intellegemus ex parvis* sich an die Stelle des intendierten Gedankens «daher müssen wir uns auch im Leben schulen» geschoben habe: der Gedanke der Schulung ist aber eine rein POHLENZsche Idee, der Leitgedanke dagegen der Unterschied zwischen groß und klein.)

1, 147 maior ... deducitur

Zu diesem Satz bemerkte schon O. HEINE, daß der Gedanke nicht recht
in den Zusammenhang passe, «da wir uns doch nach dem Rathe der
Gebildeten, nicht nach dem Beispiel der Menge richten sollten». POH-
LENZ (S. 83, 2) sieht den Satz denn als nachträgliche Randnotiz an, die
zum folgenden Gedanken, dem Vergleich mit den Malern gehört. Zwischen *exquirere* und *in quibus videndum* bestehe ein enger Zusammenhang,
den der fragliche Satz unterbreche. ATZERT schließt sich in der neuen
Ausgabe an, und GIGON folgt ihm darin.

Mir ist das nicht sicher. Der Gedanke, daß man bei Zweifelsfragen
den Rat Erfahrener und Gebildeter heranziehen solle, obwohl man
schließlich doch allein entscheiden muß, ein römischer Gedanke, mußte
zumal in einem Werke, das doch selbst die Kriterien zur Verfügung stellen
will, begründet werden. Es ist klar, daß man sich dabei nicht der Menge
aussetzt. Beim Künstler, der, wie der Redner, auf den Beifall aller zählt,
ist das anders. Die Begründung liegt darin, daß die Majorität einer Elite
die beste Garantie ist, daß man die Stimme der Natur selber hört, *maior
pars* braucht keineswegs die Majorität der Masse zu sein. Faßt man es so,
nimmt *in quibus* das *maior pars* auf und *enim* begründet die Empfehlung
eines *consilium*, das man nur in der richtigen Weise befragen muß.

Auch der Vergleich mit der *ars* überantwortet übrigens das Urteil
nicht der Masse, sondern korrigiert das der Masse Mißfallende nach Besprechung mit den Sachverständigen.

Die Parallelität des Aufbaus der beiden Praecepta – Ratschlag, Begründung, Exemplum – spricht weiter für die richtige Stellung des
fraglichen Satzes ebenso wie die allgemeine Erwägung, daß die Begründung zur These gehört und nicht erst an zweiter Stelle beim Exemplum
folgen darf.

Gedanken über Majorität und Elite bei Aristoteles wären zu vergleichen.

1, 153 [quamvis] del. LAMBINUS

Hier muß wohl die Annahme des LAMBINUS, es handle sich um eine Interpolation, anerkannt werden. Da *omnis* nicht durch *quamvis* gesteigert
werden kann, hätte bei der Auffassung als Konjunktion der *ut*-Satz kein
Verb. An ein Anakoluth derart, daß der *quamvis*-Satz den mit *si contigerit, ut* begonnenen Satz wieder aufnähme, ist nicht zu denken, wie HEINE
mit Recht betont. ATZERTs Versuch, *quamvis* vom Sinn her als notwendig zu erweisen (s. den Apparat), scheint dem Zusammenhang nicht ge-

recht zu werden: es handelt sich nicht darum, den hohen Rang der Erkenntnis hervorzuheben, sondern das Bild eines vollen und glücklichen
Lebens auszumalen, das bei Überfluß an allen äußeren Dingen sich ungestörter Schau der betrachtungswürdigsten Dinge widmen darf, aber
doch die Einsamkeit nicht ertragen könnte. Möglicherweise handelt es
sich um ein Interpretament für das *si*, um das *tamen* des Hauptsatzes zu
erklären.

1,157 *itemque ... immanitas*

ATZERT hat diesen Satz wie GOLDBACHER und POHLENZ in Doppelklammern gesetzt, GIGON folgt ihm darin.

Es ist nicht zu bestreiten, daß die Nebenbemerkung statt einer in
1,151 angekündigten Vergleichung des *magnus animus* mit den anderen
Tugenden überrascht. Aber auch sonst wird nur an der Gemeinschaftstugend gemessen, und wenn auch § 159 die Tugend des Anstandes in
den Vergleich einbezogen wird, so läßt sich doch nicht verkennen, daß
Cicero in diesem suo Marte verfaßten Stück, beunruhigt vom Problem
des βίος θεωρητικός und des βίος πρακτικός, vor allem den Primat
der Gemeinschaftstugend als des eigentlichen Handelns sichern will.

Gewiß, das Stück unterbricht den strengen Beweis, es könnte fehlen.
Aber es ist vorn mit *item* angeknüpft, also eingepaßt. Der folgende
ita-Satz nimmt zwar nicht direkt Bezug. Unmittelbar aber nach dem
dem Einschub vorausgehenden *itaque*-Satz wäre er weniger gut: die
im Einschub festgestellte Gleichheit im Verhältnis zur Gemeinschaftstugend beim *magnus animus* (im Anschluß an 1,62) verstärkt den *ita*-
Satz, der überleiten kann zur Widerlegung des Preises des βίος θεωρητικός. Zudem scheint *remota* Bezug auf *attingat* zu nehmen. Vielleicht
wird man, wie inkonsequenterweise ATZERT, SABBADINI beistimmen können, der notiert: «questa è una considerazione ... dall'autore inserita
posteriormente» (von mir gesperrt). Sei es aber nun eine Besonderheit
des ciceronischen, hier auf das Hauptthema zielenden Denkens oder ein
späterer Einschub seiner Hand, so ist es doch keine Randnotiz, interessiert darum den Textgestalter nicht, sondern den Interpreten, und ist
also auch nicht als textfremd auszuklammern.

1,160 *hoc genus officiorum excellere*
hoc BVX *id* ς *ut* P *ut hoc ... excelleret* ς del. ATZERT cf. STANGL RhM 70,
455

Da bei besonderer Betonung eines dem Denken nahen ˙Gegenstandes

mit *hic* und seinen Formen auch vor dem Relativsatz hingewiesen werden kann, sehe ich keinen Grund zur Änderung.

2, 1 *et ad earum rerum, quibus utuntur homines, facultatem, ad opes, ad copias;*
⟨*commoditates, ad*⟩ *facultatem* ATZERT

Es ist wahr, daß 1,9 und 2,9 neben den *copiae, opes, facultates* auch die
vitae commoditas iucunditasque beziehungsweise die *commoda vitae* genannt
werden. Zu bedenken aber ist, daß 1,9 wie an unserer Stelle von den
facultates rerum gesprochen wird und daß *ad vitae cultum* doch wohl *commoditas* und *iucunditas* einschließt. So wird doch wohl *homines ad fac* – ein
Sonderfehler von Xς, nicht der Rest besserer Überlieferung sein. Es
dürfte vorsichtiger sein, hier keine Lücke anzusetzen. Die Annahme,
daß ein Teil oder das Ganze des Satzes *in quo ... maxime utile* Interpolation sei, ist mit der Notwendigkeit, *in quo* auf den ganzen Satz zu beziehen, und der Tatsache, daß die zweite Hälfte in Z (und ς) nicht überliefert wird, kaum zureichend begründet: bei der Themaangabe erwartet
man, daß der Zentralbegriff *utile* fällt. Ich kann mich hier der Ausgabe
von GIGON anschließen.

2, 10 *genera confusa cogitatione distinguunt*
⟨*re*⟩ HEUSINGER; *genera* ⟨*etsi re eadem esse dicunt*⟩: POHLENZ, GIGON

Gewiß steht hinter *cogitatione distinguunt* die Vorstellung, daß die drei
genera in Wirklichkeit eine Einheit sind. Aber das kommt schon in *confusa* zum Ausdruck. Es ist kaum angängig, aus der Sonderlesart von L:
genera e conf. die Annahme eines verlorenen Wortes *re* aufzubauen. Ergänzt man aber gar mit POHLENZ hinter *genera* oder mit GIGON hinter
distinguunt ein *etsi re eadem esse dicunt*, so sieht man nicht, wie die Kon-
zession mit den Adverbien in Einklang gebracht werden kann.

Der Text ist heil. Verkannt ist die lateinische Möglichkeit, die Hauptaussage im Adverb zu machen. Der Gedanke durchläuft drei Stufen: 1.
verderblich ist die Trennung von *utile* und *honestum* im Sprachgebrauch.
2. Die Philosophen (wenigstens die besten) haben freilich *severe* und
honeste gehandelt, wenn sie diese drei Arten theoretisch unterschieden.
Wieso? Sie sind nämlich durch Schlüsse zu der Ansicht gelangt, daß
utile und *honestum* identisch sind. Dieser *enim*-Satz begründet also die
Adverbien *severe et honeste*. 3. Leute aber, die das nicht durchschauen,
die halten durchtriebene Erfolgsjäger *(utile)* für bewunderungswürdig
(*admirari* zu *honestum* gehörig), weil sie nicht wissen, daß wahrer Nutzen nicht mit Schlechtigkeit zusammengeht, sondern mit dem *honestum*
identisch ist.

2,22 *atque etiam ... conducti*

Dieses merkwürdige Stück hält ATZERT für eine spätere Randbemerkung Ciceros. GIGON folgt ihm darin.

Vorher war behauptet, daß der Mensch den Mitmenschen aus verschiedenen, sehr ungleichwertigen Gründen fördert. Nach einer ab-
schließenden Bemerkung, die auf Späteres verweist, und einem Hinweis
auf das Folgende in der Form des Übergangs (die *res virtuti propiores* sollen zuerst behandelt werden) wird eine Parallele zu der Förderung in
der Unterwerfung unter *imperium et potestas* entdeckt. Auch hier spielen
dieselben Gründe eine Rolle. Sie werden in bemerkenswerter Entsprechung wiederholt.

Dem *imperium* und der Amtsgewalt des römischen Beamten unterwirft man sich aus Gründen der Disziplin. Wenn zum Schluß auf die
römischen Verhältnisse angespielt wird, wo man sich dem Willen des
andern um Lohn unterwirft, *mercede conducti*, so muß auch dies auf die
Auswüchse der Revolutionsmachthaber zielen. *imperium* und *potestas*
sind hier also nicht streng terminologisch gebraucht. Sie dürften das
schillernde ἀρχή übersetzen, der ganze Abschnitt als Pendant zum Wohlwollen dem Panaitios gehören.

Liebe und Furcht spielen hier eine stärkere Rolle als im ersten Teil.
Das sind die Begriffe, an die sich das Folgende assoziativ anreiht. Zu fragen ist weiter, ob *ad opes tuendas ac tenendas* nicht nach dem Inhalt beider
Abschnitte nuanciert ist. Sicher ist der Übergang leichter, wenn man
das Zwischenstück nicht streicht.

Die zwei Forderungen, die man für die Annahme einer später eingefügten Randbemerkung stellen muß, daß der Inhalt zwar hergehörig ist,
aber dem Zug des Gedankens nicht entspricht, und daß formal das Stück
vorn und hinten nicht anschließt, sondern die Nähte spürbar bleiben,
sind nicht erfüllt. Die Frage, ob Cicero eine Erweiterung vorgenommen
hat, ist hier nicht akut. Er hat jedenfalls dieses Stück, wie es dasteht, im
Text haben wollen. So wird man es darin belassen, ohne die Vermutung,
es könne sich um eine spätere Einfügung Ciceros selbst handeln, im
Text zum Ausdruck zu bringen.

2,23 *ac paret cum maxime mortuo*

Ein locus conclamatissimus: *nec vero huius tyranni solum, quem armis oppressa pertulit civitas apparet cuius maxime portui interitus declarat, quantum
odium hominum valet ad pestem.* So nach ATZERT praef. XXV «in bonis et
multis ex deterioribus». Lc: *civitas paretque cum maxime mortuo* (in L Ra-

sur eines Punktes nach *paret*, dann *que* = *quae;* ebenso c ohne Rasur.
B: *appareat* (das dritte *a* von erster Hand gestrichen). b: *apparet cuius ma-*
xime mortui (statt *mortui* vor der Rasur *portui;* nach *solum* von jüngerer
Hand *interitu* darübergeschrieben). p und unter anderen deteriores T
und Vind. haben *paretqu*͜*e* ... *mortuo* weggelassen.

POHLENZ und GIGON schreiben nach Lc *paretque cum maxime mortuo.*
ATZERT vertritt verbissen die Ansicht, daß dieser Satz im Zusammenhang unmöglich sei, weil ja gerade gezeigt werden solle, wie sehr der
Haß wirksam sei zur Vernichtung. Es handle sich hier um den Untergang des Tyrannen, nicht den des freien Staates. Er hält die Worte *ap-*
paret cuius für die Glosse eines Interpolators und glaubt, daß in *portui,*
der Tendenz entsprechend, ein warnendes Beispiel aufzustellen, ein
posteris enthalten sei.

Doch ist *posteris* eine Aushilfe: nicht der Nachwelt soll etwas gezeigt
werden, sondern der Tatbestand ist jetzt, offenkundig, ebenso beweis-
kräftig wie der Untergang der andern Tyrannen. Daß die Bürgerschaft,
durch Waffen unterdrückt, ihn ertrug und jetzt sogar nach seinem Tode
ihm gehorcht, verstärkt nur den Beweis, daß die Tyrannen dem Haß
erliegen, der – wie es heißt – *aliquando aut iudiciis tacitis aut occultis de ho-*
nore suffragiis hervorbricht, und wenn auch nur bei wenigen entschei-
denden Leuten.

Das Ganze als Interpolation zu fassen und in der Übersetzung wegzu-
lassen, wie es eine Handschrift tut, empfiehlt sich weniger, als eine sar-
kastische Bemerkung Ciceros anzunehmen, die ganz zu der Tendenz des
Einschubs im Laelius paßt und die Beweiskraft der Gefährlichkeit des
Hasses trotz erzwungener Gefolgschaft der Bürgerschaft und blinder
Anhänglichkeit der Masse noch erhöht. Da das Ganze eingepreßt ist in
ein «nicht nur» – «sondern auch»-Gefüge, mußte sich Cicero so knapp
ausdrücken.

Vgl. den Sarkasmus 2,84: *nunc victor. apparet* ist wohl besser in *ac*
paret aufzulösen. (So C. F. W. MÜLLER, der Seite 19 zu Z. 5 Beispiele für
das Zeugma der Kasus bringt.)

2,30 *eaque utrisque est propemodum comparanda*

propemodum in der Bedeutung «fast in der gleichen Weise» ist hart. Die
Konjektur *aeque* aus *eaque* (BAITER) schafft einen schlechten Anschluß.
VAHLEN 2,350 hat sich BAITER angeschlossen und führt weitere Hei-
lungsversuche an. Am ehesten leuchtet die Annahme eines Ausfalles
ein: *eaque* ⟨*aeque*⟩ (BUECHNER).

2,33 *Iustis autem [et fidis] hominibus, id est bonis viris, ita fides habetur ...*

Es wird von der Gerechtigkeit in Verbindung mit Klugheit gehandelt. Da erst erklärt werden soll, warum man zu Gerechten Vertrauen hat, darf wohl die Eigenschaft des Vertrauens nicht schon im Hauptbegriff genannt werden, abgesehen von dem unschönen *fidis ... fides debetur.* Auch der Zusatz *id est bonis viris* wäre wohl nach *fidis* überflüssig. Sieht aus wie christliche Interpolation. (Doch s. hier auch die Argumentation C. F. W. Müllers gegen Annahme einer Interpolation.)

2,37 ⟨*et*⟩ ist ausgefallen

Es darf nicht fehlen, weil sonst der Hauptsatz mit *totos* beginnen würde.

2,45 *Pompeius alae alteri praefecisset*

Die kommentarlos mitgeschleppte Athetese des *alteri* durch Graevius scheint mir nicht haltbar. Welcher Leser sollte an einfachem *alae* Anstoß genommen haben, zumal bei der so anderen Gliederung des Heeres der Kaiserzeit? Offenbar rechnet unsere Stelle mit dem bereits technisch gewordenen Sprachgebrauch der Übergangszeit nach dem Bundesgenossenkrieg, nachdem der Name *ala* auf die Reiterregimenter, die ihre Stellung an den Flügeln der Schlachtlinie hatten, übergegangen war. Diese Reiterregimenter aus den Bundesgenossen wurden von einem *praefectus* aus dem Ritterstande geführt. Eine Stelle im Bell. Afr. (78,7) stützt mit ihrem wie selbstverständlich gebrauchten *alteram* das *alteri* in der Bedeutung: «eines der beiden Reiterregimenter». Die Nachstellung des Pronomens bedeutet, daß an dieser Stelle nicht ein bestimmtes von den beiden hervorgehoben wurde. Da der Vater die Tatsache als besondere Ehre vorträgt, braucht man an der überraschend hohen Charge in so jungem Alter keinen Anstoß zu nehmen, zumal wenn man bedenkt, daß es sich um ein vorübergehendes Kommando handelt und ein Horaz bei Philippi Legionstribun war (vgl. RE 4. Hbb. 1896, Sp. 2620 v. Domaszewski; R. Hanslik, Tullius RE, 2. R. 14. Hbb. 1281–1286, und M. Testard, Le fils de Cicéron destinataire du De officiis, Bull. de l'Ass. G. Budé, 1962, S. 199, beide unentbehrlich für die Würdigung von Ciceros Sohn, äußern sich zu dieser Frage nicht).

2,50 [*in Albucio*]

Von Atzert (Gigon folgt nicht) wegen der Konzinnität für erklärende Sachinterpolation gehalten. Nicht nur, daß der kunstvolle Chiasmus – *ut nos pro Siculis, pro Sardis Iulius* – zerstört wird: da das Wort *patrocinium*

durch das zweimalige *pro* betont aufgenommen wird, ist der Begriff der
Anklage allein wichtig geworden, der Angeschuldigte tritt zurück.
Wenn man einwendet, daß der Name Verres zu bekannt war, als daß er
hätte genannt werden können, weswegen es zu einer Inkonzinnität gekommen sei, so wäre zum mindesten ein *in Albucium* zu erwarten. Die
Korruptelkette: *pro in Albucio* P, *pro malbutio* BV, *pro m. albucio* cp
scheint darauf hinzudeuten, daß es sich um eine eingedrungene Glosse
handelt, die an unmöglicher Stelle in P eingedrungen, in den andern
Handschriften, die genannt sind, zu weiteren Korruptelen geführt hat.

In Albucio ist sicher nicht unmöglich im Sinne «bei Albucius», nur
hier kaum nachzuvollziehen.

2,53 *melius etiam, quod largitionem corruptelam dixit esse*
quod B¹ P¹ L (ante ras.) *quam* B² V P² L^ras. cp

Es ist schwer zu sagen, ob die unklare Überlieferung ein Hinweis darauf
ist, daß hier keine Konjunktion gestanden hat. *Quam* scheint eine Korrektur des *quod* mit Rücksicht auf den Komparativ zu sein. Ohne *quod* ist der
Satz straffer konstruiert, mit *quod* mimetischer und lebhafter. So scheint
kein Grund die Annahme einer Interpolation genügend zu rechtfertigen.

2,56 *ad breve ⟨quaeratur⟩ exiguumque tempus*

Das von GOLDBACHER vorgeschlagene *quaeratur* für das vermißte Verb
scheint mir besser als der Vorschlag von POHLENZ *(excitatur)* oder der
von GIGON *(exigatur)*. Es handelt sich nicht um Aufpeitschen der Freude
oder Eintreiben einer Forderung, sondern darum, daß eine kurze Freude
gesucht wird, und zwar von den Leichtsinnigsten. *quaeratur* erlaubt einmal das Objekt, das andere Mal das Subjekt zu betonen, in denen beiden
die Vergänglichkeit beschlossen liegt.

2,71 *utentior sane sit*

Statt des singulären *utentior* hat LAMBINUS *opulentior* geschrieben. GIGON
folgt ihm wieder wie viele der früheren Herausgeber. ATZERT versucht
mit Zögern die einhellige Überlieferung zu verteidigen.

Dabei scheinen die – bei ATZERT ist es mir nicht klar, s. aber etwa
HEINE z. St. –, die *utentior* halten, ebenso wie die, welche in *opulentior*
verbessern, den Komparativ auf den Besitzer zu beziehen.

Das scheint der Gedankengang auszuschließen. Cicero spricht anläß-
lich der Frage, ob man einen Reichen oder Armen unterstützen soll,
allgemein von der Korruptheit der Sitten: man staunt den Reichtum an,
das heißt seine Größe. Die Torheit dieses Staunens wird trotz schritt-

weisem Zurückweichen der Argumentation am Schluß ganz deutlich: die Größe des Reichtums erstreckt sich nicht auf einen jeden von uns. (S. Boethius über den Reichtum.) Vielleicht fördert er den, der ihn besitzt. Auch das nicht immer. Gesetzt, er fördere den Besitzer: *utentior sane sit, honestior vero quomodo?* Er mag *utentior* sein, aber wieso glanzvoller? Der Reichtum ist gemeint, wie *honestior* zeigt. Ist es doch die *honestas,* die Bewunderung erweckt; denn davon, daß man einen Reichen bewundere, weil er *honestior* sei, war nie die Rede.

Was steckt in dem, was der Größe des Reichtums zugestanden wird, wenn sie keine staunenerregende *honestas* an sich besitzt? *utentior* (vgl. das kühne *parentior* 1,76) scheint mir zu besagen, daß die Größe des Reichtums größere Möglichkeiten des Gebrauchs verspricht. Der Reichtum ist personifiziert gedacht, und im absoluten sowie Passiv und Aktiv nicht unterscheidenden Gebrauch das größere Wirkvermögen in diesem Ausdruck zusammengefaßt. Vgl. zum absoluten Gebrauch (seine Bedürfnisse bestreiten, sich «bewegen», Aufwand machen): de am. 22 *ceterae res, quae expetuntur, opportunae sunt singulae fere singulis, divitiae ut utare, opes ut colare* usw.; Ter., Ad. V9, 23 *tu tuum officium facies atque huic aliquid paulum prae manu dederis, unde utatur.*

Reichtum kann, je größer er ist, um so mehr betreiben, Aufwand machen, er ist nützlicher, aber nicht bewunderungswürdiger.

Opulentior ist ebenso auf den Reichtum bezogen eine Banalität wie auf den Besitzer. Erst mit dem Verb *uti* kommt der geforderte Bezug zu den Dingen, den größeren Möglichkeiten, klar zum Ausdruck.

Man wird in der Tat Bedenken tragen, diesen seltenen, aber erklärbaren Ausdruck, der womöglich in dieser Zeit in der familiären Sprache gängig war, auszumerzen.

2,74 ⟨ita⟩ malo enim quam nostrae ominari

Das bloße *malo* ist mißverständlich, wie die Konjekturen (s. ATZERT) zeigen, weil die Beziehung nicht ausgedrückt ist. Bei einer die Formulierung erklärenden Parenthese dieses Typs darf sie nicht fehlen. *ita* stellt sie her und hat nach einem vorausgehenden *it* und einem folgenden *M* alle paläographische Wahrscheinlichkeit: *ita* ist für Dittographie gehalten worden oder mechanisch ausgefallen.

2,87 [Sed toto hoc de genere ... disputatum est]

ATZERT hält diesen Satz jetzt wie GIGON an dieser Stelle für ursprünglich und echt; GIGON ohne ATZERT mit Annahme einer Interpolation der Worte [de utenda].

Hier deutet die Überlieferung einmal auf die Möglichkeit eines späteren Zusatzes hin, da der ganze Passus vor dem letzten Satz des zweiten Buches überliefert ist, wo er darum fehl am Platze ist, weil das Thema sich inzwischen auf den Vergleich der verschiedenen Arten des Nützlichen ausgeweitet hat. UNGER hat den Passus hierher versetzt.

Ich kann freilich nicht finden, daß es schön und möglich ist, anzufügen, es werde passender *(commodius)* von den Geldleuten am Ianusbogen über diesen ganzen Fragenkomplex *(toto hoc de genere)* diskutiert, wenn man soeben gesagt hat, daß diese Dinge *(has res)* Xenophon sehr treffend *(commodissime)* in seinem Oikonomikos ausgeführt habe. Auch das abbrechende *sed* wird durch den ersten Satz funktionslos, da zusammenfassend über sie ja schon mit ihm gesprochen ist. *de utenda* als Glosse zu dem doch verschiedenen *collocanda* aufzufassen und *etiam* mit *commodius* zu verbinden, findet im Text keine Stütze. Vielmehr scheint in *etiam de utenda* gerade der Witz zu liegen, der durch das in c und auch in p (?) überlieferte *vellem* noch gesteigert würde: über Erwerb und Anlage sprechen sie, wenn doch auch über die Verwendung! Daß hier eine dreigliedrige Reihe vorliegt, darauf weist das vorhergehende sonst unbegründete Asyndeton und die für das umfassende *toto genere* zu wenig gewichtige Explikation in diesem Falle.

Aber nicht nur die falsche Stellung, das unbegründet abbrechende *sed* bei Versetzung, der Komparativ nach dem Superlativ überraschen, sondern auch der Inhalt. Die Bankiers disputieren über diese Dinge ebensowenig, wie in dem zweiten Buche darüber disputiert worden ist. Das zweimalige *disputare* in unpassender Verwendung ist auffallend. Schließlich, was soll das Ganze? Ein Hinweis an den Sohn, daß er sich lieber an die raffinierten Praktiker halten soll? In Form eines Kalauers («sie disputieren besser»)? Der Passus will in Inhalt und Ton nicht zum ganzen Werk passen und der Sorge des Vaters um den Sohn nicht entsprechen.

So scheint mir alles für die Annahme zu sprechen, daß hier die Glosse eines sich mokierenden Lesers oder Kommentators in den Text gedrungen ist. Es erhöht die Schwierigkeiten, wenn man sie von ihrer überlieferten Stelle versetzt. Dort kann sie aber weder von Cicero stammen noch geplant sein.

3, 2 *et coetu* Zp[1] *et e coetu* c *et* [e] *cetu* p[corr.] *et* [a] *coetu* Q[rec.] ς
Beispiele für abl. sep. ohne Präposition bei BAEHRENS, Beitr. z. Syntax, Philol. suppl. 12, 1912, 235 ff., sp. 358.
  Zu vgl. Ambros. 3, 6.

3,19 *Immo vero, honestas utilitatem secuta est;*

Diese einhellige Überlieferung ändert ATZERT in *honestatem utilitas secuta est*, GIGON folgt der Korrektur von POHLENZ: *immo vero vicit; honestatem utilitas secuta est.*

Dagegen ist zu sagen, daß Cicero von sich aus nicht formulieren würde, daß die *honestas* siegt oder besiegt, doch wohl in jedem Falle den Nutzen? Beides, recht verstandene Notwendigkeit und sittliches Tun sind ja identisch, von einem Sieg des einen über den anderen kann nicht die Rede sein (faßt man *vicit* absolut und versteht: «in der unwürdigen Tyrannei», so ist das Subjekt zunächst unklar und setzt etwas voraus, was nicht entwickelt war). *Vicit* ist vielmehr in einem fingierten Einwurf eines Utilitaristen betont gesagt. Diesem betonten *vicit* entspricht das überlieferte *secuta est* als Korrektur und Nuancierung so gut, daß man das Gefüge nicht wie POHLENZ durch einen Einschub zerstören darf.

Aber die *honestas* darf nicht das ἐπιγέννημα sein, sondern die *utilitas*, es muß also die *utilitas* Subjekt des *secuta est* sein! Man muß die Gegenfrage stellen, ob *secuta est* im Sinne des ἐπιγέννημα aufgefaßt werden muß. Cicero interpretiert hier römische Geschichte, er kennt das Verhältnis des *sequi*, der *societas*, des *socius*, er wendet römische Bilder an, spricht nicht philosophisch. Schließlich stehen weder die *honestas* noch die *utilitas* im gegenseitigen Verhältnis des ἐπιγέννημα. Vielleicht könnte 3,40 im Bereich derselben historischen Ereignisse etwas beitragen. Brutus hat Collatinus, seinen Vertrauten und Helfer, des Amtes entsetzt. Das kann ungerecht scheinen. Da aber die Erinnerung an Tarquinius und seine Familie getilgt werden sollte, war, was nützlich war, nämlich für das Vaterland Sorge zu treffen, in der Weise ehrenhaft, *honestum*, daß sich Collatinus selbst damit hätte einverstanden erklären müssen, also seine Absetzung nicht ungerecht war. Der Nutzen hatte hier entscheidende Bedeutung wegen seiner *honestas*, seiner sittlichen Unanfechtbarkeit, ohne die er auch nicht Nutzen hätte sein können.

Zunächst also eine Notwendigkeit, ein Nutzen. Er ist sittlich durch die Sorge für die Heimat, so daß er die Tat, die ungerecht scheinen könnte, überwog. Es folgte also dem Nutzen, könnte man formulieren, die *honestas*, wie an der ersten Stelle, gegründet auf Beifall und Anerkennung der *res publica* (*valuit;* vorher: *qui ... illud pulcherrimum putat*), ohne die vorher, bevor dies zutage trat, die *utilitas* auch nicht wirklicher Nutzen hätte sein können.

Auch an der ersten Stelle denkt Cicero konkret historisch.

Das schlimmste Verbrechen ist es, einen Freund zu töten. Begeht also etwa der ein Verbrechen, der einen Tyrannen, mag er noch so gut mit ihm befreundet sein, tötet? Das römische Volk hält das für die herrlichste Tat. Also Machiavellismus: Staatsnutzen geht vor Sittlichkeit? Im Gegenteil: dem wahren Nutzen, der ohne die Sittlichkeit gar kein wahrer hätte sein können und darum hier *honestissima* ist, weil die Existenz der ganzen *res publica* im Spiele war, folgte begleitend auf dem Fuß der strahlende Glanz echter Sittlichkeit in dem einhelligen Urteil des römischen Volkes.

Man versteht die Überlieferung, wenn man bedenkt, daß für Cicero die Wörter *utilitas* und *honestas* nicht nur philosophische Begriffe sind, sondern ein eigenes römisches Leben haben (vgl. auch C. F. W. Müller).

3,24 *detrahere autem de altero sui commodi causa magis est contra naturam quam mors, quam dolor, quam cetera generis eiusdem.*

Bei diesem schon von Gruter getilgten Satz sind sich in seiner Verdammung die Herausgeber so einig, daß es nur notwendig scheint, nach dem Charakter des Einschubs zu fragen und ihn nach den Kriterien für spätere Randbemerkung Ciceros zu prüfen.

Die Entscheidung wird schwieriger dadurch, daß zwar die These selbstverständlich nicht als Argument verwendet werden darf, sie aber in § 21 nicht nur als These zum ersten Male formuliert wird, sondern mit ähnlichen Worten in § 28 wiederholt wird. Wiederholung und Einprägung ist überhaupt das Kennzeichen des Stückes von 19 Mitte bis 28, das die «Formel» für das Verhältnis von Wert und Nutzen aufstellt.

In der Reihe der Beweise nun, in der zuerst das «Menschenrecht», dann das Recht, schließlich die *ratio naturae ipsa* bedacht wird, um zum Dienst an der Gemeinschaft, einem Syllogismus und der Gemeinsamkeit und Unteilbarkeit des Nutzens weiterzuschreiten, erscheint immer wieder der Vergleich, daß Verletzung des Nächsten schlimmer ist als den Tod zu erleiden. Es kann dabei kein Zweifel sein, daß 23 Mitte (von *atque hoc multo magis*) bis 24 und 25 zwei in sich geschlossene Beweise darstellen (wenn Gigon vor 24 einen Abschnitt ansetzt, trennt er die Begründung von der Behauptung). Der Beweis läuft aber so, daß das Wesen der Dinge in Hinsicht auf die Menschennatur für die These angeführt wird. Es widerspricht der «Natur», Fremdes sich anzueignen und dem Nächsten zu schaden. Denn *excelsitas animi* und *magnitudo animi* ebenso wie *comitas, iustitia, liberalitas* entsprechen der Geistnatur des

Menschen mehr als *voluptas, vita, divitiae*. Alles das zu verachten und im Vergleich zur Gemeinsamkeit des Nutzens für nichts zu achten, ist Sache eines großen und erhabenen Geistes.

Hier nun ist zwar in *magnitudo animi* und in *vita* der Gedanke des Todes angeschlagen, aber zunächst bezogen auf das Wesen eines erhabenen Geistes, also positiv, während das Problem und die Formel negativ gehalten waren: einem andern zu schaden ist schlimmer als der Tod. So scheint es mir dem Stil des Abschnittes entsprechend, wenn die Begründung für naturgemäßes Handeln polar auch das Negative einbezieht. Natürlich darf vor *detrahere*, das dem *contemnere* entspricht, nur ein Komma gesetzt werden.

Der Abschnitt, der verdächtigt wurde, ist, sieht man von der ähnlichen Formulierung ab, die hier Stilprinzip ist, in sich völlig einwandfrei, er stellt mit «*autem*» «auf der anderen Seite» die andere Haltung polar entgegen und schließt so wirksam einhämmernd den dritten Beweis ab, unterbricht also nichts; denn der vierte Beweis bringt mit dem Gedanken des Dienstes einen neuen Aspekt. Von den Kriterien für einen späteren Einschub findet sich also nichts. Wer aber sollte, wie GRUTER annahm, diesen Satz interpoliert haben?

Das ganze Stück erinnert an die eindringliche Wucht, mit der Lukrez oft mit denselben Schlüssen seine Beweise gegen die Unsterblichkeit der Seele aufmarschieren läßt.

3, 28 *quae vacent iustitia. Haec enim una virtus omnium est domina et regina virtutum.*

Bei dieser überaus schwierigen Stelle wird man davon ausgehen müssen, daß die Wendung *iustitia vacare* dreimal im ersten Buche vorkommt (1, 62 und 64).

Die Reihe *vel externa vel corporis vel etiam ipsius animi* ist ohne Anstoß, es ist eine Klimax, die sich bis zu den Leiden des Gemütes erhebt, in 26 zusammengefaßt in *ullum aut corporis aut fortunae vitium*, wo *fortunae vitium* zusammenfaßt *mortem* (i. e. *corporis vitium maximum*), *paupertatem (externa)*, *dolorem* (z. B. über Verlust der Kinder und Verwandten, wie vorher gesagt ist, also *incommoda animi*).

So fragt sich, ob ein *quae vacent iustitia* zu verstehen ist. Hier haben die meisten rebelliert und vor HEINE *iniustitia* geschrieben, wodurch der folgende Satz unmöglich wird (denn man kann nicht sagen *haec enim una virtus*, als ob von der Gerechtigkeit die Rede ist). Offenbar konnte man den Nebensatz nur in dem Sinne auf die *incommoda* beziehen, daß man sie lieber, als einen Mitmenschen zu schädigen, auf sich nehmen dürfe,

wenn sie nur frei von Ungerechtigkeit wären. Der Gedanke aber, daß *incommoda* mit Ungerechtigkeit verknüpft sind, liegt fern. Und so hat man eine Lücke angenommen und Positives zum Teil mit wagehalsiger Kühnheit eingeschoben.

Man wird den Satz *quae vacent* gewiß auf die *incommoda* beziehen. Die Frage muß lauten, ob *quae vacent iustitia* einen Sinn gibt. Mir scheint, man braucht nicht an eine Aktivität zu denken, sondern kann die Einschränkung, die in dem Nebensatze liegt, allgemein fassen: es ist mehr gegen die Natur, jemanden zu schädigen, als alle Nachteile, die man sich denken kann, zu erleiden, natürlich nur, sofern die Gerechtigkeit nicht dabei eine Rolle spielt, soweit sie die Gerechtigkeit nicht angehen. Es gibt keine Lage, die frei ist von Gerechtigkeit – soweit man handelt –, so hieß es mit fast den gleichen Worten im ersten Buche. Der Gedanke hier leitet zum Folgenden über, wo entwickelt wird, daß man solche *incommoda* nicht erleiden darf, wo Gerechtigkeit im Spiele ist, etwa der höhere Nutzen für die Gemeinschaft. So scheint es nicht Bequemlichkeit und Vertrauensseligkeit gegenüber der Überlieferung, wenn man nach überkühnen Versuchen zur einhelligen Überlieferung zurückzukehren für rätlicher hält.

3,29

Hier hat ATZERT in den Auflagen geschwankt, ehe er bei dem Satze «*Minime vero: non enim mihi est vita mea utilior quam animi talis affectio, neminem ut violem commodi mei gratia*» aus der Interpolation der Früheren eine seiner durch Doppelklammern gekennzeichneten Randbemerkungen Ciceros machte, wobei sich GIGON anschließt.

Randbemerkung? Vorn und hinten ist der Anschluß gut, und die Antwort paßt nur hier, weswegen diejenigen, die den Satz an einer andern Stelle einpassen wollten, ATZERTS Beifall nicht gefunden haben. Aber ohne Zweifel antwortet doch § 30 auf beide Fragen, so daß der Satz überflüssig ist?

Hier scheint eine Absicht Ciceros nicht genügend beachtet. Cicero stellt die Frage, ob man jemand in eigner Not schädigen dürfe, zunächst für den «Unnützen» und beantwortet sie sogleich. Darauf steigert er, indem er sich die noch offenkundigere Frage stellen läßt, ob man Phalaris berauben dürfe, wenn man selbst tödlichen Mangel litte. Auch diese beantwortet er zur noch größeren Verwunderung mit dem Bemerken, daß, auch wenn man einen zu nichts Nützlichen beraubt, man gegen die Natur handelt. Wenn hier etwas stört, so Phalaris, da er unter die zu nichts Nützlichen gefaßt wird. Der aber kann nicht eingeschoben

sein: er wird nämlich noch gebraucht. Denn der Gedanke wendet sich
positiv: wenn einer selber in der Lage ist, der Gemeinschaft des Staates
oder der Menschen einen großen Nutzen leisten zu können, werde es
nach der Natur sein, daß, falls durch seinen Tod für die Allgemeinheit
unersetzlicher Schaden entsteht, die lebensnotwendigen Dinge von
dem Unnützen auf den Weisen übergehen. Nur darf man sich hier im
Urteil nicht täuschen, damit man nicht aus Selbstgefälligkeit Unrecht
tut. So wird man seine Pflicht erfüllen, wenn man immer an die Gemeinschaft denkt. Denn was den Phalaris anbelangt, ist das Urteil –
nämlich darüber, wessen Leben mehr für die Gemeinschaft wert ist –
leicht: hat doch der Tyrann überhaupt keine Gemeinschaft mit den
Menschen.

Die Steigerung am Anfang vom *inutilis* zum Phalaris ist also nötig, um
Phalaris am Schluß bei der Frage, wie es mit dem Nutzen für die *res
publica* steht, so wegwerfend behandeln zu können, wie es geschieht.
Die Beantwortung der ersten ist darum nicht nur wegen der verblüffen-
den Steigerung gemäß, wie sich jetzt herausstellt, weil die Antwort –
höher als das Leben steht mir das Gefühl, daß ich niemanden verletze –
so hinsichtlich des Tyrannen nicht gegeben werden konnte: dem Tyrannen gegenüber ist *commodi mei causa* und *rei publicae causa* nicht zu unterscheiden. Und wenn bei der zweiten Antwort auch der Tyrann unter
dem Verbot *(commodi mei causa)* mit einbegriffen scheint, so wird doch
bei der Wendung zu der Frage des Gemeinnutzes hin zunächst einfach
vom *inutilis* gesprochen. Es kommt auf jeden Fall auf die Gesinnung an,
die nichts Selbstisches will, den Tyrannen aber darf man aus dieser Haltung, nicht aus Egoismus, um alles schädigen.

Wenn dieser eigentümliche und schwierige Gedankengang geheilt
werden soll – es wäre aber eine Verbesserung an Cicero –, müßte man
die erste Erwähnung des Tyrannen streichen, was evidenterweise nicht
möglich ist.

3,32 *humanitate corporis*

Dies ist die einhellige Überlieferung (außer Ga bei HOLDEN, App. d.
Ausgabe 1891). Seit MURETUS liest man dafür *humanitatis corpore*. Obwohl ATZERT sich für die Überlieferung einsetzt, folgt GIGON wieder
der Konjektur. *Humanitas* = Menschheit ist aber nicht ciceronisch.
Sollte ferner die Wendung noch einmal dasselbe besagen wie das vorhergehende *ex hominum communitate exterminandum est?* Und was soll dann
das *tamquam*, das bei einem schwierigen Vergleich oder etwas Unge-
wöhnlichem gebraucht wird?

Die Ausmerzung des Tyrannen wird mit einer Operation des menschlichen Körpers verglichen, dem ein absterbendes Glied abgenommen wird. Damit ist die *communitas hominum* einem Körper gleichgesetzt. An diesem Körper kann die Amputation Sinnbild für einen politisch-moralischen Vorgang werden: wie dort das faule Glied, so müssen *feritas* in Menschengestalt und Vertiertheit einer Bestie aus der allen gemeinsamen Menschlichkeit des Körpers ausgeschieden werden: *a communi tamquam humanitate corporis:* es handelt sich sozusagen um eine allgemeine hohe Wesenseigenschaft der Menschengestalt, die von allem Tierischen reingehalten werden muß. Dies ist der Grund, weswegen ein Tyrann kein Menschenwesen ist und darum, was gezeigt werden sollte, aus der Gemeinschaft der Menschen auszumerzen ist.

Daß das Bild von der *humanitas corporis* im Gegensatz zum Körper, zumal nach dem Bild des Ausmerzens, zu dem das der Operation in Konkurrenz tritt, nicht sehr glücklich ist, wird man zugeben. Aber allein *humanitate corporis* bedeutet den gewünschten Gedankenfortschritt. Zudem bekenne ich, nicht zu verstehen, was ein *commune corpus humanitatis* ist. Eine Vertauschung des *casus* in der Überlieferung 3,109: die vorgeschlagene Änderung wäre also an und für sich vorstellbar. ATZERT scheint in der Übersetzung (Limburg 1951) von dem Richtigen wieder abgekommen zu sein (aus dem Gesamtkörper der menschlichen Gesellschaft ausgemerzt werden).

3,39 *quamquam potest id quidem*

Eine wahrhaft harte Stelle. ATZERT hält [*potest*] für eine Interpolation. MANUTIUS hat *quamquam* in *nequaquam* geändert. GIGON hält den Text, freilich geht aus seiner Ausgabe nicht hervor, wie er ihn versteht.

Die Frage ist, ob man sich vorstellen kann, daß Cicero hier von seiner sonst vertretenen Ansicht abgehen kann, daß den Göttern alles bekannt ist.

Zu bedenken ist, daß Cicero hier keine Aussage über das Wesen der Götter macht. *diis hominibusque ignotum* verstärkt den Begriff des *celare*, der das Textstück beherrscht. Faßt man wie ATZERT *quamquam id quidem* im Sinne *quamquam id negant* auf, so versteht man nicht die Betonung des *id quidem*, käme der Anschluß mit *sed* unverständlich hart, würde die Banalität, daß sie es leugnen, doppelt ausgedrückt *(quod negant posse)*. Cicero hält es für möglich, daß eine Tat völlig verborgen bleiben kann, drückt es volkstümlich aus und spricht mit dem *quamquam* corr. diese Überzeugung aus, die das Weltwesen nicht zu leicht und optimistisch nimmt. *id quidem* wird dabei betont, und *potest* ist nötig (MADVIG hat S. 726 eine interessante Anmerkung, daß *quamquam* bei Cicero nicht ohne

Verb steht). Die Korrektur wird nicht weiter verfolgt, sondern mit *sed* abgebrochen. Was ATZERT für ein Mißverständnis eines Interpolators hielt, ist Ciceros Ansicht.

3,44 *cum vero iurato sententia dicendast*
dicenda sit ω

Nach C.F.W.MÜLLER ist der Konjunktiv in einem Vordersatze mit *cum* nicht erklärbar (weswegen er in *erit* ändert). Da aber nach LEU-MANN-HOFMANN der Konjunktiv in iterativen *cum*-Sätzen in Ciceros freier stilisierten Schriften, allerdings nur im Impf. und Plusquampf. vorkommt (L.-H.S. 750f.), wäre zu fragen, ob nicht auch, um die Seltenheit des Falles zu nuancieren, ein potentialer Konjunktiv in den Nebensatz eingedrungen sein könnte, wie es in andern Fällen mit dem Konj. Perf. in Präsenzbedeutung der Fall sein kann (L.-H.S. 571). Vorsichtshalber wurde beim ATZERTschen Text geblieben.

3,45 *Damonem et Phintiam ... hoc animo inter se fuisse, ut vas factus est*

Alle Handschriften und Nonius überliefern *est*, das sich grammatisch nicht konstruieren läßt. Das Übel durch Einklammern des [*ut*] zu heilen (Go² p'. 70) empfiehlt sich nicht, weil *hoc animo* offenbar auf eine groß-angelegte Periode hinsteuert, nicht auf die Einleitung einer Erzählung. Ebensowenig empfehlenswert ist aber eine Änderung des *est* in das grammatisch richtige *sit*. Wer hätte auf den Gedanken kommen sollen, hier das evident Richtige zu ändern? Da aber der hinter das alleinstehende *ut* eingeschobene Temporalsatz in seiner mit *et* angeschlossenen zweiten Hälfte immer mehr Einzelzüge bringt, die Ciceros ganze Teilnahme beanspruchen, scheint es mir sachentsprechender zu sein, den Herausgebern zu folgen, die hier ein Anakoluth annehmen (vgl. E. J. G. SCHUPPE, De anacoluthis Ciceronianis maxime in libris de officiis scriptis et Tusculanis disputationibus, Diss. Berlin 1860, S. 98).

3,53 [*inquiet ille*]

inquiet ille cϛ om. p.: partielle Interpolation, die wegen des folgenden *inquiet ille* an sich nicht erträglich ist, zumal mit *ille* der ins fiktive Gespräch gezogene Diogenes bezeichnet wird, den Einwurf aber Cicero selbst von seinen Standpunkten aus macht.

3,54 ⟨*sint*⟩

Nach *ignoretur* muß das *sint* ein zweites Mal gesetzt werden. SABATIER hat es betont vor *male*, andere haben es nach *materiatae* gesetzt.

3,59 «nullae, quod sciam», ille [inquit], «sed ...
ille inquit Z *ille* om. b *inquit ille* c*ς* *nullae inquit quod sciam ille* p

Die Unsicherheit der Überlieferung des einen Zweiges läßt an Interpolation denken. Ohne *inquit* ist der Gedanke schlagkräftiger formuliert.

3,61 *ut tutela*

Neben dem Nominativ *circumscriptio* erwartet man den Nominativ. Das *in* scheint ebenso ungewöhnlich wie eine *tutela vindicata*. Aber man braucht wohl nicht so weit zu gehen, *tutela* als «Mißbrauch der Vormundschaft» aufzufassen: *vindicare* hat ja die weitere Bedeutung «gerichtlich in Anspruch nehmen», die einmal mehr zum Strafen, das anderemal mehr zum Schutze neigt. Darum weist C.F.W.MÜLLER mit Recht die Änderungen *ut tutelae*, *in tutela* oder *ut in tutela* ab und hält die Überlieferung *ut tutela* (zur Sache vgl. M.KASER, Privatrecht, München 1955, S.239).

3,64

Die Konjektur des Lambinus – *certe* statt *recte* – überzeugt auch heute.

3,65 *poena penam* c *poena* Z om. p *duplicem poenam* ς

Erklärende Interpolation, wie die grammatische Unmöglichkeit und das Schwanken der Überlieferung zeigt, denkbar.

3,66 [*vendidit*]

Erklärende Interpolation zu *proscripsit*, weil sie den einlinigen Fortschritt der Handlung hemmt und zu *emit* nichts Neues hinzubringt.

3,68 [*domum propter vitia vendas*]

Eine allgemein anerkannte interpretierende Interpolation. Sie macht sich nicht nur durch die Überflüssigkeit des Inhalts kenntlich, sondern nimmt eine spätere Zeitstufe voraus (anders 3,66) und unterbricht den Zusammenhang, der grammatisch zwischen *plaga* und *in eam* besteht. Es scheint, daß der Interpolator die technischen Ausdrücke nicht verstanden hat. Bezeichnend für ihn ist aber, daß er eine Formulierung seiner Interpretation wählt, die in die sprachliche Formung des Zusammenhanges passen würde. Doch ist von daher kein Zweifel an der Annahme der Interpretation abzuleiten. Zudem ist auch das entstehende dreigliedrige Gefüge stilistisch besser.

3,74 *o turpe temporum!*

O turpe notam temporum nomen illorum Z (in B *nomen* später ausradiert), *o turpem notam nomen illorum temporum* ς *o turpe nomen illorum temporum* cp

Der Ausdruck war kühn genug, daß sich immer mehr erklärende Glossen daranhingen. Geht der Ausruf, wie HEINE will, auf die Tatsache, daß Satrius Patron des *ager Picenus* und *Sabinus* ist, kann weder *nomen* noch *notam* oder *illorum* richtig sein. ATZERT vergleicht 3,87 *turpe imperio*.

Man wird sich die schrittweise Interpolation so vorstellen, daß zu *turpe* erklärend *notam* trat, das Neutrum *turpe* sein Substantiv bekam und schließlich – falsch – die Zeit näher bestimmt wurde, als man die Schande nicht mehr verstand.

3,89 *minime, non plus quam [si] navigantem*

Da nicht ein Urteil über einen angenommenen Fall verglichen wird, sondern zwei mögliche Handlungen direkt, erweist sich *si* als falsch und, da einhellig überliefert, als Interpolation. ATZERT nennt als Parallelen für diesen häufigen Typ der Interpolation 1,48; 3,39; 3,75. Die Fälle sind freilich hinsichtlich der Überlieferung und des Inhaltes verschieden gelagert.

3,89 *Quoad enim perventumst eo*

perventumst ATZERT (ihm folgend GIGON) *sit* Z *est* X Non.

Es liegt also derselbe Fall vor wie 3,44. Was die Entscheidung so schwierig macht, ist der Umstand, daß der Konjunktiv von der Funktion der Sätze her nachvollzogen werden kann.

3,102 *Num igitur tantum*

non ω *num* vulg. (offenbar hat sich noch nicht feststellen lassen, wer die Konjektur gemacht hat).

ATZERT glaubt gegen die allgemein akzeptierte Verbesserung die einheitliche Überlieferung *non* halten zu können (GIGON folgt). Die Frage ist sehr schwer zu entscheiden, weil sie letztlich von sehr heiklen Urteilen über seltene Möglichkeiten in beiden Fällen und vom Gang der ganzen Partie abhängig ist.

Gegen das Handeln des Regulus werden vier Gründe angeführt, um seine Torheit anzuprangern, und im folgenden widerlegt: 1. Juppiter, der sowieso nie schadet, hätte nicht soviel schaden können, wie sich Regulus selbst geschadet hat. 2. Der Grund, daß er schändliches

Handeln vermeiden wollte, ist nicht stichhaltig. 3. Manches scheine ehrenvoll, was es nicht sei. 4. Ein besonders entscheidender Nutzen werde, auch wenn es vorher nicht so scheine, im Weiterverlauf ehrenhaft.

Mit dem zweiten Grund haben wir es zu tun. Wenn Regulus vermeiden wollte, Schande auf sich zu laden, läßt sich zweierlei dagegen geltend machen. Einmal dürfte doch wohl die Marter mehr Schlimmes an sich haben als die Schande. Zum andern brauchte man dem treulosen Punier gegenüber sein Wort nicht zu halten.

Die Lage des Verständnisses wird erschwert, weil nach dem ersten Einwand die andern variiert und skizzierend zusammengerafft werden. Doch spürt man unter der ersten Entgegnung auf die zweite Annahme noch das ausführliche Schema des ersten Gedankenganges.

Zuerst – es ist wichtig, sich zunächst diesen ersten Gedankengang klarzumachen – wird gefragt, ob wir etwa Juppiter fürchten – entsprechend an der kritischen Stelle: oder handelt er etwa so, um nichts Schändliches zu tun? Einwand: aber die Götter schaden und zürnen nicht, wie die Philosophen jeder Observanz überzeugt sind. Was hätte aber selbst Juppiter für größeren Schaden zufügen können, als sich Regulus selber zufügte? Hier ist also der Einwand zweifach gegliedert. Aus beiden Einwänden wird die Folgerung im konstatierenden Perfekt gezogen: es gab keine Macht religiöser Bedenken, die einen so großen Nutzen – wie heiles Leben – hätte umstoßen können.

Beim zweiten Beweis nun folgt auf die Anfangsfrage offenbar mit Notwendigkeit auch der Einwand. Nur ist seine zweifache Gliederung so verschiedenartig, daß beide Einwände durch die Einführung *primum – deinde* voneinander abgesetzt werden und sich die Folgerung gesondert entweder von selbst wie beim zweiten oder ausdrücklich ergeben muß. Der erste Einwand lautet: *minima de malis.* Dieser Einwand wird mit Rekapitulation 105 ad absurdum geführt: *nam quod aiunt minima de malis, id est, ut turpiter potius quam calamitose: an est ullum maius malum turpitudine?* Aus der Form der Wiederaufnahme scheint sich zweierlei zu ergeben: die Gegner haben das Sprichwort direkt als Einwand vorgebracht, dann aber haben sie, da Cicero mit *id est* verdeutlichen muß, die Entscheidung bei dieser heiklen Frage nicht eindeutig so zugespitzt, wie sie Cicero gern haben möchte. Das eine ist für die Form des Einwandes wichtig, das andere für die Form der Schlußfolgerung.

Der Einwand kann keine Frage sein (parallel zum Vorigen wäre im Höchstfall eine rhetorische Frage denkbar), sondern muß die Antwort auf die Anfangsfrage enthalten: zuerst ist zu sagen, daß man das kleinste

So schön es wäre, die Überlieferung halten zu können, ist die Überlieferung so hart, und mit der leichten, vielleicht sogar in der Überlieferung noch gerechtfertigten Korrektur in *num* ist soviel Schöneres gewonnen, daß es zum mindesten gerechtfertigt ist, die Stelle in der Form im Text zu belassen, wie sie offenbar Jahrhunderte verstanden haben.

3, 1 1 0 *nam quod aiunt, quod valde utile sit, id fieri honestum, ⟨rectius dicendum est valde utile fieri, quod sit honestum⟩, immo vero esse, non fieri. Est enim nihil utile, quod idem non honestum, nec, quia utile, honestum, sed, quia honestum utile.*

Diese Stelle, an der POHLENZ[2] p. 6 (= Cicero, de off. III, in NGG 1934) den bezeichneten Einschub gemacht hat, worin ihm ATZERT und GIGON gefolgt sind, ist im Zusammenhang mit 3, 19 zu betrachten. Hieß es dort im Falle des Brutus, es handle sich dabei nicht um den Sieg des Nutzens über die Sittlichkeit, sondern einer wahrhaft nützlichen, das heißt aber zugleich sittlichen Tat, sei die Anerkennung als Ausdruck dieser Qualität gefolgt, und zwar, ohne daß das Verhältnis des Nutzens zur Sittlichkeit als ἐπιγέννημα die leitende Idee gewesen wäre, so ist auch hier nicht von stoischen Spitzfindigkeiten, sondern von einer römischen Auffassung der Identität von Nutzen und Sittlichkeit her gedacht. Und die Frage, ob POHLENZ' Einschub zu Recht erfolgte, ist vom Wortlaut und der inneren Form des Textes, nicht von der äußerlich herangetragenen stoischen Terminologie her zu entscheiden.

Das Größte an der Tat des Regulus, heißt es, ist gewesen, daß er von der Rückgabe der Gefangenen abgeraten hat. Er hat nicht nur die richtige Erkenntnis gehabt, sondern hat recht gehandelt. Weil es für das Vaterland schädlich gewesen wäre, die Gefangenen zurückzugeben *(non utile patriae)*, habe er es für seine sittliche Pflicht gehalten, davon abzuraten und zu Tod und Marter ins Feindesland zurückzukehren. Der Nutzen des Vaterlandes konstituiert in diesem Falle – es gibt durchaus andere Fälle: 1, 159 – die Sittlichkeit.

In der folgenden Betrachtung wird zunächst die gegnerische utilitaristische Auffassung in Verbindung mit dem Regulus-Beispiel abgelehnt und diese Ablehnung ihrerseits wieder begründet. Gehen wir von dieser Begründung aus, so betont sie zunächst die Identität von Nutzen und Sittlichkeit – *est enim nihil utile, quod idem non honestum* – und legt dann das logische Verhältnis zwischen ihnen fest: *nec quia utile, honestum, sed, quia honestum, utile.* Das bewegt sich ganz in stoischer Bahn. Diese Thesen vorher schon ausgedrückt zu sehen, würde überraschen. Mit POHLENZ' Einschub entstehen Tautologien.

Der vorhergehende Satz aber lebt ganz von der Antithese *fieri – esse*. Es wäre darum nicht nachzuvollziehen, wenn Cicero die Aussage des «Man»: *nam quod aiunt, quod valde utile sit, id fieri honestum*, erst einmal im der Pointe entgegengesetzten Sinne korrigiert: *rectius dicendum est valde utile fieri, quod sit honestum*, um dann die Pointe als Korrektur anzubringen: *immo vero esse, non fieri*. Das starke *immo vero* muß die eigentliche zunächst frappierende Korrektur einleiten. Dann ist mit HEINE aus dem *aiunt* ein *dicere debent* mitzuhören. Schließlich ist der Einschub *valde utile fieri quod sit honestum* in bezug auf Regulus gar nicht mehr zu verstehen; denn der große Nutzen für den Staat steht ja nicht zur Debatte, daß aber seine sittliche Tat für ihn «sehr nützlich geworden sei», zu dieser Paradoxie versteigt sich Cicero nicht. Der Zusammenhang ist also so zu verstehen, und zwar nur ohne Einschub: für Regulus stand der Nutzen für den Staat fest. Die *species utilitatis* in eigener Sache täuschte ihn nicht. Er handelte nach dem richtig Erkannten, was seinen Tod und Marter einschließt. Wenn hier eine utilitaristische Meinung sagen wollte, was *valde utile* sei – das Leben zu erhalten –, das werde sittlich, so liegt in der Unterscheidung von «werden» und «sein» offenbar die prinzipielle Täuschung. Cicero sagt: nein, sie müßten sagen, das ist sittlich, wird es nicht erst, wie hier nun nicht das Leben des Regulus, an das der Utilitarismus denkt, sondern das Heil des Vaterlandes. Darin aber gründet primär die Sittlichkeit.

3,112 *primo luci*

So gegen die Überlieferung von den Herausgebern geändert, weil Nonius (p. 210, 17) bezeugt, daß Cicero *lux* hier maskulin gebraucht habe. Ist das *primo lucis* des Bernensis c Konjektur oder Rest einer Überlieferung? Denkbar wäre es auch, daß Nonius schon die Korruptel *primo luci* vor sich gehabt hätte. Denn sein Text hatte deren die Fülle. Eine solche Korruptel könnte man sich um so eher erklären, je üblicher nach Ausweis der Komiker die Wendung in der Umgangssprache war. Ich fühle mich bei dem *consensus* aller Herausgeber, dem ich pietätvoll folge, durchaus unsicher; denn schließlich will doch bedacht sein, daß Cicero *lux* niemals männlich gebraucht.

3,113 *Fraus enim distringit, non dissolvit ius iurandum*
distringit Z *astringit* c p.*periurium* ω *periurium* del. ERN. *ius iurandum* BUECHNER

Die Stelle ist sehr schwierig. Zusammenzunehmen ist mit 3,113 der vorhergehende Satz (111): *nullum enim vinculum ad astringendam fidem iure iurando maiores artius esse voluerunt. astringere* bezeichnet eine zusätzliche,

gewaltige Bindung der *fides*, die an sich schon Bindung ist. *distringit* ist
das Gegenteil: auseinanderreißen. Man möchte der selteneren Form,
dazu noch der besseren Überlieferung den Vorzug geben, zumal *astringit* aus 111 leicht eindringen konnte. Hinzu kommt, daß der Gegensatz
zu *distringit* einhellig überliefert ist: *dissolvit*. Da beide Verben eine Aufhebung einer Bindung bezeichnen, liegt der Gegensatz nicht in der Tatsache der Aufhebung, sondern ihrer Form, klärlich nämlich einer ge-
waltsamen und widerstandslos und restlos beseitigenden. Aber inwie-
fern «zerreißt, löst nicht auf» Doppelbödigkeit den Meineid? Das Band
ist doch der Eid, nicht der Meineid: Nimmt man es genau, handelt es
sich auch nicht um einen Meineid, sondern den Versuch, einen Eid un-
gültig zu machen. Der Senat zieht darum auch den Schluß, daß der Eid
gültig ist, und schickt den Schlauen gefesselt zu Hannibal, bestraft ihn
nicht etwa wegen Meineides, indem er ihn der Strafe der Götter über-
läßt. Nach allem scheint es mir am wahrscheinlichsten, daß eine interpretierende Glosse sich an Stelle eines von den Verben geforderten *ius
iurandum* gesetzt hat, da in der generellen Aussage wie üblich das Wort
aus dem vorigen Satz wiederholt wird (Parallele: § 112).

3, 117 *ut si illum audiam*

Statt der Überlieferung schreibt MÜLLER *et si*, GIGON schließt sich an.
Ich möchte glauben, daß ATZERT die Überlieferung mit Recht hält.
So verführerisch ein anreihendes *et* ist, weil der Reihe nach die drei
Tugenden *sapientia-prudentia, fortitudo, temperantia* durchgenommen werden und dargelegt wird, daß sie bei Epikur keine Funktion haben, so
hat man keinen Grund, die Überlieferung zu ändern, wenn man den bewegten Gang des Vortrags bedenkt. Was für Funktionen hat die *sapientia*. Steigernd dann: welche Rolle gar spielt die *fortitudo*, wo der Schmerz
das höchste Übel ist. Man darf nicht auf das Gerede über Tapferkeit gegenüber dem Schmerz sehen, sondern die Konsequenz seiner Rede prüfen. Die Steigerung ist fast nicht mehr zu übertreffen. Cicero gelingt es
in zweierlei Richtung: anknüpfend an den letzten Gedanken heißt es
steigernd: wie kann der überhaupt die *temperantia* loben, der das höchste Gut in der Lust sieht. Die zweite Steigerung, über das *iam* hinausge-
hend, wird von der Person des Sprechenden aus gewonnen: man würde
so etwas gar nicht lesen, aber wenn man es liest, würde man die gleiche
Inkonsequenz feststellen. Diese innere Bewegung, das Tänzerische
kommt besser heraus, wenn man *ut si* liest, als wenn nach dem *iam* etwas
kommt, was auf derselben Stufe angereiht wird, aber gerade darum gar
nicht gelesen werden sollte.

REGISTER DER EIGENNAMEN

Alle Jahreszahlen beziehen sich auf die Zeit vor Christi Geburt

ACADEMICA, die zweite Epoche des Ciceronischen philosophischen Werkes, in dem der Mensch mehr im Mittelpunkt steht als in der ersten (von 55 bis 51), in der ganz aus der *res publica* gedacht wird, beginnt mit Werken, deren bekenntnishafter Charakter offen zutage tritt, der *Consolatio*, dem Trost, in dem er sich als erster, wie er gesagt hat, selber tröstete, und dem *Hortensius*, mit dem er in der Nachfolge des → Aristoteles zur Philosophie aufruft und einen der Hauptinhalte seines Lebens, die Redekunst, aufs Letzte gesehen, relativiert. Die Reihe der eigentlichen Darstellungen – hier in Dialogform – eröffnet aber die erkenntniskritische Grundlage der *Academici libri*, 2, 8. Cicero hat sie in zwei ganz verschiedenen Fassungen herausgegeben. Von der endgültigen sind uns größere und kleinere Bruchstücke erhalten. Ein Spiel des Zufalls hat es gewollt, daß auch von der verworfenen ein Buch auf uns gekommen ist. Es ist der *Lucullus*, nach dem Hauptredner so genannt. Ausg.: *Academicorum reliquiae cum Lucullo*, rec. O. Plasberg, 1922. Die große dramatische Kunst des Lucullus würdigte W. Süß, Hermes 80, 1952, S. 422 ff.

ACCIUS, L., geb. 170 in Pisaurum in Umbrien. Beherrschte in der zweiten Hälfte des 2. Jh. mit seinen Tragödien (wir können mehr als 40 nennen) die römische Bühne. Ciceros Liebe zu den römischen Dichtern – galt er doch selber, wie uns Plutarch berichtet, vor Catulls und Lukrezens Wirken als der größte Dichter seiner Zeit –, vor allem zu → Ennius und den anderen alten Dichtern verdanken wir vor allem die größeren Fragmente, die uns erhalten sind. Siehe E. Malcovati, Cicerone e la poesia, 1943. Man sieht an ihm jene typisch römische Fähigkeit, eine Wahrheit in scheinbar ewig gültiger Prägnanz zu formulieren. Weniger bekannt ist, daß Accius auch die *Praetexta*, die Tragödie mit römischen Stoffen, den humaneren Zeiten entsprechend bedeutsam verwandelt hat: in einer *Praetexta Brutus* hat er seinen Freund und vornehmen Gönner Brutus indirekt verherrlicht und so auf einem verwandten Gebiete eine Lösung vorweggenommen, die

es dem größten Dichter der Römer, Vergil, erlaubte, von dem Mythos aus und in ihm den größten Herrscher der Römer, Augustus, zu
feiern. Fragmente aus dem *Atreus*, einer seiner berühmtesten Tragödien, aus der das *oderint dum metuant* zum geflügelten Wort wurde,
1,97; 3,102 (wahrscheinlich auch 3,84).

ACILIUS, C., gehört zu jenen römischen Historikern, die in der Nachfolge des großen Gründers Fabius Pictor römische Geschichte in griechischer Sprache von den Anfängen, also der Äneassage an, erzählten,
3,115. In seiner Zeit (das letzte Ereignis, das wir als von ihm erzählt
feststellen können, gehört ins Jahr 184, aber es ist wahrscheinlich,
daß der Senator Acilius, der nach Plutarch, *Cato maior* 22, im Jahre
155 als Dolmetscher die Reden der berühmten griechischen Philosophengesandtschaft übersetzt, und der Livius *Periochae* 53 für das Jahr
142 genannte Historiker mit unserem Acilius identisch ist: so zuletzt
A. Rostagni, Storia della Letteratura Latina, Turin 1949, S. 296) hatte
sich diese Form überlebt, da Rom Herr des Ostens war und → Cato
sein lateinisches Geschichtswerk geschaffen hatte. Wie unrömisch
im Stil diese hellenisierte Geschichte gewesen sein mag – wir haben
nur ganz wenige Fragmente –, zeigt die Tatsache, daß in ihr Acilius
die Theorie vorgetragen hat, daß in alter Zeit Sizilien und Italien
noch nicht getrennt waren. Siehe Fr. Klingner, Römische Geisteswelt, [4]1961, S. 66 ff.

ÄGINA, 3,46, die Insel im Saronischen Meerbusen, war in alter Zeit
ernsthafte Rivalin Athens. Für uns ist die Insel mit dem Namen Pindar
und den Ägineten (s. Furtwängler, Ägina, 1906), den hocharchaischen
Giebelfiguren in München, verbunden. Über Ägina als Handelsmit-
telpunkt des 7. Jh. s. W. Kranz, Die Kultur der Griechen, 1943,
S. 120.

AELIUS TUBERO, Q., der Neffe des Scipio Aemilianus, gehört in den
Scipionenkreis. Er war ein strenger und überzeugter Stoiker in Werk
und Leben, 3,63. → Panaitios, Krantor, → Hekaton haben ihm – be-
zeichnenderweise praktisch-ethische – Werke gewidmet. Cicero
schätzt seine Beredsamkeit als zu «struppig» wenig (in seiner Geschichte der römischen Beredsamkeit, dem *Brutus*, 117), dagegen hält
er ihn für einen guten Juristen, der das traditionelle Wissen mit der
stoischen Dialektik verbunden habe und darum auch seinen *maiores*
überlegen gewesen sei (Gellius, 1,22,7). Über das Problem der Ein-
flüsse der griechischen Bildung auf das römische Recht s. J. Stroux,
Römische Rechtswissenschaft und Rhetorik, Potsdam 1949. Vgl. auch
Vom Gemeinwesen, wo A. eine der jüngeren Dialoggestalten ist.

AEMILIUS LEPIDUS, MAMERCUS, nach Mamercus, der Sage nach Sohn des Numa und angeblicher Stammvater der Aemilier, so genannt, ist doch noch Konsul geworden: 77 mit Decimus Iunius Brutus. Außer seinem Reichtum ist nicht viel von ihm zu berichten (Mommsen, Römische Geschichte, 3. Bd., S. 9: «um zu schweigen von ... oder gar wie Decimus Iunius Brutus, Mamercus Aemilius Lepidus Livianus und anderen solchen Nullitäten, an denen der vollklingende aristokratische Name das gute Beste war»), 2, 58.

AEMILIUS PAULUS, L., der 3, 114 genannte Paulus ist der Konsul von 216, dem Jahre der Schlacht von → Cannae. Er fiel in tapferer Gegenwehr, während sein Kollege C. Terentius Varro sich dem Verderben entzog, obwohl er an der Niederlage schuld war. Siehe F. Poulsen, Römische Kulturbilder, Kopenhagen 1949, S. 19.

AEMILIUS PAULUS, L., der Vater des Scipio Aemilianus, der Sieger von Pydna (168), eine der großen Gestalten der römischen Geschichte. In seinem Hause wurde der griechische Historiker → Polybios nach der Überwindung des Perseus von Makedonien aufgenommen und gewann bald einen großen Einfluß auf die Seele des jüngeren Sohnes, des späteren → Scipio Africanus minor, 1, 116. 121. Polybios selber hat uns das denkwürdige Gespräch erzählt, mit dem ihre Freundschaft begann.

AEMILIUS SCAURUS, M. Es werden zwei dieses Namens im Text genannt. Der Vater ist einer der bedeutenden Führer der römischen Nobilität um die Jahrhundertwende, 1, 76. 108 (115 Konsul, 109 Zensor, *princeps senatus*; pro Fonteio 24 formuliert Cicero: durch seinen Wink wurde fast der Erdkreis regiert). Durch seine Schrift über sein Leben, *De vita sua*, ist er für den Beginn der Geschichte der Autobiographie von Bedeutung geworden. Der Sohn ist weniger nach seinem Vater geraten, 1, 138; 2, 57. Im Jahre 54 wurde er wegen Erpressung angeklagt, nachdem er als Proprätor Sardinien und Korsika verwaltet hatte, und von Cicero mit Erfolg verteidigt. Im Jahre 52, als er wegen *ambitus*, Amtserschleichung, angeklagt wurde, glückte Ciceros Verteidigung nicht. Er ging ins Exil.

ÄQUER, Bergvolk in Mittelitalien, 304 vom Konsul P. Sempronius Sophus endgültig unterworfen, 1, 35.

ÄSOP, berühmter Tragöde und Freund Ciceros. Schauspielkunst und Redekunst haben gemeinsame Fragen im Problem der *actio*, des Vortrages, 1, 114. Für Cicero ist der Redner in einer eindrucksvollen Formulierung der *actor veritatis*.

AFRICANUS, → Cornelius.

Afrika. Die Provinz Afrika war 46 von → Caesar eingerichtet worden, 1, 112. Der Geschichtsschreiber Sallust war ihr erster Verwalter. → M. Atilius Regulus, 3, 99.

Agamemnon, der Führer der Griechen vor Troja, hatte den Zorn der → Diana erregt. Als die Göttin die ausfahrende Flotte durch widrige Winde im Hafen von Aulis festhielt, opferte er ihr seine Tochter → Iphigenie, 3, 95. Dieses Grundgerüst des Mythos, vielleicht noch in die Zeit der Menschenopfer hineinragend, hat die verschiedensten Interpretationen erfahren (s. Kaibel, Sophokles' *Elektra* zu Vers 563). Ciceros Mythenkritik, mythischem Denken ganz fremd, paßt nicht ganz in den Zusammenhang, der erweist, daß Versprechen in bestimmten Situationen sinnlos werden und nicht gehalten zu werden brauchen. Wollte Cicero konsequent bleiben, hätte er sich gegen die Religion und die Erfüllung ihrer Pflichten wenden müssen. So Lukrez in seinem berühmten ersten Proömium in *Die Welt aus Atomen*, wo das Beispiel der Opferung Iphigeniens zum Beleg für den monumentalen Schlußvers dient, 1, 101: *tantum religio potuit suadere malorum* (so viel Schlimmes konnte die Götterfurcht anraten).

Agesilaos, bedeutender spartanischer König (401–361), 2, 16. → Xenophon hat ihm in seinem *Agesilaos* (einem Enkomion, noch keiner Biographie im eigentlichen Sinne) ein Denkmal gesetzt.

Agis, König von Sparta (245–241), führte eine Sozialreform durch, wurde aber von seinen Gegnern hingerichtet. Sein Werk wurde von Kleomenes weitergeführt. Plutarch schrieb eine Biographie des Agis, die uns erhalten ist. Ciceros Stellungnahme gegen ihn ist bezeichnend: sie ist gegenüber der Zeit seines Konsulates, in der er noch Verständnis für die *leges agrariae*, die Ackergesetze, die den Besitz antasteten, zu haben behauptete, noch schärfer gegen jede Gefährdung des Eigentums gewandt, 2, 80.

Agrigentiner. Die Stadt Akragas, Agrigentum, an der Südküste Siziliens, eine griechische Gründung (von Gela und Rhodos), «das andere Auge Siziliens», wurde 405 von den Karthagern zerstört und kam 210 in den endgültigen Besitz der Römer. Heimat des → Phalaris, 2, 26.

Aiakiden. Auf → Aiakus, den sagenhaften König von → Ägina, Sohn des Zeus und der Ägina oder Europa, Vater des Peleus und des Telamon und damit Vorfahr des Achilles und seines Sohnes Pyrrhus, führte → Pyrrhus, der von 280 bis 272, von Tarent zu Hilfe gerufen, mit den Römern kämpfte, sein Geschlecht zurück. Pyrrhus träumte von einer Wiederherstellung des Reiches → Alexanders, einer Machtzusam-

menballung im Westen, mit der dann der Osten erobert werden
konnte. Pyrrhus hat im römischen Bewußtsein nicht die Züge eines
erbitterten Todfeindes, sondern eines edlen Gegners angenommen,
1, 38. Der letzte Aiakide auf dem Thron ist Perseus von Makedonien.
Ihn meint Vergil *Äneis* 6, 838 ff. (dazu Ed. Norden im Kommentar zur
Stelle). Über Pyrrhus bequem M. Rostovtzeff, *Geschichte der Alten
Welt*, 2. Bd.: Rom. Die großartigen Verse stammen aus dem Epos
des → Ennius, den *Annales*, V. 194 ff. (Ausg. von Vahlen).

AIAKOS, der mythische König von → Ägina, wurde wegen seiner Gerechtigkeit der Sage nach zusammen mit → Minos, 1, 97, Rhadamanthys
und Triptolemos Richter in der Unterwelt (als solcher in den *Gesprächen in Tuskulum* 1, 98 erwähnt) (→ Aiakiden).

AIAX. Um die Waffen des toten Achill kam es zum Streit zwischen →
Odysseus und dem Telamonier Aiax. Als sie Odysseus zugesprochen
wurden, verfiel Aiax in Wahnsinn (s. die sophokleische Tragödie
Aias). Daher Symbol unerbittlicher Ehrliebe, 1, 113. Die Verse 3,
98 können noch keinem bestimmten Autor zugewiesen werden.

AKADEMIE, AKADEMIKER, 1, 6; 3, 20. Die Schule → Platos hatte mit Ar-
kesilaos (Mitte 3. Jh.) und Karneades (Mitte 2. Jh.) eine Wendung zum
Skeptizismus genommen. In dieser Form, freilich gemildert durch
die Anerkennung einer relativen und praktischen Wahrheit, lernte Cicero sie in seiner Jugend durch Philo kennen, der 87 als Emigrant vor
Mithridates nach Rom geflüchtet war. Aufgewachsen in der Tradition
des Scipionenkreises, dessen adlige Großzügigkeit den anderen gelten
zu lassen wußte, mußte er dieser undogmatischen und am wenigsten
«anmaßenden» Philosophie besonders zugetan sein, zumal die akademische Diskussion die Redekunst förderte und Philo selbst sie auch in
sein Lehrprogramm aufgenommen hatte. Wie Cicero in erstaunlich
genialer Frühreife schon als Zwanzigjähriger sein Lebensziel klar vor
Augen sah, hat er sein Leben lang auch der «Neuen Akademie» die
Treue gehalten. Das ist der Grund, daß dem Abendland durch Cicero
die Philosophie nicht in dogmatischer Form, sondern mit dem platonischen Anliegen der Wahrheitssuche weitergegeben wurde.

ALBUCIUS, T., einer der seltenen frühen → Epikureer in Rom. Der
große Satirendichter Lucilius verspottet ihn wegen seiner Graeco-
manie und seines geschraubten Stiles. Er wurde 103 von Caesar Strabo
wegen Erpressungen in Sardinien angeklagt und verurteilt. Ging in
die Verbannung und lebte in Athen. *In Albucio* wird vom Herausgeber
der Konzinnität wegen wohl mit Recht für eine Interpolation gehalten, 2, 50.

ALEXANDER der Große (336–323). Bei Ciceros Äußerungen 2, 16. 48.
53, ist zu bedenken, daß die Stoiker Alexander wegen seiner Unbe-
herrschtheit verurteilen.

ALEXANDER von Pherae, Tyrann in Thessalien (370–357), wegen seiner
Grausamkeit berüchtigt, von seiner Gattin und deren Brüdern getö-
tet, 2, 25. Das dramatische Zusammentreffen mit Pelopidas schildert
Cornelius Nepos, *Pelopidas* 5, 1 ff. Die sogenannte jüngere Tyrannis
hat viel zur Ausbildung des negativen Tyrannenbegriffs beigetragen.
Die Beispiele grausamer Alleinherrscher und ihrer menschlichen Un-
zulänglichkeit werden vor allem in Ciceros Spätschriften unter dem
Eindruck des «Tyrannen» → Caesar wichtig, während der Tyrannen-
begriff der mittleren Zeit eine eigentümliche Wendung erfährt (s.
Büchner, Einleitung zu *Vom Gemeinwesen*, BAW ²1960, und Hermes 80,
1952, S. 343 ff.).

ALEXANDRIA, Stadt in Ägypten, 3, 50, wurde von → Alexander auf seinem Ägyptenzug 332/31 gegründet, 2, 82.

ANIO, der berühmte Nebenfluß des Tiber, im Hernikerlande entsprin-
gend, bei Tibur die bekannten Wasserfälle bildend, 3, 112.

ANNICERISCHE Philosophen. Annikeris, der → Plato aus der Sklaverei
losgekauft haben soll (s. dazu U. Kahrstedt, Platons Verkauf in die
Sklaverei, Würzb. Jbb. 22, 1947, S. 295 ff.), gehört zur → kyrenaischen Schule. Er suchte deren Hedonismus zu veredeln, indem er auf
die feineren Lustempfindungen wie Dankbarkeit, Freundschaft und
Liebe das Gewicht legte. Leitet damit zum → Epikureismus über, 3,
116. Siehe Vorländer-Metzke, Geschichte der Philosophie, I, 1949,
S. 103 und 121.

ANNIUS MILO, T. Daß Milo als Volkstribun sich im Jahre 57 für seine
Rückberufung aus der Verbannung eingesetzt hat, hat ihm Cicero nie
vergessen. Schon in der *Sestiana* (aus dem Jahre 56) sieht er in ihm
den Mann, der durch seine Sammlung bewaffneter Kräfte als einziger
das richtige *consilium* in der Situation gefunden hätte, 2, 58. Er ist ihm
hier schon, ebenso wie in der *Miloniana*, das Vorbild eines Politikers,
das er in *Vom Gemeinwesen* mit *princeps* (?) und anderen Ausdrücken
wie: *procurator rei publicae* bezeichnet. Die Anklage wegen Gewalt-
anwendung konnte Cicero freilich im Jahre 52 nicht von ihm abwen-
den. Milo wurde verurteilt und ging nach Massilia, dem heutigen Marseille, ins Exil.

ANTIGONOS, Vater des → Demetrios Poliorketes und des → Philipp,
großer Feldherr → Alexanders, 2, 48, wurde nach dessen Tode
Satrap von Großphrygien. In fortgesetzten Kriegen hatte er sich seit

314 ein großes Reich in Syrien und Kleinasien geschaffen. In der Schlacht von Ipsos (301) verlor er Reich und Leben.

ANTIOPA. In dieser 1,114 zitierten Tragödie des Pacuvius, des Neffen des → Ennius, nach → Euripides' gleichnamiger Tragödie, wird Antiopa von ihren Söhnen Amphion und Zethus vor den Verfolgungen ihrer Feindin Dirce gerettet. Cicero liebt diese Tragödie besonders und zitiert sie in seinen Werken mehrfach. Berühmt war ein Zwiegespräch der Brüder daraus, in dem Amphion das theoretische musische, Zethus das praktische Leben verfocht.

ANTIPATER, Statthalter → Alexanders in Makedonien, 2,48.

ANTIPATER von Tarsos hat in der Zeit, in der noch stärker als bisher das asiatische Element in die Stoa eindrang, nach → Diogenes von Seleukeia, seinem Lehrer, 3,51, die Leitung der Stoa in Athen übernommen. Zwistigkeiten innerhalb der Stoa, 3,52.54.91. Auf ihm lag auch die Hauptlast der Angriffe von → akademischer Seite (d.h. von Karneades, der mit Diogenes zusammen in Rom gewesen war). Sein Schüler war → Panaitios. Kurz vor Karneades' Tode (129) ist A. freiwillig aus dem Leben geschieden. Siehe *Stoa und Stoiker*, BAW 1950, S. 179 ff.

ANTIPATER von Tyros, Schüler des Stratokles, der philosophische Freund → Catos. Er schrieb neben anderen Schriften eine Ergänzung zu → Panaitios' Werk über die Pflichten. Starb kurz vor 44, 2,86.

ANTONIUS, M. (143–87). Gemeint ist der große Redner, der Großvater des Triumvirn. War Konsul im Jahre 99. Cicero hält ihn neben → Crassus für den bedeutendsten Redner seiner Zeit, 2,49; 3,67, und macht ihn mit jenem zusammen zum Hauptredner in seinem Werke *De oratore*. Antonius betont dort gegenüber dem universalen Bildungsstreben des Crassus die Wichtigkeit der Praxis und Übung, ohne sich im Ziel von Crassus, der Ciceros Überzeugungen ausspricht, zu unterscheiden.

APELLES, Hofmaler → Alexanders des Großen, berühmtester griechischer Maler. Seine → Venus, 3,10.

AQUILIUS GALLUS, C., Zeitgenosse Ciceros, Prätor 66, also in diesem Jahre Kollege Ciceros, war neben Servius Sulpicius Rufus der angesehenste Jurist seiner Zeit. Er war der Richter in Ciceros erstem Prozeß gewesen. Cicero hat ihm in der Rede *Pro Caecina* 78 ein schönes Denkmal gesetzt (... er, der das Recht niemals von der Gerechtigkeit getrennt hat ...). Cicero beruft sich nicht ohne Grund auf ihn immer dort, wo der Formalismus ungerecht wird, 3,60f.

AQUILIUS, M., Konsul 101, warf im Jahre 100 v. Chr. den Sklavenauf-
stand in Sizilien nieder. Von Lucius → Fufius wegen Erpressung angeklagt, 2,50, kam er dank der Verteidigung durch Marcus → Antonius frei.

ARAT von Sikyon, stürzte als Zwanzigjähriger im Jahre 251 den Tyran-
nen Nikokles, dessen Vorgänger seinen Vater ermordet hatte, 2,81.
Führte Sikyon dem Achäischen Bunde zu und wurde später dessen
Leiter. → Philipp von Makedonien ließ ihn im Jahre 213 vergiften.

AREOPAGITEN. Der Areopag, nach dem Hügel westlich der Akropolis
benannt, war der Rat von Athen, 1,75, der in gewissem Sinne als
Wahrer der Tradition dem römischen Senat entsprach. Von Ephialtes
wurde er seiner Machtfülle beraubt, blieb aber, was er in ältester
Zeit gewesen war, die Stelle der höchsten Blutgerichtsbarkeit.

ARGINUSEN, Inselgruppe bei Lesbos, bei der die Athener ihren letzten
Seesieg im Jahre 406 im Peloponnesischen Kriege erfochten, 1,84.
In dem Prozeß gegen die siegreichen Feldherren – sie sollten die Toten nicht aufgesammelt haben – war → Sokrates gerade Prytan und
behauptete seine Selbständigkeit.

ARISTIDES, athenischer Politiker. Hat seinen Beinamen «der Gerechte»,
3, 16. 87, auf Grund seiner berühmten Einschätzung der Seebündner
nach den Perserkriegen, in der sie zu einer jährlichen Steuer veran-
lagt wurden, erhalten, 3,49. Über ihn und sein Jahrhundert s.
H. Schaefer, Athen und das Griechentum im 5. Jh., Das neue Bild der
Antike, Leipzig 1942, Bd. I, S. 194ff.

ARISTIPP (etwa 435–355), Begründer der → kyrenaischen hedonistischen
Philosophenschule. Schüler des → Sokrates, schon zu dessen Lebzeiten als Lehrer auftretend, führte er das sophistische Wanderleben,
das ihn auch nach Syrakus gelangen ließ, und gründete schließlich in
seiner Heimatstadt eine Philosophenschule, der auch seine Tochter
Arete angehörte (die erste weibliche Erscheinung in der Geschichte
der Philosophie). Bei ihm liegt das Schwergewicht auf einer Ethik, in
der der Mensch mit seinen Lustgefühlen und seiner Genußfähigkeit (insofern setzt er Gedanken seines früheren Lehrers Protagoras fort) in der
Mitte steht, 3, 116. Einsicht und Maßgedanke schränken freilich die
Willkür ein, 1, 148. Die Nachrichten, die uns erhalten sind, lassen in
ihm einen Mann ahnen, der zunächst einmal die *communis opinio* provo-
ziert, um dann, wie → Epikur (s. Gigon, Einleitung zu *Epikur*, BAW
1949), durch Einschränkungen dem Normalen sich wieder zu nähern.

ARISTO, Stoiker, Schüler des → Zeno, des Begründers der Stoa. Hat vor
allem durch die Fähigkeit der Rede einen starken Einfluß ausgeübt

und geglaubt, die Lehre der Stoa gegen → akademische Angriffe am besten durch Rigorosität schützen zu können. So hat er in der Güterlehre, 1,6, dem Zentralstück der Ethik, die Güter des Körpers und die äußeren Güter für absolut indifferent gehalten. Als Vertreter der Adiaphorie lebte er bei den Späteren fort. Siehe *Stoa und Stoiker*, a.a.O., S. 18f.

ARISTOTELES (384–322), ist Cicero seit seinem Jugendwerk *De inventione*, über die Findung des Stoffes, eine Erscheinung, mit der er sich intensiv auseinandersetzt. Es ist kaum anzunehmen, daß ihm die drei Ethiken, die unter Aristoteles' Schriften überliefert sind, bekannt waren. Die Ansicht des Fortsetzers, des → Theophrast, scheint ihm bedenklich. Genauer könnte man urteilen, wenn der ungeheure Lektüreumfang Ciceros schärfer bestimmt wäre. Gegner des → Isokrates, 1,4. Tadelt die Verschwendungssucht, 2, 56. Über das höchste Gut, 3,35.

ARPINIUM, Arpinaten, die Heimat Ciceros und auch des → Marius, lag im → samnitischen Gebiet, am Zusammenfluß von Fibrenus und Liris, 1,21.

ATILIUS REGULUS, M. Als Konsul des Jahres 267 Eroberer von Brundisium, ist Atilius Regulus 256/55 für den verstorbenen Konsul Q. Caedicius Ersatzkonsul geworden. Bei einer Expedition nach → Afrika hatten die beiden Konsuln zunächst Glück, bis der andere Konsul, Lucius Manlius, nach Rom zurückbeordert wurde. Nach weiteren Erfolgen, die sogar zu Friedensverhandlungen mit den Karthagern, aber wegen der harten Forderungen des Regulus nicht zum Frieden führten, gelang es schließlich den Karthagern mit Hilfe des Söldnerführers → Xanthippus aus Lakedaimon, das Heer des Regulus zu besiegen. Regulus geriet in Gefangenschaft, 1,39; 3,99. Er soll 251/50 von den Karthagern nach Rom geschickt worden sein, um über den Austausch der Gefangenen oder den Frieden zu verhandeln, von beidem aber abgeraten und nach dem Mißerfolg getreu seinem Wort in die Gefangenschaft und zu den Martern zurückgekehrt sein, 3,102ff. 108.110ff. 115. So ist die Form der Legende bei Cicero und in der 5. *Römerode* des Horaz. Hier kommt es weniger auf ihre Historizität an als auf das Selbstverständnis der Römer, das durch das Beispiel dieses Mannes, der selbst dem Feinde gegenüber die *fides* wahrte, ein eindrucksvolles und in den Zeiten weiterwirkendes Symbol erhielt. Siehe P. Blättler, Studien zur Regulusgeschichte, Beilage zum Jahresbericht der kantonalen Lehranstalt Sarnen 1944/45.

ATILIUS, Sextus, Konsul 136, 3,109.

ATREUS, Sohn des → Pelops, Vater des → Agamemnon und Menelaos, der Atriden, vertrieb seinen Bruder Thyest, der seine Gemahlin verführt hatte, 3, 106 (→ Accius), und setzte ihm nach seiner Rückkehr das Fleisch der eigenen Kinder vor, 1, 97. Atreus wurde später von Thyests Sohn Aigisth erschlagen.

ATTIKER, Komödie der, 1, 104. Ihre Vertreter sind Aristophanes, Eupolis und Kratinos. In dieser Reihenfolge führt sie Horaz in seiner berühmten 4. Satire des ersten Buches als Vorbilder des Lucilius an.

AUFIDIUS, CN. ORESTES, Konsul 71, 2, 58.

AURELIUS COTTA, C., Konsul des Jahres 75, gehört zu der auf → Antonius und → Crassus folgenden Rednergeneration (wir besitzen leider nichts von ihm). Darum hat ihm Cicero auch eine Rolle in *De oratore* und auch in *De natura deorum* gegeben. Cicero rühmt ihn als *limatus*, gefeilt, als einen Mann, der ohne alles Pathos nur der Genauigkeit der Sache dient, 2, 59. Seine Neigung zur jüngeren → Akademie mußte ihn ebenfalls Cicero verbinden.

BARDULIUS, von Diodor XVI 4 König der Illyrer genannt, führte im Jahre 359 einen Guerillakrieg gegen → Philipp von Makedonien, den Vater → Alexanders, 2, 40.

BRUTUS, → Iunius.

CAECILIUS METELLUS MACEDONICUS, Q., aus der vornehmen Familie der Meteller, über die Naevius gehöhnt hatte, war 143 Konsul. Über seine politischen Differenzen mit dem jüngeren → Scipio spricht Cicero auch im Laelius (77). Sie berührten das persönliche Verhältnis so wenig, daß er seine Söhne aufforderte, die Bahre Scipios zu tragen: es wäre nicht möglich, daß sie später diesen Dienst einem Größeren leisten könnten (Valerius Maximus 4, 1, 12), 1, 87.

CAECILIUS METELLUS NUMIDICUS, Q., der Konsul von 109. Hat den Krieg gegen → Jugurtha mit großer Energie und großem Erfolg geführt. Um den Erfolg des Abschlusses wurde er gebracht, weil sein Quästor → Marius, zum Konsul gewählt, ihn aus dem Oberbefehl verdrängte, 3, 79. Obwohl Metellus ein ausgesprochener Aristokrat war, macht Sallust in seiner großartigen Darstellung des *Jugurthinischen Krieges* kein Hehl daraus, daß die eigentlichen Leistungen des Metellus höher zu bewerten sind als die des Marius, der sich nur zu oft auf das Glück verließ. Er verleiht ihm das höchste Lob, das ein römischer Historiker zu vergeben hat, daß er durch seine *virtus* die Natur besiegt habe.

CAELIUS. Ein hohes Haus auf dem Caelius, dem südöstlich vom Kapitol liegenden Hügel, konnte eine Vogelschau auf dem Kapitol, bei der ein freier Horizont gegeben sein mußte, schon stören, 3, 66.

CAESAR, → Iulius.

CALPURNIUS PISO FRUGI, L., Konsul 133, Geschichtsschreiber, der in der Nachfolge des alten → Cato und seiner Geschichtsdarstellung vor allem die zensorische catonische Art fortsetzte (Cassius Hemina dagegen den antiquarischen Zug; beide sind also *dimidiati Catones*: jeder vertritt eine Hälfte des Catonischen Werkes). Als Volkstribun hatte dieser nachmals wegen seiner Sittenstrenge hochberühmte Mann das erste Repetundengesetz eingebracht, das Erpressungen mit der Rückerstattung derselben Summe bestrafte, 2, 75. In der Folge läßt sich dann an der Reihe der aufeinander kommenden Repetundengesetze die Demoralisierung der Provinzverwaltung ablesen.

CALPURNIUS LANARIUS, P. Der 3, 66 genannte Prozeß liegt vor dem Jahre 91. Sonst ist über diesen älteren Zeitgenossen Ciceros nichts weiter bekannt.

CANNAE, Städtchen in Apulien am Aufidus (heute Canne am Ofanto), der Ort der größten Niederlage der Römer, zugleich des größten Ruhmesblattes, weil sich ihre Widerstandskraft gerade im Unglück zeigte, 1, 40; 3, 47. 113. Dieses wichtige Moment in der römischen Selbstauffassung (dichterisch gestaltet vor allem von Horaz) trat besonders in → Polybios' Geschichtswerk hervor: nach der Schlacht von Cannae hält er inne und behandelt in seinem 6. Buche die Verfassung Roms, in der er den Grund für diese heroische Leistung sieht.

CATO MAIOR, Ciceros Schrift über das Greisenalter, 1, 151. Siehe die schöne Übersetzung von R. A. Schröder in der Bremer Presse.

CATO, → Porcius.

CATULUS, → Lutatius.

CAUDIUM. Im Jahre 321 wurde das römische Heer von den → Samniten unter C. Pontius in den Kaudinischen Pässen (Caudium ist das heutige Montesarchio) eingeschlossen und unter das Joch geschickt, 3, 109.

CHREMES. Im *Selbstquäler* des → Terenz lockt der Nachbar Chremes Menedemos sein Geheimnis ab mit der berühmten Sentenz, daß ihm als Menschen nichts Menschliches fremd sei, d. h. daß er das Recht und die Pflicht habe, sich darum zu kümmern. Cicero verschiebt den Sinn des Verses in der Richtung, daß dem Menschen als Menschen alles Menschliche zugänglich ist, 1, 30.

CHRYSIPP (281/77–208/04), 3, 42, der «zweite Gründer» der Stoa, aus Soloi in Kilikien, hat mit seiner berühmten dialektischen Schärfe die

Lehre → Zenos verteidigt und neu begründet. *Stoa und Stoiker*, a.a.O., S. 20 ff.

CLAUDIUS CENTUMALUS, T., Dieser sonst nicht weiter bekannte Claudier – sein Prozeß wurde von dem Vater des → Cato Uticensis geleitet – wird von Cicero nur 3,66 genannt.

CLAUDIUS MARCELLUS, M., eroberte im Jahre 212 trotz der von Archimedes organisierten Verteidigung → Syrakus, nachdem er besonders zur Weckung der römischen Widerstandskraft nach der Niederlage von → Cannae beigetragen hatte, 1,61. Mit den Marcellern steht Cicero von Anfang an in Verbindung. Durch seine Quästorzeit in Lilybaeum und den Verresprozeß wurde sie zu den alten Patronen der → Sizilianer noch enger geknüpft.

CLAUDIUS A. F. PULCHER, C., hat als Ädil des Jahres 99, wie der ältere Plinius erzählt (*Historia naturalis* 8,7,19), zuerst die Bühne mit Gemälden geschmückt und im Zirkus Elefanten kämpfen lassen, 2,57.

CLODIUS, P., der alte Feind Ciceros aus der Familie der Claudier, der zur Plebs übergetreten war, um Ciceros Verbannung im Jahre 58 schließlich durchsetzen zu können, wurde von → Milo, der wie er bewaffnete Banden erworben hatte, im Jahre 52 in einem Handgemenge auf der *via Appia* erschlagen. Diese Erlebnisse, die mit zur Formulierung der Ciceronianischen Erkenntnisse über den Staat beigetragen haben, wirken, wie man sieht, bis in die späteste Zeit und werden immer gleich bewertet, 2,58.

COCLES, soll im Kampfe gegen Porsenna im Jahre 507 den *pons sublicius* so lange als einziger gegen den Ansturm der Feinde gehalten haben, bis die Römer diesen einzigen Zugang zur Stadt abgebrochen hatten. In voller Rüstung soll er dann heil durch den Tiber zurückgeschwommen sein, 1,61 (s. die Erzählung bei Livius 2,10).

COLLATINUS, → Tarquinius.

CORNELIUS LENTULUS, P., mit Beinamen Spinther, hatte unter Ciceros Konsulat als Ädil eine Pracht entfaltet, an die sich die Späteren noch erinnerten (Valerius Maximus 2,4,6). Als Konsul (57) hat er energisch und aufrecht Ciceros Rückberufung betrieben, was ihm Cicero nicht vergessen hat, 2,57.

CORNELIUS SCIPIO, CN., und CORNELIUS SCIPIO, P., die beiden Brüder Scipio, Vater und Oheim des älteren → Scipio Africanus, fielen im Jahre 212 in Spanien im Kampfe gegen Hasdrubal, 1,61; 3,16.

CORNELIUS SCIPIO AFRICANUS MAIOR, P., der dem Griechischen offene, darum in den Spannungen der Zeit exponierte Besieger Karthagos (die Entscheidungsschlacht bei Zama, 202, wird von Livius mit dem

großartigen Redepaar Hannibal/Scipio eingeleitet) ist für Cicero von frühester Zeit an eines der unbestrittensten und leuchtendsten Vorbilder römischer Größe, 1, 121; 3, 1 f. 4. Großvater der → Gracchen, 2, 80.

CORNELIUS SCIPIO AFRICANUS MINOR, P., die Seele des sogenannten Scipionenkreises (s. Einleitung zu *Vom Gemeinwesen*), der im Leben und Handeln im Ideal der *humanitas*, 2, 76, die Spannungen zwischen Griechischem und Römischem überwindet. Scipio meisterte die Hauptprobleme des politischen Lebens der Zeit, 1, 116 (Vernichtung Karthagos 146, Sieg im → Numantinischen Krieg 133, 1, 76) und war mit seinem Freund → Laelius, 1, 108, in Verbindung mit dem Historiker → Polybios und dem stoischen Philosophen → Panaitios, 1, 90, zugleich reinster Ausdruck der höchsten Geistigkeit der Zeit. In ihm fand Cicero den überzeugendsten Ausdruck der Möglichkeit einer Wiederherstellung einheitlicher Ordnung durch einen Restituierungsakt, also für ein höchst gefährliches und fragwürdiges Unterfangen. Diese Aufgabe hat er ihm nämlich in *Vom Gemeinwesen* als Krönung seines Lebens zugedacht, so nach seinem Tode im Jahre 129 seine Lebenskurve sinnerfüllend verlängernd. → Caecilius Macedonicus 1, 87.

CORNELIUS SCIPIO NASICA, P. Als Tiberius → Gracchus im Jahre 132, schon der Zwangsläufigkeit der Ereignisse verfallen und auf Rettung vor den Folgen des ersten Tribunatsjahres bedacht, sich zum zweiten Male zum Volkstribun wählen lassen wollte, um mit dieser ungesetzlichen Maßnahme Verfolgungen zu entgehen, hat der Konsular Scipio Nasica die Initiative ergriffen und mit seinen Gesinnungsgenossen als Privatmann Tiberius Gracchus samt dreihundert seiner Anhänger erschlagen, 1, 76. Diese Tat, von Cicero mehrfach mit der Tat des → Brutus durch gleiche Formulierung parallelisiert, fand nicht ihren gebührenden Lohn, wie Cicero sagt: Scipio starb fern der Heimat, in Pergamon. Tatbestand und Wertung leiten in *Vom Gemeinwesen* den Traum Scipios ein. Seine Härte wird in Gegensatz gestellt zur Umgänglichkeit und Freundlichkeit seines Sohnes gleichen Namens in einem Abschnitt, der schön den Sinn des Römers für das Ganze der Persönlichkeit zeigt, 1, 109.

CORNELIUS SULLA, L. Die rätselhafte Gestalt des Diktators, mit dem Ciceros mutiges erstes Auftreten in der Öffentlichkeit verbunden war – er hatte Sextus Roscius aus Ameria erfolgreich gegen dessen allmächtigen Günstling Chrysogonus verteidigt und ihn vor dessen Anschlägen gerettet, 2, 51 –, spielt im Denken Ciceros immer wieder eine große Rolle, 1, 43. 109; 2, 27; 3, 87.

CORNELIUS SULLA, P., ein Verwandter des Diktators. Hatte sich bei dessen Proskriptionen einen üblen Namen gemacht. Im Jahre 66 wurde er wegen Bestechung als designierter Konsul verurteilt und ging so des Konsulats verlustig. Gegen den Vorwurf, an der Catilinarischen Verschwörung beteiligt zu sein, wurde er von Cicero selber in einer noch erhaltenen Rede verteidigt. Nach → Caesars Sieg war er wieder eifrig mit Aufkauf konfiszierter Güter beschäftigt. Also im ganzen eine höchst unerfreuliche Erscheinung dieser bewegten Zeit, 2,29.

COTTA, → Aurelius.

CRASSUS, → Licinius.

CURIO, → Scribonius.

DAMON. Die Geschichte von den Pythagoreern – die Namen der Freunde wechseln ebenso wie die des Tyrannen –, die Schiller in seiner Ballade nach Cicero, 3,45, geformt hat, wird in klassischer Zeit noch von Valerius Maximus 4,7,10 berichtet.

DECIER. Publius Decius Mus soll in der Schlacht bei Sentinum im Kriege gegen die → Samniten sich dem Tode geweiht und dadurch den schwankenden Sieg für die Römer entschieden haben. Dasselbe wurde vom Vater und vom Sohne erzählt, 1,61; 3,16.

DEMETRIOS, von Phaleron, Schüler → Theophrasts, Staatsmann, 2,60, und Redner und zugleich Philosoph, 1,3. Mit ihm vergleicht sich Cicero auch De legibus 3,14 und Vom Gemeinwesen 2,3 als einem Manne, der in ähnlicher Weise wie er selbst Philosophie und Redekunst vereinigte. Geboren um 350 v. Chr., wurde er 317 von → Kassander an die Spitze des athenischen Staates gestellt und verwaltete ihn offenbar sehr glücklich. Er wurde von → Demetrios Poliorketes vertrieben und lebte in → Alexandria seinen Studien. Dort ist er 283 gestorben.

DEMETRIOS POLIORKETES, Sohn des Generals → Alexanders des Großen und Diadochen → Antigonos. Eroberte für seinen Vater als typischer Condottiere des Hellenismus eine Anzahl von Städten, indem er wirksame Belagerungsmethoden anwendete (berühmte Belagerung von Rhodos 305/04). Im selben Jahr wie → Demetrios von Phaleron ist er in der Gefangenschaft des Seleukos im Elend gestorben, 2,26.

DEMOSTHENES (384–322), der größte athenische Redner, 1,4; 2,47, dessen alle Register beherrschende Rede und dessen deinótes sich Cicero immer mehr zum bewegenden Vorbild nahm. In seinem Kampf gegen einen sich selbst beraubenden Attizismus ist Demosthenes der Trumpf, den er gegen die Thukydides- und Lysiasnachahmer ausspielt.

DIANA. → Iphigenie wurde in Aulis der Diana-Artemis geopfert, 3,95. Die Motive werden verschieden erklärt.

DIKAIARCH, Peripatetiker, Schüler des → Aristoteles, ist vor allem bekannt durch seine Kulturgeschichte Griechenlands und seine allerdings schwer faßbaren politischen Theorien, in denen er die Mischverfassung empfahl. Seine Schrift über den Tod, 2,16. Siehe die Ausgabe von F. Wehrli, Die Schule des Aristoteles I, Dikaiarchos, 1944.

DINOMACHOS, bei Cicero immer mit → Kalliphon zusammen genannt. Beide sind zeitlich schwer faßbare griechische Philosophen, die die Ziele der Stoiker und → Epikureer, lat. *virtus* und *voluptas*, miteinander zu koppeln suchen und dafür den Spott Ciceros ernten, 3,119.

DIO, Schwager, dann Schwiegersohn des älteren → Dionys von → Syrakus (405–367). Regte → Plato zu seinen sizilischen Reisen an; Plato hoffte mit Hilfe des philosophiebegeisterten Jünglings etwas von seinen Ideen in die Wirklichkeit umsetzen zu können, 1,155. Dio wurde nach Scheitern der Versuche verbannt, lebte in Athen und wurde 353 ermordet. Im sicher echten 7. *Brief* hat Plato mit dieser Enttäuschung seines Lebens abgerechnet.

DIOGENES der Babylonier, bedeutender Stoiker, der in die Periode der Stoa gehörte, in der sich nach → Chrysipp das asiatische Element in ihr verstärkte. Folgte in der Schulleitung dem Nachfolger Chrysipps, Zeno von Tarsos. Lehrer des → Antipater, 3,51.91. Als Greis nahm er 155 an der berühmten Philosophengesandtschaft nach Rom teil und machte dort mit seinen nüchternen und sittlich strengen Darlegungen solchen Eindruck, daß er Männer wie → Laelius für die Stoa gewann. 150 ist er achtundneunzigjährig gestorben. Siehe *Stoa und Stoiker*, S.77.

DIONYS, der ältere Dionys regierte von 405–367 als Tyrann in → Syrakus. Seine große Leistung ist die Bezwingung der Karthager. Die 2,25 erzählte Anekdote findet sich außer in Ciceros *Gesprächen in Tusculum* 5,58 noch bei Valerius Maximus 9,13,4. In der Legende von den → pythagoreischen Freunden 3,34 ist der Tyrann bald Dionys der Ältere, bald Dionys der Jüngere.

DRUSUS, → Livius.

ENNIUS, Q. (239–169), der Dichter des römischen Epos, der *Annales*, 1, 26.51.85; 2,23.62; 3,62.104, das erst von Vergil in den Schatten gestellt wurde, steht Cicero besonders nahe. Er schätzt ihn höher als die zeitgenössische Dichtung nach hellenistischer Art. Über ihn und seine Zeit liest man immer wieder mit Gewinn die Darstellung Leos in seiner Römischen Literaturgeschichte.

EPAMINONDAS, hat mit Pelopidas zusammen an der Spitze des thebani-
schen Staates gestanden, nachdem Pelopidas die Spartaner im Jahre
379 vertrieben hatte. Eine Neuordnung des Heeres (vor allem schiefe
Schlachtordnung) war die Ursache seiner Siege über die Spartaner bei
→ Leuktra (371) und Mantinea (362), 1,84. In der Schlacht von Man-
tinea ist er glorreich gefallen. «Vielleicht der größte Mann ganz Grie-
chenlands» nennt ihn Cicero, De oratore 3,139. Die Verbindung von
Philosoph, Staatsmann – Epaminondas war Schüler des Pythagoreers
→ Lysis, 1,155 – und Kriegsheld entsprach seinem Ideal des ganzen
Menschen.

EPIKUR. Wenn Gigon mit Recht in der Einführung zu seiner Epikur-
übersetzung in dieser Reihe sagt, daß Epikur es darauf angelegt habe,
die Konventionen zu provozieren, um dann die übertriebenen Be-
hauptungen maßvoll zu beschneiden, so hat sich Cicero provozieren
lassen. Der Individualismus seiner Philosophie schien ihm nicht mit
Unrecht kultur- und staatsfeindlich. Die Auseinandersetzung, die er
oft mit großer Schärfe gegen ihn führt, wurde für ihn dadurch erschwert, daß er die persönliche Größe des Mannes anerkennen mußte,
3,117, und daß sein nächster Freund Atticus Epikureer war (Haupt-
daten für Epikur: 323 von Samos nach Athen, 306 dauernder Aufenthalt dort und Schulgründung, 270 Tod; s. O. Gigon a.a.O.).

EPIGONEN, 1,114, Tragödie des → Accius nach Sophokles. Inhalt: die
Söhne der Sieben gegen Theben vermögen es, die Stadt Theben einzunehmen.

ERILLUS, stammte von Chalkedon. Stand stark unter dem Einfluß des →
Ariston. War aber von den beiden die weniger starke Persönlichkeit.
Beide waren Schüler des Gründers der Stoa, → Zeno. Erillus verlegte
das Lebensziel ganz in das Wissen, 1,6, und meinte so durch die Los-
lösung vom praktischen Handeln Widersprüche der Güterlehre, in
der Zeno nur das Sittliche als Gut ansah, aber den naturgemäßen Dingen wie Gesundheit und Reichtum einen relativen Wert zubilligte,
zu überbrücken.

ETEOKLES, König von Theben, Sohn der Iokaste, spricht den 3,82 zitierten und übersetzten Vers aus Euripides, Phönissen 524.

EURIPIDES (485 oder 480 bis 405), der letzte der drei großen attischen
Tragiker. Von Cicero sehr häufig zitiert und übersetzt, 3,82 (→ Eteokles). 108.

FABIUS LABEO, Q., Konsul 183, als Schiedsrichter, 1,33, im → Brutus 81
als Redner genannt.

FABIUS MAXIMUS, Q. Nach zweimaligem Konsulat, Diktatur, Zensur und einem Triumph hat der *Cunctator*, der Zauderer, nach der Schlacht am trasimenischen See (217) durch seine hinhaltende Taktik die Katastrophe vermieden, 1, 84. 108.

FABRICIUS, C., großer römischer Staatsmann zur Zeit des tarentinischen Krieges (280–272). Galt als Urbild der Gerechtigkeit, 1, 40; 3, 16. 86f. Sein Ruhm und seine Bedeutung, bei der er doch arm blieb, ließen ihn gegen das Zwölftafelgesetz in der Stadt beerdigt werden, wie Cicero in *De legibus* 2, 58 erzählt.

FLAVIUS FIMBRIA, C. (nicht der Marianer), als *homo novus* nach schweren Kämpfen zum Konsul (104) erhoben. Aufschlußreich über ihn die interessante Charakteristik Ciceros im → *Brutus* 129 : er galt freilich sozusagen als klotzig, rauh, bösartig im Reden, in der ganzen Art ein wenig zu hitzig und leidenschaftlich, durch seine Sorgfalt, seinen Mut und sein Leben aber als ein guter Gewährsmann im Senat. War auch ein recht erträglicher *patronus*, nicht unbewandert im römischen Recht und ebenso in seinem Mute wie in seiner Redeweise freimütig, 3, 76f.

FUFIUS, L., Zeitgenosse → Cottas, hauptsächlich durch seine Anklage gegen M. → Aquilius (98) bekannt, 2, 50.

FURIUS, L., 3, 109, Konsul 136, Freund des jüngeren → Scipio Africanus. Dialogpartner in Ciceros Werk *Vom Gemeinwesen.*

GALLIER. Der Galliersturm, 3, 112, bei dem Rom fast ganz erobert worden wäre (387), hat sich dem römischen Geschichtsbewußtsein so tief eingeprägt, daß noch Cicero in den Catilinarischen Reden damit arbeiten kann.

GRACCHUS, → Sempronius.

GRATIDIANUS, → Marius.

GYGES, lydischer Hirt, der, von der Königin unterstützt, die von ihm entblößt gesehen worden war, den König Kandaules tötet und Stammvater der Mermnaden wird (vgl. Herodot I, 18–12). → Plato (*Politeia* B. 359d) benützte die Geschichte von dem Zauberring, von der → Herodot nichts weiß, um den Begriff des Gerechten zu klären, 3, 38. In hellenistischer Zeit ist der Stoff zu einem Drama gestaltet worden, von dem Bruchstücke aufgefunden worden sind (s. darüber Lesky, Hermes 81, 1953, S. 1 ff.). Cicero erzählt, 3, 78, sicher nach Plato.

GYTHEON, die Flottenstation der Spartaner, 3, 49, nach → Polybios etwa 6 km von Sparta entfernt.

HAMILCAR, Kommandeur der Karthager in der Schlacht bei Tunis (255).
Nicht → Hannibals Vater, wie Cicero, 3,99, irrtümlich meint.

HANNIBAL, der große Gegner der Römer im zweiten → Punischen
Kriege (218–201). Von den Römern seiner Grausamkeit wegen ge-
haßt, 1,38, seiner genialen Begabung wegen vielfach als Vorbild
anerkannt, 1,108. Schickte zehn Gefangene als Unterhändler nach
Rom, 1,40; 3,113f. Cicero hält ihn für den Sohn des → Hamilcar,
3,99.

HEKATON, Schüler und Landsmann des großen Stoikers → Panaitios,
3,63. Aus der Tatsache, daß er sein Hauptwerk Q. Tubero widmet,
schließt man, daß er durch Panaitios in den Scipionenkreis eingeführt
worden ist. Siehe Pohlenz, Die Stoa, ²1959, S. 240f. Über das rechte
Handeln, 3,89.

HERKULES, Sohn des → Juppiter von der Alkmene, gilt als Musterheros,
der um seiner Taten für die Menschheit willen unter die Götter aufgenommen wurde, 1,118; 3,25. Es ist verständlich, daß Lukrez im
fünften Proömium seines Gedichts Die Welt aus Atomen die Leistung
dieses Heros mit der seines und des Erlösers der Menschheit → Epikur
zu vergleichen sich gedrungen sieht.

HERNIKER, Volksstamm in Latium, 1,35.

HERODOT (etwa 484–425), der erste griechische Historiker und Vater
der Geschichte, wie ihn Cicero, De legibus 1,5, nennt, hatte in seinem Werke mit der Grundkonzeption, den Kampf zwischen Asien
und Europa darzustellen, mit großer Unbefangenheit und im Geiste
seiner Vorgänger die Sitten fremder Völker dargestellt. Cicero kennt
Herodot sehr gut und liebt ihn wegen seiner dulcedo. H.s Beschrei-
bung der Perser, 2,41.

HESIOD, um 700, der Dichter der Theogonie und der Werke und Tage.
Hatte im Hellenismus eine Renaissance erlebt: in der Dichtung der
Frische seiner Sprache wegen; in der Philosophie hatte man seine
erste, noch aus dem Mythos denkende Weltkonzeption interpretiert
und kommentiert. Der 1,48 paraphrasierte Vers steht W. u. T. 349.

HIPPOLYT. Drei Wünsche hatte sich, wie ein Scholion zu → Euripides'
Hippolytos 1349 formuliert, → Theseus von Poseidon erbeten: erstens
seine Wiederkehr aus dem Hades, zweitens sein Zurückfinden aus
dem Labyrinth, drittens den Tod des Hippolyt. Den Stiefsohn Hippolyt hatte Phädra, weil sie verschmäht worden war, Theseus, ihrem
Gatten, gegenüber verleumdet, er habe ihr Gewalt angetan, und Theseus hatte sich zu diesem dritten Wunsche hinreißen lassen, 1,32; 3,94.

HOMER. Cicero lebt in «dem Dichter» der Griechen. So verfügt er hier,

3,97, über die Odyssee, die von der Sage, daß sich → Odysseus dem Kriegsdienst habe entziehen wollen, ihrem Stile gemäß, nichts weiß. Dagegen haben die Tragiker → Sophokles und → Euripides, in Rom → Accius und Pacuvius sie aufgegriffen.

HORTENSIUS, Q., vor Cicero der berühmteste römische Redner (Konsul 69), 3,73. Seine Ädilität, 2,57. Seine Vormacht hatte Cicero im Verresprozeß gebrochen. Im übrigen hat er die fruchtbare Wirkung des Vorbildes dankbar anerkannt, später meist mit ihm gemeinsam auftretend. In einer seiner eindrucksvollsten philosophischen Schriften, dem *Hortensius*, spielte er eine Hauptrolle.

HOSTILIUS MANCINUS, C., wurde 137 von den → Numantinern eingeschlossen und mit seinem Heere unter glimpflichen Bedingungen – vor allem durch das Ansehen seines Quästors → Ti. Gracchus – entlassen. Als diese der Senat nicht anerkannte, wurde er den Numantinern übergeben, 3,109. Siehe Mommsen, Römische Geschichte, 2. Bd., S. 13 ff.

JANUS. Sein Tempel war Zentrum der Geldgeschäfte auf dem Forum. Danach wurde wohl als *Ianus medius* der Castor-Tempel bezeichnet, der gleichfalls ein Zentrum des Geldverkehrs war, 2,89. Siehe darüber Karl Hoenn, Das Rom des Horaz, 1951, S. 16.

JASON, von Pherae, 1,108, Tyrann, dem es durch Klugheit und Verschlagenheit gelang, sich zum Tagos von ganz Thessalien zu machen und gegenüber Griechenland dieselbe Rolle zu spielen wie später → Philipp von Makedonien. Der Tod ereilte ihn 360 bei der Vorbereitung größerer Pläne.

IPHIGENIE, Tochter → Agamemnons, in Aulis der → Diana zum Opfer gebracht, um der gegen Troja fahrenden Flotte günstigen Wind zu verschaffen, 3,95.

ISOKRATES (436–338), berühmter Lehrer der Rede zu Athen, von → Plato im *Phaidros* am Schluß als aufgehendes Gestirn echter Redekunst genannt, ein Motiv, das Cicero in De oratore aufnimmt, indem er auf → Hortensius weisen läßt. Als Redner ist er nicht aufgetreten. Bekannt sind seine epideiktischen vaterländischen Festschriften, in denen er für die panhellenische Einigung warb. Seine berühmte Schule zu Athen, in der die Zöglinge mehrere Jahre verblieben und in der Vorbild, Übung und der einzelne Fall, nicht so sehr die Technik an sich im Vordergrund standen, stellt eine bedeutsame Stufe in der Geschichte des Humanismus dar. Gegner des → Aristoteles, 1,4. Siehe über ihn W. Steidle, Hermes 80, 1952, S. 25 ff.

ITALIEN. Das Gefühl für die Einheit Italiens hatte vor allem seit den Bundesgenossenkriegen solche Fortschritte gemacht, daß Cicero von ihm ganz geläufig als der Heimat der Römer spricht, 2, 75 f. Wenige Jahre später sollte die Italienidee in Vergils *Georgica* ihre schönste dichterische Darstellung erfahren. Zu der ganzen Frage s. F. Klingner, Römische Geisteswelt, ⁴1961, S. 11 ff.

JUGURTHA, Numiderfürst. War in den Jahren 110–105 für die Römer ein ernst zu nehmender Gegner, bis → Metellus Numidicus und → Marius ihn schließlich überwanden, 3, 79, nachdem das Haupthindernis, eine säumige und bestechliche Nobilität, durch populare Agitation beseitigt worden war. Der Gegenstand hat Sallust gelockt, sowohl das innenpolitische Problem als auch die Kriegstaten dieser Unternehmungen in seinem *Bellum Jugurthinum* darzustellen als einen Anfang der großen Umwälzungen, die schließlich zu einem Ereignis wie dem großen Verbrechen Catilinas führten.

IULIUS CAESAR, C. (100–44). Das Werk *De officiis* steht unter dem Eindruck seiner letzten Jahre und seines Todes. (Siehe die Einleitung.) Sein Größenwahnsinn, 1, 26. Unrechtmäßige Geldübertragungen, 1, 43. Bellum Africum, 1, 112.

IULIUS L. F. CAESAR STRABO, C., 1, 108; 2, 50, Ädil des Jahres 90, in den Proskriptionen des → Marius umgekommen. Cicero gibt ihm in dem Werke über den Redner die Erörterung über den Witz, weil die witzige Anmut seiner Rede ihresgleichen nicht hatte, 1, 133.

IUNIUS BRUTUS, L., Konsul 509, Vertreiber der Könige, 3, 40.

IUNIUS BRUTUS, M., um die Wende des ersten Jahrhunderts vor Christus, verschrien als «Ankläger», Schandfleck der Familie der Bruti genannt, 2, 50 (vgl. Cicero, *Brutus* 130).

IUNIUS PENNUS, M., Volkstribun 126. Gegner des → Gracchus. Sein Gesetz gegen die Fremden, 3, 47, auch bei Festus erwähnt. Kurz nach der Ädilität gestorben.

IUNIUS SILANUS, D., 2, 57, Konsul 62 zusammen mit Murena, für den Cicero eine seiner witzigsten Reden hielt.

JUPPITER, der höchste Gott, 3, 104 f., «Wächter Roms und der Römer», spielt seit den *Catilinarischen Reden* und Gedichten wie *De temporibus suis* eine besondere Rolle, 3, 102. Das Problem der Religiosität Ciceros, der im allgemeinen als Rationalist gilt, bedarf erst noch der Untersuchung.

KALLIKRATIDAS, spartanischer Feldherr. Nachfolger des → Lysander, 1, 109. Besiegte im Peloponnesischen Kriege → Konon bei Mytilene

(406), konnte noch Lesbos und einige andere Inseln erobern, wurde dann aber bei den → Arginusen geschlagen und fand in der Schlacht den Tod, 1, 84 (für K. günstige Wendung bei → Xenophon, *Hellenika* I 6, 32).

KALLIPHON, von Cicero immer im Verein mit → Dinomachos genannter Philosoph, 3, 119.

KALYPSO, Nymphe, bei der → Odysseus acht Jahre weilte, ehe er die Fahrt in die Heimat wagte, 1, 113.

KASSANDER, Sohn des Statthalters → Alexanders in Makedonien, des → Antipater, 2, 48. In den Diadochenkämpfen gewann er 317 die Herrschaft in Makedonien und wurde 306 König. Gründer von Thessalonike = Saloniki. Starb 297.

KELTIBERER, Iberer, die in früheres Keltenland eingedrungen sind (nach Schulten, Numantia, 1914–1931). Hauptstadt → Numantia. Lange bewahrten sie ihren Freiheitsdrang. Gefährliche Empörung gegen die Römer unter → Viriatus 147, wurde mit der Eroberung Numantias 133 durch → Scipio Africanus beendet, 1, 38.

KIMBERN, germanischer Volksstamm, ansässig im heutigen Schleswig-Holstein. Gingen nach Sturmfluten auf Wanderung, schlugen die Römer 113 bei Noreia, wurden 101 von → Marius bei Vercellae geschlagen, 1, 38. → Poseidonios hielt sie für Kelten.

KIMON, 2, 64, Sohn des Miltiades. Bestimmte nach den Perserkriegen mit → Aristides die athenische Politik maßgeblich. 449 vor Kition auf Kypern gestorben.

KIRKE, die Zauberin, Tochter des Sonnengottes. Verwandelte die Gefährten des → Odysseus, der sich auf seiner Irrfahrt längere Zeit bei ihr aufhielt, in Schweine. Er selbst war ihr dank des Krautes Moly, das ihm Hermes zeigte, gewachsen und zwang sie, die Gefährten zurückzuverwandeln. Sie wurde am «kirkeischen» Vorgebirge in Latium – Telegonos, ihr Sohn von Odysseus, galt als Gründer von Tusculum – angesiedelt. Vergil gibt am Anfang des 7. Buches der *Äneis* eine stimmungsvolle Schilderung von der Vorbeifahrt der Äneaden an dieser unheimlichen Küste.

KLEOMBROTOS, Feldherr der Spartaner. Nach → Xenophon, *Hellenika* VI 4, 5, fürchtete er den Vergleich mit Agesilaos, der mehr geleistet hatte als er, und anderseits den Verdacht, er stünde mit den Thebanern im Einverständnis, 1, 84.

KLYTAIMNESTRA, Gemahlin des → Agamemnon, die ihn nach seiner Heimkehr von Troja mit Hilfe des Ägisth tötete. Sie war die Hauptgestalt in der Tragödie des → Accius gleichen Namens, 1, 114.

KONON, Vater des → Timotheus. Berühmter athenischer Flottenkommandant, 1,116.

KORINTH, die bedeutende griechische Hafenstadt. Wurde im Jahre 146 von → Mummius zerstört. Diese Zerstörung, bei der neben verletztem Stolz wohl auch egoistische Gründe mitgespielt haben mögen, wird von Cicero mißbilligt und liegt ihm zeit seines Lebens schwer auf der Seele. Die Gründe mag er in einer Zeit, wo Rom keine Feinde von außen mehr zu fürchten hat, nicht mehr ganz nachvollziehen können, 1,35; 3,46. Siehe dazu R. Feger, Hermes 80,1952, S. 436 ff.

KRATIPP, zu dieser Zeit Vorsteher der → peripatetischen Schule in Athen. Bei ihm studierte der junge Marcus Cicero, 1,1; 2,8; 3,5 f. 121. Von Cicero besonders hochgeschätzt. Seine Schriften über die Weissagung werden von ihm in dem Werke *De divinatione* benutzt. Nach ihm ist nur das Ehrenvolle erstrebenswert, 3,33.

KYNIKER, Philosophenschule, die sich von Antisthenes herleitet und so lange in Blüte stand, daß die christlichen Bettelmönche an sie anknüpfen konnten. Vermochte in einer so stark geformten Gesellschaft wie der römischen nicht Wurzel zu fassen. Lehrten die Bedürfnislosigkeit und verachteten die Zivilisation, 1,128.148.

KYRENAIKER, afrikanische Philosophenschule, von → Aristipp begründet. Im Mittelpunkt ihrer Lehre steht eine hedonistische Ethik, 3, 116. Genuß und Herrschaft über den Genuß waren ihr die zentralen Dinge. Dazu A. Mauersberger, Plato und Aristipp, Hermes 61,1926, S. 208 ff.

KYRSILOS, Athener zur Zeit der → Perserkriege. Von seiner Steinigung, weil er zur Unterwerfung unter die Perser riet, 3,48, weiß nur → Demosthenes, nicht → Herodot.

KYROS. Nach der Reihenfolge 2,16 zu schließen, ist wohl der jüngere Kyros gemeint, dessen Zug gegen seinen Bruder Artaxerxes, einen sehr schwachen Perserkönig, → Xenophon mitmachte. Kyros fiel in der Schlacht von Kunaxa 401.

LAKIADEN, zur Phyle Öneis gehöriger athenischer Demos, 2,64.

LAELIUS, einer der schönsten kleineren Dialoge Ciceros, im Jahre 44 geschrieben. Der große Freund des jüngeren → Scipio Africanus handelt über die Freundschaft, 2,31. Als Cicero in den Wirren der Zeit nach Caesars Tode die Antinomie zwischen Ordnung und Neigung aufging, hat er diese Schrift um eines der schönsten Stücke und auch sonst erweitert (s. Büchner, Museum Helveticum 9, 1952, S. 88 ff.).

LAELIUS SAPIENS, C., der eben genannte Freund → Scipios, 1, 108, Konsul 140. Es läßt sich nicht mit wenigen Worten sagen, was die Erinnerung an ihn für Cicero bedeutet, es läßt sich aber ermessen, wenn man nur zwei herausgegriffene Tatsachen bedenkt: Laelius gehört von Anfang an zu jenen Vorbildern, die Redekunst und Weisheit, 1, 90; 3, 16, Rhetorik und Philosophie – wenn auch noch unbewußt – vereinigt haben, eine Aufgabe, die Cicero bewußt ergreift, und wie Laelius, der Freund des Kriegshelden Scipio, so wollte er selbst eine Zeitlang der Laelius des → Pompeius sein.

LENTULUS, → Cornelius.

LEUKTRA, Stadt in Böotien, bei der 371 die Thebaner über Sparta siegten, 1, 61; 2, 26.

LICINIUS CRASSUS, L., Konsul 95 mit → Mucius Scaevola, 3, 47, der größte Redner der damaligen Zeit neben → Antonius, 1, 108. 133; 2, 47. 49. In De oratore haben die beiden darum die Hauptrolle. In Crassus sieht Cicero seinen eigentlichen Vorgänger. Setzt sich mit Q. Mucius für die sozial Schwächeren ein, 2, 63. Seine Ädilität, 2, 57. Verteidigt C. → Sergius Orata, 3, 67.

LICINIUS CRASSUS, M., Triumvir, fiel 53 in der Schlacht von Karrhae. Cicero vergleicht ihn mit → Sulla, 1, 109, hat sich aber vor Karrhae mit ihm aussöhnen müssen. Über den Aufwand des Staatsmannes, 1, 25. Als Scheinerbe, 3, 73. 75.

LICINIUS CRASSUS, P., 2, 57, Vater des Triumvirn. Konsul 98. Tötete sich selbst während der → Marianischen Herrschaft.

LICINIUS LUCULLUS, L. Der wegen seiner Üppigkeit, 2, 57, sprichwörtlich gewordene Grandseigneur war zugleich ein hervorragender Feldherr, wie es sich im Kriege gegen Mithridates zeigte, 1, 140; 2, 50 (vgl. Ciceros Rede De imperio Cn. Pompei 8, 20).

LICINIUS LUCULLUS, M., Bruder des oben Genannten, 2, 50; 2, 57.

LIVIUS DRUSUS, M., Volkstribun des Jahres 91. Suchte vor dem Bundesgenossenkrieg zu vermitteln und wurde in den politischen Kämpfen dieses Jahres erschlagen. Seine außerordentliche Strenge, 1, 108.

LUTATIUS CATULUS, Q., Konsul 102. Besiegte mit → Marius die Kimbern. Sein Sohn, Konsul des Jahres 78, war ein dezidierter Gegner des → Pompeius, → Caesar und → Crassus. Er hat Cicero als erster als pater patriae begrüßt. Zusammen mit seinem Sohn, 1, 109. 133. Sein Sohn, 1, 76.

LUTATIUS PINTHIA, M. C. → Flavius Fimbria war nach seinem Konsulat Richter in der Sache des M. Lutatius Pinthia, eines römischen Ritters, 3, 77, dessen Lebenszeit sich nur danach bestimmen läßt.

LYKURG, der sagenumwobene spartanische Gesetzgeber, 1,76.

LYSANDER, der spartanische Feldherr, der nach der Schlacht bei Aigos Potamoi (405) am Ende des → Peloponnesischen Krieges die Übergabe Athens erzwang, 1,76. 109. Durch die Lakedämonier vertrieben, 2,80.

LYSIS, → Pythagoreer. Nach der Verbrennung des Versammlungshauses der Pythagoreer in Kroton ging er nach Theben, wo er bald nach 400 Lehrer des → Epaminondas wurde, 1,155. → Plato benennt nach ihm den Dialog → Lysis.

MAELIUS, Q., Volkstribun des Jahres 320. Nach Livius 9,8,13 mit seinem Kollegen L. Livius für den Vertrag nach der Niederlage in den Kaudinischen Pässen (→ Caudium) verantwortlich, interzedierte er gegen eine Annullierung und Nichtanerkennung dieser Abmachungen, 3,109, es siegte aber die Rede des Sp. Postumius.

MAMERCUS, → Aemilius.

MANCINUS, → Hostilius.

MANLIUS CAPITOLINUS, L., im Jahre 363 Diktator, 3,112.

MANLIUS TORQUATUS, T., Sohn des Obigen, bekannt wegen seiner Tapferkeit im Galliersturm und seiner Strenge. Dreimal Konsul (347, 344,340), 3,112.

MARATHON. Die berühmte Schlacht von Marathon (490) ist für Griechen und Römer ein unbestrittenes Symbol höchsten Heldentums, 1,61.

MARCELLUS, → Claudius.

MARCIUS Q. F. PHILIPPUS, L., Konsul 91. Guter Redner, 1,108, der von Cicero an dritte Stelle nach → Crassus und → Antonius gestellt wird (Brutus 173). Brachte als Tribun das Ackergesetz durch, 2,73. Machte steuerfreie Gebiete wieder abgabepflichtig, 3,87. Arbeitete sich aus eigener Tätigkeit hoch, 2,59.

MARIUS, C., der römische Held der Jugendzeit Ciceros, geb. 156,1,75, wie Cicero aus → Arpinum stammend, starb 86, zum siebenten Male Konsul. Cicero hat vor allem in der Zeit nach seiner Verbannung die merkwürdige Kongruenz zwischen seinem Schicksal und dem des Marius empfunden. Aus dieser Stimmung ist wohl auch die Verherrlichung seines Landsmannes, das Gedicht Marius, entstanden. Siehe R. Gnauk, Die Bedeutung des Marius und Cato Maior für Cicero, Diss. Leipzig 1936.

MARIUS GRATIDIANUS, M., 3,80, Sohn oder Enkel des M. Gratidius, dessen Schwester mit dem Großvater Ciceros verheiratet war. Er war von dem Bruder des berühmten → Marius adoptiert worden und kam

in den → Sullanischen Proskriptionen durch Catilina um. Verkaufte
sein Haus an C. → Sergius Orata, 3, 67.

MASSILIA, das heutige Marseille, schon von → Aristoteles als Beispiel
einer aristokratischen Verfassung angeführt und noch in Ciceros Zeit
dafür berühmt, stand seit alter Zeit mit Rom im Bündnis, hatte treu
im → Hannibalkriege zu Rom gestanden, war aber im Bürgerkrieg
zwischen → Caesar und → Pompeius trotz seines Versprechens nicht
neutral geblieben, wurde dafür bestraft und mußte es erleiden, daß
das Bild der Stadt im Triumph Caesars mit aufgeführt wurde, 2, 28.

MAXIMUS, → Fabius.

MAZEDONEN, von Philipp, 1, 90, später von → Alexander, 2, 53 beherrscht. Fielen von → Demetrios Poliorketes ab zu → Pyrrhus, 2, 26.
Von → Aemilius Paulus überwunden, 2, 76.

MAZEDONIEN, verlor unter dem König Perseus, 1, 37, in der Schlacht
von Pydna (168) seine Selbständigkeit.

MEDUS, 1, 114, Tragödie des Pacuvius (Stoff: M., der Sohn der Medea,
kommt nach Kolchis, soll dort getötet werden, wird von seiner Mut-
ter gerettet und wird Erbe des Äetes, des Vaters der Medea).

MELANIPPE, 1, 114, Tragödie des → Ennius. (Stoff: M., von ihrem Vater
des Augenlichtes beraubt, wird von ihren Söhnen Böotus und Äolus
aus dem Kerker befreit und erhält von Neptun das Augenlicht zurück).

METELLUS, → Caecilius.

METRODOR, Lieblingsschüler des → Epikur, dessen Kinder Epikur in
seinem schönen Testament versorgt (M. war sieben Jahre vor Epikur
gestorben [277]). Seine Meinung über Glück und Gesundheit, 3, 117.

MILO, → Annius.

MINERVA INVITA, 1, 110 (s. Otto, Römische Sprichwörter, S. 255).

MINOS, der sagenhafte König von Kreta, nach dem die kretisch-mino-
ische Kultur benannt ist. Erbauer des Labyrinths. Wegen seiner Gerechtigkeit Richter in der Unterwelt, 1, 97.

MINUCIUS BASILUS, L., vielleicht Legat → Sullas, sonst nicht bekannt.
Sein Testament, 3, 73.

MUCIUS MANCIA, Q., Name verdächtig. Ein Mann dieses Namens – es
muß sich um einen hochgestellten Mann handeln – ist uns merkwür-
digerweise nicht bekannt, das Kognomen Mancia sonst nicht von der
Familie der Mucier geführt. Vielleicht ist in Mancia zu lesen, 1, 109.

MUCIUS SCAEVOLA, P., 3, 70, Konsul 133. Freund des Ti. → Gracchus.

MUCIUS SCAEVOLA, Q., Sohn des Vorigen, Pontifex Maximus, 3, 70.
Konsul 95 mit → Crassus, 3, 47, sowie auch Ädil, 2, 57. Wurde 82

auf Befehl des jüngeren → Marius getötet, als → Sulla gegen Rom an-
rückte. Cicero schloß sich ihm nach dem Tode des Augurn Scaevola
an und lernte von seiner in der Familie der Scaevolae heimischen
Rechtskenntnis, 1, 116. Seine Gerechtigkeit 3, 62 f.

MUMMIUS, L., der Zerstörer → Korinths (146), 2, 76.

NASICA, → Cornelius.

NIKOKLES, Tyrann von Sikyon, der Stadt im Norden der Peloponnes,
von → Arat gestürzt, 2, 81.

NORBANUS, C., im Jahre 94 in einem politischen Prozeß von dem Redner → Antonius glücklich verteidigt, 2, 49. Im Jahre 83 Konsul. Nach
→ Sullas Rückkehr flüchtete er nach Rhodos und endete durch Selbst-
mord.

NUMANTIA, Hauptort der → Keltiberer, von den Römern zerstört, 1,
35. 76.

NUMANTINUM FOEDUS, das berüchtigte Abkommen, das der von den
Numantinern 137 eingeschlossene C. → Mancinus durch Vermittlung
des Ti. → Gracchus mit diesen abgeschlossen hatte, 3, 109.

NUMICIUS, TI. Statt des Ti. Numicius, 3, 109, nennt Livius den Volkstribunen M. → Livius.

OCTAVIUS, CN., Konsul 165, 1, 138. Sein Bruder ist der Urgroßvater
des Augustus.

OCTAVIUS, M., Zeitgenosse des C. → Gracchus, dem es nach dessen Tod
gelang, dessen *lex frumentaria* abzuändern, 2, 72. Wann das geschah,
läßt sich nicht bestimmen.

ODYSSEUS, wollte dem Kriegsdienst vor Troja entgehen (→ Palamedes)
und wird dafür von → Aiax gescholten, 3, 97 f. Aufenthalt bei →
Kirke und → Kalypso, 1, 113.

OIKONOMIKOS, die uns erhaltene hübsche Schrift → Xenophons über die
Hauswirtschaft, 2, 87.

ORESTES, → Aufidius.

PALAMEDES, der Sohn des Königs Nauplius von Euböa, begleitete →
Agamemnon nach Troja und erlag schließlich den Nachstellungen des
→ Odysseus, den er entlarvt hatte, als er Wahnsinn heuchelte, um
nicht mit nach Troja ziehen zu müssen: als Odysseus nämlich mit
einem Esel und einem Stier pflügte und Salz säte, legte P. ihm den
eben geborenen Telemach vor den Pflug. Daran, daß Odysseus den
Pflug über das Kind hob, erkannte man die Fiktion, 3, 98 (→ Aiax).

PALATIUM. Der Palatin und das Kapitol sind der älteste Kern Roms in der Zeit, als sie noch selbständige Siedlungen waren, durch die *via sacra* und die *via nova* verbunden. Die römischen Großen siedelten sich, wie man u.a. aus 1,138 sieht, auf ihm an. Daraufhin bauten die Kaiser ihre Paläste dort – der Name Palast stammt daher. An Eleganz übertraf ihn bald der Viminal.

PANAITIOS (um 180–110), der Begründer der «mittleren Stoa» (der Name ist nicht antik und hat seine Berechtigung nur insofern, als mit Panaitios gegenüber der alten Stoa etwas Neues kommt). Panaitios stammt aus Rhodos, war Aristokrat, hat lange im → Scipionenkreis gelebt, 1,90; 2,76, übernahm 129 die Leitung der Stoa in Athen und schrieb bald darauf sein Hauptwerk *Peri tou kathékontos, Über das Geziemende.* Seine Bedeutung wird mit Recht darin gesehen, daß er die Stoa dem Leben nähert, sie «hellenisiert» und → platonisiert und vor allem den Menschen als ein Ganzes sieht. Dieses Werk ist die Grundlage unserer Schrift, 2,51.60; 3,7. Gibt keine Definition des rechten Handelns, 1,7. Über das Ehrenhafte, 1,152.161, und das Nützliche, 2,88; 3,8–12.18.33f. Von Antipater ergänzt, 2,86. Seine Lehre von der Triplizität des Entschlusses, 1,9. Lehrt, daß große Staatsmänner nur mit Hilfe des Volkes erfolgreich sein können, 2,16. Legt Wert auf volkstümliche Diktion, 2,35. Davon, wie eng man sich den Anschluß Ciceros an Panaitios vorstellt – er selbst betont mehrfach, daß er ihn nicht übersetzt hat –, hängt das Bild ab, das man sich von Panaitios zu machen hat. Diese Frage wird noch diskutiert. Siehe Pohlenz, Antikes Führertum; Cicero, *De officiis,* und das Lebensideal des Panaitios, 1934. P.Modestus van Straaten, *Panétius, sa vie, ses écrits et sa doctrine avec une édition des fragments,* Amsterdam 1946. Pohlenz, Stoa und Stoiker, a.a.O., S. 191–255 (glaubt an sehr engen Anschluß).

PAPIUS, C., Volkstribun 65, Gegner des C. → Gracchus. Sehr jung nach seiner Ädilität gestorben. Urheber der *lex Papia,* 3,47.

PAULUS, → Aemilius.

PAUSANIAS, König von Sparta (408–394), gegen Ende des → Peloponnesischen Krieges Führer der spartanischen Operationen, 1,76.

PELOPONNESISCHER KRIEG, der Krieg zwischen Sparta und Athen um die Vorherrschaft in Griechenland (431–404), der mit dem Siege Spartas endete, 1,84, und der Thukydides als Historiker fand.

PELOPS, Sohn des → Tantalus, 3,84, der die Tochter des Königs von Elis, Hippodamaia, gewann. Vater des → Atreus und Thyest.

PENNUS, → IUNIUS.

PERIKLES (geb. um 500), seit etwa 450 Leiter der athenischen Außenpolitik auf Grund seiner Autorität, 1, 144. Erbauer der Propyläen, 2, 60. 429 an der Pest gestorben. Er wird von Thukydides in seinem Werke dargestellt und als der wahre Herrscher in Athen angesehen und auch in Plutarchs Lebensbeschreibung (*Perikles* 5) wie bei Cicero geschildert. Auch von → Panaitios erwähnt, 2, 16.

PERIPATETIKER. Die Schule des → Aristoteles, die im Lykeion ihren Sitz und ihren Namen vom Herumgehen beim Lehrvortrag hatte, blühte zu dieser Zeit unter → Kratipp. Cicero verdankt nach seinen eigenen Worten den Peripatetikern, vor allem Aristoteles, → Theophrast und → Dikaiarch, 2, 16, Entscheidendes. Und noch mehr Übereinstimmungen zwischen dem peripatetischen idealen Realismus und römischen realistischen Idealismus in bestimmten Fragen werden sich unbewußt ergeben haben. Mesoteslehre, 1, 89. Das höchste Gut ist das Ehrenvolle, 3, 11. 20. Halten nur innere Werte für erstrebenswert, 1, 6. Ähnlichkeit mit → platonischen Lehren, 1, 2.

PERSER, Perserkrieg. Der Abwehrkampf gegen die Perser, der Europa rettete, ist auch für Cicero die Zeit großer, gern angewendeter Beispiele, 3, 48 f. (Der Perserkrieg, dargestellt von Herodot, gipfelt in den Schlachten von Marathon 490, Salamis 480, Plataä 479.)

PHAETON, erbat sich von seinem Vater, dem Sonnengott, die Erlaubnis, seinen Sonnenwagen zu führen, konnte aber die Rosse nicht zügeln und kam der Erde zu nahe. Als er sie zum Teil in Brand gesteckt hatte, erschlug ihn → Zeus mit dem Blitze, 3, 94 (vgl. Ovid, *Metamorphosen* 1, 747–2, 366).

PHALARIS, im 6. Jahrhundert wegen seiner Grausamkeit berüchtigter Tyrann, 3, 29. 32, von Akragas, dem heutigen Agrigento (früher Girgenti). Schon Pindar erwähnt den hohlen bronzenen Stier, in dem Gefangene geröstet wurden, deren Geschrei den Stier brüllen ließ. Wurde 554 gestürzt, 2, 26.

PHILIPPUS, → Marcius.

PHILIPPOS, Sohn des → Antigonos, 2, 42, jüngerer Bruder des → Demetrios Poliorketes.

PHILIPP, König von Makedonien von 359 bis 336, Vater → Alexanders des Großen, 2, 48. 53. Wenn man an die Skrupellosigkeit seiner Politik denkt, wird der Kontrast zu seinem Sohn fragwürdig und spürt man die philosophische Verurteilung Alexanders hindurch, 1, 90.

PHINTIAS, → Pythagoreer. → Damon, 3, 45.

PHÖNISSEN, Tragödie des → Euripides; hier, 3, 82, ist Vers 524 von Cicero übersetzt.

Piso, → Calpurnius.

Piräus, Hafen von Athen, 3,46.

Plaetoria lex, Gesetz, das 192 zum erstenmal einen Unterschied zwischen Minderjährigen (bis 25) und Majorennen in Hinsicht auf ihre Rechte und ihren Schutz feststellte, 3,61.

Platää, Stadt in Böotien, → Perserkrieg, 1,61.

Plato (427–347). Als Anhänger der jüngeren → Akademie, der Cicero seit seinem Jugendbekenntnis bis zuletzt treu geblieben ist, hat Cicero ein fast kindliches Pietätsverhältnis zu dem Begründer der Akademie, dem göttlichen Plato, dessen Wort er auch zu folgen bereit wäre, wenn er keine Beweise brächte. Cicero findet die Idee Platos in der römischen Geschichte. So könnte man vielleicht den Kern dieses im übrigen sehr komplizierten und noch nicht genügend erforschten Verhältnisses und ersten Platonismus fassen. Vergleich mit → Demosthenes, 1,4. Lehrer des → Dio, 1,155. Über die Gerechtigkeit, 1,28.63f. Über den Eros, 1,15. Keiner ist für sich selbst geboren, 1,22. Regeln für Herrscher, 1,85.87. Gygesmythos, 3,38f.

Platoniker und Sokratiker. Cicero nennt so die → Peripatetiker und die jüngere → Akademie nach ihrer Herkunft, 1,2. Übrigens wird der Ehrgeiz, eine Schule zu begründen und nach seinem Namen zu benennen, schon in der Neuen Komödie verspottet.

Plautus (254–ca.187), aus Sarsina in Umbrien, der große komische Dichter Roms, aus dessen Hinterlassenschaft uns die Kritik → Varros 21 echte Stücke erhalten hat, hat aus der griechischen Komödie ein Singspiel mit frischer italischer Komik gemacht. Cicero schätzt den plautinischen Witz, die *Itali sales*, über alles, 1,104.

Polybios (etwa 201–120), der große griechische Geschichtsschreiber, 3,113, der nach der Schlacht von Pydna als Geisel nach Rom kam und der Freund des jüngeren → Scipio Africanus wurde. Gewann in Rom die Erkenntnis, daß die Geschichte als Weltgeschichte jetzt in die römische Geschichte einmünde, und hat durch eine Analyse des römischen Staatsaufbaus in seinem berühmten 6.Buche die Römer ihre Staatsverfassung theoretisch zu meistern gelehrt.

Pompeius, Cn. (106–48), von dem Heer und → Sulla im Jahre 81 als *Magnus*, der Große, begrüßt, als er über die→ Marianer triumphierte. Nach Kämpfen gegen Lepidus in Italien und Sertorius in Spanien 70 mit → Crassus Konsul, 67 siegreiche Beendigung des Seeräuberkrieges, 66 Oberkommando gegen Mithridates, den er besiegte. Als der Senat bei der Rückkehr und nach Entlassung seines Heeres (61) seine Anordnungen in Asien nicht genehmigte, 60 Triumvirat mit → Caesar

und Crassus. Nach dessen Erneuerung in Luca (56) 55 wieder Konsul, 2, 57. In den Wirren 52 *consul sine collega*. Im Bürgerkrieg gegen Caesar unterliegt er 48, für die Senatspartei kämpfend, bei Pharsalus und wird auf der Flucht in Ägypten ermordet. Cicero hat diesen schwer durchschaubaren Mann, sicher einen großen Feldherrn, 1, 76; 2, 45, geliebt, der Glanz seines Namens war mit dem ersten politischen Auftreten Ciceros (66: *De imperio Cn. Pompei*, 1, 78) verknüpft, und man spürt es noch in dieser Schrift, in der er ganz offen spricht und sprechen kann. Das Theater, auf das Cicero 2, 60 anspielt, ist das 55 eingeweihte erste steinerne Theater in Rom, das Pompeiustheater auf dem Marsfeld, das jetzt noch an der Führung der Straßenzüge kenntlich ist.

POMPEIUS, Q., hatte 140, als es ihm nicht gelang, → Numantia zu erobern, mit den Numantinern einen Frieden geschlossen, den er einfach ableugnete, als ein Nachfolger eingetroffen war, 3, 109.

POMPEIUS, SEX., Oheim des → Pompeius Magnus, 1, 19.

POMPONIUS, M., Volkstribun im Jahre 362, 3, 112.

PONTIUS, C., besiegte die Römer 321 in den Pässen von → Caudium, 2, 75.

POPILIUS, C., führte 173 das Kommando gegen die Ligurer, 1, 36.

PORCIUS CATO, M. (234–149), mit dem Beinamen Censorius, 195 Konsul, 184 Censor. Aus Tusculum stammend und als *homo novus* ebenso wie als urwüchsiger Redner, 3, 104, Cicero ans Herz gewachsen und zu seinen Vorbildern gehörig, 3, 16. Auf seinen Rat wird der 3. → Punische Krieg begonnen, 1, 79. Apophthegmata, 1, 104; 2, 89; 3, 1. Über sein Werk und die Zwiespältigkeit dieses Römers von altem Schrot und Korn s. Fr. Klingner, Römische Geisteswelt, [4]1961, S. 34 ff.

PORCIUS CATO, M., der Sohn des Obigen, an den der Vater eine Reihe seiner Schriften richtete, wie Cicero an seinen Sohn Marcus, 1, 36 f.

PORCIUS, M. CATO, Vater des → Cato Uticensis, der nach seinem Volkstribunat, 3, 66, bei der Bewerbung um die Prätur im Jahre 91 frühzeitig starb.

PORCIUS CATO UTICENSIS, M., 3, 66, der grundsätzlichste Verfechter der Nobilität und Gegner der großen Machthaber, dem Sallust neben → Caesar als den beiden einzigen größte *virtus* in ihrem Jahrhundert zubilligt. Nach dem Verlust der *res publica* hat er sich – als Stoiker, wie Heinze mit Recht hervorhebt – im Jahre 46 in Utica selbst getötet, 1, 112, und daher seinen Beinamen bekommen. Ihn und seinen Tod hat Cicero in einer Schrift *Cato* verherrlicht. Caesar hat in einer

Gegenschrift *Anticatones* einem sich bildenden Mythos entgegentreten wollen. Sein Name und sein Tod haben aber weitergewirkt, und als die Zeiten sich auf den Ursprung der großen Wandlung zum Prinzipat schmerzlich besannen, spielten sie eine entscheidende Rolle. Lucan (1,128) dichtete auf ihn seinen unsterblichen Vers: *victrix causa deis placuit, sed victa Catoni*. Cato war übrigens der Onkel des → Brutus, zu dem Cicero in besonders engem Verhältnis stand, den er umwarb und dem er eine große Reihe seiner späten Schriften widmete, während er der Starrheit eines Cato nicht in allem folgen konnte, 3,88.

POSEIDONIOS (um 135–50), aus Apameia, der große Schüler des → Panaitios, 3,8. 10. Ihn hatte Cicero in Rhodos selbst gehört und durfte sich ihm befreundet fühlen. Wirkungen zeigen aber erst seine spätesten Schriften. Poseidonius ergreift wieder das Ganze und läßt auch dem Irrationalen wieder mehr Spielraum als Panaitios. Seine Bedeutung läßt sich nicht leicht überschätzen und wird seit nicht langer Zeit immer mehr erkannt als die eines großen Ursachenforschers, 1, 159, der seine ausgebreitete Wissenschaft wieder auf einen metaphysischen Grund bezieht. Siehe nach W. Jäger, Nemesios von Emesa 1914, K. Reinhardt, der ihn gleichsam wiederentdeckt hat, Poseidonius 1921, Kosmos und Sympathie 1926, Poseidonios über Ursprung und Entartung 1928.

POSTUMIUS, SP., Konsul 334 und 321, beide Male mit T. → Veturius, 3, 109.

PRODIKOS von Keos, berühmter Sophist, besonders bekannt als Begründer der «Synonymik» und als solcher von → Plato öfter scherzhaft zitiert. Die Erzählung *Herakles am Scheidewege*, einer seiner Vorträge über Moral, die eine ungeheure Wirkung haben sollte, wird von → Xenophon, Memorabilien II, 1, überliefert, 1, 118.

PTOLEMAIOS PHILADELPHOS, König von Ägypten (285–247), 2, 82.

PUNIER. Dieser Name der Karthager erinnert an ihr Heimatland Phönizien (nach den lateinischen Lautgesetzen verschwindet die griechische Aspiration und wird oi zu oe und schließlich zu u monophthongiert). Die Punischen Kriege allgemein, 1, 38. 108; 3, 99. 110. 113 ff. Der 1. (264–241), 1, 39. Der 2. (218–201), 3, 47. Der 3. (149–146), 1, 79.

PYRRHO von Elis, Philosoph, 1, 6, machte den → Alexanderzug mit, auf dem er die indischen Gymnosophisten kennenlernte. 275 ist er hochbetagt gestorben, wie es heißt, ohne Schriften hinterlassen zu haben. Seine skeptische Lehre – von ihm mag der Name stammen – kannte man später nur aus den Schriften seines Schülers Timon.

PYRRHUS, König der Molosser in Epirus (etwa 307–272), mit dem makedonischen Königshause verwandt. Folgte nach anderen Eroberungszügen schließlich dem Hilfegesuch der Tarentiner gegen die Römer, in der Hoffnung, sich im Westen ein dem → Alexander ähnliches Reich gründen zu können. Pyrrhus wird von den Römern als adliger Gegner, 1,38.40, hochgeachtet, 3,86. Anschluß der Mazedonier an ihn, 2,26.

PYTHAGORAS (um 580–500), aus Samos, gründete in Kroton in Unteritalien seine weitverbreitete aristokratische Schule. Die mathematischen Züge seiner Philosophie – P. war ein großer Mathematiker und Musiker: Lehrsatz des Pythagoras und die Proportionalität der Intervalle – scheinen sich jetzt auf Einfluß aus dem Osten zurückführen zu lassen (s. Van der Waerden, Hermes 80, 1952, S. 429 ff.). Cicero ist sich des Einflusses seiner Lehre auf Italien bewußt, und auch neuere Gelehrte – s. die Literaturgeschichte von Ettore Bignone – veranschlagen ihn hoch. Über die Freundschaft, 1,56. Sein Ernst, 1,108.

QUIRINUS, Name des → Romulus nach seiner Vergottung, 3,41.

REGULUS, → ATILIUS.

ROMULUS, 3,41, der sagenhafte Gründer und erste König Roms. In Ciceros Zeit und später gewinnt die Romuluslegende politische Bedeutung (vgl. die Tatsache, daß Cicero als Romulus Arpinas verspottet wird und daß man Octavian den Ehrennamen Romulus antragen wollte, ehe man ihm den Beinamen Augustus verlieh).

ROSCIUS, SEXTUS, aus Ameria. Dieser harmlose Mann wurde des Vatermordes angeklagt, weil die sauberen Verwandten zusammen mit dem Freigelassenen des → Sulla, dem allmächtigen Chrysogonos, sich die Güter seines ermordeten Vaters angeeignet hatten, indem sie seinen Namen nachträglich in die Proskriptionslisten einschmuggelten. Ciceros Verteidigungsrede, 2,51, aus dem Jahre 80, seine erste *causa publica*, ist ein Meisterstück von Diplomatie und Mut.

RUPILIUS, Schauspieler aus Ciceros Jugend, 1,114. Sonst nicht weiter bekannt.

RUTILIUS RUFUS, P., Konsul 105. Stoiker, 3,10. Aus politischen Gründen wegen Erpressung angeklagt, wurde er verurteilt, weil er auf die üblichen Mittel der Verteidigung verzichtete. Ging in die Verbannung in die Provinz, die er ausgeplündert haben sollte. Cicero will in Smyrna zusammen mit seinem Bruder Quintus das Gespräch *Vom Gemeinwesen* von ihm gehört haben. Seine Rechtskenntnis, 2,47.

SABINER, Stamm der umbro-sabellischen Gruppe der italischen Stämme. Die Sabiner gelten als das «Kernholz» italischer Kraft, 1,35. Ihr Kampf gegen die Römer, 1,38; 3,74.

SALAMIS, Insel vor der Küste Attikas. Um 600 von den Athenern, die durch eine Elegie → Solons dazu angefeuert wurden, erobert, 480 wurden in der Enge zwischen Salamis und dem Festlande die → Perser unter Xerxes geschlagen, 1,61.75.

SALMAKIDISCH, Salmacis ist der Name einer Quelle in Karien, die die Menschen verweichlichte, 1,61 (Ovid, *Metamorphosen* 4,288 ff.).

SAMNITEN, italischer Stamm, mit den → Sabinern zur umbro-sabellischen Sprachgruppe gehörig. Ihre hartnäckig verteidigte Macht wurde in den langwierigen Samnitenkriegen gebrochen (343–341, 328–304, 298–290). In der Schlacht am Collinischen Tor wurden die letzten Reste des Stammes vernichtet, 1,38; 3,109.

SATRIUS, M., nach der Adoption M. Minucius Basilus Satrianus, war ein Genosse des → Antonius, 3,74 (vgl. Phil. 2,107).

SCAEVOLA, → Mucius.

SCAURUS, → Aemilius.

SCIPIO, → Cornelius.

SCRIBONIUS CURIO, C., Konsul 76, gestorben 53. Gefeierter Redner, 2,59. Cicero nennt ihn sehr oft und ist kein besonderer Freund von ihm, 3,88, im Gegensatz zu seinem Sohn, an den Briefe erhalten sind (*Ad familiares* 2,1–7); auch dieser hielt freilich nicht, was Cicero sich von ihm versprach.

SEIUS, M., Ädil 74, 2,58, mit Cicero und Atticus befreundet.

SEMPRONIUS GRACCHUS, C., der um neun Jahre jüngere Bruder des Tiberius Gracchus, der von noch größerer Beredsamkeit und ein klügerer Politiker war als sein Bruder. 123 beginnt er mit seinem Reformprogramm, 2,72, 121 erliegt er dem Widerstand der Nobilität und wird auf der Flucht erschlagen, 2,80. Cicero hat ein höchst wechselndes Verhältnis zu den Gracchen – am Anfang sind sie Vorbild, dann Inbegriff des Tyrannen, am Ende wieder Muster der Beredsamkeit, was er ihnen freilich immer zugestanden hatte.

SEMPRONIUS GRACCHUS, TI., Vater der beiden Gracchen, 2,43. 80, dessen Konsulat 177 die Besiegung der Sardinier brachte. Auch als Censor (169) ist er bekannt. Seine strenge Nobilitätsgesinnung (er ist der Schwiegersohn des älteren → Scipio Africanus) bietet Cicero stets eine gute Folie für die rebellischen und staatszerstörenden Versuche der Söhne, so wie er sie auffassen mußte.

SEMPRONIUS GRACCHUS, TI., der ältere Bruder des Gaius, stellte als
Volkstribun im Jahre 133 Antrag auf Erneuerung der vergessenen
und nicht beachteten → Licinischen Ackergesetze, 2, 80. Er wird im
selben Jahr, als er sich widerrechtlich ein zweites Mal zum Volkstribun wählen lassen will, mit 300 seines Gefolges von den Anhängern
der Nobilität unter Führung des → Scipio Nasica erschlagen, 1, 76.
109.

SERGIUS ORATA, C., prachtliebender Zeitgenosse des → Crassus und →
Antonius. Cicero kommt auf den Hausprozeß, 3, 67, auch *De oratore* 1,
178 zu sprechen.

SIZILIANER. Cicero hatte nach seiner Quästur (75) in Lilybaeum (dem
heutigen Marsala) im Verresprozeß 70 das Patronat der Sizilier übernommen, 2, 50.

SIKYON, Stadt im Norden der Peloponnes, Heimat des → Arat, 2, 81 f.

SILANUS, → Iunius.

SOKRATES (469–399). Seine Ausgewogenheit, 1, 90. Sein Witz, 1, 108.
Wendet sich gegen die Sitten seiner Mitbürger, 1, 148. Jeder soll
sein, wie er scheinen will, 2, 43. Nur Ehrenvolles kann nützlich sein,
3, 11. 77.

SOLON, der durch seine Gesetzgebung 594 berühmte athenische Staatsmann, 1, 75. 108, und Elegiendichter steht Cicero mehr noch als die
das Ganze umfassenden sieben Weisen nahe und wird in seinen Werken immer wieder zitiert.

SOPHOKLES (497–406), 1, 144. Der zweite der drei klassischen Tragö-
diendichter.

SULLA, → Cornelius.

SULPICIUS GALLUS, C., auch Galus, Konsul 166. Beschäftigte sich – etwas
Seltenes für einen Römer – mit Astronomie, 1, 19, und Mathematik.
Er konnte als Prätor 169 eine Mondfinsternis voraussagen und so das
Heer von unbegründeter Furcht befreien, wie Cicero im Werk *Vom
Gemeinwesen*, 1, 23, rühmend hervorhebt.

SULPICIUS RUFUS, P., schlug sich als Aristokrat zur Partei des → Marius
und ließ als Volkstribun im Jahre 88 den Oberbefehl gegen Mithridates statt dem Konsul → Sulla Marius übertragen. Er wurde noch im
selben Jahre von den Sullanern erschlagen. Anklage gegen → Norbanus, 2, 49.

SUPERBUS, → Tarquinius.

SYRAKUS, 3, 58, größte der Griechenstädte an der südlichen Ostküste
von Sizilien und auf der Insel Ortygia, im 8. Jahrhundert schon gegründet. War Cicero ans Herz gewachsen, nicht zum wenigsten des-

halb, weil er dort das Grab des Archimedes, das seine Mitbürger in Vergessenheit hatten geraten lassen, entdeckt hatte.

TANTALUS, sagenhafter König in Kleinasien, 3, 84, stellt die Allwissenschaft der Götter auf die Probe, indem er ihnen das Fleisch seines Sohnes → Pelops (den die Götter dann wieder zum Leben erweckten) vorsetzte. Büßt dafür in der Unterwelt mit den bekannten Tantalusqualen.

TARQUINIUS COLLATINUS, L., nach römischer Überlieferung Gatte der Lukretia, Helfer und Mitkonsul des → Brutus, 3, 40, der → Tarquinius vertrieb (409). Er mußte als Angehöriger der Familie des Tarquinius die Stadt verlassen. Livius 2, 2 berichtet, er habe selbst sein Amt niedergelegt.

TARQUINIER. Die Tarquinier – der 5. König Tarquinius Priscus und der 7. und letzte, Tarquinius Superbus – haben ihren Namen nach der etruskischen Stadt Tarquinii, aus der sie einwanderten. Ihre Vertreibung, 3, 40.

TERENZ, der letzte römische Dichter der Palliata, 1, 150, dessen erhaltene sechs Stücke in den Jahren 166–160 entstanden sind. Gehört zum → Scipionenkreis und hat im menandrischen Menschen ein verpflichtendes Vorbild gesehen.

TERENTIUS VARRO, C., → L. Aemilius Paulus.

THEBE, Gemahlin des → Alexander von Pherae, 2, 25, Tochter seines Vorgängers → Jason von Pherae.

THEMISTOKLES, Archon 493/92. Gewann durch seine fortschrittliche Politik und eine List den Sieg von → Salamis, 2, 16. 474 verbannt, starb er 459 als Fürst mehrerer kleinasiatischer Städte. Vergleich mit Solon, 1, 75. 108. Seine Unbestechlichkeit, 2, 71. Plan zur Vernichtung der Spartaner, 3, 49.

THEOPHRAST (etwa 372–287), Schüler des → Aristoteles, nach dessen Tod sein Nachfolger in der Schulleitung. Lehrer des → Demetrius von Phaleron, 1, 3. Neben seiner Hauptforschung – Zoologie, Botanik, Mineralogie – ist es der Ethiker und Redner Theophrast, der Cicero besonders interessiert. Schrift über den Reichtum, 2, 56. Über → Kimon, 2, 64. Die Bedeutung des Theophrast für die Folgezeit wird immer deutlicher sichtbar. Siehe vor allem die zusammenfassende Behandlung von O. Regenbogen in der Realenzyklopädie der Classischen Altertumswissenschaft, Suppl. VII, 1940, Sp. 1354 ff.

THEOPOMP, 376 in Chios geboren. Schüler des → Isokrates. Verfasser zweier Geschichtswerke, der Hellenika (dargestellte Zeit von 410 bis

394) und der *Philippika* (Geschichte → Philipps von Makedonien), 2, 40.

THERMOPYLEN, Engpaß am Malischen Meerbusen, beherrschte die Straße von Mittelgriechenland nach Thessalien. Dort hielt Leonidas mit 300 Spartanern 480 die → persische Übermacht fest, bis er ihr durch den Verrat des Ephialtes erlag, 1, 61.

THESEUS, der Held der Athener, der in seinen Taten mit → Herkules wetteifert. Am bekanntesten durch den zu Unrecht verschuldeten Tod seines Sohnes → Hippolyt, 1, 32 ; 3, 94, und durch seine Bewältigung des Labyrinthes und des Minotaurus mit Hilfe der Ariadne.

TIMOTHEUS, Sohn des → Konon. Nach Alkibiades' Absetzung Flottenkommandant der Athener im → Peloponnesischen Kriege. Schüler des Isokrates. Berühmter Feldherr, 1, 116.

TRANSPADANER, die Bevölkerung jenseits des Po. Erlangte das Bürgerrecht durch → Caesar im Jahre 49, 3, 88.

TROIZEN, Stadt in der Argolis am Saronischen Meerbusen, der Sage nach die Residenz des Pittheus, des Großvaters des → Theseus. Zufluchtsort der athenischen Frauen und Kinder vor der Schlacht bei → Salamis, 3, 48.

TUBERO, → Aelius.

VARRO, → Terentius.

VENUS von Kos. → Apelles hatte seinen koischen Landsleuten das Bild der aus dem Meere aufsteigenden Aphrodite gemalt. Ein zweites Bild, das das berühmte erste noch übertreffen sollte, zu vollenden, hinderte ihn der Tod, 3, 10 (vgl. Plinius, *Historia naturalis* 35, 10, 36).

VESERIS, Fluß in Kampanien, 3, 112 (→ T. Manlius).

VETURIUS, T., Konsul 354 und 321, beide Male mit → Sp. Postumius, 3, 109.

VIRIATUS, Führer der Lusitaner in Spanien, der den Römern empfindliche Schlappen beibrachte, 2, 40. Im Jahre 139 durch Verrat ermordet. Mommsen, Römische Geschichte, 2. Bd., S. 9 ff., schildert bewegt dieses dramatische Heldenlied.

VOLSKER, Stamm im Liristal. Koriolan zog 491 mit einem Volskerheer gegen Rom. 338 mit den Latinern bevorzugte Bundesgenossen der Römer, 1, 35.

XANTHIPPOS, Anführer spartanischer Söldner im Dienste der Karthager, 3, 99 (vgl. → Polybios I 32 ff.).

XENOKRATES, das zweite Schulhaupt der → Akademiker (339–314), eine

ernste und strenge, 1, 109, wenn auch etwas schwerfällige Persönlichkeit. Auf ihn geht die Einteilung der Philosophie in Physik, Logik
und Ethik zurück.

XENOPHON (um 430–354), typischer Athener aristokratischer Prägung.
Fruchtbarer Schriftsteller, dessen Schriften alle erhalten sind. Gerühmt wird die *aphéleia* seines Stiles, seine Schlichtheit. Außer den
Memorabilien, 1, 118, und dem → *Oikonomikos*, 2, 87, hat auf die Römer
früh vor allem seine *Cyrupädie* Eindruck gemacht.

XERXES, Perserkönig (485–465), Nachfolger des Dareios. Suchte, wie
sein Vater, die Griechen zu unterwerfen (→ Salamis), 3, 48. Er wurde
durch eine Verschwörung persischer Adliger beseitigt.

ZENO, der Gründer der Stoa, 333/32 in Kition auf Zypern geboren,
kam 312/11 nach Athen. Hörte dort vor allem bei Polemon, dem →
Akademiker, und anderen Philosophen. Wurde beeinflußt vom praktischen Vorbild des Kynikers Krates und des Stilpon in Megara und
gründete dann, wie man vermuten darf, nicht zum wenigsten aus Wi-
derspruch gegen → Epikurs Lehre, der seit 307/06 im Garten seinen
Zirkel versammelte, 301/300 in der *Stoa poikile*, der Halle am Markte,
die ihm die Stadt mietweise zur Verfügung stellte, seine Schule. 262
schied er freiwillig aus dem Leben, von den Athenern noch im Tode
hochgeehrt. Hielt nur das Ehrenvolle für erstrebenswert, 3, 35.

ZEUS, der höchste Gott der Griechen. Vater des → Herkules, 1, 118.

LITERATURHINWEISE

AUSGABEN

M. Tullius Cicero, De officiis - De virtutibus, ed. C. Atzert, Leipzig 1963⁴.

M. Tullius Cicero, De officiis, ed. P. Fedeli, Florenz 1965.

Cicéron, Les devoirs (mit franz. Übersetzung), ed. M. Testard, 2 Bde., Paris 1965-70.

M. Tullius Cicero, De officiis (mit Komm.), ed. H. A. Holden, Cambridge 1899³.

Cicero, On Moral Obligation, ins Engl. übersetzt von J. Higginbotham, London 1967.

ABHANDLUNGEN

L. *Alfonsi*, Dal proemio del De inventione alle virtutes del De officiis, in: Ciceroniana 2, Rom 1975, 111-120.

K. *Bringmann*, Untersuchungen zum späten Cicero (Hypomnemata 29), Göttingen 1971.

K. *Büchner*, Cicero und Panaitios, in: Studien zur römischen Literatur VI, Wiesbaden 1967, 82-92.

A. R. *Dyck*, Notes on composition, text and sources of Cicero's De officiis, Hermes 112 (1984), 215-227.

P. *Fedeli*, Il 'De officiis' di Cicerone - Problemi e atteggiamenti della critica moderna, in: Aufstieg und Niedergang der römischen Welt I 4, Berlin - New York 1973, 357-427.

M. *Fuhrmann*, Persona - Ein römischer Rollenbegriff, in: Brechungen - Wirkungsgeschichtliche Studien zur antik-europäischen Bildungstradition, Stuttgart 1982, 21-46, bes. 36 ff. (zu 1,107ff.)

H. A. *Gärtner*, Cicero und Panaitios - Beobachtungen zu Ciceros 'De officiis', Sitzungsberichte der Ak. der Wiss. Heidelberg, Phil.-hist. Kl. 1974, 5, Heidelberg 1974.

O. *Gigon*, Bemerkungen zu Ciceros De officiis, in: Politeia und Res publica (Palingenesia 4: Gedenkschrift R. Stark), Wiesbaden 1969, 267-278.

W. *Görler*, Untersuchungen zu Ciceros Philosophie, Heidelberg 1974.

W. *Heilmann*, Ethische Reflexion und römische Lebenswirklichkeit in Ciceros Schrift De officiis (Palingenesia 17), Wiesbaden 1982.

L. Labowski, Der Begriff des πρέπον in der Ethik des Panaitios.s, Diss. Heidelberg 1934.

M. Poblenz, Antikes Führertum – Cicero de officiis und das Lebensiddeal des Panaitios, Leipzig-Berlin 1934.

Ders., Die Stoa, Göttingen 1955–59², Bd. I, 191–207.

Ders., Cicero de officiis III, in: Kleine Schriften I, Hildesheimn 1965, 253–291.

M. Valente, L'éthique stoicienne chez Cicéron, Paris 1956.

E. Zorzi, Note sulla struttura del I libro De officiis, Aevum 33 ((1959), 404–415.